U0894874

NGO
援
食
品

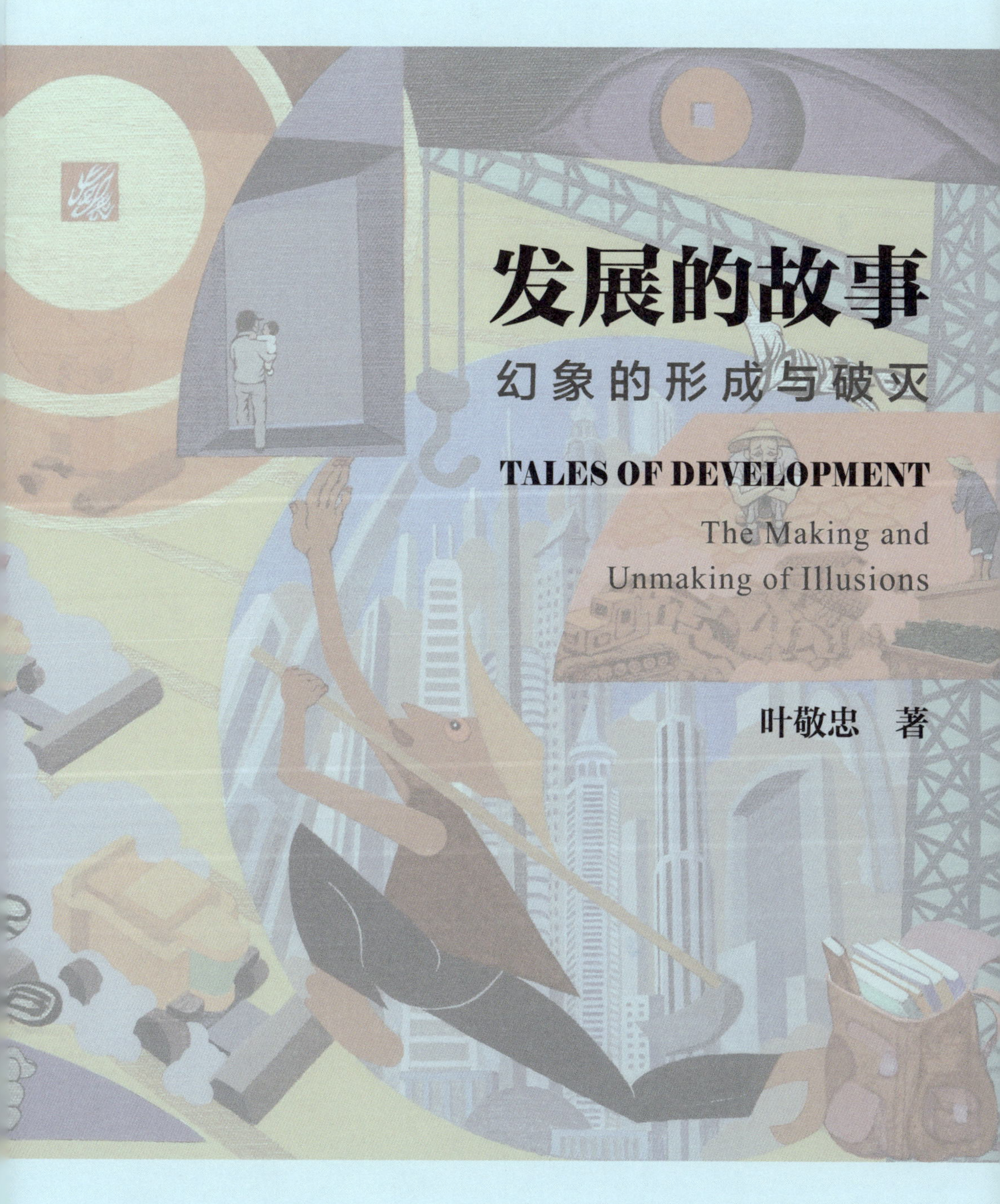

发展的故事

幻象的形成与破灭

TALES OF DEVELOPMENT

The Making and Unmaking of Illusions

叶敬忠 著

SSAP 社会科学文献出版社
SOCIAL SCIENCES ACADEMIC PRESS (CHINA)

目　录

绪论　大学、知识分子与社会研究的故事 …… 1

1　商品的故事：当农民双脚站在市场经济之中 …… 39

2　留守的故事：农村被切开的血管 …… 68

3　学校的故事：为了城市化的农村中小学布局调整 …… 88

4　土地的故事："被上楼"的农村、农民与农业 …… 116

5　农业的故事：没有小农的世界会好吗？ …… 134

6　粮食的故事：关于饥荒与涨价的悖论 …… 154

7　食品的故事：小农小生产与工业大生产之祸福 …… 185

8　科学的故事：现代科学技术对农业的规训 …… 208

9　技术的故事：关于转基因技术的论争 …… 229

10　自然的故事：经济增长中的环境迷雾 …… 247

11　灾害的故事：当重建成为发展的契机 …… 267

12　慈善的故事：NGO是草根天使，还是精英代理？ …… 289

13　援助的故事：救穷抑或为己？ …… 312

14　项目的故事：发展干预的权力滴流误区 …… 339

15　我们的故事：遭遇发展与发展研究 …… 360

参考文献 …… 380

后　记 …… 419

绪论
大学、知识分子与社会研究的故事

本书是我在“发展研究”（Development Studies）这一领域学习、思考和实践近30年的结果汇报，但能够最终成书却是缘于我自2011年为发展研究专业的学生开设的一门课程——发展概论。与社会学、人类学等学科性专业不同，发展研究是领域性专业，其本身还很难说已经形成一套完整的概念、理论和方法论体系，因此，开设一门基础概论课程实在是不可能完成的任务。于是，我便讲了许多有关发展的故事。这倒不是向当今大学课程继续“放水”，而是期冀从“应试工厂”里走出来的年轻学生在聆听故事的过程中，找回他们的年龄应有的思考的灵性。这些故事都是世界尤其是中国的现代化发展过程中的重大主题。其中，我对有的主题开展了长期的研究，对有的进行了长期的关注和思考，对有的进行了广泛的阅读。在几年来的课堂实践中，我将对这些问题的思考，以批判的视角向学生进行了讲述，并得到学生的积极回应和反馈。学生认识到，对这些重大主题的反思，更好地体现了对国家、社会和人类的深深关切。这进一步促使我对这些主题进行梳理和总结，同时对我在发展研究领域浅尝多年的学术经历进行小结。由此，便攒成了拙作。

在对本书所选主题进行讲授和论述时，我经常被问及，为什么采取如此视角、如此思考、如此分析、如此立场等。这其实源于我对自己工作的机构——大学、自己担当的角色——教师（尚不知能否称为知识分子）、自己开展的研究——社会科学领域的发展研究的理解和定位。因此，遇到上述疑问时，我总愿陈述自己对大学里的知识分子应该如何开展社会研究、如何分析社会问题的看法；在课堂上，我也愿首先讲述自己对大学、知识分子和社会研究的认识。这其实是为学生或读者聆听或阅读后面的故事做的铺垫。但我深知，大学和知识分子本身就是两大学术领域，许多学者倾其一生研究它们，论著已汗牛充栋。除此之外，但凡大学者都愿意表达他们对大学和知识分子的观点。因其影响力巨大，故社会传播广泛。在学习关于大学和知识分子的论著时，我每每感慨不断，共鸣不已；也常常临文思今，抚膺长叹。这里呈现的主要是我的学习心得和阅读笔记，谈不上有什么自己的观点。而关于社会科学研究本身，仅论述社会研究方法论的著名学者和论著就不计其数；在社会科学研究方面取得重大成就的大学者更是不可胜数，他们的论著也都成了经典。这里展现的只是我深有同感的话语摘录，也谈不上有什么自己的经验。

一　大学

大学教授的工作主要包括教学和科研两个方面。然而，当今大学普遍重科研、轻教学，教授为本科生上课似乎非得有上级的明文规定才能勉强实现。也有人问我："科研工作非常繁忙，还坚持给本科生授课，这是基于怎样的考虑?"其实，这本不该成为问题，但现今社会似乎的确存在这样一种现象，即本来很平常的事情反倒成为不平常，而本来不平常的事情反倒成为平常。以教授为本科生上课为例，首先，这是大学教授应尽的职业责任，本来就是义务，乃分内之事。其次，"教是最好的学"，教学是提高教师自身能力的重要途径，如古人所云："教然后知困。……知困，然后能自强也。"（《礼记·学记》）再者，我把课堂看成是一块阵地，一种思想不去占领，另一种思想就要去占领。这一比喻不一定合适，但课堂应该是各种思想与观点碰撞的竞技场，我希望自己所崇尚的思想能够占有一席之地。

但是，为本科生上课需要对现实保持清醒的头脑，尤其是，我面对的大学生群体已经今非昔比。当今社会十分推崇与世推移、与时俯仰的从俗哲学，在"物欲狂欢横扫中国，国人陷入精神贫困"的大背景下，大学生已不再是"一心只读圣贤书"的天之骄子，很多变成了"两耳尽皆窗外事"的精致的利己主义者（谢湘、堵力，2012；钱理群，2012）。一名湖北的大学生曾尖锐地指出：

> 这个时代，大学生差不多早已变得不大会说属于自己的话了。从进大学的那一天起，我们就不断被教导、被灌输、被暗示、被诱逼，哪些话该说，哪些话不该说，见到甲该怎么说，见到乙该怎么说，在台上该怎么说，在台下该怎么说。……告别权威，他们又走向了另一个极端：盲从社会，迷信流行，没有自己的观点，缺乏智慧的思想。……他们在实践中追随一种普遍流行的服从，……形式化的思想行为正成为一种流行的时尚……一些人寻求生活的刺激和伪先锋式的潇洒，一些人醉心于"理论联系实际"所获取的可观报酬，他们过早地走进了商业操作的流程。（一名湖北大学生语）（钱理群，2008：222－223）

资深媒体人老愚先生的一次研究生面试经历，令其感触尤深、嘘唏不已：

> 他们翩然降临。男的潇洒，女的优雅，咋看都有一种范儿。我决意从两个方面考察他们。一是基本阅读，二是价值观。……看简历，以为天下英才俱在手中，面试后，始知教育产业毁人不倦。……该学的都没学会，却全然丧失了应有的纯真。无知识谱系，无正当价值观。……毕业论文一概是那种无需动脑子的傻题

目，一个自我循环论证的僵尸。……在回答政治问题时，他们应对有方，操着一套熟练的正确话语，眼神炯炯，话语滔滔，肢体语言丰富，堪比外交部发言人。（老愚，2011）

在这样的现实和功利社会里，很多大学生不知不觉地依照效用理论来安排自己的学习、规划自己的未来。大学生经常提出如“学习这个有什么用处”“学习那个能找到工作吗”等问题。此时，大学教师，尤其是社会科学领域的教师，十分需要思考大学到底应该或者能够提供给学生什么。对于社会学、人类学、发展研究等这样的专业，大学教师能够教授的无非三种形式的内容，即信息、知识和思想。但我认为，大学提供给学生的不应该是信息。现代社会的信息林林总总、真真假假，无处不在、无时不有，人们已经被信息围困，难以喘息、苦不堪言。信息不是太少了，而是太多了。例如，任何一个以往需要翻阅词典的术语，只要百度一下，哪个也不下数十万、数百万条，甚至更多。从其中甄别出你需要的信息，反而并非易事。而且信息的制造是一种自我推进的过程，即为了处理信息，产生了更多的信息。信息的不断增多使得信息冗余数量大得无法注入人类大脑，甚至传统储藏室——图书馆——也已经无法容下了（鲍曼，2006a：19－20）。因此，若当代大学教师以向学生提供信息为己任，网络信息技术就已经宣告了教师时代的灭亡。因为对传递信息而言，教师并不比存储网络更有能力；在获取信息方面，教师不比学生具有优势。

在知识和思想方面，或许多数人对“上大学学知识”坚信不疑，但知识也是一种信息形式。利奥塔（1997：111）更是宣告，网络信息技术已经敲响了教师时代的丧钟，因为对传递确定的知识来说，存储网络比教师更有能力，所以大学教师凭借积累的知识优势教导学生的时代已经不复存在。此外，知识和思想本质的区别在于：知识是物质的，思想是观念的；知识是经验的，思想是哲学的；知识是功用的，思想是自由的。虽然在知识和思想之间，很难勾勒出泾渭分明的分界线，但是，对知识的渴望主要是为了学以致用，是物质和功利的产出，而对思想的热爱体现了对自由的追求。许小年先生曾指出，“学术就是学术，不问现实意义。胡适早就说过：‘短见的功用主义乃是科学与哲学思想发达的最大阻力。’一句‘学以致用’，害得中国没了学术”（邓中华，2011）。胡适还对年轻人说过：“争你们个人的自由，便是为国家争自由！”虽然大学在是提供知识还是思想方面未必二元对立，但是与知识和功用相比，我认为大学更应该给予学生以思想和自由。

其实，物有本末，事有终始。虽世殊事异，但大学功能一以贯之，即思想的发源地、自由的象牙塔。关于青年学生的思想形成，早在民国时期就有诸多极富深意的建议，如，“我们应给青年的是一个呼吸自由的氛围，不是含有窒息性的氛围；应给他们各种各式的滋养，使能各按本性去消化吸收；不应拿着某种定型去一孔出气地陶铸”（《新华日报》，1941）。早期的教育家陶行知先生建议学生“打开眼睛看事实，关于政治、社会、经济问题，学生有阅读自由、讨论自由、批评自由”（陶行知，1944）。诺贝尔生理学或医学奖得主彼得·布赖恩·梅达沃爵士（Sir Peter Brian Medawar）强调了思想的重要性，他指出，“对一个学者而言，有思想是最大的成功”（利奥塔，1997：126）。清华四大国学大师之一——陈寅恪则倡导大学教育要坚守“独立之精神，自由之思想”。那么，大学教育如何才能给学生以思想呢？我认为应该考虑五个方面。

第一，学习与思考。学习的重要性无须赘述，但在学习过程中还需要不断思考。古代对此方面的论述颇多，最为耳熟能详的莫过于孔子的“学而不思则罔，思而不学则殆”（《论语·为政第二》）和“博学而笃志，切问而近思”（《论语·子张第十九》），以及《中庸》中的“博学之，审问之，慎思之，明辨之，笃行之”。此外，孟子指出，“心之官则思，思则得之，不思则不得也”（《孟子·告子上》）。在学习过程中，不仅要思考教师所讲的和书中所述的内容，还要思考现今的社会、当下的现实和眼前的问题。然而，这种思考的习惯似乎是现在的大学生最为缺乏的。很多学生上课就是为了通过考试和获取学分，而对所学内容少有思考。对社会现象、社会问题和社会事件，他们司空见惯，熟视无睹，认为到处都一样，不必大惊小怪，从不会问个为什么，普遍患上了冷漠的大脑懒惰症。如此大学教育，“传道授业解惑”已不复存在。“传道”者变成了“传声筒”；“授业”变成授“技”或“术”；“解惑”更无从谈起，没有思考，哪有疑惑？学生只是一台台劣质复印机，忙着把课堂内容复印到笔记本上。其结果是，学生的头脑变成了别人的跑马场，真正的思想无从谈起（齐宏伟，2009）。

在一般性的思考之上，大学教育更加强调思辨的精神和能力。这正是能够真正称得上“大学”的大学和技能型的职业培训学院（或在中国已升格为“大学”的学院）的根本区别。德国哲学家弗里德里希·施莱尔马赫（Friedrich Schleiermacher，1808：270－272）曾指出，“没有思辨精神，就不存在科学创造力”。他还进一步指出，“学院是功能性质的，大学是思辨性质的，即哲学性质的”，因此“人们普遍承认哲学教学是大学一切活动的基础”。思考对一名大学生的学习和思想形成至关重要，而思辨对一所大学的名副其实不可或缺。但是，现今的大学践行的是一切围绕就业的实用主义和功能效用理论。有的还引入了企业化经营、公司化运作的商业管理理念。为了扩大社会影响力和知名度，很多大学大肆炒作、竞相攀比。校园里最为抢眼夺目的不再是学术讲座海报，而是各式各样的商业广告、学生干部竞选广告。电信公司在校园里摆摊设点，扩音喇叭里的叫卖声播放不停。本不宽敞的校园为了让车辆通行，加宽了道路；本不充足的公共空间，有的变成了小吃铺、小卖店，有的变成了收费停车场。进入大学校园，充斥耳边的不再是鸟语花香中的琅琅书声，而是车鸣声、吆喝声、人流声，喧闹不堪、嘈杂无比。今日之大学，很多早已将思辨和哲学的功能抛到九霄云外。若只以“大学”之名，行“学院”之实，实不如将“大学”更名为“学院”罢了。

第二，怀疑与批判。学习过程中的思考和思辨需要怀疑和批判的精神。怀疑和批判是科学与思想进步的结果，这种进步也是以怀疑和批判为前提的。法国哲学家库辛认为，“批判是科学的生命”；奥地利思想家波普尔坚信，科学方法就是“批判的、论辩的，几乎是怀疑论的”，批判是科学的态度，而教条是伪科学的态度；英国数学家皮尔逊则指出，“怀疑和批判是进步的保护措施之一，科学的最不幸的前途也许是科学统治集团的成规，该集团把对它的结论的一切怀疑、对它的结果的一切批判都打上异端的烙印”（李醒民，2011）。社会学家吉登斯还断言，社会理论本质上就是社会批判（特纳，2006：450）。

在大学教育中，学生应该始终保持一种怀疑与批判的态度。首先，在阅读时，要始终带着审视的、提问的、评论的眼光，不要过于“恭敬地”“崇拜地”和“盲目地”接受书上的一切（风笑天，2001：50）。古人云，“读书贵能疑，疑能得教益”。孟子也指出，“尽信书，则不如无书”（《孟子·尽心下》）。其次，要对社会现实和社会问题保持一种批判的态势。在此方面，大学教师应该培养学生思考、思辨、怀疑和批判的习惯与能力。这需要大学教师率先垂范、言传身教。作为推动社会前进的动力，社会批判是大学教授的使命，大学教授也应该是天然的社会批判者（张意忠，2005）。但是，中国长期以来对教育和学术中的怀疑和批判存在误解，认为批判是一种全面的否定和彻底的谴责，是社会不和谐的因素；认为批判就是要反对某个人或某个组织。此外，学者在社会批判方面也“畏首畏尾——怕惹麻烦，怕得罪人，怕冒犯权威，怕触怒强权”（李醒民，2011）。其实，社会批判是对批判对象充满爱心和信心的最好体现，即所谓“爱之深，责之切”，就如深爱自己的孩子一样，父母常常对孩子的不当行为严加责备、严厉批判，就是为了孩子能更好地成长，并超越父母。批判理论认为：

> 批判并不意味着谴责或抱怨某种现象或方法，也不意味着单纯地否定和驳斥某种观点，更不等于一套关于国民经济的教程和

> 社会生活的实践纲领。批判的含义远比“抱怨、否定或教程”深刻，它指某种理智的、最终注重实效的努力，即不满足于流行的观点、行动，不满足于不假思索地、只凭习惯而接受社会状况的努力。（霍克海默，1989：255）

社会批判的目的就是社会建设。葛剑雄认为，一个健全的社会既需要肯定和维护的人，也需要怀疑和批评的人，两者缺一不可。怀疑和批评者可以使社会避免不必要的损失，预防可能出现的问题。正是因为他们，这个社会才得以稳定和进步。“他们的质疑和批评或许不尽全面，但对社会起了提醒和警告的作用。对一项政策、法令、制度、措施，一项工程、规划、方案也是如此。允许并接受他们的批评，能帮助决策者更全面、更深入地考虑不利因素，从而进一步加以修改或完善。”（王君琦，2010）此外，也有人会担心，若一个人形成了怀疑和批判的习惯，并将此带到日常交往和为人处世中，会不会怀疑所有人、否定所有事呢？胡适先生早已就此问题做了澄清，即“做学问要在不疑处有疑，待人要在有疑处不疑”。

第三，兴趣与追求。无论是学习、学问，还是做其他任何事情，来自内心深处的兴趣是最原始、最根本的动力。如孔子所言，“知之者不如好之者，好之者不如乐之者”（《论语·雍也第六》）。徐百柯在《民国风度》中介绍道，西南联大时期，逻辑学家金岳霖教授主讲逻辑学，有学生觉得这门学问十分枯燥，便好奇地问：“你为什么要搞逻辑？”金教授答曰：“我觉得它好玩。”大语言学家赵元任也告诉女儿，自己研究语言学是为了“好玩儿”。世界上很多大学者研究某种现象或理论时，常常是为了好玩。“好玩者，不是功利主义，不是沽名钓誉，更不是哗众取宠，不是一本万利。”（徐百柯，2011：15）可以说，只因真正的兴趣，人们才会真正地用心，才会把自己的生命投入进去；用心做的事情也就不是外在于自己的，而是和自我的生活和生命融为一体（钱理群，2011a：9）。古人教导我们，只要用心专一，则金石可镂。否则无所用心，只会饱食终日。

有了兴趣和用心，学习和学术就会为了追求纯科学而将功名利禄置之度外。然而，如今的中国学者，尤其注重成果的应用、转化和推广，并美其名曰“产学研相结合”。例如，研究转基因技术的科学家公开宣称“转基因需要尽快产业化和商业化，否则会大大影响对转基因的科学研究”。真不知科学家的潜心研究与浮华的商业有何真正关联？难道科学家自己要在商海中大显身手？当然这不限于中国，在美国，“一些卑微的美国人偷取过去伟大人物的思想，通过这些思想在日常生活中的应用让自己富裕，他们得到的赞美高于那些提出这些思想的伟大原创者。如果这些原创者思想中有一些庸俗成分，他们早就可以做出成百种这样的应用”（罗兰，2005）。今天的中国学术界，学术研究急功近利、心浮气躁；学者求田问舍、梦幻万贯家财，追求纯科学已成奢谈。在此情况下，若不想再次贻人笑柄，则应该谨记美国物理学家亨利·奥古斯特·罗兰（Henry Augustus Rowland）在19世纪时对中国人的这段奚落嘲讽：

> 我时常被问及这样的问题：纯科学与应用科学究竟哪个对世界更重要。为了应用科学，科学本身必须存在。假如我们停止科学的进步而只留意科学的应用，我们很快就会退化成中国人那样——多少代人以来，他们（在科学上）都没有什么进步，因为他们只满足于科学的应用，却从来没有追问过他们所做事情中的原理。这些原理就构成了纯科学。（罗兰，2005）

第四，去商业化和去功利化。在商业化和市场化袭击世界各个地区和社会各个角落的背景下，学术界未能独善其身。多少学子的大学梦是通过知识改变命运，经由文凭，喜托龙门，飞黄腾达；多少农家儿女的大学梦是为了拥抱快节奏的城市现代化生活，经由大学，跳出农门，远离土地；多少年轻才俊的大学梦是为了在别人面前展示自己的成功学，经由知识，赢得盆满钵满，腰缠万贯。需要说明的是，我在这里并非要否定物质的重要性以及对物质的获取，而且物质化的收益也可以是大学教育和学术事业的结果，但绝不应该是目标。如孔子所言，“古之学者为己，今之学者为人”（《论语·宪问第十四》），即学术和思想的最高目标是修身和充实自己，而不是外在的炫耀和向别人显摆。尤其是人文社会科学的教育，可以“让学生的生活变得优雅，让学生变得正直”（徐晓村，2014）。一个关于古希腊著名数学家阿基米德的故事说，有一个青年问阿基米德学习几何有什么用处，阿基米德听了随即吩咐仆人：“给他点钱，让他走吧，他想靠几何学发财呢。”（王丰，2003：170）利奥塔（1997：3）更是尖锐地指出，如今知识的供应者和使用者与知识的关系，越来越具有商品的生产者和消费者与商品的关系所具有的形式，即价值形式。知识为了出售而被生产，它不再以自身为目的。

在此情况下，作为思想的阵地和精神的堡垒，大学必须去商业化和去功利化，在商业化大潮中保持不染，与功利化现实保持距离，在雾霾笼罩和价值颓废的年代，使教育和学术香远益清、亭亭净植。无须想象，一定会有人嘲笑这太理想主义。试问，在现实主义大行其道的社会里，若大学都不能保留一点点理想主义和浪漫主义，何处尚能？

第五，去职业化。教育的职业化已经成为很多现代大学的办学目标和衡量标准。正如利奥塔所描述的：

> （现在）大学需要培养的不再是各种理想，而是各种能力：多少医生、多少某专业的教师、多少工程师、多少管理人员，等等。知识的传递似乎不再是为了培养能够在解放之路上引导民族的精英，而是为了向系统提供能够在体制所需的语用学岗位上恰如其分地担任角色的游戏者。……大学生不再或近或远地关心社会进步、人类解放的伟大任务。（利奥塔，1997：104）

需要说明的是，我在此并非否定一个社会中职业教育的重要性。职业教育固然重要，但它是众多职业教育学院承担的任务。中国也正在构建现代职业教育体系，并将之上升为国家战略①。但是，不同的社会制度承担着不同的社会功能。如前面提及的施莱尔马赫所指明的，学院是功能性质的，也就是要承担技能性的、实用性的、职业性的教育，故称之为学院；大学则不同，它是思辨性质的、哲学性质的，故称之为大学。然而，如今的大学教育渐渐抛弃了思辨和哲学的性质，而向功能性的职业教育靠近。例如，近年来研究生教育出现了学术型硕士和专业型硕士两种，而且大有彻底变为专业型的趋势。本科教育更以就业和市场需求为最高准则。钱理群先生对此深有感触，他说：

> （大学里的）一条新闻看得我毛骨悚然，说是大学新生一报到，有些学校领导就约见学生家长，提出现在开始就要为学生未来的职业做准备，要对学生进行职业的训练和指导，好像还有专门的组织，指导学生根据求职的需要来设计自己四年的大学生活，还要让这些学生提前和招工单位的人事部门见面，以便公关。这真的让我大吃一惊，我曾经感慨应试教育之外的教育都进不了中学教育，现在我又看到了新的危机：要求大学生按照就业的需要来设计自己的大学生活，与就业无关的教育是不是也进入不了大学教育呢？（钱理群，2008：30）

钱理群先生回忆说，当年蔡元培先生提出警告，说大学不能成为职业培训班。但今天的整个教育围绕着应试和就业来展开，这是一个非常可怕的现实。他告诫我们：

> 大学不仅仅使你成为一个有知识、有技术、有技能的人，更重要的是成为一个健全发展的现代公民。如果不着眼于这一点，

① 详见国务院于2014年5月2日发布的《国务院关于加快发展现代职业教育的决定》（国发〔2014〕19号）。

> 只是按职业知识、技能的要求来设计自己的大学生活，那么，大学生中的许多人就很有可能在中学成了应试机器，到大学又成了就业机器，这样来度过自己的青春时代，且不说会影响自己一生的长远发展，单就个人生命而言，也太委屈自己了。（钱理群，2008：31）

其实，大学里的专业和社会里的职业有着本质区别。美国社会学家理查德·谢弗（Richard T. Schaefer，2006）总结道："对于专业，顾客不太重要；而对于职业，顾客永远是对的。"对于职业来说，"顾客就是上帝"，即一定要以客户的需求为导向。但是，对于大学教育中的专业来说，无论社会是否需要、学生是否喜欢，它都不能随意调整，因为一个专业意味着一套知识体系，甚至涉及某种特定的精神、特定的价值。若一味以社会需求和实践效用为导向，考古学、历史学、人类学等岂不都得改为计算机、国际金融、国际贸易之类的专业？况且，现今无论政府机关还是企业，都在不断精简机构、裁减人员。各行各业提供的岗位持续减少，而大学生、研究生规模却逐年扩大。这岂是调整专业能够解决的问题？更不用说招聘中的各种"拼爹""萝卜招聘"等现象了。

中国大学的职业化趋势最为突出的，莫过于形形色色的专业学位教育和五花八门的培训班了。大量的专业型硕士甚至专业型博士学位都是所谓的一流大学授予的。而且，越是知名学府，越容易招收到更多的学生参加各种如 MBA、EMBA、MPA、推广硕士之类的专业学位教育，越容易招到更多的学员参加各种培训班，其中不乏天价培训班。据媒体报道，国内最受社会青睐的未名湖畔从 2007 年到 2014 年共举办了 4000 多期培训班（袁汝婷等，2014）。某天晚上，我的一位在家乡乡镇工作的小学同学突然来电邀约吃饭。我好奇地问他在哪里。他说在北大上课，且他们系统来了几十号人，都在北大培训。那时，一方面我感叹北大十分接地气，另一方面其多年来在我心中的神圣感也荡然无存。其实，大学与最基层的社会单元建立真正的联结，关心人民群众的生产生活，恰恰能够彰显公立大学的社会责任感，而且有助于学术研究中的社会批判和理论思辨。但是，不知有哪所大学能够勇敢地宣布其专业学位教育和花样繁多的培训班是为了思想的传播，而非经济收入？在“拽人名、拽校名”流行的现今社会，尤其在官场和商场，谁不愿意在言语中、在简历里沾上个北大、清华的名字？如此一来，在专业学位教育和培训市场上，招生的容易程度和招到学生的数量随着学校名气的下降而降低和减少，即只有在知名度高的学校满足收益预期时，才会轮到其后的学校。这完全符合经济学中的滴流效应。

综上所述，我想强调的是，由于信息技术的飞速发展，存储网络已经完全取代了教师的知识和信息积累等传统优势，当代大学教师不能再以向学生提供不确定的信息和确定的知识为己任，大学应该回归其思辨和哲学性质，尤其需要给学生以自由的思想。为了实现这一目标，大学教育应该培养学生的思考与思辨能力、怀疑与批判意识，培养学生的学术兴趣和追求纯学术的精神；大学教育本身应该去商业化、去功利化、去职业化。而大学学习的一个主要方式便是读书，教师可以协助学生读书，多读书，要“读破万卷，神交古人”。可以肯定的是，若一名学生在大学期间不断读书，读了很多书，那么与其他活动所带来的任何外在荣誉相比，他（她）一定能够感受到更高层次的快乐和享受，且一生受用，否则定会惋惜不已。钱理群先生建议大学生要“沉潜十年”读书：

> 我们的教育，最大的失败就在于，把如此有趣、如此让人神往的读书变得如此功利、如此的累，让学生害怕读书。……学生生活的最大特点，就是他生活的现实空间是相对狭窄的，而他的精神生活的空间却是无限广阔的。其主要途径就是读书。而读书，就是和古今中外的没有见过面的朋友进行心灵的对话，精神的交流。……这是一个自由读书的大好时机，大学、研究生期间，应该把精力集中在读书上，特别在阅读经典原著上好好下工

> 夫。……大学生要“沉潜十年”读书。“沉”就是沉静下来，“潜”就是潜入进去，潜到最深处，潜入生命的最深处、历史的最深处、学术的最深处。(钱理群，2008：5-12)

关于读书学习，诺贝尔文学奖获得者、日本作家大江健三郎曾建议一种我称之为“滚雪球式”的阅读方式，即在阅读中凡是遇到不明白的概念、术语和理论，或不熟悉的学者，一定要千方百计地从别的词典、书籍等文献上延伸查阅。在网络技术的帮助下，这变得颇为容易。

> 不管是教科书还是其他的书，只要在里面发现了有意思的话，或者我认为正确的话，就把它记到笔记本上并背下来。而且，我还记下在那里面出现的外来语、人名，再通过别的书来试着查找它们。后来进了高中和大学，开始更自由、更积极地去做，用刚才说的方法从一本书查到另一本书，就这样找到自己要读的书，并将它们串起来。这就是我的学习方法。这种学习方法直到今天我还在用。(大江健三郎，2004)

这样，在阅读一本书的过程中，我们会涉猎更多的文献，了解更多的学者，也会进一步确定后续的阅读计划。按此方式，持之以恒，日积月累，定能积沙成塔、集腋成裘。尤其是，每个人还会读出自己独特的体系来，读出书籍之间、作者之间的脉络和联系来。这也就变成自己的学术了。

对于大学的社会科学教育，有些方面或许还会挑战我们的常识性思维。第一，关于正确与错误。在大学之前，尤其是童年的教育中，我们习惯以简单的二元对立（好—坏、对—错），来评判世界。而长大后，我们明白了，要弄懂我们所生活的这个复杂而矛盾的世界，并非一件轻而易举的事情。我们开始学会不再使用单纯的“好坏”“对错”作为评判的尺度。而且现实生活中的很多概念开始显得模糊而破碎，我们必须清楚童年已经终结（李建会，2005：19）。第二，关于标准答案。作为应试教育的产品，我们尤其习惯于标准答案。但是，社会科学崇尚的是思考和分析，是思辨和哲学性质的，每个人都可以有自己的一套分析逻辑和叙事方式。那什么样的算是好的分析呢？简单说，就是你能将读者说服。因此，社会科学学习不应该将目标放在标准答案的寻觅上。美国实业家罗迦·费·因格（2000）曾说："'正确答案只有一个'这种思维模式，在我们头脑中已不知不觉地根深蒂固。事实上，若是某种数学问题的话，说正确答案只有一个是对的。麻烦的是，生活中大部分事物并不像某种数学问题那样。生活中解决问题的方法并非只有一个，而是多种多样。"因此，在西方的课堂上，大学教师常会告诉学生，"我没有标准答案，你只能寻找自己的答案"。第三，关于学什么爱什么。我以为，若真正热爱自己所学的领域或专业，就应该大胆反思甚至批判自己领域的局限性，即使是传统的数学学科也是如此。数学学科从不担心否定自己，而是不断反思、不断批判自己，并以此开辟自己前进的道路（齐民友，2008）。对于学习发展研究的学生或从事发展研究的学者来说，"学习发展，反思发展"，或者"在发展中反发展"，是一种更高的层次和境界，在认识论和政治上都是有远见的。例如，在伦敦政府工作的几位社会工作者反思了政府妇女福利项目的合理性，并出版了专著《身居庙堂心系江湖》（*In and Against the State*）；加拿大的阿黛尔·穆勒（Adele Mueller）教授则建议从事发展工作的女性主义者应该"身在发展机构而反对发展"（in and against development）（埃斯科瓦尔，2011：211）。他们的这些做法更能体现出对发展的真诚关切和高度责任。

为了践行大学教育的思辨和哲学功能，尤其需要创造一种环境和条件，以使学生能够充分发挥学习、思考、怀疑和批判的能动性。在中国的教育传统里，教师和学生之间存在巨大的权力距离和等级差别。这很不利于教师和学生之间的有效互动。我认为，在大学教育里，十分有必要对大学教师去神秘化。以发展研究的教学为例，教师对世界和中国的发展现实并非都能给出令人信服的解释，也未必需要这么做，因为即使给出解释，那也是教师个人的思考，学生并非不可以质疑和讨论。另外，发展研究、社会学、人类学等专业本身就是关于社会现实和人类生活的社会科学，而对社会现实和人类生活的方方面面，教师一定会有自己的困惑。我认为，教师应该摒弃给出确定性、权威性解释的幻想，大胆、大方地将自己个人化的思考过程、自己的困难和困惑告诉学生。这样，学生就不得不去想，教学也就变成了与学生一起困惑、一起思考、一起探索的过程。例如，鲁迅先生在讲演中总会将自己的思考过程和困惑，向听者坦露；同时强调仅是个人的意见，是可以而且应该质疑的。他要求听众和自己一起思考与探索。因此，听鲁迅演讲，或许会很吃力，因为一切都不明确，要听者自己去想。但这也正是鲁迅演讲的魅力所在：它逼迫你紧张地思索且不断诘难演讲者和你自己，同时，又在其中享受着话语权的平等与思想自由的快乐（钱理群，2008：207）。

二　知识分子

人们将大学比作神圣的学术殿堂。每提及大学，除了静谧优雅的校园和朝气蓬勃的学生，人们脑海里还会浮现出知识渊博的教师，且常用“知识分子”来指代这一群体。有幸成为大学教师中的一员，我也时常品味“知识分子”这一称呼，深感它所蕴含的实质和承载的精神远非时下的“科学家”“学者”“专家”“研究者”“文化人”“教书匠”等所能涵盖。除了广博的学识和精深的研究，“知识分子”还应该包含很多很多，尤其需要关注现实世界，关怀人类生活，思考人类价值。假如大学是思辨性质的和哲学性质的，我认为大学教师就应该是知识分子性质的。大学教师的知行观应该彰显知识分子的意涵和精神。这应该具体体现在大学教师的日常教学、科学研究和实践行动上。然而，现代社会遭遇了普遍的价值世俗化、经济市场化、知识商品化、学术指标化、大学行政化、管理科层化和体制收编化。在此背景下，人们开始担心知识分子已经死亡了。但同时，人们也开始更加认识到知识分子对社会进步和人类解放的作用，并呼唤重拾知识分子精神。大学教师，应该将知识分子作为自己的理想型，将知识分子精神作为自己的知行判准，将知识分子品格作为自己的修养追求。或不能至，然心向往之。

追求“独立之精神，自由之思想”的大学生，也十分需要知晓知识分子的内涵。只有这样，学生才能更好地理解具有知识分子性质的大学教师的教学和研究，同时培养自己的知识分子精神和品格。无论将来从事何类工作，这都会将自己的事业和生活品质提高到另一个层面。虽然很多学者开展了对知识分子的研究，并梳理了知识分子的起源和变迁，但对知识分子的定义，还没有一个确切的结论。即便如此，我们还是可以从古今中外的很多著名论述中认识知识分子的共性和特点（科塞，2001；萨义德，2002；黄平，2005；鲁迅，2005b：224－227；许纪霖，2008：31；王君琦，2010；张爽，2013）：

- ❑ 知识分子是“自由漂浮、无所依附的人”，是“自由”的、“本来面目的人”。（卡尔·曼海姆）
- ❑ 知识分子是“为了思想而不是靠着思想生活的人”，是“从来不对现状满意的人”。（刘易斯·科塞）
- ❑ 知识分子是敢“对权势说真话的人”，“知识分子永远是批判性的”，“真正的知识分子不是为了某种利益而存在，而永远是为了某种兴趣而存在”。（爱德华·W. 萨义德）
- ❑ 知识分子“应该是每一时代的批判性良知”。（法兰克福学派）
- ❑ 知识分子也许靠思想生活，但他们必须为思想而活。（罗恩·艾尔曼）
- ❑ 知识分子“对整个世界怀有一种兴趣，并对它怀有一种日益强烈的责任感，代表着社会良心”。（瓦茨拉夫·哈维尔）
- ❑ 知识分子“对于社会永远不会满意的，所感受的永远是痛苦，

所看到的永远是缺点”，但“确能替平民抱不平，把平民的苦痛告诉大众”。（鲁迅）

- 知识分子应该“脚踏大地，仰望星空”。（钱理群）
- 知识分子永远是最不安分的，总是不愿被某个固定的模式禁锢。（许纪霖、黄平）
- 穷则独善其身，达则兼善天下。（孟子）
- 为天地立心，为生民立命，为往圣继绝学，为万世开太平。（张载）
- “不以物喜，不以己悲。”“先天下之忧而忧，后天下之乐而乐。”（范仲淹）
- 长太息以掩涕兮，哀民生之多艰。（屈原）

上述每一条论述均意义深刻、发人深思，若仔细体悟，皆可喻之于怀，相信每个人都会产生特异的感触或共鸣。有的学者尝试总结知识分子特质的核心元素。例如，以色列学者迈克尔·康菲诺（Michael Confino）综合各方面意见，将知识分子的特点归结为五条：一是对公共利益的一切问题（包括社会、经济、文化、政治等诸方面）都抱有深切的关怀；二是有自觉的责任感，认为上述各种问题的解决，都是他们的个人责任；三是倾向于把一切政治、社会问题看作道德问题；四是无论在思想上还是生活上，他们都觉得有义务对一切问题找出最后的逻辑解答；五是他们深信社会现状不合理，应当加以改变（周非，2011）。葛剑雄总结认为，当代知识分子的标准应该包括四个方面：一是必须接受过完整的高等教育，或者实际上已经达到这样的水平；二是必须拥有某一专业或某一方面的理论或比较系统的知识，即成为某一方面的专家或学者；三是应该关注整个社会，至少应关注本专业以外的领域；四是必须具有批评精神。其中，前三条是基本条件，第四条是必备条件（王君琦，2010）。也就是说，社会批判是知识分子精神中最为重要的方面。对此，葛剑雄进一步解释道：

> 知识分子的主要使命不在于美化、宣扬或维护现有的真理、秩序、规则和存在的合理性，而是发现其中的缺陷、谬误和不足，并予以揭露和批评，不断探索、发展和创新。当然，这并不是说知识分子一定要反对它们，或者一定要与它们唱对台戏，也不是说它们不需要有自己的工具或喉舌，而是说这类角色不必由知识分子来扮演，完全可以由拥有一定的知识、技能和社会经验的官员、公务员和专业人士来承担。(王君琦，2010)

这一解释尤其值得中国的大学教师反躬自省，因为有些教师经常充当政策宣讲员，以诠释政府文件为业，但这并非必要。因为，一方面，政府文件大多明白如话、简截了当，无须解释，人们即能读懂和理解；另一方面，不同层级的政府以及政府的各个部门都有自己的智囊，如各地各部门的“发展研究中心”，他们的任务才是在有必要时对政策文件进行解读，知识分子又何必不务正业、越俎代庖呢？因此，大学教师、教授的使命不在于解释政策文件的正确性和重要性，而应该对政策文件没有考虑到的方面或实施过程中可能带来的影响进行批判性分析。这才会更加有利于提高政策文件实施的针对性和有效性。

随着社会的发展变迁，知识分子在很多方面产生了严重异化，使其批判精神无从谈起。第一，价值的世俗化。这是全社会的实用主义、功利主义、工具理性和消费主义大规模入侵学术界所致。作为社会中的一个特殊群体，知识分子并未能逃脱市场经济这个“大染缸”，而各为稻粱谋。其工作与生活普遍追求实用性和短平快，缺乏对人类终极问题的长期思考和深度反省；常常看似成果丰富，却思想平淡无奇，恰如卢梭所言，“当一个人只为维持生计而思维的时候，他的思想就难以高尚”。第二，知识的专业化。知识分子的专业化划分越来越窄，很多人变成了细小专业里的井蛙，不再关注有关社会进步和人类解放的宏大整体性议题，却由于在专业小圈子里的星点成绩而夜郎自大。正如钱理群先生所指出的：

> （我国大学的）专业划分越来越细，越来越专业化，使得学生知识越来越单一。……如果眼光完全局限在专业范围内，发展到极端，就会把专业的、技术的世界，看作是世界的全部，只知专业而不知其他，这就把自我的天地压缩在极小的空间，知识面越来越狭窄，兴趣越来越单调，生活越来越枯燥，最终导致精神的平庸化与冷漠化。……（就会如鲁迅所言）“不免咀嚼着身边的小小的悲欢，而且就看这小悲欢为全世界”。（钱理群，2008：7，44）

第三，学术的利益化。由于社会利益的多元化和冲突化，很多知识分子充当了某个阶级或利益集团的“代言人”，从而丧失了对社会公共问题的深刻关怀，丧失了超越性的公共良知（许纪霖，2008：9）。第四，政治的依附化。这是因为“知识分子过分依附于政治权力，依附于政治意识形态，最终失去了独立人格和自由思想”（许纪霖，2008：12）。

上述异化的结果是，知识分子分化成了两种类型：传统知识分子和有机知识分子（葛兰西，2000）；普遍知识分子和特殊知识分子（福柯，2003a：206，441－442）；非体制知识分子和体制知识分子（黄平，2005：9）[①]。前者是严格意义上的“真正知识分子”。他们游离于体制之外，是独立的、自治的，与权力和利益无涉，且超越一切社会利益集团，代表了社会一般性的良知、正义和理想。而后者往往存在于社会经济政治体制之内，与权力和利益共谋，代表着权力和利益集团。这些集团也利用知识分子来维护自身利益，赢得更多权力，获得更多的控制（萨义德，2002；潘知常，2006）。而在人文社会学科与理工经济学科之间，与理工科的应用性和经济类的经世致用性相比，人文社会学科的功用性和时效性显得相形见绌；当理工经济学科

① 黄平将知识分子分为体制知识分子、非体制知识分子和反体制知识分子。我认为后两种均可称为非体制知识分子。

因其直接的现实功效炙手可热时，人文社会学科却显得不合时宜，以往的门庭若市变成现在的门可罗雀，与过往的指点江山、激扬文字相比，现在可谓判若云泥（陈占彪，2006）。因此，当很多理工经济类“知识分子”摇身一变成为独董、公司首席工程师、首席经济学家，甚至股东时，一些人文社会类知识分子也在“上穷碧落下黄泉，两处茫茫嗅商机”。无奈受限于形而上的学科特点，有机知识分子之梦难以一蹴而就。于是，不少人开始与政府的智囊抢饭吃。有的学术机构要求研究工作“想领导之所想，想领导之将想，想领导之未想”，有的大学要求人文社会科学研究“站在领导的角度来思考和研究问题”。试想，不是领导，还要站在领导的角度来想事，如何能够想得过领导呢？按此逻辑，知识分子彻底忘掉了其精神与价值定位，呈现出的是对物欲和官场的折腰，对权力和虚荣的迷恋。难怪有人宣布了“知识分子之死”。

卢梭（2009）指出，人类的进步史同时也是人类的堕落史。他断言，科学与艺术的进步使道德沦丧，科学与艺术越是发展，社会在智性方面越是显得灿烂辉煌，世风就越是江河日下（卢梭，2011）。或许正因如此，知识分子才会死亡，才会甘当既得利益集团的吹鼓手。殊不知，资本集团背后的那些摇唇鼓舌者，虽乞得了衮衣玉食，但在资本大佬的眼里，不过是杜月笙所说的一只夜壶，需要时拿出来用一下，用完了便放到最角落的地方。正如胡适所言，一个强大、自由平等的国家不是这样的一群精神已经消亡了的“知识分子”能够建设得起来的。因为，他们善于从经历资本强拆的人民的遭遇中轻松地“寻出‘美’来，赞叹，抚摩，陶醉，……使自己和别人永远安住于这生活”（鲁迅，2005d：604）。他们认为，虽然有人付出了代价，但换来了美妙的发展幻象。然而，他们对幻象背后的“利益私有化和代价社会化”的真相却置若罔闻。他们已经习惯于从属地位，为了保住自己的安宁生活，乐意任凭别人加重他们的奴役（卢梭，2009：156），完全变成了被现代社会驯服了的具有奴性的客体。

将批判性视为知识分子的本质，在西方由来已久。在大学，教师对知识和真理的追求，实际上就是对现存知识体系的某种超越和否定，是对现实生活和社会秩序合理性的批判和重建（张意忠，2005）。大学教师需要认识到，在现代性主导社会变迁的背景下，普遍出现的是一元极力吞并多元，某一种存在模式极力贬低、抹杀甚至吞并其他模式的趋势。此时，知识分子的社会批判可以使一元主导的社会保持某种张力，使社会能够向更加健康和更加和谐的方向发展。正如在中国现代思想文化里，幸亏有鲁迅这样的知识分子，才形成了某种张力，才留下了未被规范、未被收编的另一种发展可能性（钱理群，2008：195）。这种张力的存在对社会稳定更加有利，因为这种社会批判完全是建设性的，绝不是为了摧毁。例如，有人批评萨义德总为巴勒斯坦的民族和领土而辩护，萨义德回复说："是的，我是在为巴勒斯坦领地和国家而辩护，但是一旦巴勒斯坦领地和国家形成了，我将成为第一个批评巴勒斯坦国家的人。"（维克托·李，2012）难道萨义德的批判是为了摧毁巴勒斯坦国家吗？可以认为，对知识分子来说，批判就是一种建设，解构就是一种建构。

在真正的知识分子精神中，社会责任感是另一个重要元素。孙立群指出，知识分子必须"关注社会，关注民生，热心于对社会做出贡献，必须具有强烈的社会责任感和社会参与意识"（王君琦，2010）。与西方知识分子注重权利相比，中国的知识分子更加注重自己的社会责任（R. 麦克法夸尔、费正清，2007：198）。知识分子的责任感主要体现在对民众生活、民间疾苦、社会正义和公共利益的关注、思考和行动上。这就要求知识分子深入社会，思考真问题，研究真学术。"读万卷书，行万里路"，在书斋和真实社会之间建立起联结，将有利于知识分子对现实的知晓和思辨。"近水知鱼性，近山识鸟音"，知识分子必须倾听人民，"知屋漏者在宇下"，"一枝一叶总关情"。美国社会学家劳伦斯·纽曼（2007）说："如果社会研究者无法与日常的实践保持协调，他们就只能玩一种'象牙塔'游戏。不久，公众和社会就会对其失去信任、理解和支持。"布迪厄在晚年也曾明确地提出，“面对社会大众的苦难，社会学如若不想变成‘社会巫术’，就必须深入社会生活，传达底层的声音”（Bourdieu et al.，1999）。

知识分子不仅要具有批判社会的精神，还要敢于批判和否定自己。例如，鲁迅的批判精神最终是指向自身的，他常常质疑自己，这是他思想的彻底之处、特别之处，是知识分子很难达到的一个境界（钱理群，2008：196）。研究鲁迅的钱理群先生，在坚持学术追求的同时，也不断地进行自我质疑。他认为，“一个学者，不能要求大家都说他好，有争议就说明有特色，有特色就会有问题。这是一个钱币的两面”；他“希望自己做一个‘偏至的学者’，而不愿做一个四平八稳、面面俱到、人人说好的学者”。此外，钱理群先生还清楚地认识到，当一个学者被承认或成为一个权威时，他会自觉不自觉地使用他的话语霸权，成为新的压迫者（钱理群，2011b：7－8）。这正是知识分子时刻质疑和批判自己的体现。世界卓有成就的知识分子均有不断批判、不断否定自己的习惯。当然，在很多人想方设法制造自己的学术权威和社会影响之今日社会，我们需要认识到，质疑和批判自己就意味着某种否定，意味着对自己过去的某种否定，而这对很多人来说是很痛苦的。

人们还常常认为知识分子是中立的，其实“中立”本身就是一种无法判断的状态，谁来判断是否中立？面对利益不可能完全一致的社会群体，如何才能中立？被异化了的体制知识分子或有机知识分子、特殊知识分子，其本身就是被权力和利益所控制和左右的，其中立性本身就是自我否定的。即便是非体制知识分子或传统知识分子、普遍知识分子，其价值和立场也是鲜明的，就是为了普通百姓和人民群众的利益。因此，不带任何前提和“偏见”的研究是不存在的（齐宏伟，2009）。例如，对于转基因的可能风险，“具有不同道德观念和价值取向的科学家，往往会对风险问题做出完全不同的判断；如果再把他们有时对话语权和经济利益的诉求也考虑进去，那么，情况就更是如此”（杨通进，2006）。马格林（2001）指出，“无论个别科学家意识到与否，科学的应用，都是受到政治和经济因素左右的”。

美国著名社会学家C. 赖特·米尔斯（2001：212）说过：“选择做一名学者，既是选择了职业，同时也是选择了一种生活方式。”知识分子在社会上注定是一个特殊的、带有神圣感的群体，但同时也是甘于寂寞、甘于默默无闻、甘于“坐十年冷板凳”的学问者和思想者。著名学者徐怀启先生曾说过：“人只有在默默无闻的时候，才能静下心来做点学问。”（赵复三，2007）知识分子尤其需要远离物质与浮躁的世界，需要静下心来，安心思考，安心研究。知识分子崇尚的是“安坐书斋、安守清冷、安心治学、淡泊名利、至誉无誉”的气节和品质，因为他们坚信如梁启超所说的“苦乐全在主观的心，不在客观的事”。他们的日常生活和工作总是在不断地读书和想事。习近平同志也指出，“选择当老师就选择了责任”“不能把教育岗位仅仅作为一个养家糊口的职业”“如果身在学校却心在商场或心在官场，……那是当不好老师的”（习近平，2014）。这是在以知识分子的标准来要求大学教师。

知识分子群体尤其追求较高的人生境界。丰子恺先生说过，人生可以看作“三层楼”：一是物质生活，二是精神生活，三是灵魂生活。第一层追求的是物质生活，锦衣玉食，孝子慈孙。若得到，便满足了，世间大多数人是这样。第二层追求的是专心的学术或者科研、文艺。所谓的知识分子、学者、艺术家等大多是这样。而第三层追求的是灵魂生活的充实，财产、名誉都是身外之物，学术、文艺也都是暂时的美景。其实，知识分子所追求的大多在第二层及之上。而对于治学，王国维先生有著名的治学三境界之说：

> 古今之成大事业、大学问者，必经过三种之境界：“昨夜西风凋碧树。独上高楼，望尽天涯路”，此第一境也。“衣带渐宽终不悔，为伊消得人憔悴”，此第二境也。“众里寻他千百度。蓦然回首，那人却在灯火阑珊处”，此第三境也。（王国维，2009：16）

最后想要说明的是，虽然在人类的历史变迁和社会进步中，知识分子起到重要的推动作用，而且每一代人的生命历程都是在阅读知识分子所创作的文字的过程中完成的，但是，知识分子在其所处时代却总是小众和弱者。这是由知识分子的本质特点决定的。因为其天然的批判性，即对其所处时代的社会存在的批判性，他们不可能处于权力和利益的中心，否则就是异化了的有机知识分子，而非真正的传统知识分子。因为知识分子永远不满足于现状，总在寻求已有存在之外的另类价值、另类理想、另类选择，因此也永远为社会所不容，永远被边缘化（钱理群，2008：243），是精神上的流亡者和边缘人（萨义德，2002）。正因如此，知识分子永远是小众的，也必然是孤独的。钱理群先生肯定地说："如果你下决心要作一个'知识分子'，一个独立的思想者，孤独与寂寞，大概就是你的宿命。"但是，他们又是"孤独的清醒者"（钱理群，2008：256），是"举世皆浊我独清，众人皆醉我独醒"式的，是"难得糊涂"的清醒者。一般来说，知识分子的贡献和作用在其所处时代很难被认识或认可，或许要经过很多年，人们才开始理解或珍视。这种时代的漠视，对知识分子而言是最为痛苦的，故其内心更感孤独。列夫·托尔斯泰或许就是这样的知识分子。他是"具有这种犀利眼光，能够看清真相的人"，但"作为一个始终具有善于观察并能看透事物本质的眼光的人，他肯定缺少一样东西，那就是属于自己的那一份幸福"（茨威格，2013）。但是，对于悠悠历史长河来说，这又怎样？因为流行的一定是短命的，主流的一定是世俗的，而且"历史上凡是真正重大的事件，在其发生的时候，都是不太引人注目的；而凡是当时就被认为'重大转折'的东西，多半是一种宣传，往往事后连史书也写不进去"（许纪霖，2008：13）。

正是因为知识分子在其所处时代的非中心、非主流的小众角色，其在与权力和利益集团的社会关系上，也一定是弱者身份。不仅如此，知识分子的社会责任感还要求他们永远与弱势群体站在同一边，如日本作家村上春树在2009年耶路撒冷文学奖领奖致辞中说：

以卵击石，在高大坚硬的墙和鸡蛋之间，我永远站在鸡蛋那方。……我们每个人，也或多或少都是一枚鸡蛋。我们都是独一无二，装在脆弱外壳中的灵魂。你我也或多或少，都必须面对一堵名为“体制”的高墙。……我们都只是一枚面对体制高墙的脆弱鸡蛋。无论怎么看，我们都毫无胜算。墙实在是太高、太坚硬，也太过冷酷了。……体制并未创造我们，是我们创造了体制。（村上春树，2009）

三　社会研究

大量社会研究是大学里社会科学领域的知识分子开展的，因此前面的讨论已经涉及社会研究的有关方面。我深知，对社会研究的方法论和研究成果进行概括论述实非我之力所能及。这里陈述的仅是我在社会研究经历中的个人思考，涉及社会研究的功用、表达、立场，以及社会研究之于知识分子的人生观和价值观的联系。虽然这些方面目前均有固定的、主流的认识，且已根深蒂固，但大多是在社会世俗化进程中实用主义和客观理性主义思维下形成的，与知识分子的精神和大学的思辨与哲学功能南辕北辙。

开展社会研究经常被问及研究的功用问题，即研究有什么用处。要明确回答这一问题并非易事，因为研究是否有用，既要看对谁有用，也要看有什么样的用处。但我明白，提出这一问题者，主要想知道的是社会研究能为社会经济建设做出什么具体的贡献，尤其是能否如实用技术一般进行推广应用，并产生看得见、摸得着的效益，甚至对学生将来的就业或创业起作用。若理解了“学院是功能性质的，大学是思辨性质的、哲学性质的”这一判断，上述问题则均会不言自明。正是因为世俗社会将思辨性的“大学”沦为职业性的“学院”，将大学里的“知识分子”沦为解决问题的“技师”，才会对知识分子的社会研究提出如此具体的工具性期望，大学教育和社会研究中本来不是问题的问题才会被提出来。这一趋势在中国尤为突出，列举三例。其一，中国学生填报大学志愿时，家长询问最多的是“好不好就业”的问题；而美国艺术与科学院院士、耶鲁大学教授詹姆斯·C. 斯科特（James C. Scott）曾告诉我，耶鲁大学80%以上的毕业生从事的工作是入学时未曾想象到的，他认为人们应该有丰富的想象力去开创新的事业。其二，中国的大学生仍然在讨论大学教育是否应该培养怀疑和批判性精神；而英国伦敦大学教授亨利·伯恩斯坦（Henry Bernstein）曾告诉我，英国学生对社会问题和社会政策的质疑似乎是天生的，没有人会对此提出疑问。其三，中国的社会学、人类学、发展研究等专业的大学生，甚至博士研究生，不少还在挖空心思地规划毕业后的商战人生；而美国康奈尔大学教授菲利普·麦克迈克尔（Philip McMichael）曾告诉我，美国学生选择这些专业主要是源于自己的兴趣，若想毕业后挣大钱的话，肯定要去商学院、法学院或医学院等。

很多研究者也在开展应用性的、对策性的社会研究，其重要性和必要性无须言说，如同职业教育对社会非常重要一样，国家同时需要社会诊疗师和社会工程师。但是，对思辨性的大学知识分子所开展的关切社会进步和人类解放的一般性社会研究来说，我不想回避对上面那些“用处”问题的直接回答，那就是，“没什么具体用处！”我明白这一笼统性的回答一定会招致无尽的批评和批判，但我想强调的是，不要以形而下的“器”的标准来要求知识分子的社会研究，因为他们更多的是致力于对形而上的“道”的孜孜探究和对思想的曼曼求索。大学教师“更要以‘传道’为责任和使命”（习近平，2014），大学教育的旨趣主要不在于如何适应社会的“器”，而在于如何改造社会和重塑社会的“道”。若能如此理解，那么社会研究对社会、对人类就“至关重要、必不可少”了。社会研究必然涉及生活方式和社会形态问题、人类意义和社会价值问题，这些都是人类生活和社会存在的文化和思想根基。试想，若没有了这些，无论有多少物质财富，人类社会将如何成为可能？

上面这些大而言之的论述，尤其是有关知识分子形而上的思想，在今日之现实社会总会被看作是虚无缥缈的，人们总是希望看到一些行动。尤其是讲求社会责任感的中国知识分子，十分希望为国家出力，因此“三顾茅庐”的故事在知识分子中影响很大，而“报国无门”是他们传统的苦闷（钱理群，2011b：68）。“欲济无舟楫，端居耻圣明”（孟浩然）、“欲为圣朝除弊事，肯将衰朽惜残年”（韩愈）、“持节云中，何日遣冯唐”（苏轼）等，无不表达了中国知识分子报效国家的渴望和理想。那么，思想和行动有什么关系呢？这可以从四个方面来思考。

第一，知识分子的思想难以变成行动性的指南。钱理群先生（2011b）指出，像鲁迅这样的怀疑的、批判的知识分子，并不一定能有治国安邦的良策，他们常说“不应该这样”，对“应该怎样”无法提出可操作的实践方案，他们自然有自己的理想，但不是策略家。对此，他要求我们深刻思考一个问题，即“思想难道只有直接变成实践，才有价值吗?”他说，思想和实践有不同的逻辑。“思想是超前的，而实践是现实的；思想是彻底的，而实践是讲妥协的；思想的合理性并不等于实践的合理性，这是一条必须划清的界限。”他认为应该“还思想于思想者”，强调思想的独立价值，认为思想者不是政治家，不是社会活动家。

第二，志在解释社会的思想家和志在改造社会的理想家虽然是不同的角色，但是理想家需要思想，思想家也可以成为理想家。对此，潘光旦先生是这样解释的：

> 严格的社会思想志在解释。……社会思想提出的问题是，社会曾经是什么，现在是什么，以前的“曾经是”和目前的“是”中间，又有些什么渊源？对于将来可能是什么，社会思想家或许愿意鉴往知来地作一番推测，但这不是他的主要任务；至于未来的社会应该是什么，如何而可以尽善尽美，他是搁过不问的，若问，他是暂时放弃了社会思想家的地位而采用了理想家的身份，

才问的。……社会理想的用意是在改造社会。……理想家多少得利用一些思想，而思想家也随时可以蹿出而成理想家。（潘光旦，1998：296－298）

第三，思想改变行动，从而改变世界。人们往往为现实中思想无法被理解、无法被重视或无法转化为行动而惆怅不堪。但知识分子的非中心性和时代批判性，早已注定了其思想被认同和采用的滞后性。这未曾不令很多知识分子心灰意冷、遁世逍遥。但我们应该清楚的是，社会进步虽然看似都是行动的结果，然而事实上，一切行动均是思想的结果，行动上的矛盾和斗争均来自思想和认识上的悖异。换言之，社会进步的根本在于人的“心”，而不在于做的“事”。若不能改变思想和认识，专家们提出再多的建议也多枉费心血；再好的建议，因为利益和权力等原因而不愿采纳者也会每每视而不见、听而不闻。也正因如此，海量的中国学术论文在提建议时，句子大多没有主语，即没有行动的主体，更没有“如何做”以及“若不做怎么办”的说明。这充其量是一种“好人”假说基础上的精神胜利罢了。若改变了思想和认识，“怎么办”的行动问题也就迎刃而解了。因为每个社会主体都会从自己的现实情况出发，调动自己的能动性，发挥社会设计师和社会工程师的特长，制定出适合自己的行动方案。要知道，这可是政府决策部门最为擅长的行动。因此，在社会研究论文中，大可不必浓墨涂抹“献策”部分，实属多余，倒不如在形而上的层面进一步思考和讨论。

总言之，对于社会进步或社会问题的解决，只要解决思想和认识问题，策略和行动问题便唾手可得，可谓心到即事成，心不到则事不成。对思想和认识问题的讨论不能被视为对现实问题的“无解”。例如，对饱受争议的“农村小学撤并”问题，若从思想上认识到城乡教育公平之于农村学生和农村家庭意味着“让农村孩子在家门口享受到与城市孩子一样的教育，而不是迫使他们去城里上学”，那么，凭借中国政府的资源动员能力，恢复农村学校实非难事。这同样需要解决另一个认识问题，即对于不合适的发展政策和发展行动，要敢于叫停，敢于认错，敢于恢复，因为转过身来并不代表倒退，只是换个方向，继续前行。

看似虚软的思想不仅改变着具体的行动，还会改变世界。知识分子对此要保持信心。《新青年》的钱玄同先生曾请鲁迅为《新青年》写文章，但鲁迅说："假如一间铁屋子，是绝无窗户而万难破毁的，里面有许多熟睡的人们，不久都要闷死了，然而是从昏睡入死灭，并不感到就死的悲哀。现在你大嚷起来，惊起了较为清醒的几个人，使这不幸的少数者来受无可挽救的临终的苦楚，你倒以为对得起他们么?"此时，钱玄同说："然而几个人既然起来，你不能说决没有毁坏这铁屋的希望!"鲁迅（2005c：441）接着写道："是的，我虽然自有我的确信，然而说到希望，却是不能抹杀的。"美国社会学家玛格丽特·米德也认为，一个人或一个小团体可以努力使世界变得不同。她说："永远不要怀疑一个思想深刻、忠诚坚定的小团体是否拥有改变世界的力量，实际上，这是他们唯一能做的事情。"改变世界的道路可能沉重而缓慢，也许还会遭遇嘲笑或对抗，但需要的是坚持和坚定。

第四，思想即生活。对人类和世界的思想性讨论和思考，的确有时无法给出确定的答案或问题解决方案。此时，便有人会发问，"既然不能解决问题，还有什么好论争的?"当然，什么样的思想提出什么样的问题。正是因为这类人追求具体性和物质性，他们才认为只要没有确切答案的问题都不必讨论。哈佛大学教授迈克尔·桑德尔（2012）认为，哲学性的思辨可以把我们已经了解的、已经熟视无睹的情景变得不再熟悉，把我们熟悉的事物变得陌生，这将引导我们用新的方式看待这些事物。福柯（2005：107）也建议，面对人们从未怀疑的、司空见惯的现实，知识分子要"后退几步，绕过现实，去分析它置身其中的理论和实践的背景"。历史告诉我们，通过阅读和思考，人们将会成为更负责任的公民，会重新审视过去的、常识性的观念和公共政策，并更有效地参与公共事务（桑德尔，2012）；公民还可以更好地履行责任，更好地运用各自的天赋来治理好国家（卢梭，2009：31）。而对于很多无法给出具体答案的讨论，桑德尔（2012）说，许许多多哲学家千百年都没能解决的问题，我们就能解决吗？我们是谁？但是，对人类社会诸多问题的讨论还在重复着，谁也无法回避。这是因为，我们就生活在这些问题的讨论和答案中；人类的思想就像一个故事，人们并不知道故事将怎么发展下去，但却知道，这是关于你我所有人的故事。

社会研究的过程和结果主要以文字和语言，即“作”和“述”的方式，进行陈述与表达，如常见的书籍与文章、讲课与讲演。但无论哪一种方式，都是知识分子或研究者按照自己的特定逻辑表述自己的思想与观点的过程。这一过程可以称为叙事，而叙事的结果就是故事。无论一本书或一篇文章，还是一次讲课或一场演讲，都是作者或讲演者给我们叙述的故事，而故事的效果要看作者或讲演者是如何叙事的，即如何讲故事的，按照什么样的逻辑、依据什么样的材料进行推论，以什么样的语言、风格和形式进行呈现。若叙事的结果是使听故事者被说服或打动了，那么故事就是成功的。对于讲故事，齐格蒙特·鲍曼是这样阐释的：

> 故事正如探照灯和聚光灯，它们只照亮舞台的一部分而将剩下的部分留在黑暗中。……故事的任务就是挑选，故事的本质是通过排除来纳入，通过投下阴影来突出照亮某些部分。若因为故事突出某一部分而忽略另外的部分而对其诟病，则是一种严重的误解和不公正。没有选择就没有故事。（鲍曼，2006a：10）

鲍曼关于讲故事的性质和特点的论述尤其值得我们思考。每个故事的讲述者都是为了照亮某一点或某一部分；对社会研究来说，这就是要表达的思想或观点。为了表达某一思想，研究者在叙事过程中必须进行选择，即对论据和论证方法进行选择。无须多言，被选择的论据和被采用的论证方法都是支持要表达的思想的，而无关的或不能支持该思想的材料被排除在外（这些材料也都是研究者不认同的），因此故事一定是不全面的。人们常说，社会科学的思想是可以证明的，因为人类历史上一系列成功和失败的例子为社会历史研究提供了全面的佐证。然而，由谁来书写历史呢？由谁来解释历史呢？要知道在众多的历史现象中很容易找出一些现象来论证某种历史观，因此，所谓证明的问题也就成了一个叙事的问题（张庆熊等，2001）。

正因如此，本书的每个故事关注的都是那些没有被照亮的地方，更准确地说，是没有被照亮的地方中的一小部分。这并非要否认已被照得很亮的地方之存在，而是要言明，除了亮处之外，还有很多未被照亮的地方。在社会研究中，不同专业、不同学者，就是要照亮社会世界的不同部分，即讲述不同的故事。读者或听众既可以各取所需，也可以形成对事物的整体性理解。若要求一个学者把事物的全景和所有维度全部呈现出来，这既不现实，也不合理。而且，不同学科或同一学科内的不同流派、不同学者对事物的解释可能截然不同。因此，一个有深刻思考和独立思想的学者无法同时论证一个事物的所有方面和所有观点，无法同时讲述不同的故事。若非得如此，则一定会因为贪求“全面”而落得个没有思想、没有观点、没有立场的结局。例如，对于农村研究中无法回避的城镇化中的农村问题来说，经济学家可能会倡导某些类型的农村应该被消灭掉，而人类学家或许会很反感这“消灭”二字，因为村庄并非仅仅是经济发展中的一个要素，它还承载着文化、记忆和生活方式等。再如，关于农业生产模式，即使在社会学内部，也有不同观点，有的学者认为现代农业是农业转型的必然趋势，而有的学者认为“一个没有小农农业的世界未必美好！”这些都是不同的人讲的不同的故事，有的故事成为时代的主流，有的相应地处于边缘位置。无论主流还是边缘，对于每个学科、每个学者来说，重要的是能把自己的大小故事讲好，把自己的那一小部分照得透亮，而不是对于要照哪里迷迷糊糊，照出来的部分模模糊糊。

无论是研究还是讲演，均是某一种叙事、某一种思考，而非全面性、永恒性的客观真理。对于读者或听众来说，可以听不同的故事，但要形成自己的思想，追寻自己认为的真理。2002 年，钱理群先生在他北京大学的最后一门课——现代文学研究的前沿——课程上谈道："无论是我的著作，还是我的讲课，无非表示这样一个意思，就是在这样一个世纪末，有这样一个人，这么一个钱理群，他有这么一种看法，有这么一种思考，如此而已。但是，即使你不做思想者，我对你也有个小小的请求：请理解别人的思考。"（钱理群，2011b：9）需要说明的是，任何研究和讲演都以叙事为基础，但这并不意味着所描述的故事纯属虚构。正如唐娜·哈拉维在分析生物学叙事时所说的，叙事不是虚构，也并不有悖于"事实"；叙事就是历史的记载，即使是最中立的科学领域也是叙事性的；将科学当作叙事并非不严肃，恰恰相反，这是对待科学最为严肃的态度（Haraway，1989，1991）。

与主流故事相比，本书讲述的均是非主流的、边缘的故事。主流的故事常常宣称自己的客观性、全面性和真理性，而我要言明的是，这些边缘的故事是不"全面"的，是个人化的思考，更不奢望被视为真理。由于人们过于习惯了那些被社会聚光灯照得闪亮的主流故事，这些边缘故事必然显得带有强烈的批判性，甚至会被认为偏激。但知识分子的主要使命本来就不在于美化、宣扬或维护现有的存在，本来就是要照亮其中的缺陷、谬误和不足（王君琦，2010）。况且，主流的就一定是真理吗？在对人民生活和社会现实进行讨论和思考时，经常有人会说"大家都这么做""现实就这样"，或者说"事情从来如此"。鲁迅在他的第一篇白话小说《狂人日记》中，以"狂人"之口向中国社会发出了"从来如此，便对么"的质问（鲁迅，2005c：451）。在发展主义控制下的经济社会里，人们将物质财富的积累视为人类社会的最高目标和个人成功的唯一标准。但只要稍稍追溯历史，追问人类生活的本质，就会发现，事情未必从来如此。很多研究表明，物质财富的积累并非人类社会的价值和人类行动的动机，人类生活质量和人民幸福感并不取决于财富（塞林斯，2001：64－65；波兰尼，2007：37；摩尔根，2007：400－401；舒马赫，2007：18）。

本书的叙事虽属一家之言，故事本身也未必得到主流的肯定，但我力求将思想和观点表达得清清楚楚、明明白白，有时甚至棱角太硬、泾渭过明，只因为不希望读者浪费生命去阅读一通看似正确的话语，到头来还是云里雾里、不知所云。斯科特在其近作《逃避统治的艺术》的前言中写道："我经常被指责为错误的，但很少被认为含糊不清或晦涩难懂。"（Scott，2009：xi）当然，既然无法做到面面俱到的论述，这些边缘故事便必然会存在某种局限与缺憾，也一定会引起同行或同事的争论或反对，但学术团体本来就应该是自由思想的竞技场，追求的应该是求异存同，因此学术争议实为极好的现象。正如鲁迅所言，"凡有一人的主张，得了赞和，是促其前进的，得了反对，是促其奋斗的，独有叫喊于生人中，而生人并无反应，既非赞同，也无反对，如置身毫无边际的荒原，无可措手的了，这是怎样的悲哀呵"（鲁迅，2005c：439）。

既然如此，社会研究中就不存在所谓的"阴谋论"说法，因为每一位研究者都在进行自己的叙事，讲述自己的故事。根据话语分析和社会表征的观点，故事是叙事的结果，现实是话语建构的结果。一切叙事逻辑或话语体制都是为了争夺更为真实、更为现时的世界，在此过程中，世界将会被不断再造（Haraway，1989）。因此，经过话语的解构，建构出的另一种现实，并非就是"阴谋"。埃斯科瓦尔（2011：18）对二战后西方的发展战略进行分析后指出，世界发展援助和现代化战略是西方世界为了实现对第三世界的霸权的刻意而为；斯科特（2004：393）的研究指出，多数农业现代化国家项目的背后都暗含了未公开的逻辑，那就是要巩固中央的权力，并削弱农民和他们与国家机关相对的社区自主性。难道这些著名研究成果都是"阴谋"？与此相比，那些经过语言包装的社会历史未必就不是一种"阴谋"。我们需要认识到，在小故事、小叙事、边缘和多元极力争取社会存在的空间之时，它们却时刻遭遇着大故事、大叙事、主流和一元的贬低、压制、抹杀或吞并。这在发展研究中尤为昭彰，但并不能摧毁前者批判的号角，正如一位学生朋友郑鹏所作的发展研究“代言体”：

> 你总批判我的批判，却未关怀我的关怀；
> 你有你的结构，我有我的解构；
> 你攻击我的方法论，我悬置你的本体论；
> 你嘲笑我体系不全，破碎不堪，我可怜你不战即被收编；
> 你可以一意孤行遭遇发展，我们会呐喊着构建后发展的时代；
> 发展研究，注定被主流边缘，系谱里少不了他者的规训和屠杀，但，那又怎样？
> 哪怕孤军奋战，也要争夺边缘的话语权。

上述关于社会现实的大小故事、大小叙事的分析，还关涉社会研究无法回避的另一个问题，即立场问题，在利益多元而冲突的不同社会主体之间，知识分子应该站在谁一边？我认为，至少对于公立大学的知识分子来说，你别无选择。公立大学的教师和学生，不能忘了大学的公共性。大学之所以可以运行，教师可以开展教学与研究，学生可以学习与交流，靠的是公共财政，是普通老百姓和人民大众的税收和奉献，包括农民的贡献，你能不站在他们一边吗？这些来自人民的贡献交由一个代表人民的政府来管理。为了保证人民的钱能够真正为人民，大学需要给政府提供张力。孟德斯鸠（1961：162）说过：“一切有权力的人都容易滥用权力，这是万古不易的一条经验。有权力的人们使用权力一直到遇有界线的地方才休止，要防止滥用权力，就必须以权力制约权力。”大学虽然没有制约权力，但是，大学越是能够给政府创造这样的张力，就越会使人民的钱更有可能为人民。而这种张力的创造，在一定程度上取决于社会研究是不是独立的、自由的和批判性的。再者，对于公共政策，如土地、教育、社会保障等政策的讨论与制定，应该以普通老百姓的利益为主要出发点，应该从千百万人民大众的角度来设计和评价，而绝不能为了取悦某些权力部门或利益集团。这是社会政策研究和制定中的底线。但是，我们常常会听到一些雷人之语，如“为了经济的发展，八亿农民需要付出代价”“牺牲上亿农民工的利益是经济发展的要求”“我只管经济增长，不管谁受益谁受损”等。得出这些结论的专家，不仅非常无情无义，而且彻底忘掉了社会和发展政策的公共性，真该“回家卖红薯”了。

“文以载道，言为心声。”无论是研究论著，还是课堂讲演，反映的都是研究者对现实和生活的感悟、思考和理解，折射的都是研究者关于社会和人类的思想、理想和价值。知识分子崇尚知行合一，因此做学问就是做人。首先，社会研究者应该尊重人。研究者尤其要尊重研究的对象，应该始终将人置于社会研究讨论、关切和关怀的中心。即使是自然科学，爱因斯坦也指出，“关心人的本身，应当始终成为一切技术上奋斗的主要目标”。但现实中，很多研究者患上了价值冷漠症，其研究见物不见人，见事不见人，只见经济增长给少部分人带来的财富和权力，而不见多数百姓经受的挫折和不安。这样的研究注定不可能得到公众和社会的信任与支持。其次，社会研究者应该尊重自然。社会发展的经验和教训告诉我们，人与自然之间必须建立起一种平等、和谐的关系。研究者绝不能再以对自然界和生物体的征服者姿态自居，不能继续怀揣贵族主义的优越感，要将“改造自然和征服自然”的决心转变为“尊重自然和敬畏自然”的诚心。再次，社会研究者应该尊重多元。孔子曰：“君子和而不同，小人同而不和。”（《论语·子路第十三》）“和”是指互补且不失自我，“同”则是指一致但没有自我。中国文化学家陈序经（2010：34）指出，两种完全相同的文化相接触，结果是一致；两种完全相异的文化相接触，结果是和谐；两种同异兼有的文化相接触，结果是一致与和谐。一个健康而和谐的社会需要多元思想、多元文化的接触和互动，具有多元张力、互为制衡的社会将更为稳定。否则，只有五味之一的饭食必定味同嚼蜡，“停杯投箸不能食”；只有五音之一的乐曲也将声如猿啼，“呕哑嘲哳难为听”。“世界上没有两片完全相同的树叶”，人类“须知参差多态，乃是幸福的本源”[①]（罗素，2011：40）。

如此冗长的阐述，看似学术宣言，目的是想让读者阅读这些故事时，能够理解我的立场、观点和用心。我为国家的兴盛而骄傲和自豪，在国际交往中也每每因为国家的强盛而吸引更多的注意。但越是盛时，越应清醒，因为祸福相依、盈虚能易。若要盈福恒久，则须居安思危，正视发展过程中的资源环境、生产生活、科学技术、伦理道德、社会价值、公平公正等问题，目的是使国家更强大、社会更美好、人民更幸福。此外，这些故事中的有些讨论还涉及人类社会的一般意义和价值，需要我们超越民族和国家的边界来思考和理解。

本书讲述的15个故事，虽然各个主题单独成篇，但也可看出一定的顺序性。这些故事讨论的都是中国发展过程中最为重要的主题，可略分为五个组别，按次序分别是农村变迁方面的四个主题：商品、留守、学校、土地；农业生产方面的三个主题：农业、粮食、食品；科技方面：科学、技术；环境方面：自然、灾害；发展实践方面：慈善、援助、项目、发展研究。每一个故事的叙事均依照类似的逻辑结构进行，即现实问题的呈现、社会文化分析、政治经济学批判、后结构主义反思、哲学和伦理学思考。

30多年前，改革开放以无穷之力吹响了中国经济发展的号角。时至今日，“发展”已经成为我们时代的主旋律，并毫无争议地成为政府的目标、国人的信仰和社会的共识。但是，当“经济增长”被人们以一种坚信不疑的态度作为社会行动和制度系统的唯一目标，且所有人都为之敬仰、为之狂热、为之献身的时候，“发展”就演变成了“发展主义”。始终处于舞台中心的发展，被社会聚光灯照亮30多年的时候，本书中的故事将为那些未被照亮的地方投去星点微光。通过解构发展，我们可以清楚地认识到伴随发展而生的各种资源耗

---

① 原文为：“参差多样，对幸福来讲是命脉。”

竭、资本霸权、贫富差距、社会风险、社会不公平等社会问题。这些故事会告诉你发展之幻象是如何形成、如何破灭的。这将改变你对发展的看法，使你重新思考社会的价值和人类的意义。

值得兴奋的是，学者对这些发展主题的反思在政策层面产生了非常积极的效果。例如，2011 年的中央农村工作会议明确要求，任何人都无权剥夺农民的土地承包经营权、宅基地使用权、集体收益分配权；农村建设应保持农村的特点，有利于农民生产生活，保持田园风光和良好生态环境；不能把城镇的居民小区照搬到农村去，赶农民上楼；让农村孩子共享优质教育资源，农村教学点撤并要十分慎重，充分考虑学生上学方便和交通安全；妥善解决好农村留守儿童、妇女、老人问题（中国政府网，2011a）。这至少与本书中的留守的故事、学校的故事和土地的故事是直接关联的。虽然对这些问题的批判性思考在改造社会和重塑社会的实践中呈现出滞后性和局限性，但对现实的反思和批判必须彻底，毕竟“取法乎上，仅得其中；取法乎中，仅得其下”。正如邓正来先生（2012）所指出的，“批判是没有限度的，如果给批判设定一个限度的话，那就不叫批判了”。

1

商品的故事：当农民双脚站在市场经济之中

自1949年新中国成立以来，中国开始了国家巩固和振兴的发展之路。不管是计划经济体制下的四个现代化建设，还是改革开放之后的市场经济转向，“发展”一直确凿无疑地是政府的目标、国民的信仰和社会的共识。尤其是改革开放以来，几乎一切政治、经济、社会和文化体制的变革都以“发展”与“创造和刺激经济增长”为旨归。在此背景下，中国农村历经了翻天覆地的变化：一方面，“发展”通过国家引导、政府干预、市场介入与媒体控制等多种方式，嵌入中国农村的各个领域；另一方面，“三农”问题逐渐成为被广泛关注的公共话题。以“农业、农村、农民”为基本元素的农政变迁，对国家与社会的发展具有重大意义。无论是人们对农业关于高科技与机械化的追求，还是人们提出的农村与农民“先进”或“文明”的标准，都为我们展示了新的时代趋势：国家与社会的转型在朝着“发展”或“发展主义”方向前进的同时，也极大地影响着“三农”问题的进路以及人们对“三农”的期望。

时至今日，粮价的涨跌不再取决于小范围农地收成的好坏。全球化模式下粮食的政治与战略功能，改变了小农生存经济时期供需与涨跌的呼应关系，农民由此与掌控自己命运的理想渐行渐远；以西方发达国家为代表的农业技术现代化过程，通过机器和化学手段对农业生物进行加工与再创造，实现了农业专业化、规模化、连作化、机械化，以及高产高效的目标（胡晓兵，2007），却忽略了传统农业涉及的自然因素，破坏了人与自然过往的和谐图景；“土地增减挂钩”政策的实行，在扩大了城镇建设用地面积的同时，造就了更多无工作保障、无土地依靠的农民；不计其数的农村劳动力大规模涌向城市，衍生出庞大的留守老人、留守妇女和留守儿童等农村留守人口群体，并导致了“农村剩余劳动力转移”的悖论：所谓“剩余”的劳动力，大多是农村人口中受过较好教育的年轻人，是新型的农业生产发展最需要的人（严海蓉，2005）。总而言之，种种建立在发展主义主导的国家发展基础上的农政变迁元素，都经由同样的机制统一运转，即以市场经济为导向的农村商品化进程。

30 多年来的农村改革将商品生产和市场经营的思维“送给”了农民和农村。在市场化和商品化的发展思维指导下，我们常常听到“要培育与市场接轨的新型农民”“以市场为导向调整种植结构”等话语，有关农村发展的很多政策和项目也都致力于把农民、农业和农村推向市场和商品生产的大潮中。学者的研究也指出，农村工业化、农村商品化与城市化的相伴发展、相互促进，改变了农村“封闭”“半封闭”的状态，正把农村经济、社会推向更高的发展阶段（戴宗贡等，1991）。不仅如此，随着改革开放的进一步深化，为了缓和千家万户小生产与千变万化大市场的矛盾，“优化”农业产业格局与“合理配置”劳动力必不可少，其具体措施恰恰是开发土地、从乡村转移劳动力至城镇等（姜国祥，1997）。可以看出，支持农村商品化的学者通过对传统小农经济“封闭”和“落后”的定义与划分，赋予了农村商品化进程中各项举措的合法性，并将其建构为不可避免的进步趋势。如今，借由市场化和商品化推动农村发展的信念弥漫于整个社会。发展的主流叙事宣扬市场化必然会支持穷人、消除贫困，并改善农民境遇。例如，世界银行在《2002 年世界发展报告：建立市场体制》中便宣称，市场能够推动经济增长、减少农村贫困，并提出了构建市场制度的支持建议（World Bank，2002）。

然而，事实真就如此吗？市场化和商品化进程是否真的增加了农民的福利（Bernstein，2006）？不尽然。当农民双脚站在市场经济的大潮之中，他们面临的选择虽然各式各样，他们中大多数人的命运却殊途同归：坚守农村的，仍然在种植粮食、栽培林果蔬菜、驯养家禽家畜，但对于很多家庭来说，收入对比开销如九牛一毛；进城务工的，满眼灯红酒绿、物欲横流，却在城市的另一隅从事着艰辛的体力劳动，他们中的大多数接受着只可养家糊口的基本收入，思念着家乡的父老乡亲；无奈留守的老人、妇女、儿童，一面打理着家中青壮年劳动力不得不离弃的土地，一面相互扶持、彼此安抚。身处市场经济之惊涛骇浪中的农民，看似驶向不同的远方，却难以逃脱颠沛流离、疲于奔命的种种现状。

改革开放后的一些年青一代农民，逐渐遗忘了祖辈的农耕方式、无暇顾及仅能创造温饱价值的土地，以为享受着既超越城乡二元结构又贯穿于生活朝夕的时空“自由”。但是，作为社会科学研究，也许不应止步于此。经济增长显著、消费种类多元、农民生活需求不断膨胀，我们见证了改革开放以来商品化进程在中国农村各个角落的渗透和市场经济体制为国家与农政带来的种种变迁。对市场化背景下农村变迁的考察，需要从商品化的视角解读“商品关系如何内化于小农经济及更广泛的社会关系和社会实践之中”（Bernstein，2004）。我们还需要通过描述朴素的多方叙事，探究以“发展”为号角的农村商品化背后，可能隐藏的资源分配不均与资本再生产的去政治化机制，及其导致的种种后果。正因如此，本文试图通过反思“发展”，解释以市场经济为大背景的农村商品化进程中，农民遭遇的种种现象，并追问现代社会中人类的终极关怀。

一 自主性的式微：从生存经济到商品经济

一位河北某村庄的农民，曾经因为养兔子、炸油条等区别于同村其他人的创收方式致富。2011 年，他还在炸着油条，但已经不养兔子。当被问及原因，他答曰："兔子品种不好，也没有市场，最后就作罢了。"在他看来，近十年的创收经历并不顺利：他承包了一块荒山，种植洋槐卖木头，却无法预知木头价格涨跌；他的水浇地上收获的粮食尚可自给，却几乎没有创造过现金收入；苹果、柿子、中药材、核桃……他尝试过多个品种，这其中，有乡级政府以调整种植结构为名半强制要求种植的，有村干部讨论协商后动员种植的，也有农民看到上一年市场价格走高而争相种植的，但几乎都惨淡收场。最后，这位农民总结道：

> 现在农民靠种植赚钱很难。若规模不够大，没有果商看中，进入不了市场，白种了；若规模大了，价格再不好，收入还不如付出，还是白种。乡级政府的规划不能不听，但他们实践经验没我们丰富，引导的结果未必如同预期；村干部们也都是农民，对于市场理解有限，站不高也看不远；我们老百姓，都是哪里扎堆往哪里钻，见人家种得好就跟风，结果自己眼光能力不足，猜不中什么能卖高价，又挨不过贱价的时候，最后变成：今年种这个，明年种那个，年年忙，年年却也没收获。唉！小农意识啊！（一位河北农民语）

他说得略显轻松，毕竟他还有炸油条这项稳定的收入养家糊口。与中国大多数农民一样，这位河北农民十年如一日地投入各种农业生产，以求养家糊口，甚至发家致富。然而，随着市场经济的深入与蔓延，农村商品化机制成为运转一系列元素的主要动力。这些元素包括科学、技术、资源等，它们被商品化过程逐步改造为钳制农民自由、威胁农民稳定感的工具，被运用于城市和资本对农村冠冕堂皇且毫无保留的攫取过程中。在此背景下，这位农民的农业创收活动屡遭挫折，其对未来的期望也日渐彷徨。值得深思的是，正因为有炸油条这项未与外部大市场连接、仅针对本社区人口的创收方式的稳定支撑，他才逃避了外出打工、家人分离的生计安排。然而，在中国，又有多少农民能够幸免于市场经济的漩涡当中呢？农民对生活的感受是直观的，对自身处境的认知却是有限的。曾几何时，收成的好坏倚仗天时地利，收成不好的时候，尚且有个埋怨对象；现在的他们，虽然隐约能感觉到市场给生产与生活带来的种种冲击，却难以回溯自己究竟从何时起被卷入市场经济的大潮，直至今天双脚根植其中，更无法想象双脚站在市场经济中的自己、被价格体系同时决定了劳动报酬与购买力的自己，未来还将面临怎样的风险和挑战。而这正是我们关注和需要探寻的问题。

根据伯恩斯坦（2011：187－188）的定义，商品化是一个过程，是指“生产与再生产的要素来自市场交换，并为了市场交换而生产，它受市场交换的原则与强制力制约”。在经历商品化过程之前，人类社会的生产和经济活动不是为了商品交换，而是为了直接满足生产者个人或经济单位的需要。我们称这样的经济形式为生存经济，这样的社会形态为生存社会。伴随着社会分工和商品交换的出现和扩大，人类逐渐进入了商品社会。当人类生产和经济直接以交换为目的、经济关系强调的是交换时，我们称这种经济形式为商品经济，它是相对于生存经济而言的。而市场经济是指社会资源的配置是通过市场机制来完成的。可以说，商品经济是市场经济的前提和基础，市场经济则是商品经济发展的必然趋势和更高阶段。

虽然我们区分了生存经济和商品经济两种形式，而且目前人类社会所经历的社会模式均无法脱离商品社会，但需要强调的是，生存经济和商品经济并非彻底断裂的二元对立体，其相对应的社会形态也非绝对的社会发展的先后时间序列。在商品经济里，不同形式和不同程度的生存经济元素仍然广泛存在于世界的各个地区和社会的各个部门。也就是说，即使在普遍的商品社会，也会存在除了商品经济形式和商品意识之外的不同种类和不同程度的生存经济形式和生存社会意识。

（一）生存经济

在生存经济中，农民耕种自己的小块土地。尽管农民过着与城市人不尽相同的生活，但这丝毫不影响他们呈现出一派生机勃勃的景象：日出而作、日落而息，忙时种地、闲时娱乐，家庭和睦、合家团圆，生活缓慢而怡然自得。他们之所以有这份闲情逸致，主要是因为他们的生存、生活大权基本掌握在自己手中，他们有很高的自主性，有较为确定的保障。他们付出的辛劳基本可以与农业收成成正比，可以说，一分耕耘一分收获。在小规模的有限市场内，价格和产量往往可以相互补偿：当地的收获量越少，单位收获物的价格越高，反之亦然，因为供求是由收获量本身决定的（斯科特，2001：76）。正因如此，不论农民的收成是好是坏，他们的购买力仍然大致可以支付生活资料与生产资料，并维持他们生活的动态平衡状态。

在生存社会，很多农民家庭会养蚕、养鸡、养猪，或者做粉条、豆腐，或纺织、编织，或制作一些手工制品在赶集的时候销售。传统手工业一直是很多中国农民家庭收入的重要补充，来自传统手工业的附加收入使没有足够农业收入的农民生活下去（费孝通，2006）。如此一来，即使庄稼歉收，农民的生存安全也能够得到一定的保障。这就是斯科特所说的“退却方案”，是农民生存的“安全阀”。

> “退却方案”，即辅助性活动，它们在饥荒时可以带来可喜的赚头。例如在地方集市上出售篮子、陶器和纺织品之类的交易，就是农民家庭在农闲季节的主要活动。一旦庄稼歉收，农民就靠这些交易弥补家庭收入的亏空。在不宜种稻的地方种植其他农作物，以及种菜、饲养鸡鸭、捕鱼和森林采集活动，都是保障生存安全的资源，可能帮助农民家庭度过大米短缺的困难时期。这些选择方案，使得农民有了某种灵活性。（斯科特，2001：79－80）

此外，农民的生活还有赖于大量的公共资源。森林资源、村有荒地都曾经令村民对于生活有充分的选择自由。例如，森林除了具有提供木材和收入的功能外，还发挥着其他很多对老百姓的生活而言非常重要的功能，体现出显著的森林多功能性。

（林木）可以作为饲料或盖屋顶的植物，可以作为人或家畜食物的果实，可以做床垫、篱笆、种植蛇麻草所需要的支柱和烧柴引火用的树枝，可以用于制药和皮革燃料的树皮和树根，可以制造树脂的树液等等。每一种树，甚至每一种树的不同部分和不同的生长阶段都有不同的属性和不同的用途。（斯科特，2004：5）

在生存社会，农民享受着许多大自然的馈赠。这些馈赠满足了农民的一部分重大需要，如农民不花钱就可以从公共荒地上弄来盖茅草屋的草料、竹子和木材，还可以到附近的池塘、小河中钓鱼，等等。这些大自然的赠品对农民来说触手可及（斯科特，2001：81）。在河北省易县的西部山区，农民仍然可以偶尔去附近的山上采伐荆条、摘酸枣、刨药材、捉蝈蝈等，或在地方市场上直接出售，或经过适当加工后出售；农民还可以砍伐山林树枝以为种植西红柿搭建架子，捡拾河卵石以作盖房地基之用，收集河上的冰块用于当地红薯粉条的加工生产，采摘野菜供家庭食用，等等。在此过程中，大自然与农民结合成一种施与受的亲密关系——农事曾经是一种神圣的艺术，充满节庆、仪式与感恩（梭罗，2011：137）：农民通过放牧和耕耘给自然以养分，又经由获得各种食物、原材料的方式得到回馈，完成了生生不息的循环。

总而言之，在生存经济中，农民的生命视野开阔而缤纷，既有大自然以各种植物、动物的形式呈现出生命的多样性，又有丰富的“退却方案”作为备选，农民的获得与需求可以保持一定的平衡。可以说，不论从自然层面还是社会层面看，这个时期的农业社会都形成了一个完整、自给自足而又封闭稳定的系统。正如塞林斯的研究所指出的：

生存社会里的狩猎者和采集者虽然没有什么固定的物质资产，

> 但他们并不贫穷，他们生活在一种“物质的丰裕”之中。……他们的秘密在于手段和目标之间正常而可行的比例：人们的“经济需求”不是无限制的，而他们的生产手段足以实现那些有节制的目标。(Sahlins，1972)

（二）商品经济

在商品经济中，在经历了商品化过程的农村社会，农民首先面临着市场的不安全性。一位河北的果农解释道：“个人把握不了市场行情。(水果）长好长坏，可以把握得了，但卖多卖少，把握不了。市场价格实在闹不明白。”无论是农业产品还是非农产品，其价格的变化无常令农民普遍陷入了对市场的迷茫之中。

今天，在商品化、市场化与全球化的控制下，粮食帝国[①]的形成致使地方供需与价格的平衡关系被打破。在美国，粮食帝国通过对外援助、农产品自由贸易、单一食品体系的扩展、中心外围型食品贸易体系的形成等方式，将粮食作为武器，兵不血刃地控制诸多发展中国家的政治、经济和社会发展（周立，2008a)。这意味着，对于地方农民来说，收成的多少与单位价格之间稳固的必然关系解体。正如斯科特所指出的：

> （生存经济中）在小规模的有限市场内，当地的收获量越少，单位收获物的价格越高，反之亦然，因为供求是由收获量本身决定的。而在世界性的市场上，地方收成和价格的关系被打破了，世界价格的变化或多或少地独立于地方的谷物供应量——收成少时的单位价格很可能跟收成多时一样。……（因此）世界市场的不安全性比传统的地方市场更大。(斯科特，2001：75－76)

① 粮食帝国指逐渐控制了世界粮食生产、加工、分配以及消费体系的国际跨国公司。

孟德拉斯（2005：91）也发现，“变化无常的市场行情可能使农民生产的商品丧失一切价值”。此外，随着农村社会商品化进程的加剧，农民的生活资料，包括其自身与全家的吃穿住行和其他需求，以及农民的生产资料，如肥料、牲畜、农具等，都同时在种类上增多、在价格上飙高。面对商品化农业社会在获取上的压缩与在需求上的刺激，农民的境况日益严峻。

此外，在商品化之后的农村社会，乡村保护功能逐渐弱化或被破坏。对于大部分农民来说，这破坏了乡村和家族分担风险的保护性功能。斯科特（2001：51－52）认为，传统社会存在要求一切人都有住所、都能生存的乡村伦理原则，穷人可以对富裕村民提出要求，以确保弱者免遭破产和灭顶之灾。在乡村保护功能中，尤其需要强调的是土地的社会保障功能。乡村耕地的消失，对地方的社会保护组织会是特别沉重的打击。在今天的中国农村，对于大部分农民来说，农业社会市场化同样破坏了乡村和家族分担风险的保护性功能。大量青壮年男性农民外出务工，很多妇女也随之而去，剩下留守老人种地、照顾孙辈，亲人聚少离多，家不再家，很多农民家庭的耕种面积也由于无暇顾及而越来越少。当一些不再种地的农民被问及为何离弃土地时，他们的回答几乎一致：种地赚不到什么钱，现在要生活、要供孩子上学、要让孩子结婚成家，光种地远远不够。可以说，并非农民自己选择离土，而是因为，当土地被看作财产或者获得财产的主要手段时，农耕变得不再那么重要，很多农民过着困窘的生活（梭罗，2011：137）：过去能够依靠土地维持生计的方式在不断减少，需要购买的生活、生产资料的数量与价格却都在日益增加。于是，市场大潮将他们推向了城市。除此之外，乡村保护功能的弱化还体现在以发展之名而实施的“土地增减挂钩”政策或招商引资、乡村工业化而导致的强拆农民住房和强征农民耕地上。在有些地方，埋藏矿产资源的公共山地被村庄富人或外来资本攫取开发，变成了富人的聚宝盆，而不再是贫困农民的谋生手段。而类似这样的创富机会首先被村庄的权势阶层获得，权力、资本和市场化机制的结盟给普通村民的生活带来了挤压，给村庄的资源带来了破坏，给农村劳动力带来了严重的剥削（任守云，2012）。

不仅如此，在商品化的农村社会，生存经济中的“退却方案”与公共资源在不断消逝，农民生存的“安全阀”不断减少甚至消失。例如，以往帮助农民家庭度过荒年的许多辅助职业减少或消失了，更大的问题是地方森林资源、村有荒地和公共牧场逐渐消失了。大部分林地被用于商业木材的生产，森林不再是农民、游牧者和“部落”居民的公用地。这意味着直接减少了他们可以从林地中获得的、用以维持生计的资源，农民的家庭经济变得愈加脆弱。从前一直像空气一样免费的，现在仍然近在眼前、伸手可及的资源，突然间不容许他们沾边了。同时，出于增加税收的目的，曾经公有的在河流中捕鱼的权利被拍卖给私人投标者。总之，之前属于农民自然权利的东西也被剥夺了（斯科特，2001：82－83）。如前面提及的偶尔上山或下河采捡各种资源以补贴家用的河北省易县西部山区的农民告诉我们，那些零星的生计方式正日益减少，因为商品化的过程使自然资源的管理和使用越来越将农民排斥在外。如以治理“四荒”为名，村里的山地、荒坡等大多被承包给了私人，同时引入外部资本对村庄资源进行联合“开发”。在这种情况下，普通农民就不能再去捡柴火、伐荆条、刨药材。村庄河套里的沙子和铁粉被提炼之后出售，河滩上堆积了尾矿，河道变窄、水流变小了，冬天找做粉条用的冰块也就不再容易了。村庄资源的这一商品化进程带有明显的资本化特征，并造成了越来越大的贫富差距。

此外，随着大规模工业化生产或进口商品的入侵，地方性的家用品和农具等贸易市场越发萎缩。这阻断了农民从这些市场获取副业的机会，因此农民的生存选择方案随之逐渐缩减（斯科特，2001：81）。费孝通（2006）的研究指出，当农村手工业受到大工业冲击时，农民维持最低生活标准的传统方式不再起作用，农村经济随即衰落，城乡差距不断增大。今天，村庄集市上出售的大部分产品不再是农民自己生产的，而是外地商贩运来的，虽然花样繁多，但是价格很高，且假冒伪劣居多。

总之，在商品化的农业社会，原本农民与自然之间形成的循环被打破了：森林资源、村有荒地在很多情况下不再是公共资源，原本农民在农闲时的谋生活计往往不再可行，因为世界市场提供了更加丰富的消费品选择，这样农民便更加依赖市场。而免费的大自然赠品的丧失以及劳动密集型手工业的衰落使得维持不愁吃穿日子的可能性大大减小，农民的生存手段越来越不在自身的掌控之中。

二 强制加鼓励：农村商品化的机制

农村商品化是稳固市场经济的有效机制，它直接服务于受西方话语与西方新自由主义思想影响30多年的中国发展主义路径。在市场经济的背景下，人们一边接受着快速增长的经济逻辑以及“数字出政绩，政绩出干部”的政治逻辑，开始算计人与人之间和人与自然之间的关系，一边被生产、市场和消费的话语充斥着日常生活。在此过程中，创造和积累财富的主要手段已不再是劳动，而是资本（叶敬忠，2011a）。对于农民来说，资本是遥远的梦想，劳动是维持生计的手段，进退维谷是他们的真实生存状态。要追溯农民的双脚如何不知不觉地植根于市场经济之中，就不得不关注农村商品化的机制和过程。

（一）生存资料的商品化

> “生存资料的商品化”（commodification of subsistence）是指过去属于“独立”小农的生存资料的要素（因此也是再生产的要素）逐渐受控于市场交换及其强制力（商品化）的过程。生存资料的商品化意味着人们无法在商品关系与其强加的原则之外进行再生产（伯恩斯坦，2011：155，188）。

对农民而言，以前生存资料至少可以通过非市场渠道获得。而商品化之后，非市场的纽带被消解，农民的生产资料和消费资料越发需要购买。在生产投入方面，资本性投入越发增多，甚至土地也需要租赁或购买。农民的消费资料也无法通过自我生产获得满足。他们被迫走进市场，通过市场购买生活所需。这样，农民的生存越发依赖于市场关系，脱离市场关系将无法生存。这就是生存资料的商品化。

进入市场的农民发现，他们必须花费越来越多的钱，也越来越受到自身控制不了的价格波动的伤害。因此，生存资料商品化的另一面就是货币化。阿帕杜雷的研究发现：

> 现金前所未有地成了维持生计之钥匙。就是说，销售、生产、分工和货币化的大规模变革造成了这样的情况：越来越多农民赖以为生的交易需要以金钱作为媒介。正是对金钱的极度渴求，驱使小农就算要冒被打回原形的极大风险，也力求在农业商场上占一小席位。对于他们大多数人来说，踏足农业商场并不是通向累积资金、增加收入和跻身大农地位的道路，而是在极度货币化的世界上生存的先决条件。（阿帕杜雷，2001：240）

在生存资料商品化过程中，最值得关注的是土地的商品化。经济功能只是土地许多重要功能中的一种，而将土地和人民的命运交由市场安排，那样将无异于对他们的毁灭（波兰尼，2007：113）。需要警惕的是，在“地方市场”中，很多时候，土地即便在法律上还不是私产和商品，在实际上却已经是了（伯恩斯坦，2011：156）。土地是农民最重要的生存资料，一旦不由农民掌握，农民的生存风险之大可想而知。但在发展主义的思维指导下，农村的一切仿佛都可以物化，发展的实质即对空间的争夺和重构（朱晓阳，2011）。空间一旦变成商品，就会产生积累，但谁从积累中受益，谁承受积累的代价，需要我们深刻思考，因为，以发展为名，农民往往成为失去土地而只剩劳动力可以出卖的“自由”人。

此外，在市场化可解决一切问题的思路指引下，原本由农村社区承担部分保障功能的灌溉、教育、医疗等内容也逐渐被市场化。例如，在“资源优化整合”的背景下，教育越发城镇化，农民家庭的支出越随之加大，尤其是儿童到城镇读书后，父母甚至祖父母还得随行陪读，这意味着更多的消费发生在城镇，农民为此苦不堪言。孙岿和张春梅（2010）认为，农村消费城市化现象堪忧，一方面表现为农民进城消费非常普遍，另一方面表现为城市消费方式在农村不断蔓延。任由市场来刺激调动农民的消费欲望的后果，是使农村的人、财、技术等资源被抽水机一样吸入城市，导致更持久性的城乡结构分化和明显的市场主导型二元结构。对于那些刚刚富裕起来的农民来说，农村消费城市化反而会加剧他们的贫困感。

（二）强制商品化

克里希纳·巴拉德瓦杰（Krishna Bharadwaj，1985）在分析印度农业资本主义发展时发现，商品化对一部分农民来说是“强制的”，如强制农民扩大种植靛青和罂粟等商品作物，通过表面上的自由交换迫使一些农民种植黄麻、蔗糖和油籽等作物。

> “强制商品化”（forced commodification）意味着商品化并非自由的选择，而是被限制的“自由”（encumbered “freedom”）。强制商品化导致农民与剥削者形成更加依赖和奴性的关系。强制商品化过程还涉及不同阶层，大规模的种植者通过设置交换的方式和条件而主导了市场，贫苦农民却在国际资本主义经济体系中越陷越深，且负债累累。（伯恩斯坦，2011：71－72）

在当下中国，这样的现象并不鲜见，尤其是，发展主义意识形态相信通过商品化能够解决农村贫困，相信工业化、私有化、市场化和商品化是社会进步的象征（古学斌、陆德泉，2002）。即使贫困地区的地方官员也相信工业化和农业商品化才是脱贫的灵丹妙药，他们不顾农民是发展主体的事实，违背农民优先看重生存保障的生活逻辑，一厢情愿地将农民推入市场的不确定之中（古学斌等，2004）。例如，云南省某镇政府强迫全镇农民种植可以带来丰厚地方税收的烤烟，而强行铲除地里正在生长的玉米幼苗（叶敬忠、王伊欢，2001）。四川省富顺县互助镇打着退耕还林的旗号，强制农民停止种小麦而改种某些经济作物，以“帮助”农民增加收入。农民对此满腹愁怨，一位村民说：“前年栽竹子，去年又栽柑橘，害怕到明年还要栽苹果，年年都是栽了又挖，栽起来的苗子又给拔掉，总之一点东西都没生产出来。”（中央电视台焦点访谈，2010）如此“折腾”农民真是为了农民致富，还是地方政府另有所图？宝森（2005）在云南省禄村的调查发现，该村的土地不适宜种植烤烟，种出来的烟叶质量不高，收购价也很低，因此村民们普遍反对种植烤烟，但由于省政府可以从烟草中获利，所以村干部面临着让村民种植更多烟草的压力。

近年来，“调整农业产业结构”之类的发展思路为各级政府所热捧，一时间，以调整产业结构为由强制推行大规模专业化、单一种植的浪潮在全国各地展开。是谁站在何种立场上主张调整产业结构的呢？从以下这则新闻报道中或许可以发现一些端倪：在甘肃省宁县米桥乡，农民不懂得也不愿意种植苹果树，但县政府却主张在公路沿线原先种植小麦的基本农田上种苹果，号召“发展苹果产业、促进结构调整、增加农民收入、实现富民强乡”，并提出在干部中建立“以果看干部、以果用干部、果园出干部”的长期抓果意识、责任意识和干部提拔用人机制。大多数村民改种苹果树后，没有收到任何补贴，还得买粮食吃，“惠农”口号实为伤农行为（中央电视台焦点访谈，2011）。然而，一旦农民必须依赖市场或外部补贴来满足粮食消费时，农民的生活风险就自然加大了，农民应对恶劣天气和粮食歉收的能力就下降了，在饥荒来临时则尤为脆弱。阿马蒂亚·森（2001）发现，经济作物的种植者需要出售产品以购买所需粮食，所以，他们会由于商品的市场交换能力及交换比率的提高而受损，从而，对粮食的支配能力会下降，避免自然灾害的能力也会减弱。在计划经济时代，弗里曼等（2002）的研究发现，1956 年中国在河北省推广棉花种植，使得他的调研村庄粮食面积减少，棉花面积增多，农民在自然灾害面前更加脆弱。

借助“优化农业产业格局”“鼓励农民积极与市场对接”“培育新型农民”（首要特征就是与市场接轨，旨在动员农民进入市场）的东风，资本或可以更加自由地流动，而农村却遭到破坏。这样的情况在世界上很多地方均有发生。莎尔玛利·古德尔（Shalmali Guttal, 2011）发现，在柬埔寨和老挝，政府出台的农业政策致力于推动农业结构向更加商品化及市场化的方向转型。政府出于增加外汇收入并从自然资源中汲取最大货币价值的目的，通过彻底没收当地社区的农场、森林和公有土地等方式为投资者提供方便和支持，而对当地社区只给甚至不给补偿。当地很多居民被驱逐或安置到其他地区。这样，他们又不可避免地陷入与已经在那些地区从事耕作的人们的冲突之中。这样的农业结构调整，其结果必然是森林被砍伐、环境被破坏、土地被攫取、人民更加贫困。在有关保护土地、资源、食品和农村居民特别是最易受到伤害的本地居民生存权的管理框架和法律法规缺位的情况下，这些国家政府的那些所谓“负责任农业投资原则”（Principles for Responsible Agricultural Investments）都是非常虚伪的。当地居民这样说：“这是什么样的发展？在这里，人民失去了一切。”而政府仍在急于让更多的投资者涉足当地的开发。

研究证明，商品化导向的农业产业结构调整未必能兑现当初的承诺。彼得·利特和凯瑟琳·多兰（Peter Little and Catherine Dolan, 2000：59－78）对西非国家冈比亚的研究指出，有关当地农民被鼓励进行的非传统商品（nontraditional commodities）生产的官方话语与其实践层面存在巨大的差异：非传统商品是欧洲霸权的一种有力象征，非传统商品的生产几乎没有改善当地农民的物质福利；其结果比发展机构宣扬的要差很多：农民的收入很少，但引发的风险很大。

（三）“鼓励”农民进入货币经济体系之中

> 在世界很多地方，农民（包括游牧者）并没有被驱逐，而是被“鼓励”进入货币经济体系之中，成为农产品生产者和劳动力。这些“鼓励”的方法包括：税收、强迫种植某些作物、劳役制或签订劳动合同。（伯恩斯坦，2011：75－76）

政府是实施这种“鼓励”的一个重要主体。乔万尼·阿尔利吉（2000）以津巴布韦为例，分析了农民转化为市场经济中劳工的过程。其中，政府通过征收棚屋税和人头税等措施把当地农民卷入了市场经济中。同时，政府还对农民进一步征收了需要货币支付的地租和其他费用（放牧费、牲畜药疗费等）。这些都使得农民对货币经济的依赖加深。

伯恩斯坦（2011：111）指出，在世界范围内，农业生产和农村发展呈现了大量的制度性变化和频繁的“范式更替”，但均遵循同一个中心逻辑：“以深化商品关系为基础来提高农业生产”；其手段包括：“通过国家农业银行或其他公共机构提供用于季节性生产开支和固定资产投资的信用贷款服务”“提供化肥补贴以及管井和水泵的电费补贴”“通过改善交通基础设施和专门的机构来促进销售”“‘管理’主要农作物的价格，尤其是为主要作物设定最低保护价”等；其结果是：农民使用越来越多的农资商品，如化肥、农药、除草剂等，以及其他资本性投入，如土地、工具、种子等，农民与上游和下游农业公司的市场关系越来越紧密，农业也逐渐被这些公司所控制。主流话语均宣称通过深化商品关系来提高农业生产的战略给农民带来了福利，但现实却展示了一幅幅与主流叙事相左的画面：遵循此发展路径的小农，其境遇堪忧。农民发现，当他们响应政府的“鼓励”，张开双臂拥抱商品化策略时，却被“锁入”商品关系之中而无法脱身。即使在免除农业税或出台其他惠农政策的背景下，由于农业生产资料总在不停涨价，农民也会感到光靠种地根本无法维持家庭运转。

张谦和约翰·唐纳森（Forrest Zhang and John Donaldson，2010）把中国农业正在经历的转型称为“农业资本主义的兴起”。他们认为，近些年来，中央政府鼓励私人、集体或国有公司进入农业，组织农业生产，积极推进农业生产的规模化，还经常采用“龙头企业”等机制把工业资本引入农业生产。政府鼓励资本下乡、带动农民发展，但“带动”的可能性和限度值得思考：让一个本质上市场化的组织实现合作化的目标，如何可能（熊万胜、石梅静，2011）？再如，在林权改革领域，仅仅依靠产权建设其实无法保障农户的利益，因为在基层社会，资本会充分利用乡村社会中的非正式资源和正式资源，使农户“自愿”流转山林，形成被动员、被操纵的流转。这在表面上程序正义，实质上却损害了农户的根本利益（郭亮，2011）。

我们看到，市场及各方面的官方力量一直在“鼓励”农民进入货币经济体系。在与市场经济配套的发展话语体系中，农民被塑造成为物质上“贫困”、精神上“匮乏”、知识上“落后”的群体。当农民自己接受了诸如此类的认知时，他们就需要接受各式各样的“援助”。一方面，政府部门以种植结构调整之名实行定向补贴，并由基层领导半强制性地动员种植某种作物，辅以各式各样的专家建议与能力培训、五花八门的新品种与新农药、形形色色的新型农机具，还有这样那样的劳动合同签订。这些都在看似为农民脱贫赋权的同时，将农民“改造”成有利于市场的农产品生产者或劳动力。另一方面，由于商品的丰裕和意象的中介作用，消费本身不再是基本需要的满足，而是被意象激发的需要的满足，法国学者居伊·德波称之为“伪需要的满足”（仰海峰，2003）。正因如此，在农民的角度，这种“鼓励性”“援助”犹如一个契机，仿佛他们一旦积极配合、响应号召，就会被接纳、被提升。于是，在“鼓励”与强制的双重作用之下，他们往往泥足深陷、不能自拔。农民站在市场经济之中，常常感到如此不安：他们中的很多人即便再辛苦耕耘也无法勤劳致富，看着别人合家团圆、挥金如土，自己却只能在城市的角落黯然思乡。市场使他们成为“边缘人”。

（四）经济力量的无声强制

> 马克思观察到，以前各种类型的阶级社会对劳动力进行的是法律与政治上的强制，譬如奴隶制度或农奴制度，即“超经济强制”（extra-economic coercion）；而在资本主义社会，这已经被“经济力量的无声强制”（the dull compulsion of economic forces）所取代。农民家庭会被“经济力量的无声强制”“锁入”商品生产之中。此时，你是自由的，是有“选择”的——要么出卖劳动力，要么就饿着！（伯恩斯坦，2011：40－41）

可以说，市场对农民的强制是隐蔽而悄无声息的，如同马克思笔下的“经济力量的无声强制”。虽然市场经济的趋势并不意味着社会现实中的所有要素都必然而全面地被商品化，但是，它却意味着人们无法在商品关系及其强加的原则之外进行再生产。农民站在市场经济之中，他们已经回不到一分耕耘就有一分收获的时代。更甚者，他们无法融入城市又不得不离弃农村，他们一只脚站在城市，另一只脚还留守农村。在中国，很多农民无法依靠农业和农村经济活动来维持生计，走上了外出打工之路。目前，来自中国农村的外出劳工群体已经超过 1.6 亿人，并因此产生了总计约 1.6 亿的农村留守儿童、留守妇女和留守老人。这一庞大的劳工群体在城市建设和国家发展中献出了自己的劳动，得到的却是极低的劳动报酬，甚至不足以支付家庭再生产。所以，家庭再生产费用的另一部分，还需要通过留守在家的妇女、老人甚至儿童的农耕活动去满足。

而在当今，横跨农民整个生命的消费板块包括衣食住行、农业投入，以及盖房、嫁娶、生育、送终等。这些曾经犹如土地一样之于农民的重要事物，都统统被市场统治，被商品化扭曲，呈现出多种多样、价格不菲、渐渐关乎表象而流失内涵的形态。此时，农民原本简单、质朴的生活不得不为入不敷出、朝不保夕的窘迫与焦虑所困扰。在市场经济的背景下，谋生似乎成了他们中不少人与生俱来的生命安排。尽管农村劳动力被加以流动“自由”和劳动“自由”的冠冕，然而，如果他们“选择”不外出务工以换取劳动报酬会怎样？他们的家庭生计、子女教育又会怎样？这种自由的实质无非是“经济力量的无声强制”下的“非如此不可”，即很多农民要么外出谋生，要么全家受穷（叶敬忠，2011b）！

对大多数农民劳工而言，“经济力量的无声强制”令他们离弃了得心应手的农业生产和共享天伦的合家幸福，目睹了流行于城市的物欲和遍布农村的伪劣商品，却丝毫不能减轻他们生存和生活的压力。在市场经济体制下，我们还看到贪婪的资本对农民最重要的生产资料——土地的觊觎。在“公司农业”“现代农业”“工业园”“科技园”“创业园”的光环之下，数以千万计的失地农民因为土地的强制商品化或“非经济强制”（non-economic coercion）而无所适从。这些失地农民和大量农村外出劳动力，都是资本和现代化发展需要的最好的劳动力储备。资本从中得到了什么？得到了廉价的土地、发展工业经济的有效人力资源、来自劳动密集型传统部门的大量低价原材料，以及由于购买力不足无法真正定居城市的农民劳工。农民得到了什么？他们的收入从账面上看似乎多了些，但对比物价还是少得可怜。他们失去了部分土地，失去了部分农民身份，失去了长久的家庭幸福，失去了与世无争的宁静生活。

三 锄头加薪水：农村商品化的结果

对于生存社会来说，商品化过程的影响极具颠覆性：进入市场后，农民被卷入一个陌生、充满不确定性和风险的社会里；在生存型的实物经济时代，农民有一分耕耘就有一分收获，而在货币经济时代，一分耕耘未必有一分收获。因为不论是生产方式、生活方式还是交往方式，他们都在不同程度地被“社会化”和“商品化”着：种子、化肥、农药、衣食住行、教育、医疗等无不依靠社会所提供，产品和劳务的最主要功能也是用于社会交换而不再是自我消费性生产

（徐勇，2007）。在农村调查中，不止一位农民反映，农业投入在逐年递增，农民对于外购种子的依赖愈发强烈，施用的化肥种类在不断增多，用量也渐渐变大；一对农民夫妇，为了女儿上初中需要缴纳的择校费，曾经一连两年在农村同时从事加工服装、买卖食品以及种植养殖等多项工作，那位妇女由此落下颈椎方面的病根；还有一位农民，在面临治疗突如其来的重病和承担儿子结婚盖房的双重欠债下，60多岁了还拖着疲弱的身躯，艰难地走上外出打工的道路……类似的例子不胜枚举。事实上，并非农民刻意要走出自产性消费，去追求五光十色的新兴产品：一方面，当农民被冠以“落后”或“低下”的标签时，知识、科学或技术在呼唤甚至催促他们通过购买来实现自我提升，并尽可能抹去他们对过往生活的种种记忆；另一方面，广告、信贷等现代社会特有符号的出现，在生产出商品的同时，还生产出沟通上的热情（布希亚，2001），使人们心甘情愿地将无穷无尽的消费循环体制内化，并浑然不自知。市场经济背景下的农村商品化机制，支持的是一个生产与消费无限往复的过程。也正是这个过程，使金钱变得尤为重要。对于农民来说，钱从哪里来？种地卖粮食远远不够，只能出卖自己的劳动力。

这里涉及商品化对农民身份认同的影响：在商品化的挤压下，世界范围的农村地区出现了非常明显的“去农业化”（de-agrarianization）或“去农民化”（de-peasantization）趋势。伯恩斯坦（2011：163）认为，“去农业化”和“去农民化”与新自由主义全球化给南方诸国的小农和贫苦农民带来的负面影响有关，农民常常受到“简单再生产的‘挤压’”，失去再生产的资料，无法维持作为小农的身份。根据黛博拉·布莱森（Deborah Bryceson，1999）的定义，“去农民化”是指一种生存型农业生产和商品型农业生产有机结合的农业生活方式的消逝，而这些农业生活方式是以家庭劳动力和村社互助为基础的。“去农业化”是指农村居民脱离严格意义上以农业为生计方式的职业调整、收入赚取上重新定向、社会认同及空间重新定位的长期过程（Bryceson，1996）。可以看到，无论“去农业化”还是“去农民化”，都体现出农民与传统意义上“农”的疏远。

那么，农民还是农民吗？我们不禁问，连有的农民也忍不住会问自己。相比从前，他们的农业生产逐渐单一化，消费种类却不断增加。后者的增加既缘于世界市场对消费品的推陈出新，也因为农业社会曾经公共享有的一切被不断私有化、商品化。农民为了实现再生产，不得不既从事农业活动，又外出务工。丹尼斯·科德尔等（Dennis Cordell et al.，1996）用“锄头+薪水”精练地勾画出前资本主义关系占主导的家户领域（农民挥舞着锄头）以及务工者为薪水而劳动的资本主义领域的一种结合。“锄头+薪水”也恰当地解读了中国农村家庭的现实处境。改革开放之初，由于生产资料和生活资料的逐步商品化和货币化，占中国人口80%以上的农村人口中的很多人，无法依靠农业和农村经济活动维持生计，因而走上了外出打工之路。外出务工之于农民逐渐由“可有可无的”变成“必不可少的”（阿尔利吉，2000）。

为此，中国的城市出现了一个奇怪的群体：农民工。他们既不是纯粹的农民，也不完全属于城市。他们夜以继日地从事着艰苦的体力劳动，却不能从城市得到应有的尊重和必要的居所。他们的父母妻儿都还留在农村种地，因为仅靠他们在城市务工的薪酬不足以养家糊口。一位河北农民这样概括他所在村庄的家户外出务工情况：“现在村子里的一般家庭格局就是男的外出打工，妇女在家种地，也有都出去打工的，地就靠别人种上，不管家里有没有人，家里的地也得种上。男性外出打工、女性在家种地的情况在村中占30%～40%；剩下的家庭，要么是上了年纪没法出去打工，要么是家里有上学的或无依无靠的，只能留在村中。不外出务工的青壮年男子，或者是身体有什么毛病，或者是家里妇女身体不好。留在农村的几乎都是辅助劳动力。”在中国农村，“去农业化”或“去农民化”的趋势表现为农业生产呈现老龄化和女性化的趋势，并导致农业发展后劲不足，59.9%的留守老人耕种着外出子女的土地，92.4%的留守妇女家庭仍从事农业生产，62.9%的留守妇女遇到劳动力不足问题，33.6%的留守妇女没有掌握生产技术（叶敬忠，2011c）。在城市，“去农业化”或“去农民化”的趋势表现为无数正值青春年华的农村劳动力离弃亲人与土地，为现代化、工业化、城镇化献身淘金。城市的各种资本组合和大小企业，正在把数以百万计的不需要福利与保险的农村劳动力吸纳进它们的工厂，再返还数以万计的工伤残病劳动力至农村老家（严海蓉，2005）。

的确，外出务工者都把村庄当作自己的缓冲地和最后的避风港。一旦生病或者伤残或者被解雇，他们可以回到村庄。然而，农民心中的避风港也面临着被破坏的命运。这是因为当农村的土地、人力和资金等以发展之名被虹吸到城市时，农村共同体和农民的家园正加速瓦解（叶敬忠，2012a）。而且，外出务工者在城市的生存境遇令人担忧。迈克·戴维斯（2009）认为，外出务工的大批贫穷农民不能享受合法的社会服务或住房津贴，在成为沿海城市的血汗工厂和建筑工地的超级廉价劳工的同时，他们却住在城边的临时棚屋和过度拥挤的房子中，“资本主义在中国的回归带来了流动的城市贫民窟”。由此可见，农村逐渐被整合进全球化和工业化的浪潮之中，农民仿佛是大海中的一叶孤舟随波摇荡。

因此，我们不能忽略商品化对农民生存状态的影响。前文已经讨论了生存经济中的农民生活，以及他们不论从自然还是社会层面所形成的稳定、封闭的循环系统。在这种循环系统被市场破坏之后，农民原本平静、怡然自得的生活也不复存在。且不论他们必须购买昂贵的生活消费品，哪怕是农具与化肥，都可能致使他们成为“债奴”而入不敷出。如此一来，一旦作物歉收或者农产品贱价，他们的生存安全就将遭受威胁，更不说他们中的一些还面临土地被回收或者买卖的风险。在这种情况下，一些农民选择了抗争。由于小农生存经济的逐渐解体与市场经济的不断深化，一大批农民带着对农地的失望与对繁荣的希冀走向城市，并制造出庞大的农民工群体。他们兼具两个阶级与两种身份，却被视作“劳动力”，多于被尊重为“人”。从尘肺维权到各式各样的讨薪形式，从跳楼事件到“农二代”求学问题，关于农民工的社会热点似乎从未淡出人们的视野。留守村庄的农民，有时需要对抗地方精英、地方官员、专家与富人，他们“依法抗争”（李连江、欧博文，1997）、“以法抗争”（于建嵘，2004）、“以身抗争”（王洪伟，2010），只为逃避“被强拆”“被上楼”“被失地”的不公命运。一系列看似毫不相干的社会事件，暴露的是市场经济背景下商品化机制运作过程中，为了资本积累而无视农民生存权益的实质。遗憾的是，不论是“弱者的武器”（斯科特，2007）式的抗争，还是沉默忍受，当农民的多元生计方式遭遇现代化和商品化时，留给他们的选择已经不多了，除了外出务工挣钱以协助全球商品运转以外，没有其他选择（叶敬忠，2011c）。

我们还不能忽略的是，农村社会商品化所带来的实用主义理念对自然的影响。姑且抛开商品化、工业化造成的生态与环境破坏，我们仅从其改变大自然对于农民乃至全人类的意义及其内涵说起。自然可以为农民提供打猎、采集、放牧、打鱼、烧炭、采矿，甚至是巫术以及避难等丰富的社会功能。然而，在商品化背景下的今天，“自然”被实用主义者称之为“自然资源”。可以作为商品的“自然”被划入“资源”一类，与之相对的则被归为另一类。如有价值的植物是“庄稼”，与它们竞争的则被贬为“杂草”；有价值的树是“木材”，与之竞争的则是“杂树”（斯科特，2004：7）。一时间，花、草、苔藓、灌木、藤蔓的区别消失了，爬行动物、鸟、两栖动物与昆虫亦然，它们都被统称为植物或者动物（斯科特，2004：6），它们的多样性不再被市场关注，市场只强调它们的数量、体积与价格。商品化使与人类建立生生不息循环关系的自然，蜕变成为具有商业价值的资源资本；使一个五光十色的自然世界，简化成为“单一商品的生产机器”。《土地的黄昏》里的一段话这样概括农村事物对于农民的内涵变化：

> 乡村空间的传统意义丧失，（农民）对自然空间、地点、景物的依赖消失，身体与土地之间的能量交换消失，身体能量不重

要了，计算理性变得重要了，安居乐业不重要了，季节性迁移变得重要了。这一切都在改写乡村内部的人际关系和价值观念。“家园感”变得不可捉摸、暧昧不清，一切都面目全非了。传统农耕的方式和乡村空间的消失解放了农民的身体吗？其实他们在哪里都感到不适。在乡村，他们向往城市街道和厂房，试图为自己找到一个新的能量消耗的方式；在城市漂泊生涯中，他们留恋乡村，咀嚼着青草的滋味，家园的感觉成了一个甜蜜的梦幻。（张柠，2005：65）

四　传统的剥夺、建构的物欲与遗失的精神：商品社会的反思

资本在流动，从均分变为集中，从公共变为私有，从农村涌向城市。在农村商品化的进程中，农民逐步走出小农生存经济，被卷入市场经济的大潮之中。当他们试图通过种植蔬果、驯养禽畜发家致富时，世界市场的动荡惊醒了他们的美梦；当他们试图退而求其次，唯愿仅凭粮食丰收养家糊口时，浩浩荡荡的“征地运动”夺走了他们的土地；当他们试图安居一方、与世无争时，“增减挂钩”与“复垦”圈占了他们的住所；当他们寄希望于村庄学校发出的琅琅书声时，“布局调整”消灭了大量的村庄小学，使成千上万小小年纪的农村“学生”远离父母，变成城市学校的“考生”；当他们试图远走他乡、另觅出路时，城乡二元的户籍制度熄灭了他们的激情。经由商品化机制，城市对农村进行了无休无止的掠夺：通过低廉的工资将农村的青壮年劳动力吸引而来，又通过各种不平等待遇将年老力衰的农民遣返回去；利用围绕商品化的各种元素，将自然变成各种由“编码了的文本、设计好的传递系统、命令控制网络、目的性行为以及概率输出”（埃斯科瓦尔，2011：242）组成的板块，使所有资源为工业化、城市化与现代化服务，又通过这些元素，对一切冠以“发展”

之名的行动赋予合法性。当初，农民为了挣更多钱、改善生活而离开农村；最终，他们却收获不多。

马克思（2004b：47）在《资本论》第一卷的开篇写道："资本主义生产方式占统治地位的社会的财富，表现为'庞大的商品堆积'。"这揭开了商品神秘的面纱，看穿了掩藏在物的形式下的资本主义生产方式下人与人之间的社会关系，并分析了资本的积累过程。哈维（2010）则提出了"剥夺性积累"（accumulation by dispossession）的概念。他把土地商品化和私有化、农村人口被强行驱逐、各种形式的财产权（公有、集体、国家等）转化为排他性的私人产权、镇压公共权利、劳动力商品化、压制替代性的（地方的）生产形式和消费形式等机制称为"掠夺性积累"。在村将不"村"、农将不"农"时，我们不禁要问，难道"国民财富和人民贫困本来就是一回事"（马克思，2004b：884）吗？在看似孕育着巨大财富的商品社会，农村在逐渐丧失往日的阵地。30 多年来市场化改革带来国家财富快速增长和积累的背后，农村的人力、物力乃至关乎生计保障的最重要的土地也被以市场化的名义，转化为劳动力商品及待开发的资源。诸多商品积聚的农村社会是不是一场"发展的幻象"（许宝强、汪晖，2001）呢？

在商品化进程中，基层人民备尝日益增加的挫折感、疏离感、不安全感和被剥夺感。农民不仅逐渐失去了对生存手段的控制，其仅有的一点生活方式和习俗偏好也被商品大潮逐步瓦解。小说《谁吃了我的麦子》讲述了由于主人公吴根所在的村庄及方圆几十里村庄的小磨坊受到外界大型面粉加工厂的挤压而逐步倒闭后，吴根再也吃不上自己种的麦子磨的面的故事。因为，这样的大型面粉加工厂不对吴根这样的种粮小户提供来料加工服务，除非种粮规模达到万斤以上。而"吴根一直吃着别人的面，可总觉得味道不对，每次吃饭，心里十分别扭"。结果，吃自家产的麦子磨成的面粉已成奢望（胡学文，2009）。

现代社会的多数人，何尝不是如此呢？发展、财富和经济增长并不可怕，可怕的是，试图支配人类社会生活方方面面的实用主义和工具主义的思考路径。在《原初丰裕社会》中，塞林斯（2001：71－72）描述了“闲适”而“挥霍”的狩猎者与采集者，以及他们美好的生活图景。最后，他不无惋惜地认为，是阶级社会造就了贫穷，贫穷衍生了“匮乏”文化，“匮乏”将“不可能企及”和“无限需求”奉上神坛。的确，现代社会的商品价值，远远超越了满足个人基本需求的意义。然而，“需求”却一直在被建构。

在商品社会，形形色色的产品得以生产出来，并流通到市场上，以实现其交换价值。商家采取各种方式诱导人们去消费（牛涵，2010），政府也在激发各种消费需求。例如，在人类社会经历了一些大灾大难之后，受灾人口面对的官方话语环境大多不是如何寄托对逝者的哀思，而是被告知要尽快出去购物。这表面是为了恢复灾民的生活秩序，骨子里却是为了维持社会的商业运转（牛涵，2010）。现在，各级政府和企业都在试图引导农民更新传统的消费观念、转变消费行为。这是旨在开拓农村市场以扩大内需、为工业品拓展销路、把农民整合进商品关系之中，还是真的为了农村和农民兄弟着想呢？

在看似欣欣向荣的商品生产、流通、消费景象背后，我们不知不觉地被有形和无形的力量诱入了制造—消费—废弃—再制造—再消费—再废弃的加速循环之中，被商品所奴役。纪录片《东西的故事》（*The Story of Stuff*）展示了物质经济所经历的原料开采、产品制造、分配行销、消费使用及废弃物处理的各个环节。为了经济增长，我们消费掉太多资源，而消费主义的理念也促使我们不断购买东西，提醒着我们所使用的东西已经过时，需要不断更换，否则即为落伍。吴垠（2009）指出，消费自由事实上具有欺骗性，消费者的选择受到生产者的符号操控，消费主义向人们允诺一种幸福的普遍性，而幸福生活就是更多地购物和消费。哈维（2010）也指出，“我购物故我在”和占有性个人主义一起建构的是一个伪满足的世界。消费本身是双重性的悲剧，“以不足为始，以剥夺而终”（塞林斯，2001：60）。马尔库塞（2008）则认为，在丰富的商品中进行选择并不意味着自由，商品是一种对艰辛和恐惧的生活进行社会控制和维护异化的方式。可见，商品消费需求是被建构和诱导的。从纪录片《舌尖上的中国》第一季第一集《自然的馈赠》中可以了解到，当烤松茸变成一道受欢迎的菜肴时，原先不太值钱的松茸变得极其昂贵。可见，一些物品一旦被渲染成珍贵及奢华的象征，就会被人们大力开掘并被加工变现。同农民一样，其实我们每个人也都浸入了市场经济的大潮之中，被无处不在的商品以及与之相生相伴的各种商家策略所包围、所奴役，被"经济力量的无声强制"所桎梏。

在如此商品化的社会里，我们得到了什么？得到数之不尽的廉价且毫无意蕴的商品、看似丰富而自由的多种选择，以及纷纷扰扰、庸庸碌碌的生命。然而，我们失去了更多。在马克思（2004b）那里，商品化社会瓦解了信任。商品经济将物品演化为商品，把人与人之间的关系蜕变为贩卖者与购买者的关系。那些曾经通过内涵深远的礼物串联起来的基于信任、依赖与扶持的长久情感关系逐渐减少，转而成为建立在契约"自由"基础上的短暂、脆弱而可变的社会关系。在阿帕杜雷（2001）那里，商品化侵蚀了乡村互惠的社群价值，激发了与市场导向有关的个人主义。在中国农村，过去农民娶亲嫁女时，还送红绸锦缎，今天却变成赤裸又通俗的50元或100元的红包随礼；而在城市，结婚还伴有越来越分门别类的合约。在卢卡奇（1999）那里，商品化麻痹了人性。服务于市场经济的科学、技术等元素，割裂了人的主体与其自身的关系，分离了作为人的灵魂与作为商品的肉体。不只是每年数以亿计进城务工的农民起早贪黑廉价地出卖自己的劳动力，还有城市许许多多的"上班族"，其实我们每个人，都同样难逃个体被异化的命运。布希亚（2001）更加悲观地看到，当商品充斥整个社会、物的灵光消失殆尽时，人却由于难以从周遭寻求心理能量的释放而愈发依赖物品。

时至今日，农民再难以回溯通过纯粹手工劳作耕种粮食、喂养禽畜的时光，他们离不开拖拉机、挖掘机或者小型电动摩托，他们与土地、作物和自然的牵绊不再经由劳动直接传递，而流失于以各种机器和技术产物为中介的人机互动之中。在城市，电子商务的发展日新月异，人们蜗居家中便可购买关乎衣、食、住、行的任意物品。这种易如反掌的购物方式又进一步加剧了人们对物品的依赖程度，致使人们抛弃客观的社交世界，投身于虚拟而没有边界的网络幻境中。正如鲍曼所言：

> 人们的购买不再是一系列言明的需要，更不是一系列固定的需要，而是一系列的欲望。尽管欲望是一系列连续而短命的物质对象，它是“自恋的”：它把自身视为首要的目标。由于这个原因，它注定是永远无法满足的——不管其他的（身体或精神）目标提升到什么样的高度。(鲍曼，2006b)

借用韦伯（2004）关于科层制的比喻，身为市场经济这座不停运转机器中的小齿轮的我们，“得到”的是各种需求，包括商品需求、发展需求、增长需求、城市化需求、信息化需求、科技需求，甚至是学者的学术需求；失去的，却是自由！

需求不断被建构，美德却渐渐在流失。过去，孔子赞赏颜回清心寡欲、超尘脱俗的处世心境：“一箪食，一瓢饮，在陋巷，人不堪其忧，回也不改其乐。”庄子道：“丧己于物，失性于俗者，谓之倒置之民。”不论是入世的孔孟之道还是出世的老庄哲学，都传递了古之圣贤对物的轻视、对宁静致远的淡泊心志的推崇。梁启超曾说过：“苦乐全在主观的心，不在客观的事。”当我们回首过往、品味人生，令我们为之追求的，不应是层出不穷、朝生暮死的物品，而是父母之爱、朋友之情，是作为“人”所能拥有的“不以物喜、不以己悲”的豁然心境和“穷则独善其身、达则兼济天下”的广阔胸怀。

行文至此，或许有人会问，“你想回到传统的生存社会生活吗?”在论述社会出现之前的善良原始人在自然状态下的平等生活时，针对这样的质问——“难道要取消社会，取消你的东西、我的东西，返回大森林和熊一起生活吗”，卢梭（2009）回应道：“唉！你们这些人啊，没有聆听过上苍的声音，只知道人除了安度其短暂的一生外，再没有其他目的。”其实，卢梭十分明白，重返大自然是不可能的，人们应当生活在社会当中，但是，通过对人类生活史的追溯，公民也许可以更好地履行责任，更好地运用各自的天赋来治理好国家。我们同样不可能返回传统的生存型农耕社会。同时，对农村商品化进程的反思，更不是要全盘否定商品化和市场经济在当代人类实际事务中的作用。但是，我们需要思考的是，商品化和市场机制是否应该成为指导人生以及我们一切工作与生活的信仰？

2

留守的故事：农村被切开的血管

一个人就是一个家，一个人想，一个人笑，一个人哭。我很小的时候父母就出去打工了，不知道什么是父爱母爱，就连他们的样子都记不清了。我考试从来都不及格，自信心有多差就不用说了。上期我考了最后一名，这期我不想考最后一名了。（四川省一名留守儿童的作文）

这是四川省青神县南城中学一名初二男生的作文。这个孩子从小和祖父母一起生活，因父母在外打工很少回家，所以出生后不久便成为一名留守儿童。在他的生活世界中，因为父母长期缺位，所以他很难从日常细节和生活经历中体悟到慈母情深、父爱如山；在做人做事方面，很少感受到父母的言传身教、耳濡目染；每逢喜怒哀乐，也无法获得父母的称赞、欣赏或百般抚慰。由于祖父母年事已高，他在家的生活几乎就是一个人的世界。这篇短短的作文也局部映照了他的生活。

城里人的生活是爱情，农村人的爱情是生活。（湖南省某农

村留守妇女语）

这是安徽省太湖县的一位留守妇女的总结。丈夫在城市打工挣钱、妻子在农村种田持家，这种“男工女耕”式的家庭分工使农村夫妻长年聚少离多。为了家庭生计，他们无暇如城市夫妻那样花前月下、倾诉衷肠，他们的情感依恋少有语言传递，多体现在日常生活中每件具体事情（如丈夫的工作、孩子的学习、田间的劳作、老人的赡养等）的顺顺利利上。长年生活的艰辛令他们渴望夫妻间的真正相厮相守，正如他们所说，“两个人在一起喝汤喝水都快乐!”

出门一把锁，进门一盏灯。（江西省某农村留守老人语）

这是很多留守老人孤单生活的真实写照。因为子女外出务工，农村老年人，尤其是丧偶高龄老人，常常独自留守乡村，负责家务维持或农业生产。即使留守老人还负责照顾孙辈，在孙辈上学期间，他们的大部分时间仍然是独守家院。因此，他们一旦出门即意味着无其他家人看家，故要上一把锁，而进门也只是一盏灯足已。在当今农村，随处可见留守老人“落寞寡合的神情和了无生趣的举止”（穆光宗，2004）。

以上三个例子分别代表了中国现代化发展和社会转型过程中的农村三大留守群体——留守儿童、留守妇女和留守老人。在学术研究中，留守儿童是指在被调查时由于父母双方或一方每年在外务工时间累计超过6个月，而被留在农村地区交由父母单方、祖辈、他人照顾或无人照顾的农村儿童。留守妇女是指被调查时丈夫每年在外务工时间累计超过6个月，而自己长期留守在家乡的55周岁以下的农村妇女。留守老人是指被调查时有户口在本社区的子女外出务工（每年在外务工时间累计在6个月及以上），自己留在户籍所在地的农村老年人。

关于中国外出农民工的数量，每年均有官方的统计数据。根据国家统计局最新发布的《2013年国民经济和社会发展统计公报》，2013年，全国农民工总量约为2.69亿人，外出农民工约为1.66亿人（国家统计局，2014）。这里的外出农民工是指在本乡镇以外从业6个月以上的农民工，也就是说，其农村家庭中的子女、配偶和父母即通常所说的留守儿童、留守妇女（丈夫）和留守老人。

关于农村留守人口，一直以来均缺乏严格的官方统计数据，但其数量巨大，已成为社会共识。全国妇联课题组（2013）根据《中国2010年第六次人口普查资料》样本数据推算，全国有农村留守儿童6102.55万，占农村儿童的37.7%，占全国儿童的21.88%。对于农村留守妇女的数量，目前采用的主要是中国人民大学白南生教授基于2005年农村外出务工家庭数据的估算，约4700万（张俊才、张倩，2006）。而农村留守老人的数据来自中国老龄科学研究中心的估算，2012年约有5000万（吴玉韶，2013：147）。

国家卫生和计划生育委员会副主任王培安曾指出，未来30年，中国还将有3亿左右农村劳动力需要转移出来进入城镇，将形成5亿城镇人口、5亿流动迁移人口、5亿农村人口“三分天下”的格局（新华网，2009a）。因此，流动与留守现象在我国的现代化发展过程中，将长期存在。

中国大规模农村劳动力的乡城流动始自20世纪80年代，而由此带来的农村留守人口现象直到21世纪初才真正引起学术界的关注。留守人口的概念最先出现在1994年（上官子木，1994；一张，1994），当时主要是指留守儿童，但直到2002年才得到媒体、政府、学术界乃至社会各界的关注，此后关注程度逐年增加（周福林、段成荣，2006；江立华，2011）。2004年之前，对农村留守人口的研究一般只见于零星的研究论文，且主要研究的是农村留守儿童。自2004年开始，中国农业大学人文与发展学院、中国人民大学人口与发展研究中心、中央教育科学研究所教育政策研究中心等研究机构相继开展了针对农村留守人口的大型综合性研究，且出版和发表了一系列研究成果。这些研究成果的发布将农村留守人口问题推向了学术和社会关注的前沿。在2006年和2007年的“两会”期间，即有不少针对农村留守人口问题的提案。

中国农业大学人文与发展学院“中国农村留守人口”研究团队十余年来持续关注劳动力流动与农村留守人口问题，并坚持开展学术研究，积极参与社会讨论。自2005年出版国内第一部有关留守儿童的研究专著《关注留守儿童》之后，目前已出版专著十余部，发表中英文文章近百篇。在这些研究成果中，2008年出版的中国农村留守人口研究系列成果《别样童年：中国农村留守儿童》《阡陌独舞：中国农村留守妇女》《静寞夕阳：中国农村留守老人》获得较好的学术评价和社会反响。

回顾早期的农村留守人口研究，大多涉及对留守人口现象产生背景和原因的分析。对此的解释主要是，20世纪80年代以来，中国进入了快速的工业化和城市化发展阶段，农村剩余劳动力大规模向城市转移。这不仅推动了城乡经济的发展，也有利于提高农民收入，改善农户生计水平。然而，由于城乡分割的二元社会结构和体制还没有完全被打破，城市并没有给农民工提供可以实现“举家迁移”的条件；而农民工也因为自身经济条件的限制，无法突破体制的限制，从而实现整个家庭人口的转移。因此，在农民进城务工、实现劳动力转移的同时，他们家庭的部分成员却被留在了农村，造就了农村独特的“留守人口群体”——留守儿童、留守妇女和留守老人（丁杰、吴霓，2004；段成荣、周福林，2005；吕绍清，2006；叶敬忠、吴惠芳，2008；潘璐、叶敬忠，2009）。

目前，农村留守人口研究的主要内容集中在农村劳动力的乡城流动对留守人口的影响方面，尤其是负面的影响。研究认为，留守儿童所受影响主要表现为：父母外出务工在一定程度上改善了家庭生计和儿童的物质生活条件；然而，家庭生活的变动给留守儿童的生活照料、学习表现、内心情感等方面带来的是更深层次的负面影响。父母监护的缺乏、现有监护的不力，让部分留守儿童在生活中面临安全无保、学业失助、品行失调等成长风险和隐患（周全德、齐建英，

2006；叶敬忠等，2006；王秋香，2007；叶敬忠、潘璐，2008a）。

对留守妇女来说，她们独自肩负着本应由夫妻双方共同承担的生产劳动和家庭抚养、赡养责任，承受着多重生活压力。“劳动强度大”“精神负担重”“缺乏安全感”是留守妇女生活的真实写照。沉重的劳动负担和家庭负担使留守妇女不堪重负，使其身体健康受到严重影响。同时，由于拥有不同的生活世界，夫妻二人在知识、信息、观念、价值观等方面也逐渐显现出差异。流动与留守造成的长期夫妻分离，使婚姻应有的一些功能也很难实现，使他们的婚姻存在很多潜在的问题（魏翠妮，2006；叶敬忠、吴惠芳，2009；吴惠芳、叶敬忠，2010）。

随着承担主要赡养义务的农村青壮年劳动力的大量外流，长期的两地分离使外出子女无法为留守父母提供经常性的照料和关怀，使家庭养老的基础受到动摇。这在很大程度上影响到对留守老人的经济供养、生活照料和精神慰藉。同时，由于子女外出，农业生产、照看孙辈、人情往来等重负都压到留守老人身上，导致很多留守老人的生活处境堪忧。而目前，中国社会保障体制尚不健全，对留守老人的养老保障能力十分微弱。与社会转型相伴生的人口老龄化、家庭核心化和小型化、价值观念的改变等，又进一步增加了留守老人获取养老资源的难度，使留守老人的养老面临更大挑战（杜鹏、丁志宏，2004；周福林，2006；叶敬忠、贺聪志，2009；贺聪志、叶敬忠，2010）。

从对农村留守人口“386199”的形象比喻（杜鹏，2004）以及“别样童年”“阡陌独舞”和“静寞夕阳”这些书名，就可以看出，目前的研究主调还是对农村留守人口的悲情叙事，是对农村劳动力乡城流动对农村留守人口所产生影响的一种朴素描述。众多研究成果的确触动了社会，打动了受众，让留守人口群体赢得了同情和关注。作为参与此研究过程的一员，我自己的心情是很沉重的，因为与城市物欲横流的生活相比，留守人口在农村的生活是如此艰辛和困苦。为此，我们有时还会使用照片、视频等形式直观展示我们在研究过程中所观察到的留守人口的生活画面。这也令不少受众感动，几至潸然泪下。但是，随着研究的进一步开展，我越来越认识到，如果继续聚焦于对留守人口的生活及其所受影响的展示和分析，将难以脱离肤浅的表象层次，研究和解释的深度还远远不够。对农村留守人口问题的思考，需要我们“后退几步，绕过那熟悉的事实，分析置身其中的理论和实践的背景”（福柯，2005：107），需要“超以象外，得其环中”。否则，我们往往会“不识庐山真面目，只缘身在此山中”。只有这样，我们的研究才有可能从“是什么”（即留守人口的生活是什么样的，受到什么影响）推进到“为什么”（即为什么留守人口会承受那样的生活，为什么会受到那些影响）的层次。为尝试从政治经济学的批判视角来解释中国社会转型过程中留守人口这一重大社会现象，本文主要从四个方面来反思现代化发展进程背景下的农村留守人口问题。

一　农村商品化与农民的选择空间

在学术研究中，我们经常会见到这样的分析，即农民外出务工缘于城市化建设对劳动力的大量需求和农村劳动力的大量剩余，是这两方面力量推拉的结果，是农民进行理性和自由选择的结果，是社会进步的表现（杜鹰等，1997；陈阿江，1997；杨春平，2010）。过去我也一直认为，外出务工是农民出于家庭生计的需要而进行的理性选择的结果。然而，表面上是农民自由选择的进城务工是真正自由的选择吗？或者说，除了外出务工，他们还有别的选择吗？

已有研究指出，始于20世纪80年代的中国农村政策，其背后其实是一种为了追求现代性的现代化发展主义的意识形态，其相信社会发展必然要走西方工商业发展的道路，认为工业化、市场化和商品化是社会进步的象征。要解决“三农”问题，农村必须走商品化和市场化的道路。这些信念已经变成一种意识形态，连贫困地区的地方官员也相信发展工业和农业商品化才是脱贫的灵丹妙药（古学斌等，2004）。在这种实践中，农民的生活也日益被彻底商品化，说白了，也就是一切都需要钱买。农民也经常纳闷得很，因为一方面手里的钱越来越多，另一方面又觉得用起来越来越快！对农民来说，这就是变化了的现实。今天，我们已经被无处不在的商品所包围、所奴役，一切似乎都已经被商品化和商业化，包括婴儿诞生、老者逝去、祖宗文化、历史遗产，还包括天灾人祸、生活方式、恋爱婚姻……甚至救人捞尸也被商业化了。在此情况下，农民家庭生计中的一切活动都要以金钱为媒介来开展。正如河南省固始县大觉寺村的一位留守妇女所说，“现在油、粮、菜什么的全部都要花钱买了，也没有东西喂猪、喂鸡了；盖房、婚丧嫁娶、人情往来、水电、孩子上学、吃穿样样要花钱；盖房时欠下的债还没还完，农药和肥料也都是赊来的，等卖粮的时候再把钱还上，孩子上大学最费钱，到时候肯定还要向亲戚借些”（李海涛，2011）。

这一农村商品化进程的结果是，改革开放之初占中国人口80%以上的农村人口，由于生产资料和生活资料的逐步“强制商品化”，而不得不被“经济力量的无声强制”“锁入”商品生产之中，被“鼓励”加入货币经济体系之中。一度基本上自给自足的农民，只能越来越依赖市场的商品交换，以进行他们的再生产。随着商品关系的不断深化，特别是与国际市场接轨之后，农民在世界商品经济体系中泥足深陷。今天，农民的生活已经被商品化全面控制，他们彻底变成了商品的奴隶，他们从头到脚，每个毛孔以及生活中的每个空间都时刻闪现着商品和资本的魂灵。在此情况下，农民家庭生计中的一切活动都要以金钱为媒介来开展。因此，他们必须挣钱！在商品化的控制下，留给他们的选择似乎没有别的，只有外出务工，通过劳动来获取现金。

中国发展政策背后隐藏着的对现代化发展主义和新自由主义的盲目追求，归根结底是一种对现代性的膜拜。而现代性的典型态度就是“霸道”。霸道者之所以霸道，是因为自以为是道，也就是真理的唯一拥有者。这种霸道的一个核心表现就是“唯我独尊”，表现在人与自然的关系上是剥削自然；表现在性别关系上是压迫妇女；表现在理性和感性关系上是蔑视感性；表现在科学与非科学的关系上是科学沙文主义；表现在人我关系上就是容不得不同意见（王治河，2005：19）；而表现在城乡关系上，就是农村应该向城市看齐，就是为了城市化建设和城市人的生活可以牺牲农村和农民的利益。难道不是这样吗？农民工的劳动报酬大大让利给了资本收益（马国川，2010），这就是“现代化”的现实。进一步研究发现，现代“同一性”思维和“齐一化”概念在我们的现代生活中非常猖獗，以一元吞并多元（王治河，2005：27）。因此，当农民多元的生计方式遭遇现代化和商品化时，其实留给他们的选择已经不多了，除了外出务工挣钱，以协助全球商品运转以外，还有什么其他选择呢？

表面上农民的选择似乎更自由了，其实倒不如说现代化只给农民设置了两条出路：一条是布满荆棘的山间小道，另一条就是一道悬崖峭壁。而农民只能选择前者，并落得个“自愿选择”的名头。2008年开始实施的“城乡建设用地增减挂钩”政策，为新一轮的资本吞噬农民土地运动披上了合法化的外衣，导致大量农民“被上楼”。这一亲善市场的实践以“自愿”之名获得的土地，其实大多是农民不得已的选择。在农民的宅基地上写上一个或鲜红或煞白的“拆”字，并加画一个醒目的圆圈，被人们调侃说是个公章，是一个昭然的“圈套”，是一个圈地运动的 logo。这与英国在 15 世纪开始的“圈地运动”几乎是同样的性质，甚至有过之而无不及。因为英国的新兴资产阶级和新贵族还需要自己通过暴力把农民从土地上赶走，用篱笆、栅栏、壕沟把强占的农民份地以及公有地圈占起来，只有这样才能将之变成私有的大牧场、大农场。而在我们的现代化过程中，只要有一位商人能提着一袋子钱去某地，在其还没有到达之前，当地的机器就早已把地给圈好了，而且路也修了，电也通了，一切免税等优惠都在等待着大款的大驾光临！在此过程中，无数农民的房屋被标上了带有圆圈的“拆”字！

在生活资料被强制商品化后，很多农民因为无法依靠农业和农村经济活动来维持生计，走上了外出打工之路。这一庞大的劳工群体在城市建设和国家发展中出售了自己的劳动力，得到的却是极低的劳动报酬，甚至不足以完全支付家庭再生产。一位在苏北某城市务工的农村妇女，每天起大早送牛奶，一天只能挣15元左右。当被问及这点收入能否支撑家计时，她的回答是“没法子啊!”在北京务工的一位山西妇女，其丈夫在煤窑务工，谈到频发的煤矿安全事故时，她说：“家里要钱，别的法子没有，危险你也得下去啊!”在四川农村调研时，无论是儿童还是老人，大多认为每个家庭里的劳动力都应该趁年轻时出去“找钱”。“在农村没有出路”是农村年轻人对问题的最准确的表述（严海蓉，2005）。这些大概就是生活和社会高度商品化以后的农民和农村生活的真实写照。因为一切都商品化了，什么都要钱，所以，农民只有选择挤进那半掩半闭的城市大门，蹒跚于那布满荆棘的求生小道。而家庭再生产费用的另一部分，还需通过留守在家的妇女、老人甚至儿童的农耕活动来满足。对大多数农民劳工而言，“强制商品化”令他们离弃了得心应手的农业生产与共享天伦的合家幸福，目睹了横流于城市的物欲和遍布农村的伪劣商品，却丝毫不能减轻他们生存和生活的压力。一些暴富者时刻沉溺于饕餮盛宴之中，他们的后辈为不知如何炫富而机关算尽；与此同时，对另一些人来说，忍饥挨饿似乎是他们与生俱来的宿命。尽管农村劳动力被加以流动“自由”和劳动“自由”的冠冕，然而，如果他们“选择”不外出务工以换取劳动报酬会怎样？他们的家庭生计，子女教育又能怎样？这种自由的实质无非是“经济力量的无声强制”下的“非如此不可”，即：要么外出谋生，要么全家挨饿！既如此，我们也许不能说外出务工是农民的自由选择，也许应该说是农民的其他选择被不断封杀后剩下的唯一选择！

二　在经济增长与家庭幸福之间

关于劳动力乡城流动条件下农村的家庭完整问题，存在两种截然不同的观点。有的学者认为，中国的国内移民大量采取家庭分离的方式，这是中国特有的，在世界其他很多地方，没有那么大的流动障碍，可以整个家庭一起流动。而不少学者认为，中国的这种分离不见得是坏事，若看看孟加拉国，那都是举家迁移的。这两种观点在一定程度上是由学科分野所致。虽然前一种观点在中国目前实现起来不完全现实，因为城市既没有也不一定愿意为农村劳动力的家庭整体流动做好准备。但是，后一种观点又似乎在告诉我们，这种家庭分离式流动是好事，而举家流动会造成像孟加拉国等国那样的大量贫民窟现象。有些经济学者愿意像这样，将经济与社会、政治、文化以及历史的背景彻底地分离开来，似乎经济是不分文化、不分历史的，只要数学模型成立就可以了。也难怪在亚当·斯密等创立经济学基础时，开始时都是政治经济学研究，而后来经济学的发展越来越变得以自我为中心，越来越唯我独尊、孤芳自赏，对哪怕是波兰尼（2007）在《大转型》中充分论述的“人类经济一直都嵌入在社会之中”的宣言也置若罔闻。有的经济学者认为只要有利于经济的增长，只要保证不出现贫民窟来烦扰城市人的生活，就允许农民做出“自由”的选择和安排。而只要满足这两个条件，其结果便是必然的：为了经济的增长，农村劳动力需要外出到城市劳动，否则带动 GDP 增长的道路和楼房谁来建设呢？而为了不烦扰城市人的生活，农民劳动力只能自己进城，而不能“拖家带口”！因此，为了满足这些经济学者开出的条件，农民选择的安排只有一个，那就是外出——家庭分离式的外出。

“留守”缘于“流动”，而“流动”源于市场和政府对城乡之间资本与劳动力配置的共同掌控。市场和城市欣喜地看到农村劳动力的流动给出口产业、城市建筑业、服务业等创造的财富，却忽视或无视了隐藏在这些财富和增长背后高昂的社会成本——人性的压抑、家庭的分离、老人的孤独、孩子的无助。在由传统农业社会向物质财富极大增长的现代社会转型的过程中，这样的代价是否必需？人们最自然的生活方式所经历的阵痛是否无法缓解？只要真正以“人”为社会发展的核心目标，这些问题并不是无法回答的。不论对哪个学科而言，研究农村留守人口的意义也正在于把对“人”的关切带回发展的主题之中。

对农村留守人口，特别是留守儿童的研究中，我们还每每遇到方法论方面的挑战，即有的学者认为，不能将留守儿童问题扩大化，必须在留守儿童和非留守儿童之间进行科学对比，看看父母外出对留守儿童的影响是否在统计学意义上显著。另外，留守儿童出现问题的比例很小，只有10%（或1%）左右，因此，不能将留守儿童问题化。这些论点听起来言之凿凿，但我认为，在对农村留守人口，包括留守儿童进行研究时，进行留守与非留守的对比，以及测量出留守儿童出现问题的比例都是枉费功夫、徒劳无功的。需要首先说明的是，我坚决反对将留守儿童问题化的论点。我们既不能低估留守儿童发展过程中面临的困难，也不要过分地夸大留守儿童出现问题的严重性，给留守儿童贴上“问题儿童”的标签。对留守儿童的研究和关注与有多少比例的留守儿童表现出问题是没有关系的，因为，对留守儿童群体关注的焦点是家庭问题，而家庭对儿童的健康成长是至关重要的，对此方面的研究与论述也是汗牛充栋。任何社会学基础文献都会讲述家庭是未成年人最重要的社会化媒介，父母的言传身教和家庭气氛及生活方式将大大影响未成年人的社会化进程（王思斌，2003：64－65）。费孝通先生在《乡土中国　生育制度》中论述道：“婚姻关系和两性关系并没有绝对的联系……男女相约共同担负抚育他们所生孩子的责任就是婚姻。”（费孝通，1998：125）也就是说，父母缔结婚姻组成家庭的主要功能是对子女的抚育。著名学者陈丹青指出，“如果非要说素质教育，家庭教育才是无微不至的素质教育。那样的素质教育，再好的大学也教不了、比不了、代替不了”（陈丹青，2007：129－130）。奥地利心理学家阿德勒认为，家庭教育是儿童出现问题的最重要和决定性的影响因素，而且这一因素所造成的问题似乎在学校和社会那里更容易暴露并激化（毛丹，2004）。而“三岁看大，七岁看老”在中国社会更是尽人皆知的道理。所有这些研究和论述，都说明了儿童的健康成长需要父母的在场和家庭的完整。然而，留守儿童的家庭长期处于不完整和亲子分离状态。因此，对于留守儿童家庭与非留守儿童家庭之间的“分离”与“完整”、“父母缺位”与

“父母在场”等差异，还需要进行两个群体之间的对比吗？再者，即使只有1%或更少的留守儿童出现心理学意义上的问题，就能说明家庭分离式人口流动对留守人口没有造成什么影响吗？若从物理学“阈值”概念来考虑的话，在没有呈现可测量出的问题之前，就已经是问题的积累和量变阶段了。研究中，对人的关切也许不需要看表现出问题的比例大小以及问题是处于量变阶段还是质变阶段。

三　农村剩余劳动力转移的悖论

在分析农民外出务工的背景和原因时，过去我曾多次幼稚地相信被无数人重复了无数遍的理由，那就是由于农村有大量的剩余劳动力，因此需要外出流动，也就是说，到城市务工的都是农村的剩余劳动力。

对于学者和政府把农村劳动力往城市流动称为“农村剩余劳动力转移”，严海蓉的研究指出，这种说法很有讽刺意味。因为，这些所谓“剩余”劳动力，大多是农村人口中受过较好教育的年轻人，是新型的农业生产发展最需要的人。在安徽和其他一些省份，劳动力外流导致大量土地被抛荒。这种抛荒已经到了惊人的地步。在有的地方，农户一年种一季而不是两季是很平常的事，当地的农业通讯称之为“半抛荒”或“隐性抛荒”。如果专家学者称外出的年轻人为“剩余劳动力”，那么这些抛荒田该是农村“富余”土地了（严海蓉，2005）。一项针对农村农业生产女性化的调查发现，29.5%的留守妇女家庭因为丈夫外出而减少了耕种土地面积，7.6%的留守妇女家庭将距离较远、土质较差的土地撂荒。同时，由于丈夫外出务工，17.0%的留守妇女家庭将双季稻改为单季稻，32.0%的留守妇女家庭减少了水稻的种植面积比例（吴惠芳、饶静，2009）。

中国农村留守人口研究指出，农村劳动力的大量流出使农业生产呈现老龄化和女性化趋势，并可能导致农业发展后劲不足。农村青壮年劳动力的外出导致老年人口成为农业生产的主要维持者。调查发现，80.6%的留守老人仍下地干活，其中包括很多中高龄老人。59.9%的留守老人耕种着外出子女的土地，55.2%的留守老人家庭的耕种面积不低于2亩，部分老人的耕种面积甚至多达10亩左右。由于缺少子女协助，很多留守老人的劳动负担沉重不堪。47.3%的留守老人认为自己的劳动负担很重，表示劳动负担难以承受的占18.3%（叶敬忠、贺聪志，2008）。另外，丈夫外出务工后，绝大部分留守妇女从传统的“男主外、女主内”模式下主要负责家务劳动和家庭养殖活动，转变为“男工女耕”模式下一人承担家务劳动、家庭养殖和农业种植活动。留守妇女成为农业生产的主力军，92.4%的留守妇女家庭仍从事农业生产。然而，留守妇女在农业生产中遭遇多种困难和问题，62.9%的留守妇女遇到劳动力不足问题，33.6%的留守妇女没有掌握生产技术（叶敬忠、吴惠芳，2008）。农业生产的老龄化和女性化也会造成农业劳动投入不足，影响农业科技的推广和产业结构的调整，从而导致农业发展的后劲不足。朱启臻、杨汇泉（2011）的研究指出，依靠妇女和老农民对土地的感情难以维持农业生产的可持续发展，而由此导致的农业粗放经营、复种指数降低和撂荒现象已经成为中国农业安全的潜在威胁。

严海蓉（2005）指出，城市的各种资本组合和大小企业正在把数以百万计的正值青春年华的农村劳动力吸纳进它们的血汗工厂，却没有福利和保险。作为城市、工厂的代谢，每年数以万计的工伤残病劳动力返回到农村老家，依靠最后的福利田活命。在市场变幻莫测的供求关系下，在社会主义市场经济积累阶段的大潮中，在不管什么企业都想在这个过程中分一杯羹的喧腾中，农村这个“大水库”不停地放出新鲜的劳动力，并吸收着伤残病余人口。所以，每年外出务工的上亿农村劳动力并不是剩余劳动力，留守在家里的才是剩余劳动力。

四　农村被切开的血管

曾几何时，人们还在慨叹中国农村人口太多、农村剩余劳动力太多；又仿佛一夜之间，农村正值壮年的男人、女人纷纷涌进了城市。似乎到20多年后的今天，我们才恍然醒悟如此大规模的人口流动对农村、对农村的家庭意味着什么。当农村劳动力在城市辛苦打拼十几年之后终于能够为孩子上大学、结婚攒下一点积蓄的时候，他们也把自己人生中的黄金岁月留在了城市。完成了家庭重要任务、不再年轻的农村父母最终回到村里，此时的他们已经很难为家庭、为乡村创造经济价值。城市吸纳了农村最年富力强的人力资源，农村却默默承受了这背后的惨淡和无奈。

曾经在外务工的父母渐渐变老的同时，孩子们也长大了。他们中的很多人又会延续父辈的道路进城打工，新一轮的人口流动又开始了。这些生在农村、长在农村、耗尽整个家庭人力资本和物质资本而长大的子女，再一次选择离开农村，去寻找他们的人生坐标、创造他们的人生价值，农村优秀的人力资本再一次被吸纳到城市。或许他们只是城市的过客，最终也要回归农村，但是和他们的父母一样，其自身价值的实现、人力资本的转化同样发生在城市，却不是儿时梦中小桥流水、蛙鸣声声的村庄。

另外，农村的矿产等物质资源也源源不断地供应给了城市。在我们长期调研的太行山区的村庄，每天都可以看到一辆接一辆大吨位的载重卡车拉着铁粉穿过村庄，留下的只是村道上扬起的粉尘。这些铁粉是由当地山上开采下来的铁矿石加工而成的，与城市的房地产产业息息相关。城市的高楼日新月异，而含有铁矿石的太行山早已千疮百孔。

当城市扩张的空间不够时，通过官学们科学臆造的响亮名目——“增减挂钩”，还可以将农村祖祖辈辈传接下来的宅基地“复垦”成农田。而为达到这一目的，农民也被“善意地”请进了小区，送上了高楼！而当高贵的城市人想缩短两个城市之间的交通时间时，就要建设高速公路或快速通道。稍有常识的人都会知道，高速公路的目标群体是城市人口，而农民却要因此失去赖以生存的土地；一个村庄被高速公路分割为两半，不但动物没有了过往的通道，甚至一个村子之内的走亲访友也变成了奢望。

考虑到这些，也许可以借用一部著名作品的标题——《拉丁美洲被切开的血管》，我们是否可以看到某种相似的地方？那就是，为了城市的发展，农村被切开了血管，血液从村庄和农民工的身体里不断地流淌向了城市。

面对如伟大母亲一般的中国农村，城市所进行的是各种各样的对血液的监测和排查，唯恐来自农村和农民工的血液中带有不洁的病毒。北京市在2010年推广了一种村庄社区化管理模式——俗称“封村”，即通过“建围墙、安街门、把路口、设岗亭、人车持证出入”等措施来改善村庄环境、管理流动人口、提高治安水平。另外，还要“围绕社区加装18000个探头”。正是由于封村，“一条连接两个村庄的道路上，村委会为实施村庄社区化管理，建起一道十几米长、三米高的砖墙。新学期开学，这面墙挡住打工子弟学校近300名中小学生的上学路，学生要翻十几米高的土坡上下学”（李超、秦斌，2010；王卡拉，2011）。有的城市还规定，务工人员子女异地中考只能报考职业学校。这样的报道，每每让人产生一种击墙跺脚的心理。一个社区要建起围栏，一个小区要建起围栏，一栋别墅也要建起围栏，那我们每个人还不得都变成装在钢套子里的人？而且，发生在全球化的世界大都市北京的“封村”之举，与其日夜梦求的现代化目标也不相符啊！现代化要求开放而不闭关自守，连接而不脱钩，流动而不固守本土。当然从诸如文化交流、群体融合、和谐社会、公平公正等方面，就更有点站不住脚了！若说是村民的需要，估计更难以令人信服；儿童可能反对尤甚，因为这使得他们上学还要逾墙越舍。

的确如此，农村、农民为城市源源不断地输送营养和血液。但是，城市的文化不是接纳、肯定和感恩，反而是各种各样的排斥与不公。其实，真正带有不洁病毒的不是来自农村的血液，而是饱食终日、生活腐化的城市人；他们拥有太多的财富而不知如何挥霍，甚至需要通过吸毒来寻得刺激。对于农村和农民为城市输送的营养和血液，最起码的要求也许是：城市应该认识到并承认这一事实。但现实仍然是另一面。就像一个因事故或治疗需要曾经接受过输血的人，有哪个城市上层精英会告诉别人其身体里还流淌着表情憨厚、皮肤黝黑的农民工的血液？城市的社区或管理者也不希望接受甚至试图遗忘或抹杀这样的事实：是农民工养活了他们的房屋出租户。在城市与农村之间，在城里人和农村人之间，似乎向来都是这样，前者不太能够认识到后者之于他们的各种贡献和付出，即便如此，后者也从来不会改变对前者宽厚和包容的气度。费孝通先生在《乡土中国　生育制度》中有这样一段描述：

乡下人在城里人眼睛里是“愚”的。但是说乡下人“愚”，却是凭什么呢？乡下人在马路上听见背后汽车连续地按喇叭，慌了手脚，东避也不是，西躲又不是，司机拉住闸车，在玻璃窗里，探出半个头，向着那土老头儿，啐了一口：“笨蛋！”——如果这是愚，真冤枉了他们。我曾带了学生下乡，田里长着包谷，有一位小姐，冒充着内行，说：“今年麦子长得这么高。”旁边的乡下朋友，则没有啐她一口，只是微微的一笑。（费孝通，1998：12）

土壤学家说，蔬菜腐烂了，把它放回土壤中去，就能重新成为土壤的肥料。现在我们也越来越认识到，当高度现代的人有问题了，重新回到农业与农村中去，同样能治好他们的疾病（石嫣，2010）！因此，农民、农村和农业，对于城市人、现代人和我们每个普通人的生活，对我们的社会，对我们的国家，其作用是至高无上的；而农业、农村和农民所孕育和包含的中华民族的博大文化，又是至深无下的。根据叶紫的小说改编的电视剧《星火》，其中的一段话是这样的：

几千年以来改变中国历史的就是农民，中国的城市，其实说到底就是一个农民的聚集地，谁敢说自己不是农民的后代呢？只要扳着指头数，就能数到，他的祖先肯定是农民，而且是地地道

道的农民！（韩毓海等，2005：297）

其中还有一段对农民的描述：

> 中国农民，这世代在贫瘠的大地上从事着最劳苦的耕作，在世界上最低的生存条件下心满意足的人，他们温顺、勤劳、幽默、诙谐；他们热爱生活、渴望富足；他们善于用小小的诡计，赢得姑娘的眉眼、神仙的关照和朋友的仗义；他们不会书写文字，却热爱祖先留下来的方块字，并且用幽雅的乡俚小调，吟唱太阳月亮，吟唱巍峨的群山和河边的柳絮；当他们要起来抗争的时候，所爆发出来的凶悍和无畏，足以使所有鄙视这个群体的人心慌意乱，使所有的哲学家、历史学家和政治家的，那些自命不凡的侃侃而谈，黯然失色！（韩毓海等，2005：298－299）

在充分认识到农村和农民的这种至高无上、至深无下的特质后，我们再回到现实中来，面对的却是：现代化进程中农民的选择似乎越来越少了；农民的劳动报酬大大让利给了资本收益；农民连祖辈留下来的宅基地都不能保住而要“被上楼”；等等。这是何等的怆然啊！当我们研究过程中遇到的那些曾经与我们促膝谈心、已经成为我们朋友的农民兄弟告诉我们，他们家的房子被拆了，无处可住时，我忽然感觉到作为个体的我们是多么渺小！同时，我也深刻认识到，农村研究，还任重而道远！

至此，人们也许会将这些论述贴上“反发展、反经济增长”的标签。我想说明，我不反对发展，也不反对经济。在现代社会中，发展与经济支配了社会生活的各个方面。但是，我们应该认识到，在发展与经济增长过程中，还可以从不同的角度对发展与经济增长过程进行思考；除了发展或经济学思维之外，人类生活还应该有点别的内容。现代意义上的发展，其特点是：以经济增长为主要目标，以现代化为主要理论基础，以工业化为主要途径，以英美为赶超对象。著名的阿图罗·埃斯科瓦尔（Arturo Escobar，1995：4－5）教授的研究指出，这种现代意义上的发展不是人类社会生来俱有的，而只是二战后的发明；即使如此，这种现代意义上的发展并没有在世界范围内带来理论家和政客们许诺的富足之国，相反却是大规模的欠发达和贫穷，是难以言说的社会不平等，是日益增多的营养不良和暴力事件(Escobar，1995：24－26)。即使是一般意义上的以经济增长为中心的发展，也只是19世纪才开始的人类动机，而在此之前的历史里，人类社会几乎未把图利作为行动的有效的动机（波兰尼，2007：37)。塞林斯的研究也指出，物质财富的积累观只是现代资本主义社会的产物，并不是原初社会的价值（塞林斯，2001)。摩尔根1877年在《古代社会》中就指出：

> 自从进入文明时代以来，财富的增长是如此巨大，这种财富对人民来说已经变成了一种无法控制的力量。人类的智慧在自己的创造物面前感到迷惘而不知所措了。只要进步仍将是未来的规律，那么单纯追求财富就不是人类的最终的命运了。社会的瓦解，即将成为以财富为惟一的最终目的的那个历程的终结，因为这一历程包含着自我消灭的因素。管理上的民主，社会中的博爱，权利的平等，普及的教育，将揭开社会的下一个更高的阶段。(摩尔根，2007：400－401)

本文尝试超越留守人口的表象来认识遭遇发展的本质，也是在尝试践行社会科学研究应该具有的批判性精神。正如吉登斯指出的，社会理论本质上就是社会批判（特纳，2006：450）。这样的批判性思考，有时还会被冠以“解构”之名，经常会遭遇一些反批评，即认为，这样的研究只解构，不建构；只破坏，不建设；只消极，不积极；只怀疑，无良方；等等。但我想说的是，首先，事实未必如此，如马克思对资本主义社会的批判非常彻底，但同时，他对人类历史的前景始终保持着积极乐观的态度。其次，我们必须认识到社会批判对社会建设的重要意义，特别是在共谋和结盟盛行、极力以一元吞并多元的现代社会里，某一种存在模式往往极力贬低、抹杀甚至吞并其他模式的现代社会里，社会批判可以使一元主导的社会保持某种张力，使社会能够向更加健康和更加和谐的方向发展。

针对农村留守人口问题，我也常常被问及“怎么办”。我以为，社会问题的根源是人的问题，确切地说，是社会中不同群体或个人之间的利益与权力关系问题。只要认识清楚社会问题的根源，尤其是其涉及的利益和权力关系，那么，要应对或解决社会问题，无非是要重新配置资源、调整利益和权力关系。这是政府决策部门最为擅长的行动，且不同部门的行动差异会很大。因此，研究者的任务就是分析社会问题的根源。然而，他们的“献策”往往缺乏针对性，缺乏实施主体，也每每停留在美好愿望的层面。当然，这一认识取向或被曲解为对社会问题的“无解”。其实，对于社会问题，只要思想上解决了认识问题，应对或解决起来真有那么困难吗？相反，若没有解决认识问题，即使得到研究者的“献策”，又会采纳或实施吗？

留守人口现象的出现，其根本原因在于社会整体以经济增长为主导目标，以及城市偏向的发展模式。因此，留守群体现象的彻底化解，从长远来看，有赖于一个城乡协同、权利平等、和谐交融，且以“人”的福祉为终极关怀的发展模式。简单来说，这种发展模式要改变对农村和农民生存资源的挤压与攫取，还原和重建乡村的经济、社会和文化活力。要实现这一目标，首先要停止以“现代化”和“效率”为名对农村土地、人力、资金、教育等各种资源进行汲取，杜绝以政策手段加剧农村社会的凋敝；同时，将财政投入和扶持政策真正向农村地区倾斜，以地方特色和农民意愿为前提促进农村地区的社会经济发展，使农村居民实现本土生活的安定富足。换句话说，需要建立一种更具包容性的发展方式，需要制度干预跳出对市场和资本的依赖，更多侧重于对人的关怀。

然而，需要指出的是，目前的农村发展现实是：农村社区越来越失去应有的生机与活力，特别是在城市偏向、物质增长和商品观念的主导下，农村的社会关系越来越物质化与商品化。这对于家庭和社区支持网的建立、社区信任与活力的重建都是巨大的挑战。农村中小学布局调整、农民被迫征地上楼、教育进城、现代农业和资本下乡……目前的发展政策仍然在以“现代化”的模式加速对农村共同体的瓦解。在这样的村庄，很多村民感到的是空荡、落寞和凋敝。这些村庄远不是农村留守人口能够守望相助、获得支持的宜居家园。

面对沉重的农村留守人口问题，在我们的发展政策、思维意识和日常生活中，也许应该思考的最根本问题是，农村居民真正想要的是怎样的生活？国家的发展又该还以他们一个怎样的乡村？我们能否在乡村之中为以农民为主体的农业和农村生活留出更多的空间？

3

学校的故事：为了城市化的农村中小学布局调整

> 大学期间，每次假期结束离家前，村邻常常给我家里送去鸡蛋，每想起这些邻里帮助，心里总是暖洋洋的。如今，这些村邻都已七十挂零，我最愿与他们一起回忆过去的村庄生活。儿时，有一位学伴，我们两家相隔至少20户人家，每天早晨天还不亮，我们中先起床的一个，就会在自家门前大声喊醒对方结伴上学，公鸡打鸣一般，从未想到会惊吵他人，却给村邻留下了抹不去的美好印记。每与村邻忆及这些往事，他们都叹息道，“现在老百姓最恨的就是把村里的学校撤了！”（牛涵，2012）

他们所指的是中国自2001年开始实施的“农村中小学布局调整”政策，已持续十余年之久，俗称“撤点并校”，即将大部分村庄小学撤并到乡镇或县城，将大部分乡镇中学撤并到县城，目的是实现所谓的教育资源优化整合的规模办学。关于这一政策的媒体报道和社会讨论不计其数，很多关注的是该政策实施的后果。例如，关于撤并的规模，“教育部统计资料显示，从1997年到2009年，全国农村小学数量减少一半多，平均每天减少64所”（吕博雄、刘承，2012）。

而近年频发的农村校车事故，其背后也经常会浮现“撤点并校”这一根本原因：2011 年 11 月 16 日，甘肃省庆阳市正宁县榆林子小博士幼儿园一辆运送幼儿的校车发生交通事故，造成 21 人死亡，43 人受伤；2011 年 12 月 12 日，江苏省徐州市丰县首羡镇发生一起运送小学生车辆侧翻事故，共造成 15 名学生死亡，11 人受伤（叶铁桥、陈一村，2011）。很多这样的涉及农村中小学布局调整政策的报道，都极大地刺激了读者的神经。

新中国成立后，从学校数量的角度来看，中国的农村教育普及事业取得了辉煌的成就。全国小学学校数从 1952 年的 526964 所增加到 1965 年的 1681939 所，普通中学学校数从 1952 年的 4298 所增加到 1965 年的 18102 所，基本形成了“村村办学、学校办在家门口，小学不出村、中学不出乡”的学校布局结构。统计数据显示，全国普通小学学校数在 1965 年达到历史最高峰（1681939 所）；全国普通中学学校数在 1978 年达到历史最高峰，即 162345 所。此后，基础教育学校数一直呈下降趋势（国家统计局，1996）。其中，自 2001 年国务院出台《国务院关于基础教育改革与发展的决定》（国发〔2001〕21 号）后，农村学校数量下降最快，“撤点并校”以狂风骤雨般的态势横扫了中国广袤的农村（叶铁桥、陈一村，2011）。

> 因地制宜调整农村义务教育学校布局。按照小学就近入学、初中相对集中、优化教育资源配置的原则，合理规划和调整学校布局。农村小学和教学点要在方便学生就近入学的前提下适当合并，在交通不便的地区仍需保留必要的教学点，防止因布局调整造成学生辍学。学校布局调整要与危房改造、规范学制、城镇化发展、移民搬迁等统筹规划。调整后的校舍等资产要保证用于发展教育事业。在有需要又有条件的地方，可举办寄宿制学校。（《国务院关于基础教育改革与发展的决定》第 13 条，2001）

2001 年出台的《国务院关于基础教育改革与发展的决定》，将调整农村义务教育学校布局列为一项重要工作。同年，国务院召开的全国基础教育工作会议也将农村中小学布局调整列为发展农村义务教育要重点抓好的六项工作之一。随后，各地政府纷纷制定本地区的农村中小学布局调整规划，农村中小学布局调整在全国范围内大规模地广泛展开。2002 年，国务院办公厅下发了《关于完善农村义务教育管理体制的通知》；2003 年，财政部下发了《中小学布局调整专项资金管理办法》，进一步推动了农村中小学布局调整，各地政府也加快了布局调整的步伐。这一阶段的中小学布局调整是在 2000 年农村税费改革背景下，在全国提出了科学发展观和建设和谐社会的背景下展开的。

2010 年，全国小学数为 257410 所（国家统计局，2011），只占 1999 年 582291 所的 44.2%。杨东平的研究则显示，从 2000 年到 2010 年十年间，农村小学减少 22.94 万所，减少了 52.1%；教学点减少 11.1 万个，减少了六成；农村初中减少 1.06 万所，减幅超过 1/4（社会科学报网，2012）。全国普通小学学校数下降数量之多、时间之短，为历史罕见。

一　农村中小学布局调整的实施

十余年来，“撤点并校”成为地方政府教育布局调整的“一场狂欢”（叶铁桥、陈一村，2011）。尽管中央政府从未提出农村地区“乡不办中学，村不办小学”的规定（教育部，2008），但很多地方政府还是将其作为布局调整的目标（刘剑虹，2005）。只要以“乡不办中学，村不办小学”作为词条进行简单搜索，便可发现百万余条的网络信息，主要是地方政府的工作报道和教育改革经验的总结，绝大多数是将此作为“惠民工程”的业绩展示。很多地方政府公开提出了“学校进城”的口号，部分县市农村中小学撤并的规模达到 80% 甚至 90%（杨东平，2012）。

在对中西部地区六省农村中小学布局调整工作进行调查和分析之

后，华中师范大学课题组总结了四种布局调整的模式："完全合并式""兼并式""交叉式"和"集中分散式"（贾勇宏、周芬芬，2008）。根据地方政府在布局调整工作中所扮演的角色，学者将其对布局调整的干预类型分为"示范/诱导式""强制式"和"示范/诱导与强制结合式"三种（郭建如，2005；范先佐，2006）。而在实际执行过程中，很多地方政府主要选择示范/诱导与强制相结合的方式，辅以其他方式；由于常常涉及利益冲突，地方政府最终往往采取强制手段以达到布局调整的目的，"保质足量"地"完成"和"落实"布局调整目标（贾勇宏，2008；容中逵，2009）。

很多地方的农村中小学布局调整是以运动的形式开展的，带有强烈的教育行政与教育政治的特点（范先佐，2006）。许多学者认为，以政府为主体，以运动形式进行的布局调整忽视了学校布局调整本身的科学性和规范性。

二　农村中小学布局调整的结果与问题

在江苏省某地开展有关农村中小学布局调整的实地调研时，研究者听到最多的就是下面这些话。这些话就是村民对该政策实施结果的最直观评价：

> "村小学被砍掉了。""学校变成牛圈了。""学校砍了，但孩子不能不读书啊！""送出去读书要多花多少钱啊！""寄宿在学校多花钱，也不放心！""孩子太小，走路不放心，路上车太多！""大人白天多少事儿，接送不容易啊！""时间都浪费在路上了，早上要送孩子，中午要给孩子送饭，要么就在街上给他买东西吃，家里事都没有时间做，觉得时间不够用。""还是村里有学校方便点，镇上太远！""村里有学校热闹，现在'先生'走了，学生也走了，冷冷清清的。"（孟祥丹，2009）

（一）农村中小学布局调整的结果

近年来对农村中小学布局调整研究的兴起，很大程度上缘于对布局调整结果的关注，尤其是各地大刀阔斧的学校撤并给农村家庭、农村学生、农村社区乃至整个农村教育所带来的影响。在互联网上，各地政府和教育部门竞相展示农村中小学布局调整的正面成果和经验总结，有百万余条之多。与此形成鲜明对比的是，在学术研究中，目前只有很少研究肯定布局调整所实现的目标以及产生的“显著成效”或“正”的效果。这类研究主要认为，农村中小学布局调整后，一批“袖珍”学校被撤并，优质教育资源得以共享，提高了办学效益，促进了农村教育的发展。有学者指出，农村中小学的布局调整使中小学的服务人口和服务范围都有显著增加和扩大，学校规模的扩大更加明显，以前存在的学校规模过小、布局分散、资源利用效率低的问题得到相当程度的解决，而这都表明学校布局调整“取得了良好的成效”（郭清扬、王远伟，2008）；在撤并了一批条件较差的教学点之后，农村学校规模效益得到提高（何卓，2008）。还有学者从新古典经济学的规模效益理论出发，论证了农村中小学布局调整过程中进行撤并是规模经济的，具有合理性（周春红，2007）。此外，有的研究认为布局调整中，对代课教师的清退或规范提高了教师整体素质，起到优化教师队伍的效果；而在农村学生享受“优质、全面”教育的同时，农村社区办学负担减轻，农民家庭不再需要为改善办学条件而投工投劳等（孙艳霞，2004；柳海民等，2008）。

然而，绝大部分研究带有问题导向和批判性，且主要从布局调整的实际效果和影响出发，从不同的学科视角，针对调整目标、过程以及调整所导致的各种问题进行反思和质疑。这些反思性研究最多的是教育领域的学者从教育教学效果和教育财政等方面进行的分析。

第一，布局调整的资源整合和优化配置在很大程度上并未实现。范铭、郝文武（2011）以陕西为例，对布局调整的这一目的进行了质疑，指出撤并后的剩余资产、校舍、教学设施等被废弃、私分、乱用等，实际上造成了教育资源的大量闲置和浪费，而为了集中容纳更多的学生，各地又不得不投入大量的资金改建、扩建校舍，兴建寄宿制学校等，从陕西到全国，调整花费均非常巨大。因此，农村中小学布局调整并没有解决教育经费不足的问题，很多学校缺乏后续配套资金，还有学校调整后增添了新的债务（中西部地区农村中小学合理布局结构研究课题组，2008）。从下面这则新闻报道中可见一斑：

> 秋季开学前，在山西省永济市调查发现，农村不少学校挺漂亮的教学楼被弃用，成了空巢。城东区吴村小学是多方筹钱建起来的学校。“花了32万元啊！真可惜……”村民李某说。如今，李某和两只大狼狗看管这所学校。虽然人去楼空，但这里环境幽雅，绿树成荫，建成时的捐款功德碑映照在阳光下。离吴村小学十来公里的虞乡镇北梯中学则变成了养猪场，大部分教室成了猪圈，有的教室屋顶已露天。农村学校关闭，城镇学校却爆满。在位于永济市东街的银杏小学看到，这里人满为患。（鲍东升，2010）

第二，有的实证研究表明，合并前后学校学生成绩差异并不显著，因此没有证据说明农村学校合并政策一定能够提高农村的教育质量（东梅等，2008）。而且，更多的经验事实说明，随着布局调整的进行，巨型学校、大班额现象激增，教师工作繁重，教育质量难以保证（庞丽娟、韩小雨，2005）。

第三，布局调整还增加了农民的教育成本。农民需要额外支出交通费、伙食费、住宿费并承担学生走读带来的安全风险等，加大了贫困家庭的负担。表面看来，农村学校撤并后，国家减少了教育经费开支，村教育成本似乎下降了，但实质是政府应承担的教育投入转移到了农民身上，这样的政策损害了部分农民及其子女的利益（范铭、郝文武，2011）。在江苏省某地的调查发现：

村小撤掉后，学生只能到镇上或县城上小学。在县城，若上民办小学，每个学生每年要交2000～3000元的培养费。若上公办小学，书本费、学费全免。无论上民办还是公办小学，每个学生的食宿费每年也要2000多元。另外，学生每天要2元左右的零花钱。这样，一个小学生一年至少需要3000多元钱。这对一般农村家庭来说，是不小的开支。（李干军、孙述俊，2012）

一位小学老师说："村里的小学撤掉后，村里的孩子们最辛苦，到外面上学的路不好走，每逢雨天必须要家长接送，有的家长担心孩子掉到沟里，在雨天就不让孩子来上学了……连续下大雨的时候，那段路分不清哪里是路、哪里是沟，因为水沟里的水都漫到了路上，只能够凭借平时的感觉走……冬天的时候，孩子更可怜，要走好几里路回家，大一点的孩子还好，小一点的根本不会照顾自己，到家的时候鞋子里都是雪，看着孩子冻得打哆嗦，家长只能干心疼……"（孟祥丹，2009）

第四，布局调整引发辍学率上升。学生辍学的原因有很多，但离家太远、上学不方便以及上学成本增加成为引发新辍学潮的主要原因（袁桂林等，2004；赵丹、范先佐，2011）。这种影响农村学生上学意愿和机会的布局调整，与其声称的公平追求背道而驰（王海英，2010）。

第五，布局调整促进教育均衡发展的目标并未达成。按照范铭、郝文武（2011）的研究，恰恰相反，布局调整是在制造最大的教育不均衡，甚至是在制造教育的"托拉斯"。在优质教育资源逐渐趋于垄断的情况下，学生择校、生源竞争、学校乱收费等问题更为严重，农村中小学教育反而在教育垄断面前愈发失去竞争力，进而失去发展可能性，最终因符合撤并要求而走向"自然"消亡。原本脆弱的农村教育公平受到伤害，农民在优质教育资源竞争中更为边缘化（周芬芬，2008）。

此外，教育领域之外的其他学科还从农村文化、农村发展等方面，对农村中小学布局调整的影响和结果进行了研究。很多学者认为，布局调整政策忽视了学校教育功能以外的其他功能，损害了乡村文化建设，忽视了文明在乡村的传播，加速了农村社会的萧条（孙艳霞，2004；孟祥丹，2009；叶敬忠、孟祥丹，2010）。随着学校消失的不仅是学生，很多年轻的父母也要进城陪读，很多村庄了无生气。熊春文（2009）认为，文字和学校已经成为村落不可或缺的组成部分，但农村中小学布局调整所造成的村落学校突然急速的消失，对村落社会的影响必然是巨大的。这种“文字上移”是“离土中国”在乡村教育层面的表征，将给中国的社会文化带来深远影响。下面是重庆教育学院任运昌对西部某村庄村委会主任的深度访谈片断：

“你们村的小学是什么时候拆的?”

“街上（中心场镇）寄宿学校修好后就拆了嘛。”

“村民支持拆吗?”

“支持还是支持。再说，胳膊还扭得过大腿不成? 只是拆了大家心里都空荡荡的。”

“为啥呢?”

“有个学校闹也热闹些嘛。”

“原来学校老师跟你们关系怎么样?”

“好哟，简直没得说！你像（比如）哪家接（娶）儿媳妇嫁女，都是老师写对联。”

“现在不行了吗?”

“哪个（怎么）行嘛，老师住那么远。过去，哪家有闹家常（家庭矛盾），也是老师改交（调解），哪户有人在外头打工出了挺（工伤事故），老师也帮写状子。老师经常到院子里摆龙门阵（讲故事），大家围起一个圈圈听。”

……

“过去村民经常在学校参加一些活动吗?”

“还是参加。看点农业科技片呀什么的。逢年过节，那些打工的年轻人回来，还去演节目。老年人在儿童节也去看那些娃娃儿唱歌。哦，对了，老师还喊我去给那些学生讲过故事。村里的一个农技员也去教过他们。”

“现在还去吗?”

“拆都拆了，操场都挖来点麦子（种小麦）了，还去干啥子嘛。唉——每回过路，那个空荡荡的，感觉难受啊!”

“那，那现在村民有空啷个娱乐呢?”

“啥子（什么）娱乐哟！打牌嘛，有些人娃娃读寄宿了，没得事，就连天连夜地打牌嘛。”

“输钱吗?”

“呵呵，不输钱啷个有劲儿呢?”

“学校没拆时打牌吗?”

“也打，不过少些，起码学校周围的院子少得多。大人要给娃儿煮饭嘛，好多负责任的大人还要检查家庭作业。没得时间打。”

“听说你们村里还有人搞邪教，是不是?”

（停顿了一会儿）“很少，也是最近才兴起来的。”（任运昌，2006a）

（二）农村中小学布局调整衍生的问题

大规模的学校撤并，对农村教育的影响并不只限于很多直接可见的问题，伴随布局调整而兴起的寄宿制、陪读现象以及农村中小学生所面临的安全风险等衍生问题也引起了多方关注。

2001年出台的《国务院关于基础教育改革与发展的决定》在将调整农村义务教育学校布局列为一项重要工作的同时，指出“在有需要又有条件的地方，可举办寄宿制学校”。之后相关部门几次下文推动寄宿制建设，除了应对“留守儿童”问题、加强对儿童的监管等考虑外（刘欣，2006），其主要目的在于消除农村学校布局调整的瓶颈。因为大量的“撤点并校”使走读对于很多学生来说已非常困难或者已无可能，其选择只能是寄宿或者辍学。诸多研究发现，寄宿制在应对布局调整带来的上学距离增加等问题的同时，又衍生出一些新的问题。

第一，很多农村寄宿制学校自身的硬件与管理尚不完善。一些研究发现，农村寄宿制学校普遍条件简陋，没有达到寄宿制学校的基本要求，财政和师资本身也构成了很大的障碍，学校普遍存在“大班额”现象，教师“身兼数职”，教学管理难度加大，学生生活单调、枯燥，学习时间长，睡眠、玩耍时间短。农村寄宿制学校寄宿生和非寄宿生在饮食、身体发育和心理发育等方面存在显著的差距等（叶敬忠、潘璐，2008b；牛泉，2009；杨润勇，2009；张眉、翟晋玉，2009）。例如，叶敬忠、潘璐的研究发现：

> 学生每天在学校的活动都在一套规定好的模式之内。每天要上晚自习做作业，没有娱乐活动；晚上睡觉不能说话、不能外出；看不了电视；等等，这些都让小学生觉得寄宿制学校生活单调。江苏省某乡中心中学甚至对寄宿生实行“无声化”管理，即从晚自习下课到第二天起床整个过程中都不允许学生讲话。学生说，寄宿制学校感觉就像“集中营”，每天就是上课—自习—上课—自习。（叶敬忠、潘璐，2007）

第二，寄宿制学校造成学生家庭教育的缺失和亲子关系的断裂。作为一种社会制度，学校教育有其自身的使命，也有其自身的限度，而家庭教育、社会教育等形式对于孩子成长是必不可少的，长期寄宿学校对学生健康人格和认知的形成产生非常不利的影响（万明钢、白亮，2009；熊春文，2009；邵燕楠，2010）。一些针对寄宿制儿童心理、情感问题的研究表明，亲情缺失和单调枯燥的学校生活，导致很多寄宿学生尤其是小学生和初中低年级学生表现出不同程度的想家、焦虑，性格变得内向，从而影响其正常的学习生活，甚至导致他们厌学（叶敬忠、潘璐，2007；王伟，2011）。

第三，具有严格规训特征的寄宿制扼杀了儿童的天性。正如熊春文的研究所发现的：

> 农村学校的乡镇集中，并以寄宿制为主导形式，使得农村的学龄期儿童不仅从时间上，也从空间上脱离具体的生活世界直接进入抽象系统的封闭式规训中来。这可能导致他们在认知和人格发展上的先天不足，尤其是他们的社会化将遇到可以预知的困难。这是因为他们从一开始就缺乏乡村经验和家庭天伦的滋润；而生活世界和初级群体对于人的认知和人格成长的重要性，是社会学的一般常识。（熊春文，2009）

第四，与布局调整相伴的寄宿制给农村家长带来了更多的文化空白、更沉重的经济负担和精神负担，低龄学生寄宿引起了乡村社会的瓦解、乡村文化传承的断裂、儿童青少年社会化与社会环境的隔离以及自身本土性知识的缺失、乡土情感的淡漠和人格发展的趋同等。这些影响是久远而不可逆转的（任运昌，2006b；叶敬忠、潘璐，2007）。很多农村地区在普遍实行寄宿制后，实际上变相剥夺了农民子女对教育的选择权——要么就读寄宿制学校，要么就无学可上。而农民家庭往往只能被迫选择更好的寄宿制学校，从而形成了农村基础教育新的不均衡现象（王远伟，2007）。

总的来说，目前的农村寄宿制学校不仅在办学条件、教学管理上有待提高，而且在解决了一些现实问题的同时，又产生了更多的不可逆的负面影响。在强调效率、规模的发展理念下，农村寄宿制学校未能充分考虑人性的基本要求，而与教育的本质和初衷背道而驰。

与中小学布局调整相伴生的另外一个现象，则是家长进城（镇）陪读。对陪读原因的解释有多种，有学者将其归纳为三种类型：因父母进城务工而致的随迁型、因中小学布局调整而致的被迫型及祈求获得更高教育质量的主动型（王晓慧，2011）；也有学者认为陪读现象的出现是家长对学生学习成绩的过度关注、对学生自理能力和自制能力的低估、自我不能实现转移所致的内心不安定感，以及学校推卸责任等造成的（刘彬，2009）。陪读现象本质上是农村家长在面对城乡教育巨大差异、教育资源分配严重失衡情况下的无奈之举，而布局调整政策加剧了城乡教育的差距，使陪读现象愈演愈烈。

农村中小学布局调整之后，学生上学距离的增加也使“校车”成为农村学生往返学校的必要工具。但是，校车的存在也意味着安全隐患的增加。近几年媒体报道的校车事故让人触目惊心、扼腕叹息。农村中小学的安全问题，随着布局调整的进行而逐渐凸显出来，并从布局调整前的偶发性问题演变为调整后的经常性问题。对于这些关乎学生身心健康成长的问题，目前的研究尚处于归纳和罗列问题阶段。很多研究呼吁政府在布局调整过程中要兼顾学生的各方面安全，希望学校及社区加强安全教育管理，但还少有就安全问题的本质及有效应对的机制等进行的分析。

与农村中小学布局调整政策试图优化教育资源配置、促进城乡教育均衡发展的初衷相违背，“撤点并校”带来的是对农村教育和农民家庭的进一步挤压，使得城乡教育更加不均衡，尤其加重了偏远地区农村家庭的负担，造成了农村学生上学难、上学贵、上学险的问题，还对农村文化造成了根本性的破坏。现实似乎也进一步印证了这些“撤点并校”的“成果”。例如，全国重点大学中，农村生源比例逐年下滑，如今“寒门再难出贵子！”

> 做了15年老师的我想告诉大家，这个时代寒门再难出贵子！反观我们小时候读书，成绩好和家庭条件基本成反比。班上同学读书好的，家里都很穷。现在的尖子生，除了家庭教养外，父母都舍得花钱，送各种培训班，甚至请私人家教，成绩都是钱堆出来的。寒门学子输在了教育起跑线上。（某中学老师）（中国经济网，2011）

纵观上述分析，在农村中小学布局调整政策导致的这些具体问题和直接后果背后，其实是现代社会发展过程中对学校功能的漠视或无知，是将教育与经济挂钩的教育产业化思维，是城镇化至上的发展主义逻辑。

三　农村学校的功能

（一）农村学校的教育功能

通常认为，教育的功能包括文化功能、经济功能、政治功能、社会功能以及个体发展功能（林崇德，2002）。但是，这样一种工具性教育理念越来越受到人们的反思和质疑。有学者认为，这样的教育价值观念，过分强调了教育功能的社会性方面，而忽略了教育本身在提升人性、发展人自身价值方面的贡献；在工具性价值下，教育仅剩下“被利用的价值”（冯建军，2004）。池田大作、阿·汤因比（1985）认为，现代教育陷入了功利主义，并带来了两个弊病，一是学问成为政治和经济的工具，失掉了其本身所应有的主动性，因而也失去了尊严性；另一个是唯有实利的知识和技术才有价值，所以做这种学问的人都成了知识和技术的奴隶，由此也产生了人类尊严的丧失。甚至在高等教育中，也存在着实用主义和虚无主义两种思潮。钱理群（2008）认为，这样的思潮导致了两个结果，一是知识的实用化，一切与实用无关的知识都被大学所拒绝，集中体现在高校对就业率的极度重视，要求一切专业和课程设置跟就业率挂钩；二是精神的无操守，拒绝一切精神的追求和坚守，体现在大学批判精神和创造精神的削弱乃至消亡上。

抛弃作为工具的教育理念，我们应该思考教育的本质，进而思考通过怎样的教育方法才能实现这样的诉求。其实，古今中外的教育思想家，早已对这个问题进行了思考，并主张将教育和生活联系起来。杜威针对当时美国教育与社会生活相分离、脱离社会与儿童生活的现象，提出“教育即生活”，认为教育应体现生活、生长和发展的价值，应建构一种美好生活，教育要直接参与儿童的生长过程。陶行知（1949）则更进一步地倡导“生活即教育”，反对把儿童与社会生活隔绝的“死的教育”，引导学生直接参与社会和自我生活的改造。卢梭（1978）也主张按照自然法则培养和教育孩子。在著作《爱弥儿》中，他将教育的理想地点选在了乡村，孩子从一出生，便接受自然的教育。他认为，自然的教育处于超越人和事物的教育的主导地位。从这些思想家的观点中不难看出，良好的教育必须紧密贴近生活、联系自然，在一种自然的状态下实现人的成长。

现实中，村庄无疑是实现这样一种教育的理想场所。在村庄中，儿童可以直接接触到自然万物和各种社会风俗，并直接与家庭生活相联系。他们可以从身边的草地、河流中感知世界；可以通过参与农活等活动为家庭经济做出贡献，更加紧密地与家庭和生活相联系，而不仅仅是“被排除在价值生产之外”（Nieuwenhuys，1996）；村庄中的场所也比城市的车水马龙更加安全，为儿童结伴玩耍提供了条件。与此形成鲜明对照的是城市中的儿童，他们早已远离了自然，只能从公园和动物园中观看到被“展览”的生物；他们的娱乐生活早已被电视、网络和电脑游戏所占据，那种采菊垂钓、耕植耘耔的田园之趣也只能在“偷菜”中模拟“开心”了；他们也无法通过自己的劳动为家庭做出经济贡献，在不断增加的对长辈的经济依附中与家庭的矛盾日益增长（White，2012）；他们的体育活动空间也被压缩在林立的高楼之间仅存的一片空地上。

而农村中小学布局调整，恰恰割裂了儿童与自然、儿童与社会，甚至儿童与家庭之间的联系。中小学时期，正是儿童的天性需要得到发挥的时期，也是儿童逐渐建立起对自然、对家庭和对社会的认知时期。苏联心理学家维果茨基（1994）认为，任何教学都存在最佳时期，对这个时期的偏离往往会对儿童的智力发展造成不良影响。布局调整使农村的中小学生在很小的年纪，甚至从小学一、二年级开始，就不得不离开熟悉的村庄，到一个陌生的环境中求学。当往来于学校与家庭之间的交通安全问题凸显时，他们不得不寄宿于学校，与自然、家庭和村庄隔绝。陶行知（1949）把学校比作远离生活的“鸟笼”，把脱离生活的教育称为“鸟笼子式的教育”。他说：“这好比笼子里面囚着几只小鸟，养鸟者顾念鸟儿寂寞，搬来一两个树枝进笼，以便鸟儿跳得好玩，然而鸟笼毕竟还是鸟笼，决不是鸟的世界。”（陶行知，1949）过早地经历“鸟笼”式的学校教育，从时间上和空间上脱离具体的生活而接受抽象系统的封闭式规训，对儿童的成长将会产生众多不利影响（熊春文，2009）。此外，以往家庭、学校、社会三位一体的教育模式，在布局调整的政策下出现失衡：学校和教师承担了更多的责任和压力，而作为孩子“第一任教师”的父母鲜有机会与子女进行交流和沟通。由于父母教育和社会教育的缺位，学校又不能完全替代这两方面的教育，儿童的成长过程中出现了多种多样的问题。

从更核心的角度看，农村中小学的撤并还损害了教育本身。首先，以改善农村办学条件、提高农村地区教育质量为目标的布局调整政策，过分强调了教育的工具性目的，将教育简单地理解为入学率、升学率等指标，认为学生通过一定年限的正规教育，获得进入高等学校深造或者进入社会就业的机会，就算实现了教育的功能。这样的教育动机显然简化了教育的本质功能。杜威（1990）认为，评判“学校教育的价值，它的标准，就看它创造继续生长的愿望到什么程度，看它为实现这种愿望提供方法到什么程度”。只有认识到教育在个人成长中所起的作用，注重成长的过程，才不会出现片面强调升学率等指标的弊端。其次，“撤点并校”政策将农村儿童的童年“禁闭”在学校中，隔断了其与自然、村庄乃至家庭的联系，使儿童所接触到的信息受到局限，也过早地失去了作为一名儿童所应有的好奇和天真。当一名出生于农村的儿童都难以接触到自然，只能通过书本来了解他们本应在生活中学习的知识时；当他们小学未结束就要离开父母寄宿于学校时；当他们所面对的人除了同学就是老师，连自己村庄的长辈都不能全部认出时，很难想象这样的教育会塑造出怎样的人，也很难想象他们会怎样认知自己出生的村庄和养育自己的父母。因此，将中小学校大规模从农村抽离，迫使农村儿童到更远的城镇上学，对教育本身所产生的负面影响，更甚于对教育公平和弱势群体的影响。

（二）农村学校的社会功能

农村中小学布局调整对农村的影响不仅体现在对教育本身的影响上，还体现在其对农村社会的多方面冲击上。学校在村中的存在绝非仅仅提供一个教书育人之地，而是承载了许多社会功能，如社会整合、活跃经济、传递文化等。村中学校传出的琅琅书声和嘹亮歌声，使学校成为农村社区中最有活力的地方，并且作为文化知识传播的中心，不断改善和提升农村文化品质（梅军，2011：239－240）。曾经是村落中唯一“国家机构”的村落学校，从新中国成立到 20 世纪 70 年代末，还发挥了政治宣传作用（李书磊，2009）。这都表明，不能仅从教育的角度来认识农村学校对农村社区的意涵。

> 每天早晨都有父母叫醒孩子“上学”的温馨，每天早晨都传出学校升国旗的国歌声，每天都能听到学校里琅琅的读书声，每天都有儿童在上下学路上三五成群地嬉闹玩耍，每天都有小朋友的东家串西家串……这些由于小学校的存在而颇显活力的村庄社会，在没有了学校之后，是什么景象呢？很多村民感到的是死寂、空荡、沉闷、落寞、陌生和辛酸。（叶敬忠，2010）

留有学校的村庄充满了朝气和活力，尤其是在城市偏向的现代化发展进程中，学生使日渐凋敝的农村充满了生气和希望。学生的存在也带动了社区中成人之间的交流。家长之间、家长与老师之间的互动不仅帮助儿童健康成长，也促进了社区成员之间的整合。学校的存在一定程度上还推动了村庄经济的多元化发展。拥有学校的村庄更容易提供开办如杂货店、蛋糕店等店铺的就业机会，甚至诊所也能从中获益。村庄中的学校同样作为文化的中心而存在。村庄的文化活动、传统节日的庆祝，通常在学校开展；而学校老师作为知识和信息的载体，也在与村民的交流中将外部的观念和信息传播进农村社区。

然而，随着“文字上移”（熊春文，2009），学校的社会功能逐渐被从社区文化中剥离出来，仅仅成为现代化、城市化过程中向城市源源不断培养和输送人才的机械环节之一。在城市中心价值取向的指导下，农村教育不仅走向了与城市教育同质化的道路，失去了农村教育的本体价值，更使农村对城市产生依附，导致了农村在意识形态上的虚空化（刘娟等，2012）。正如陶行知（1981：907）所指出的，“他教人离开乡下向城里跑，他教人吃饭不种稻，穿衣不种棉，做房子不造林。他教人羡慕奢华，看不起务农。他教人分利不生利。他教农夫子弟变成书呆子……”尽管陶行知早已指出乡村教育中出现的弊端，但乡村教育“离农”的趋势始终没有转变。农村中小学布局调整进一步加剧了这一趋势，使乡村学校不仅在所教授的内容上与传统社区文化相隔离，更直接从组织上把学校从乡村抽离。随着布局调整而兴起的大量寄宿制学校，将学生严格限制在特定的空间，使得即使保留学校的乡镇也缺乏与学校真正的融合，使学校仅仅作为一种“飞地”嵌入在乡土之中（李强，2010）。自此，农村中小学与农村社区彻底断裂。而这一断裂的后果，就是乡村社会文化的后继无人和乡村社会解组的加速。正如熊春文的研究所指出的：

> 百年来教育现代化进程所造成的村落学校在短时间内突然急剧消失，对于村落社会的影响必然是巨大的。这就相当于将已经长成在身体里面的器官或骨架突然拿走，对于身体的运行必然是很大的打击。代表乡村社会一部分的村落学校的消失，必然导致或加速乡村社会的解组。而这一过程所带来的乡村社会的文化真空，是仍然滞留在乡村的人口必须面对的。文字上移的趋向表明

乡村教育坚决地摒弃乡村经验，一味地向城市化、抽象化、普遍化进发，中国社会因此越发走向一种单面社会，这种社会因为缺乏多面向而将变得很脆弱。（熊春文，2009）

四 布局调整：城市化的结果抑或城市化的手段？

面对农村中小学布局调整中所反映出来的许多严重问题以及该政策引起的巨大社会反响，中央政府曾多次试图规范农村中小学布局调整的实施。教育部分别于2006年、2009年、2010年印发文件，要求各地避免盲目撤并学校。早在2006年，教育部先后发出《关于实事求是地做好农村中小学布局调整工作的通知》和《关于切实解决农村边远山区交通不便地区中小学生上学远问题有关事项的通知》，要求“统筹安排，稳妥实施。农村小学和教学点的调整要在保证学生就近入学的前提下进行，在交通不便的地区仍须保留必要的小学和教学点，防止因过度调整造成学生失学、辍学和上学难问题”。2010年，教育部印发《关于贯彻落实科学发展观 进一步推进义务教育均衡发展的意见》，明确提出：

地方各级教育行政部门在调整中小学布局时，要统筹考虑城乡经济社会发展状况、未来人口变动状况和人民群众的现实需要。……对条件尚不成熟的农村地区，要暂缓实施布局调整，自然环境不利的地区小学低年级原则上暂不撤并。对必须保留的小学和教学点，要加强师资配备，并充分利用现代远程教育手段传送优质教育资源，保证教育教学质量。对已经完成布局调整的学校，要改善办学条件特别是寄宿条件，保障学生的学习生活。要进一步规范学校布局调整的程序，撤并学校必须充分听取人民群众意见，避免因布局调整引发新的矛盾。

2012年9月，国务院办公厅印发了《关于规范农村义务教育学校布局调整的意见》，要求“在完成农村义务教育学校布局专项规划备案之前，暂停农村义务教育学校撤并。……已经撤并的学校或教学点，确有必要的由当地人民政府进行规划、按程序予以恢复”。

然而，一系列叫停“强行撤并农村中小学”的政策并没有阻止农村学校的继续减少，很多地方仍在继续撤并农村中小学，不断将学校搬至城镇。而对于那些已经被强行撤并的学校，也并没有重建和恢复，仍然任由学生在幼小的年纪就不得不奔波于学校与村庄之间，或寄宿于学校之中。为什么在面对布局调整暴露出来巨大问题，甚至中央政府已提出暂缓撤并的时候，地方政府还有如此巨大的热情来推动农村中小学校的撤并，执意把学校建到镇上甚至县城呢？

对于农村学校撤并过程中所暴露出的地方政府问题，现有的解释多将其归因于以下几个方面：地方政府对布局调整工作的简单化和片面化；缺乏对农村实际情况的了解；缺乏科学合理的规划；盲目追求撤并的数量和速度以显示“政绩”；缓解地方政府的财政压力等（庞丽娟、韩小雨，2005；郭清扬，2008；谢秀英，2011）。这些分析都强调了地方政府在布局调整过程中所发挥的作用，认为作为一个独立利益主体的地方政府在布局调整中所表现出来的行为，都是出于自身政治利益和经济利益的考虑。从这一思路出发，我们发现，除了追求规模化和形象工程，以及规避财政压力、获取专项资金奖励之外，地方政府积极进行布局调整的动力还来源于一个更加隐蔽但更为根本的方面，即发展主义追求城市化和经济增长的深层思维。

许宝强认为，发展主义是一种意识形态，是一种认为经济增长是社会进步的先决条件的信念（许宝强，1999）。这种信念将“发展”等同于“经济增长”，再将“经济增长”等同于美好生活。在发展主义的影响下，发展以经济增长为主要目标，以现代化为主要理论基础，以城市化和工业化为主要途径（叶敬忠，2010）。物质财富的增长成为人们追求的首要目标，以GDP为指标的经济增长则成为地方政府众多行动的原动力。因此，在地方政府官员那里，对经济增长的盲目追求，是一套“数字出政绩、政绩出干部”的升迁逻辑。无论是从构建地方发展的幻象，还是从地方干部谋求个人仕途的角度思考，都要求千方百计地实现以GDP为衡量标准的地方经济增长。

要想快速提高GDP，城市化无疑是最便捷的途径。许宝强（2001）的分析告诉我们，GDP系列指标并不能完全反映“福利”和“生活质量”，尤其是，由于工业化和市场化导致的非货币经济向货币经济转移，工业化或市场化所带来的经济增长被高估了。然而，对于地方政府来说，这样一种“高估”恰恰满足了它们对于GDP数字式增长的追求。通过城市化，以往农村中没有被纳入货币流通过程的产出和劳务，可以重新被发现并计入统计之中，从而实现表面上的、以数字衡量的经济增长。同时，城市化过程中的基础设施建设本身也是GDP增长的重要来源之一。正是由于城市的扩张和城市化的推进是拉动GDP增长的巨大引擎，快速城市化的发展战略才倍受地方政府的青睐。除此之外，在分税制改革之后，地方财政收支产生巨大缺口，获取“土地财政”成为政府的普遍偏好（罗必良，2010）。一方面，政府通过对土地的征收、开发、出让，可以获得大量收入；另一方面，通过土地开发，支持建筑业、工业和服务业的发展，可以增加政府的税收收入。而“土地财政”收入的多寡，与城市化的进程紧密相连。无论土地是用于开发商品房还是用于发展第二、三产业，都需要强大的消费拉动，而如此众多的消费者又从何而来呢？

这个时候，农村中小学布局调整的一个隐蔽的功能便发挥了出来。中国的家长历来重视孩子的教育，古代孟母三迁，就是为了给孩子提供一个良好的成长环境；而当今的家长为了让孩子在激烈的竞争中占据一席之地，更是不惜一切代价。聪明的地方政府看到了这一点，因而把农村学校撤掉，合并或重新建在城镇，或更多的是集中在县城。还怕你不来上学吗？重视教育的农村家长但凡有一定的经济条件，就会将孩子送到县城的学校就读，甚至为了陪读在县城租房、买房。我们的农村调研发现，很多农民家庭因为孩子上学而在县城买房、租房。四川农村的一对老人，儿子、儿媳妇外出务工。为了孙子在县城读书，这两位已过耳顺之年的老人不得不两地分居，64岁的老奶奶在县城租房陪读，65岁的老爷爷在家留守空院。除此之外，农村学生进城上学的消费也将带动城市的商业繁荣。学生本身需要的文具、服装甚至餐饮都提供了巨大的商机。当然，如果学生家长跟来陪读，所需的花费将更为巨大。农村中小学校的撤并，有效地实现了农村人口向城镇的转移，更为重要的是，有效地将农村的经济资本，甚至是几代人积累的财富转移到城市，推动了各地政府所期望的城市化进程和房地产等行业的兴旺，实现了GDP的增长和数字上的经济繁荣。总之，把学校办到城里，对地方政府的形象和官员的晋升有百利而无一害，还能使地方政府和开发商赚得个盆满钵满，何乐而不为？这是以教育为产业，教育产业为经济增长服务的做法，也是所谓的“发展务实派”的做法。由此可见，布局调整不仅是地方财政实现自我减压的本能反应，更是地方政府主动推进城镇化，增加地方财政收入以及推动城市经济增长的深谋远虑。正是出于对以GDP数字为指标的经济增长的盲目追求，布局调整成为推动GDP增长的手段，从而成为增加地方政府财政收入和数字政绩的来源。

关于农村中小学布局调整政策设计的目标，众多研究者给出的主流叙事是：优化教育资源，提高办学效益（张忠福，2004）；进一步提高教学质量（秦玉友，2010）；提高管理水平（肖正德，2002）；提高教师队伍素质并有利于解决教师的工资问题（杨力行，2003）。关于布局调整的原因，也存在很多主流叙事，其中最有代表性的莫过于：农村城镇化进一步推进的必然结果和计划生育等政策所带来的农村生源减少的客观要求（范先佐，2006）。若用通俗的说法来解释，即由于很多农村人包括儿童都进城了，再加上农村计划生育的原因，农村儿童数量变少了，即学生生源变少了，因此应该撤点并校。但实证研究证明，中国农村中小学向城市和县镇集中的速度过快，远远快于农村人口向城市和县镇迁移（指带户籍的迁移）的速度（叶敬忠，

2012b）。而且，中国农村人口基数较大，农村计划生育政策较城市宽松，农村学龄人口的增长和比重应比城市要大。有研究预测，由于农村妇女的生育水平比城镇高，到2050年农村青少年占农村总人口比例高于25%，比城镇相应比例高出近17个百分点。在3亿多的学龄人口中，农村学龄人口占了绝大多数（胡英，1997）。

这里并非要否定城镇化的发展导致乡村人口减少的事实，其实，因为这一因素而进行适当的布局调整也是可以理解的。但是，在目前的讨论中，将布局调整看成是城镇化进程的结果，严重地夸大了上述事实，也掩盖了地方政府以布局调整之名行城镇化发展之实的做法。

2000年，《中共中央关于制定国民经济和社会发展第十个五年计划的建议》提出："推进城镇化条件已渐成熟，要不失时机地实施城镇化战略。"这本是国家层面促进国民经济良性循环和社会协调发展的重大宏观措施。但是，不少地方随即提出了农村教育城市化/城镇化的概念：

> 农村教育城市化的含义，主要是指通过调整农村学校布局，减少村办中小学，扩大农村镇所在地中小学的规模和改善其办学条件，提高教育教学质量，发挥学校的规模效益。农村教育城市化的动力源自于我国城市化的快速发展。……农村教育作为一项以促进区域发展为主要目标的社会公共事业，在城市化进程中也并非只是被动地受其影响和一味适应，也具有推动和引领其发展的作用和责任。（吴德新，2003；王兆林，2006）

由此可见，对于很多地方来说，农村中小学布局调整的确被当作推动地方城镇化发展的重要手段。这并非需要深入的分析才能得出的推论，而是被当作重大理论和实践创新而大大方方地提出来的。2008年，广州某党校教授到大埔县讲课时，就直言道，"大埔若要发展，就是要把农村的孩子都弄到县城来"（王宏旺，2009）。一些学者和媒体的调查也揭示了这一现实：

2008年之后，许多地方撤点并校的动机逐渐复杂化。21世纪教育研究院的调查显示，有些地方明确通过撤并学校带动农村人口向城镇聚集，通过“学校进城”迫使学生进城；有的地方还总结出“小带大、大带小”、“以校扩城”的经验，大建“教育园区”和“教育城”，将教育当成拉动城市化的工具和手段。（李新玲，2012）

五　发展的问题化策略

发展的手段主要包括发展政策和发展项目，而农村中小学布局调整就是发展政策中的一项。发展政策和发展项目的设计、规划和实施都会采用问题化的策略。所谓问题化策略，就是在发展所创造出的空间中使用发展话语，将某种现象或事物看成问题，进而将这些问题进行操作化，使之成为发展的对象。发展的问题化策略的实践逻辑是“问题—解决—问题—解决”这样一种循环和自圆其说的思维路径（埃斯科瓦尔，2011：143）。

针对农村教育，“条件落后、布局散、规模小、资源分散、师资缺乏、教学质量低下”“大批计划外代课人员素质普遍较差、难以管理”等问题被提出，从而为农村中小学布局调整建构了这样一种现实：布局调整是各种现实存在问题的合理选择、必然结果和客观要求。然而，对于社会现实的“问题化”建构，人们往往忽略这些所谓“问题”的本质和根源。现实中，农村教育的“问题”往往被认为是农村学校自身资源的缺乏与教育教学质量的低下，而这种被描述的问题并非与生俱来。如赵旭东（2008）所言，在帝制时期的中国，并不存在把乡村看作问题，也不存在以城市标准对农民进行改造的活动。对农村教育问题的“发现”体现了一种线性的发展观。一方面将教育看作一种产业，用实用主义和功利主义的思维来看待教育的功能和作用，认为农村教育的效率低下、质量不高，甚至影响到农村乃至整个社会的发展；另一方面将城市的教育看作农村教育的范本，将农村教育按照城市的方式进行改革。在这样一种城市主导、发展优先的话语下，农村教育已经失去了表征自身的空间，而依附在城市所构建的强大话语之下，被贴上了“问题”的标签，成为需要改造和发展的对象。城市则获得了对农村教育进行改造和支配的权力，因此，对农村教育所存在的“病症”开出药方并进行“医治”，也就成了理所应当和自然而然的事情。

在将农村教育“问题化”之后，发展的话语又创造了一个空间。在这个空间里，只有特定的事物和问题可以被言说，甚至是被想象（埃斯科瓦尔，2011：43）。这在现实中表现为对布局调整所引起的一系列问题的回应。例如，在面对农村撤点并校所带来的上学难、接送不便等问题时，发展机器的回应并不是停止布局调整、恢复必需的学校，而是继续修建寄宿制学校，将学生彻底从村庄之中搬出，转移到城市中来；当校车事故频发，众多学生每天在上学、放学路上面临巨大风险时，发展机器的回应是强调校车的安全，并迅速制定向欧美发达国家看齐的校车标准。可以看出，无论是修建寄宿制学校还是制定新的校车标准，发展机器不但没有对布局调整所存在的问题进行彻底反思，反而通过此类回应强化了现有的发展模式，即通过寄宿制学校的建设和校车的添置进一步发展经济，为 GDP 增长添砖加瓦。

在布局调整政策的实施过程中，除了发展主义话语将农村教育“问题化”，并且不断收编对它的批判和质疑外，当今社会的“去政治化”趋势还得到充分展示。汪晖（2007）认为，当代中国语境中的现代化、全球化、市场化、发展、增长等概念的流行，导致人们失去深入展开政治思考的能力。农村教育问题涉及农村与城市的关系、农村人口的权利以及资源在不同群体之间的分配等等。然而，在发展主义话语下，农村教育的功能被简化为追求升学率和就业率的提高，教育的成功与否取决于能否促进经济的增长和个人收入的提高。这样，农村教育问题就从一个具有政治性的话题转化为如何提高升学率和就业率、如何培育能够促进经济增长的人才之类的技术问题。并且，发展主义话语相信只要处理好这些问题，农村教育的问题就能得到根本的解决。这样，对农村教育的讨论也就被限于农村学校应该有多大规模、学校如何布局、教学内容如何编排等方面；而与农村教育密切相关的城乡关系如何、发展农村教育的目的为何，以及布局调整过程中谁得到什么、谁失去了什么等议题，均被排除在讨论之外。通过这样的去政治化表述，城市对农村的支配关系被构建起来。因为恰恰是现代城市才能够提供现代的教育，并且有能力帮助农村解决所存在的“问题”。

因此，农村学校“问题”的建构，实际上体现了一种权力关系。其结果往往忽略农村教育实践中的具体情况，无视农村教育的合理性和优点。农村学校虽然规模小，但是分散在各个村庄之中，为农村学生和农村家庭提供了便利，使学生能够就近安全上学；而且，较小的规模能保证每个儿童充分发挥自己的特点，更有利于学生与老师之间的互动，还有利于学生与自然保持最近的距离，使学生能够从自然中体悟生命和生活的意义。若舍近求远，一味追求规模，追求升学率，那也只能使学生变成教育生产线上的一个产品。总之，农村的教育需要有自己的特点；适合城市的教育，不一定适合农村。农村的教育要适应农村的社会文化特点，不能脱离农村的实际生活而盲目向城市看齐，更不能将其与城市教育模式不一致的地方都看作“问题”，并试图按照城市的标准加以改造。

六　关于农村教育的进一步思考

前文已经对农村中小学布局调整政策的实施过程、实施结果、衍生问题、城市化动力和问题化策略，以及农村学校的功能等方面进行了反思性分析。除此之外，对农村教育的理论研究和实践探讨还需要进一步思考一些根本性的议题，如教育中的经济学思维、农村教育的质量问题和城乡教育公平等。

首先，经济学思维是否应该主导基础教育的规划与实践？这涉及教育是否存在“规模”与“效益”的变量，“规模”是否能够带来“效益”，以及教育是否能够当作一种产业，等等。在当下的教育讨论和教育实践中，“集中办学能够突出规模效益”“农村学校小而散，效益低下”等这样的话语耳熟能详，“规模”和“效益”频频出现，为地方政府进行学校布局调整建构了合法性现实。如今，经济学思维已经深入社会的方方面面，教育乃至文化本身都被当作产业来发展，效益和利润是这些产业发展的目标。为了发展所谓的教育产业，市场化机制不断渗入其中，利用教育赚钱成为很多人的目的。正因如此，经济学中的“规模”“效益”等概念被应用到教育发展之中，人们不断试图寻找教育的最大规模，以期实现规模经济，获取最大效益。然而，将教育产业化只能使教育变成一种工具，从而失去教育本身的功能和意义。吊诡的是，在“教育产业化”口号满天飞、教育产业化专著和报告不计其数、教育产业化已大大影响基础教育时，教育部却表示，“政府从未提出教育要产业化，各级政府制定教育和经济政策应避免用教育产业化的概念，不能以教育产业化的思想来指导教育发展，更不能把发展教育作为政府创收、摆脱财政困难的手段”（蓝燕，2004；新华网，2004）。这不能不说是一件幸事，毕竟一旦教育中充满了铜臭，整个教育也就不知变成什么味了；教育行业只要与 GDP 挂上钩，那就一定险如“盲人骑瞎马，夜半临深池”了。

其次，农村教育质量不高的原因到底是什么？或许很多人认为农村的教育质量就是不如城市；认为这是一个不争的事实，而不是社会建构的结果。这里需要从两个方面来考虑。一方面要追问教育质量高低的标准是什么，是谁制定了这个标准。现在所说的教育质量高低，往往只采取简单化的评价标准，即升学率的高低，或考上重点学校的比例。而这一切都是基于标准化试卷的考核评价，而且目前的标准化试卷主要针对的是城市学生的知识和背景，因此，很难反映出农村学生的综合素质，以及农村的自然教育、家庭教育和学校教育给学生带来的综合影响。另一方面，要考察农村教育条件的落后到底是如何形成的。不可否认，农村教育在师资力量和教学设备上与城市有较大差距，而这也正是很多人认为的问题所在。但是，这两方面的问题很难解决吗？其实不然。其一，农村教学设施和设备是一个简单的财政投入问题。只要投入到位，农村可以建设起更美的学校。其二，即农村师资问题。很多人以好老师不愿意到农村学校为由，来说明农村教育质量低是难以改变的事实。对此，我倒是想追问一下，我们采取过切实可行的措施鼓励好老师到农村学校去了吗？还是任由城市无声地汲取农村的各种资源，包括人力资源？我以为，只要在工资待遇、职称晋升、荣誉评比和奖励计划等方面真正用心地向农村学校倾斜，一定会有很多有理想、有追求、有事业心的名师到农村开展教育事业。但是，当发展机器千方百计地把学校进城作为推动城镇化的手段时，要将发展思维从城市偏向转变为农村偏向，又谈何容易？类似这样的事情，在我们的社会里还有很多。我以为，只要敢于改变我们的思维认识，敢于重新配置资源，敢于调整利益和权力关系，很多社会问题会迎刃而解。例如，北京的大医院每个都人满为患，而几千所装修一新、卫生条件很好的社区医院却门可罗雀。为什么社区医院不受市民"待见"（师英、刘静，2006）？因为社区医院只有设施，没有名医。我以为道理也很简单，只要卫生部门将工资待遇、职称晋升、荣誉评比和奖励计划，甚至科学研究的课题立项等向社区医院的医生倾斜，何愁名医不下基层？

最后，何为真正意义上的教育均衡和教育公平？"撤点并校"以无声强制的方式将农村学生转移到城镇，表面上使农村学生享受到更为优质的教育资源，实际上却增加了农村学生的上学成本。到城镇甚至县城上学，更多时候是农村学生和家长不得已的选择。因为，他们其实没有别的选择——要么到城里上学，要么就无学可上！而布局调整政策的结果，往往是教育机会和教育资源的进一步分化和更大程度的不平等。因为对于不同的农村学生来说，家庭经济条件好的会选择更好的重点学校，甚至私立学校；而家庭经济条件一般的只能选择普通学校。如此一来，金钱更加成为是否能够享受优质教育资源的砝码。城镇的优质教育资源很可能将农村弱势家庭排除在外，甚至使这些家庭的孩子失去上学的机会。其实，真正意义上的教育公平，应该是每一个儿童，无论出身农村还是城市、家庭贫穷还是富裕，都能够享受到同样的高质量的教育。正如我们访问过的农民朋友认为的那样，“在农村学生与城市学生之间，如果想实现真正意义上的教育公平，就应该让农村孩子在家门口享受到与城里孩子一样的教育，而不是‘迫使’他们去城里上学”。

4

土地的故事：“被上楼”的农村、农民与农业

随着中国对发展的追求愈加迫切和西方发展话语对中国的不断渗透，以城镇化、工业化和现代化为特征的发展主义逐渐主导了中国的社会变迁——城市数量不断增加，规模日益扩大；工业先于农业，经济蒸蒸日上；GDP 增长成为发展最重要的衡量标准。

在此背景下，越来越多的耕地和农村宅基地转化为城市用地，农用地与工用地之间的矛盾也日趋凸显。在土地资源总量有限的情况下，为了调和社会经济发展和耕地资源保护之间的关系，“城乡建设用地增减挂钩”政策应运而生（国务院，2004）。然而，在“增减挂钩”政策的支持下，征地拆迁再一次席卷全国，引发了一系列极端的社会事件。目前，学界对这一问题的关注和讨论大多集中在制度的不完善（陆五一等，2011）和失地农民的安置补偿等方面（杨斌等，2010）。但是，问题的根源其实与人们长期以来深信不疑的发展主义思维密切相关。这也正是本文要阐述的核心思想。

一 “增减挂钩”：寻找土地的“金钥匙”

近年来，中国耕地保护与城市化用地的矛盾已经发展到非常尖锐的程度，并且还在急剧加剧（张鸿雁，2010）。如何"找地"，以既能满足城市化发展的需要，又不危及粮食安全所需的耕地，已成为中央和地方国土部门的难题和首要任务。"增减挂钩"政策一经出台，立刻成为各地破解土地瓶颈的"金钥匙"。2010 年 7 月，在大连召开的国土资源厅局长会议上，时任国土资源部部长的徐绍史称，解决地方经济发展对土地需求迫切的问题，主要方式之一就是"增减挂钩"试点。"增减挂钩"从一定程度上满足了地方经济发展带来的用地需求（涂重航，2010）。

"增减挂钩"的思路最早出现在国务院 2004 年的 28 号文件中。该文件提到，"鼓励农村建设用地整理，城镇建设用地增加要与农村建设用地减少相挂钩"，目的是指导地方进行科学合理的土地利用规划。2005 年 10 月 11 日，国土资源部下发了《关于规范城镇建设用地增加与农村建设用地减少相挂钩试点工作的意见》（国土资发〔2005〕207 号文件），在全国部分省市部署开展了"城镇建设用地增加与农村建设用地减少相挂钩试点"工作。2006 年 4 月，山东、天津、江苏、湖北、四川五省市被列为城乡建设用地"增减挂钩"第一批试点。2008 年 6 月 27 日，国土资源部颁布了《城乡建设用地增减挂钩试点管理办法》，进一步明确了"挂钩"内涵。2008 年、2009 年，国土资源部又分别批准了 19 个省份加入"增减挂钩"试点。2010 年国务院发布的《关于严格规范城乡建设用地增减挂钩试点 切实做好农村土地整治工作的通知》（国发〔2010〕47 号），肯定了"挂钩"政策的积极作用，但明确要求坚决纠正在试点过程中出现的"擅自扩大试点范围""突破用地指标""循环使用周转指标""违背农民意愿"等问题。

按照 2008 年国土资发 138 号文件，"城乡建设用地增减挂钩"是指：

> 依据土地利用总体规划，将若干拟整理复垦为耕地的农村建设用地地块（即拆旧地块）和拟用于城镇建设的地块（即建新地块）等面积共同组成建新拆旧项目区，通过建新拆旧和土地

> 整理复垦等措施，在保证项目区内各类土地面积平衡的基础上，最终实现增加耕地有效面积，提高耕地质量，节约集约利用建设用地，城乡用地布局更合理的目标。（国土资源部，2008）

这也就是说，将农村建设用地与城镇建设用地直接挂钩，若农村整理复垦建设用地增加了耕地，城镇可对应增加相应面积的建设用地。该文件规定，“增减挂钩”工作要“以保护耕地、保障农民土地权益为出发点，以改善农村生产生活条件，统筹城乡发展为目标，以优化用地结构和节约集约用地为重点”，并要求，“挂钩试点市、县应当开展专项调查……了解当地群众的生产生活条件和建新拆旧意愿”（国土资源部，2008）。

总的来看，“土地增减挂钩”政策的背景是国家为了守住18亿亩耕地的红线，而对一定行政区域内建厂子（工业化）和盖房子（城市化）的用地实行指标控制，如果指标内的土地不够用，则准许通过将农村建设用地复垦增加耕地的办法，扩大城市城镇建设用地面积，即农村“非转农”土地与城市“农转非”土地挂钩。而农村建设用地复垦，主要就是将农民宅基地复垦为耕地。这必然导致农民的“被上楼”结果。因为获得城市建设用地增加的空间，所以该政策受到官员和地方政府的盛情欢迎。城市土地的开发者以及农民集中居住区的开发者也都赚得盆满钵满。

正如一些调查所发现的，在落实中，“增减挂钩”政策成为地方政府以地生财的新途径；有的地方违背农民意愿，强征强拆（沈彬，2010）。土地转化后的增值收益，被权力和资本“合谋”拿走，农民则住进了所谓的“新农村”，过着所谓的“新生活”（涂重航，2010）。中央农村工作领导小组副组长陈锡文指出，和平时期大规模的村庄撤并运动“古今中外，史无前例”，已经演变为一场新的圈地运动。这场运动的实质是把农村建设用地倒过来给城镇用，如不有效遏制，“恐怕要出大事”（涂重航，2010）。复垦（拆占）农民宅基地导致的与“土地增减挂钩”政策相关的极端事件与群体事件大量见诸报端，且严重程度不断升级，致残、致死、自残、自杀、自焚等事件屡屡发生，是近年来社会极端事件的重灾区。

二 “增减挂钩”的实施与影响

在土地增减挂钩的建新拆旧项目区，增减挂钩对农村拆旧地块上的农民来说，意味着祖传宅基地上的房屋被拆，并且他们“被上楼”，被集中安排居住；对于城镇周围建新地块上的农民来说，则意味着失去土地，并被拆迁安置。因此，土地增减挂钩不只是造成了被占宅基地农民的“被上楼”，还导致了城镇周围农民的失地。

为了了解“增减挂钩”政策出台之后中国的征地拆迁状况与社会对此关注的程度，我们通过百度新闻高级搜索，以“征地”“失地”“拆迁”为关键词，将2008年6月27日国土资源部颁布《城乡建设用地增减挂钩试点管理办法》到2013年12月作为一个观察周期，对有关农村土地征用拆迁的网络报道进行简单的统计（未剔除重复报道和转载等情况），并对报道内容做简要的概括和总结。表1是2008年7月至2013年12月，有关网络媒体对中国征地拆迁状况进行报道的数量和主要内容。

表1 中国征地拆迁状况的网络报道（2008年7月—2013年12月）

单位：篇

时间段	报道数量	主要报道内容
2008年7～12月	273000	征地拆迁的地方性政策和法规； 征地拆迁工程的规模、进展和成就
2009年1～12月	786000	征地拆迁引发的腐败犯罪问题、社会秩序问题和政府政策问题等； 失地农民生活生产方式的转变和生计困境； 针对失地农民的安置补贴政策
2010年1～12月	1380000	失地农民权利和利益受损情况； 农民对征地拆迁采取的应对策略，如上访、成为“钉子户”、威胁等； 对失地农民进行安置补贴的政策、指标、力度和实施状况； “被上楼”登上媒体头条

续表

时间段	报道数量	主要报道内容
2011 年 1～12 月	1570000	“被上楼”农民的生计困境与农民的反抗行为和策略，包括上访、曝光、自焚、毁坏土地以及自制火炮等； 深入分析引发“被上楼”的政策因素和实践因素； 专家、学者和中央政府对“被上楼”的严厉斥责，并且疾呼速停强征强拆，政府为此也开展了紧急工作
2012 年 1～12 月	1820000	大量由征地强拆引发的暴力事件； 拆迁安置工作以及围绕拆迁补偿的讨论； 围绕拆迁的贪污腐败问题； 农民依法维护自身权益的尝试
2013 年 1～12 月	3400000	强拆与暴力拆迁有增无减、拆迁事件频发； 关于拆迁补偿的透明化和合法化讨论； 失地农民的保障问题； 农民依法保护自身权益； “最强/最狠（拆迁）市长/女市长”等称号出现； 中央加强对征地拆迁违法事件的管控

注：数据查询时间为 2014 年 7 月 31 日。

从表 1 中发现，《城乡建设用地增减挂钩试点管埋办法》颁布以来，征地拆迁一直是媒体关注的焦点，每年的相关报道多达几十万甚至几百万条，并且呈现逐年增多的趋势。2013 年的相关报道达 340 万条。

2008 年下半年，各地征地拆迁工程的进展和成就是媒体最为关注的方面。完成多少征地拆迁工程，建成多少城市和商业大楼，成为地方政府衡量城乡建设规划工作的标准。然而，媒体对失地农民境况的关注和报道极少，以“楼房”为标志的“发展主义”可见一斑。

2009 年，征地拆迁的进展与成就依然是媒体关注的重点。同时，媒体也开始关注促使征地拆迁大规模开展的政策因素和征地拆迁引发的一些社会问题，包括官商的贪污腐败、农民的困难处境等，并且将余光投放到政府对失地农民的安置补贴措施上，但显然关注度不足。

2010 年，在关注征地拆迁工程本身的同时，媒体开始报道失地农民的生活生产困境和权利受损状况、农民的反抗行为和策略，以及针对失地农民的安置补偿政策及实施状况。从10月开始，农民"被上楼"充斥各大网站，成为新一轮相关报道的焦点。

2011年，媒体开始详细介绍农民"被上楼"后面临的生计困境以及农民的各种反抗行为和策略，较为深刻地分析了引发"被上楼"的政策因素和实践因素。此外，媒体还报道了专家、学者和中央政府对"被上楼"的态度和回应。

2012年，媒体继续关注大量由征地强拆引发的暴力事件和围绕征地拆迁而产生的贪污腐败问题。由于大量的强拆事件极大地影响了社会稳定，因此，有关拆迁安置工作和征地补偿的讨论逐渐增多，农民也开始更多地利用法律武器来尝试保护自身的权益。在媒体报道中，"被上楼"这一提法逐渐减少。

2013年，有关强拆与暴力拆迁的报道出现井喷式增长，拆迁事件频发；出现"最强/最狠（拆迁）市长/女市长"或类似的叫法。关于拆迁补偿的讨论，更多集中在补偿的透明化、合法化和公平公正等方面。同时，失地农民的社会保障问题引起更多的关注。由于暴力强拆事件有增无减，中央加强了对征地拆迁违法事件的管控。

可见，媒体逐渐将目光从征地拆迁的成就转向征地拆迁所带来的问题。围绕失地农民问题，人们开始直面失地带给农民的生计困境，并讨论征地拆迁运动的"重经济"而"轻民生"行为。同时，立场也从提倡征地拆迁转向反对强征强拆。那么，征地拆迁对"三农"来说到底意味着什么？

三 失去土地与"被上楼"的农村、农民和农业

2005年底提出的社会主义新农村建设的目标，是"生产发展、生活宽裕、乡风文明、村容整洁、管理民主"。然而，在发展主义话语霸权支配下的新农村建设，已经越来越被"曲解"为农村城市化。众多掌握着话语权的官员和学者，将农村的土地利用形态描述为

“破碎、凌乱、利用率低”，将农村为方便生产、适宜生活而形成的居民点布局定性为“散、乱、空、低效”，而对比的参照物就是现代性表征的城市与工业。通过将农村问题化，人们特别是地方政府相信，农村的发展唯有向城市看齐，农村的唯一出路是城市化与工业化。由此，新农村建设被地方政府的城镇化、工业化和经济增长冲动所挟持，拆村并居、拆房建楼也就顺理成章了（刘奇，2011），而国家层面“土地增减挂钩”政策的出台最终使其合法化。正是在“土地增减挂钩”政策的庇护下，地方政府得以一展改造农村的宏图伟愿。延续了几百上千年的古老乡村一夜之间面目全非。在很多农村地区，人们发现，工厂取代了农田，污染的水沟取代了清澈的溪流，机器轰鸣代替了鸟语莺声，高墙大楼阻隔了人们往日的亲密接触……古老的乡村生态被毁，熟人社会被陌生人社会所替代，淳朴深厚的乡村传统不复存在，本是“生态家园”的农村似乎变成了“垃圾场”或“丑陋生硬的水泥森林”。

（一）失去庭院的农村

中国大部分农村还是以农业生产活动为主的社区。以村庄为主要形式的农村居民点和以独立庭院为主要形式的村民住宅，是在长期的农业文明中形成和发展起来的。它们通过漫长的历史演化与农村居民的日常生活和生产方式之间形成了高度的适应性，包含着深厚的文化内涵与鲜明的民族风格（郑风田、付晋华，2007）。然而，愈演愈烈的“被上楼”运动，以现代城市规划代替了长期形成的村庄布局，用现代城市的生活方式与文化抹杀并清除了长期形成的农村生活方式与农村文化（姜雯，2011）。“被上楼”后的农民虽然依旧是农民身份，却失去了农民的生活方式与文化特质（李西杰，2011）。原来的猪圈、鸡舍、牛棚不复存在了；原来的屋顶、前院等是农民的晒谷场，现在也都没有了，农民不得不将粮食晾在马路边上……农民从过去宽敞而错落有致的农家宅院搬到集中安置居住的楼房小区，其家庭生活空间被大大压缩，其生活质量也随之下降，原有的空间功能分化与合理布局被迫取消。由于失去了原来进行庭院种养殖的场所，农民的牲畜和家禽等都不得不进入他们的居所；原先在相互隔离的不同空间进行的工作，如做饭、整理农具、存储粮食柴草等，如今不得不占用生活空间，农民的生活环境因此变得混乱不堪。空间的压缩不仅体现在物质上，更体现在心理上。个人与家庭的生活空间、社区与邻里的公共空间被高度压缩，各种冲突与纠纷由于缺乏空间与距离的缓冲而凸显和激化。然而，集中居住使生活空间被压缩的同时，却又拉大了农民住所与土地之间的距离，增加了农民的生产成本与劳动负担。可以说，农村的城市化清除了农业生产的环境与条件，也剥夺了农民生计的资源基础。

另外，中国地域广袤，不同的村庄具有明显不同的地域特色和民俗特色，在漫长的历史进程中形成了古老的乡村生态。“被上楼”运动不但使很多具有保护价值的地域文化、民族风俗和生态文明被毁，而且让很多农民失去了亲切和宁静的家园。

（二）“被上楼”的农民

以集中安置强行改变农民原有的生活方式与生活空间，将农民原有的住房、宅基地和土地通过征用的方式予以剥夺，这些大大损害了农民用以维持生计、扩大生存空间及抵御风险的各种资源（郎海如，2010；郑美雁、秦启文，2008）。在土地被剥夺与农民“被上楼”的过程中，失去土地以及附着在土地之上的各种生产、生活资源的农民，被净身抛入一个充满风险与不确定性的世界，显得异常脆弱。

首先，收入来源减少、生活成本增加以及债务愈加沉重影响着农民的生计。开发商与地方政府在以各种方式低价获得农民的宅基地并获得城市建设用地的指标时，却要求农民自己掏钱购买或集中自建楼房。农民为了凑钱盖房或买房不得不四处举债。银行这时也不失时机地向农民提供贷款。拆迁加重了农民的负担（姜雯，2011），农民被无端而来的重债压得喘不过气来。住进小区楼房的农民失去了作为日常生计重要来源的庭院。菜地、鸡舍和畜棚被绿化草坪所取代，原先自给自足且能带来些许经济收入的蔬菜、禽蛋之类如今要从市场上花钱购买。农民要自己出钱维护让他们失去种菜权利的草坪，不准烧自家的柴草却要花钱买煤气，住进自己用钱盖起来的楼房后却到处都要花钱，如需要缴纳垃圾清理费、水电费、煤气费、物业费（姜雯，2011）。这些滑稽的逻辑将农民的日常生活变成了一种昂贵的奢侈消费。正如山东省诸城市的一位农民所言，“没了牲口和家畜，做饭暖炕又不能烧柴”。他粗略估算了一下，住楼开支每年至少要多花5000元（涂重航，2010）。而且，失去土地的农民，除了极少数能够进入城市与工业部门外，大部分被城市与资本所拒斥。失地又失业的他们面临着极大的生计困境（秦启文、吴爽，2008）。

其次，“被城市化”的农民在失去或离开土地、失去他们所熟悉的生活方式的同时，也丧失了社会资本与文化归属。传统乡村在漫长的历史过程中，形成了熟人社会网络，积累了厚重的文化传承。这些都构成了农民生产生活中不可或缺的社会资本、情感依托和文化归属。从乡村社区转变为楼房小区、从瓦舍田园转变为水泥森林、从鸡犬相闻转变为铁门相对，居住方式与生活方式的改变使农民生活中最重要的感情交流减少乃至停止。农民与乡土的联系被割断，原有的社会网络断裂解体，文化习俗因失去了生活的土壤而难以为继。在这样一个剧变中，农民乃至整个乡村失去了社会支持与文化归属，农民成为无根的漂泊者（姚国宏，2003）。正如李西杰所指出的：

> 拆掉农民村舍，农村就会失去根，农民就会失去赖以为生的生存之道。村落既是中国乡土社会的存在形式，又是乡村社会关系和制度的基础。乡村社会的真正意义不在于乡村本身，而在于乡村的公共空间以及乡村公共空间生活培养的社会人文价值。作为共享的集体性的历史记忆，包括祖先崇拜、宗族活动、安土重迁等民间传统等，在今天的农村社会乡村秩序中依然发挥着它应有的作用。（李西杰，2011）

最后，各种幌子下的土地征用与强制拆迁本身就是对农民公民权利的剥夺。地方政府以无偿或给予极低补偿的方式征用农民宅基地，本身就是对作为农民土地承包经营权一部分的宅基地使用权的侵犯（汪华亮、胡启南，2011）。地方政府部门和村干部欺上瞒下、暗箱操作，在未经村民同意或村民不知情的情况下处置村民集体所有的土地，无视村民的民主自治权。在征地拆迁过程中，他们通过各种手段进行胁迫乃至暴力强拆，严重损害了村民的人身与财产权利（姜雯，2011）。在现阶段中国的社会保障未能广泛覆盖的情况下，农民通过土地来实现自我保障，很多农民将土地看成是自己的命根子（李佩红，2011），而失去土地的农民更加不能享有与城镇居民平等的社会保障及其他各种待遇（汪华亮、胡启南，2011），无法实现公民权利的平等。

（三）农业生产与粮食安全

中国是一个农业大国，农业是国民经济的基础，耕地是农业发展的基本物质保障，因此保住现有18亿亩耕地红线也就成为国家粮食安全战略的基础。国土资源部于2009年3月在全国范围内部署开展了"保经济增长、保耕地红线"行动，坚持实行最严格的耕地保护制度，指出耕地保护的红线不能碰（国务院新闻办公室，2009）。"土地增减挂钩"政策的出台，同样是协调耕地保护与经济发展之间关系的举措之一。

然而，在这股狂热的土地征用和强制拆迁风潮中，18亿亩的耕地数量到底有没有保住不得而知；或许18亿亩这一数字保住了，但只是用草草整理复垦出的宅基地替换那些耕种多年而如今却被高楼大厦占用的肥沃土地；更何况虽然有土地，但耕种土地的农民被搬迁到遥远的小区。这些无人耕种或农民无力耕种的土地，对农业来说同样没有任何意义。显然，对于长期从事农业生产的农民来说，耕种不便成为"被上楼"后最现实的问题。例如，山东省诸城市的一位农民在集中"被上楼"之后，要拿着镰刀从三楼的住房走出，要在挤满农用车的楼道里找出自己的那辆，再去两公里外的农田干活（涂重航，2010）。因此，土地数量的减少和质量的退化，再加上“被上楼”所带来的额外成本与劳动负担，严重损害了农民种田的积极性。农民因此对农业生产应付了事，甚至将土地弃耕抛荒都是可以想象到的。其实，地方政府在实施“土地增减挂钩”政策时，到底会在多大程度上真正考虑国家的粮食安全问题，也是值得疑问的。2011 年，欧阳艳琴、陈晓雪的调查发现：

> 河北省香河县依据城乡建设用地增减挂钩政策，拆除旧村庄、置换全县建设用地指标的“新农村建设”系列工程如火如荼地展开，但结果是耕地见减不见增，约 4 万亩耕地被闲置或修建厂房、商品房等，其中涉及基本农田。对此，当地的一位官员这样解释道，“我们这儿一亩地打 600 多斤麦子，一块钱一斤，600 多块钱。搭上成本旋地 50 块钱一亩，播种 40 多块钱一亩，然后还得（施）化肥、浇地，后期的打农药、收割。在外面打工一天 150 块钱，你要是拿着口袋收麦子耽误两天就是 300 块。我们县是家具城，打工的人多，这儿一般都上班打工去了，一个月挣 5000 块钱，谁还种地啊！”（欧阳艳琴、陈晓雪，2011）

由此可见，在有些地方政府和官员的意识里，“土地增减挂钩”政策远没有与国家层面的粮食安全联系起来。如果任由这种状况蔓延，未来中国农业的前途和粮食安全状况将值得深深忧虑。

（四）利益与风险再分配

对于过度追求经济增长的地方政府和渴望利润的商人而言，土地作为市场经济中的重要资本，蕴含着巨大的利益；而对以土地为生的农民而言，失去土地则意味着他们的生计与生存在面临风险时将更加脆弱。因此，占有土地与失去土地的过程意味着利益与风险在不同群体间的再分配。“土地增减挂钩”政策下的土地再分配，实现了土地从农民向地方政府与资本的转移（冯磊，2010）。由此，利益和风险的分配结果也呈现出两极分化趋势（李友梅，2008）。

如果说新农村建设和以"保护耕地、保障农民土地权益……节约集约用地"（国土资源部，2008）等为目标的"土地增减挂钩"政策是以公共利益的名义来推行的话，那么现实中的征地拆迁、撤村并居、村民"被上楼"等则是一种变公共利益为部门利益和商业利益的再分配。在这一过程中，地方政府和村干部以近乎无偿的价格获取土地后，再将其高价出让以实现土地财政，通过城市化政绩和发展指标来获得政治资本；有的地方通过官商勾结获得土地并瓜分利益，利用权力来进行寻租（冯磊，2010）。仅山东省诸城市的"村改社"工程（农民的身份不变，但都搬进楼房住）增加的建设用地，就能让政府每年有两三亿元的收入。在很多地方，农民宅基地转化后的增值收益，被权力和资本"合谋"拿走（涂重航，2010）。

而伴随着公共利益被地方政府和资本攫取，风险被留给了失去土地和各种保障的农民。传统的农村社会拥有很多用于应对自然灾害等不确定因素所导致的生存风险的"退却方案"（斯科特，2001：79－80）。例如，农民可以在地方市场出售土特产品和手工艺品，在庭院种植蔬菜和饲养畜禽，从事捕鱼和森林采集等辅助活动来补充生计。并且，土地本身除了可种植粮食之外，也向农民提供着生产生活所不可或缺的薪柴、木材及草药等资源，还承担着作为牧地或灾荒与人口增长时调剂用的后备耕地与宅基地等功能。以城市化为目的的征地拆迁和赶农民上楼这些不可逆的干预措施，使村庄和农民失去了退却方案。缺乏应对策略与资源的农民将更加脆弱，更容易遭受各种风险的侵袭。正如中央农村工作领导小组副组长陈锡文指出的：

> 传统农村的宅院、村边、地头，都是农民创造收入的场所，甚至是大部分的日常生活消费都来自于此。进入新社区，这部分收入没有了，而生活费用的开支却明显增加，"连喝口水都要花钱"了。如没有新的就业机会和新的收入来源，能否长期维持就是个大问题。（陈锡文，2010）

四　“增减挂钩”的发展主义逻辑

“增减挂钩”或许会被认为是导致目前在中国农村发生征地拆迁极端事件的直接原因。但是，我们知道，“增减挂钩”本身是为了人们共同信仰的目标——发展，是一种“发展主义”思维下的发展。各地规模浩大的拆村运动，均以“城乡统筹”“新农村建设”“旧村改造”“小城镇化”等为旗号。这些都是“发展主义”的现实呈现。尤其是，“发展，为了农村的发展，为了农民的发展”，成为农民“被上楼”的宏大叙事（姜雯，2011）。在一定程度上，目前的很多政策设计及政策引发的一系列社会问题和社会事件，都是践行“发展主义”思维的结果。因此，我们需要反思“增减挂钩”背后所隐含的“发展主义”逻辑。

（一）发展主义

很多学者对“发展主义”进行过界定、分析和反思。黄平（2003）认为，发展主义以工业化、城市化和现代化为特征，在向全球蔓延的过程中，通过将“发展”简单地等同于经济增长，盲目地追求 GDP 或人均收入的提高；在标榜实现未来“美好生活”的同时，却在全球范围内迅速形成了一种不均衡的经济格局和不合理的交换—分配体系。其对世界各国，尤其对“第三世界”国家产生了极其深远的影响。许宝强（1999）指出，“以经济增长作为主要目标，依据不同的手段，产生出不同版本的发展主义学说——自由市场、依附发展或以发展为主导的国家……不论是哪一个派别，多数都不反对工业化是经济发展的必须（甚至是充分）的条件……这种生产/工业/科技中心论，基本上忘记了经济活动其实是包括了生产、交换、流通、分配和消费（或使用）等环节，而这些环节都不仅仅是纯经济的活动，当中包含了各类文化、社会和政治因素”。杨寄荣（2010）也认为，“发展主义指的是一种认为经济增长是社会进步的先决条件的信念。在这种信念中，发展等同于增长，并成为后发国家所遵奉的现代性话语和意识形态"。

这里涉及的发展主义，是一种现代性话语和意识形态，在其支配下，发展的实现途径是工业化、城市化和现代化，发展的衡量指标是经济增长。很多学者在对发展主义进行深刻反思后指出，发展主义从根本上忽视了发展是一个全面、综合、复杂的统一体。除了经济因素以外，发展还应该包括政治、文化、社会和自然等因素，其核心目标应该是实现人的发展。所以，以经济增长为核心、简单地追求 GDP 增长和人均收入提高的发展主义及其各种学说，都不可能实现真正意义上的发展（雷龙乾，2007；黄平，2000；许宝强、汪晖，2001；杨寄荣，2010）。正如这些学者对发展主义进行反思时所做的讨论，倘若发展主义仅是一种视经济为准绳的意识形态和霸权话语，那么如何回应以下一连串的问题（姚国宏，2003）：为什么要发展？发展的目标是什么？经济增长是否等同于社会和人的发展？经济增长又能否必然改善人们的福利，提高人们的生活质量和自主能力？追求经济增长的过程，对不同的社群究竟产生了什么样的影响？他们各自又付出了什么样的代价？尤其是对贫困人口、失地农民和妇女等弱势群体而言，经济增长是否可以改善他们的弱势处境，或在多大程度上能够予以改善？除了现代化、工业化和城镇化以外，有没有另类的发展途径和道路，同样甚至能更好地改善人们的生活，提高人们的能力，实现政治、经济、社会、文化和自然的全面健康发展？这些都是发展主义忽略了的重要课题（黄平，2003；许宝强，1999；陈斌，2010；明亮，2010；杨寄荣，2010）。

（二）征地拆迁的发展主义逻辑

从全国各地发生的强制征收土地及拆村并居的事件中，我们不难看出，以"强征强拆"为代表的违规征用土地和拆迁民居现象，受地方政府、开发商和农民之间盘根错节的利益关系影响（明亮，2010）。而这种既有违国家章法又有损老百姓利益的越轨行为，正是地方政府在发展主义意识形态的支配下，受到经济增长利益驱动，以“增减挂钩”政策为坚强后盾的谋利行为。那么，在“增减挂钩”政策的实施过程中，发展主义话语究竟是如何运作的呢？

首先，发展主义以“经济”因素作为考量一切的标准。从各级政府的角度来说，经济被简单化为 GDP，因此它们一味地追求 GDP 增长。在“数字出政绩、政绩出干部”的指导下，经济增长速度成为中国绝大多数地方政府官员努力和奋斗的方向。从现阶段国家发展与城市建设的现实来说，城市和房地产能为 GDP 的增长做出巨大的贡献（陈斌，2010）。一方面，城市被普遍认为能够比农村创造出更多的 GDP，所以更能拉动 GDP 的增长；另一方面，近年来房地产业的经济贡献逐渐成为地方财政收入的重要组成部分。因此，为了所谓的“城市化”而进行的“农地工用化”和“撤村并居”，以及为了所谓的壮大房地产业而进行的土地财政实践，都被纳入了合理的行政议程。正是由于这种 GDP 迷思和形象过程的作祟，各地出现了“拆了又建、建了又拆”的创造 GDP 的数字游戏。

> 在河北省廊坊市，2006 年被评为河北省生态文明村的董家务村，4 年后已成一片废墟，大片新修的村居在铲车下倒塌，刚修好的“村村通”水泥路被铲平。在山东省诸城市的乡间，多数村居是黄墙红瓦，一排排四合院排列十分整齐，这样整齐划一的村居是经过 3 次农村规划后形成的，这样的村子内，基本没有浪费的空地；但是，这些整齐的村庄，今后都将面临被拆迁的命运。那里的一位农民听人说国家有政策，农村每多出一亩耕地将获奖励 20 万元，但是他不理解的是，好好的院落都拆了，再建新楼，“这不是浪费钱？”（涂重航，2010）

其次，发展主义将农业、农村与农民视为有问题并需要改造的对象，即“发展机器一般采取将社会现实问题化的手段”（叶敬忠，2010）。针对农村土地，发展机器通过专家学者向社会展现了这样的一幅图景，即"农村土地利用形态破碎、凌乱，利用率不高，农村土地经营效益低和农村土地资源浪费严重"等。对农村土地的这一问题化呈现，为大规模征用农村土地奠定了基础。针对农村民居，发展机器又建构了这样的社会现实，即"农村居民点'散''乱''空''低效'"等。这一表面上看来似乎非常客观化的技术呈现，为拆村并居奠定了基础。同样，"增减挂钩"政策以及其他土地征用行动，都伴随着"合理规划农村布局"或"合理统筹城乡建设"的技术化逻辑。其结果却如陈斌（2010）指出的："发展主义最可怖的一面就是，利益由权力和资本分肥，代价则由'弱权群体'来承担。"

最后，发展主义作为一种霸权话语，构建了我们的现实，也支配了我们的价值。当以经济增长为主旨的"发展"被写入政府文件、被呈现于各类媒体、被作为真谛广泛传诵时，"如此"发展也就成为国家的逻辑和理性。鉴于国家的价值和理性带有政权强制力，在这种政权强制下，普通老百姓的价值和理性也受制于这样的话语表征。作为"增减挂钩"政策的实践行为，征地也好，拆迁也罢，既然都属于国家的发展项目，就均被赋予了国家政权的强制力。农民作为被强制的对象，只能接受。另外，发展主义和其背后的现代性的典型态度是"霸道"。霸道者之所以霸道，是因为自以为自己是道，也就是真理的唯一拥有者。这种霸道的一个核心表现就是"唯我独尊"，表现在城乡关系上，就是农村应该向城市看齐，为了城市化建设和城市人的生活，可以牺牲农村和农民的利益（王治河，2005：19；叶敬忠，2011a）。正因如此，李西杰（2011）认为，在土地增减挂钩和拆村并居运动中，乡村社会被当作现代性的"他者"。这里的"他者"，表示与现代性社会之间存在一种"异质性关系"。而现代性的"科学合理性"使得人们努力消除"差异性"，并追求"同质化"和"同一化"。在此思维逻辑下，农村生态结构将被彻底改变。可以说，建设用地挤占农民宅基地的逻辑，是资本这一符号化的现代性对传统乡土社会的生产方式与生活方式的彻底瓦解，是现代战胜传统的必然。城市对农村的"殖民"是拆村并居运动出现的逻辑使然。城市发展作为一种生存方式，日益渗透到整个社会生活之中。城市文明和不文明的生活方式、生活习惯、习俗，从各种渠道传入农村以及那些非资本主义的、非工业化的国家和社会之中（李西杰，2011）。

正如发展主义意识形态的一贯逻辑，“土地增减挂钩”政策将农村土地和民居问题化，并重构了农民应该接受城市化和集中居住的现实，在GDP崇拜和现代性霸权之下，大肆展开征地拆迁，并演变为强征强拆，甚至引发一系列极端的社会事件。

五 替代发展模式

针对各地强制征收农民土地、强占农民宅基地、使农民“被上楼”的行为，在2010年“两会”期间，中央农村工作领导小组副组长陈锡文就疾呼要“急刹车”。然而，真正应该“急刹车”的或许是发展主义思维，是在发展主义逻辑之下对农业、农村与农民的无限掠夺过程。

原本为了公共利益出台的“土地增减挂钩”政策，在实践中逐渐演变为农民“被强拆”“被上楼”“被失地”（叶敬忠，2012a）的运动。在发展主义霸权话语的一元支配下，从上到下的行政理念都秉承资本第一、见物不见人的以GDP增长为中心的宗旨。这极大程度地忽视了以人为本的社会安全、民生保障和社会公平正义等原则。中国经历了30余年的快速经济增长期，也产生了诸如社会不公平、生态被破坏、传统文化消失、群体事件频发等一系列社会问题，引起了社会各界的广泛关注。应对和解决发展进程中出现的这些问题，已经成为中国政府的重要议程，或者说是重中之重；而如何应对和解决这些问题，则需要我们从发展解构的视角来反思和重新审视国家发展的历史轨迹（叶敬忠，2010）。特别是，是否可以真正扭转以经济增长为核心目标的现代发展主义理念和模式，转而探索另类的发展模式？也许现在最亟须的就是寻求替代发展模式。

需要警醒的是，现代社会普遍存在着“一元极力吞并多元、单一存在模式极力贬低、抹杀甚至吞并其他模式"的现实（叶敬忠，2011a）。在此背景下，对发展主义之外的其他元素、其他模式的关注或探索，无疑具有非常重大的意义。有必要说明的是，扭转发展主义模式或寻求替代发展模式，并非否定经济增长，更不是否定发展。然而，物质需求不是人类的唯一需求。这里所讨论的是，在追求经济增长的同时，需要给社会公平、传统文化、生态环境等其他方面留以足够的空间。频发的群体事件、空洞的文化生活、恶劣的生态环境等现象已经充分表明，对发展主义的反思与批判能够使我们更加清醒地认识到唯经济论的不足。只有经济、政治、社会、文化、生态等各个方面得到全面协调发展，人类对美好生活的追求才有可能实现。在我们的发展实践中，当面对诸如"土地增减挂钩"这样的公共政策时，无论是对政策的讨论还是制定，都应该以普通老百姓的利益为主要出发点，应该从千百万普通大众的角度来设计和评价这样的社会发展政策。这应该成为社会发展政策研究和制定过程中的基本原则。在实施这类涉及几亿农民生计的项目时，我们应该谨记斯科特（2004：475）在《国家的视角》中的建议，一是要小步走，尽可能迈小步，停一停，退后观察，然后再计划下一小步的行动；二是鼓励可逆性，即鼓励那些一旦被发现有错误就很容易被恢复原状的发展活动。

面对农村拆迁征地问题，很多主流学者坚信可以采取合理的经济补偿办法来解决。针对这一以经济手段交换生计方式的经济学思维，下面这个故事或许可以给我们以启发。

> 一位老太太带着她的猫在马路上散步，突然一个男子开车疾驶而来，把猫给撞死了。男子连忙停下来，抱歉地说："大娘，我愿意补偿您。""那太好了，你捉老鼠的本领怎么样？"（《读者》，2011）

5

农业的故事：没有小农的世界会好吗？*

1995 年我在荷兰学习期间，有一门“农业与农村发展”的课程。第一节课开始时，走进教室的是一位背着一种类似铁铲农具的老师。他就是荷兰瓦赫宁根大学的农村社会学教授扬·杜威·范德普勒格（Jan Douwe van der Ploeg），而他身背的是几内亚比绍、冈比亚、塞内加尔等西非地区农民在平整稻田时广泛使用的木锹（kayendo）。那时，范德普勒格教授给学生的感觉是讲课逻辑缜密，但表情严肃，不苟言笑，似乎不易亲近。此后十余年，每每研读他的著作，其在课堂上的形象总会浮现于脑海。2007 年范德普勒格教授来北京参加会议，其间相见，他根本不记得我这个听过他课的学生了。但自那以后，我们的合作越来越密切。他每年来中国两次，每次必到我们的研究村庄住上一周，至今已十余次。在村庄，他同农民一起吃饭，一起下地，一起赶集，一起讨论，身上沾满了泥土，心中加深了感情[①]。这位来自西方

* 本文原是应邀为 2013 年出版的《新小农阶级——帝国和全球化时代为了自主性和可持续性的斗争》作的中译者序，这里做了适当修改。该书英文版参见 Ploeg, Jan Douwe van der. 2008. *The New Peasantries: Struggles for Autonomy and Sustainability in an Era of Empire and Globalization*. London: Earthscan.

① 这也是《翻身》的作者韩丁 1948 年在山西省潞城县张庄工作的场景。

现代农业国家的教授，被中国小农的丰富实践和无穷智慧所深深折服。他说，假如早些认识中国的话，他关于小农的写作会更具力量。在研究过程中，我们还见识了与课堂上的“一本正经”截然不同的范德普勒格教授。他喜欢说笑，喜欢结交农民朋友，喜欢讲述其家乡——荷兰北部弗里斯兰省（Friesland）农民的笑话。他是农民出身，在他的研究和学术生涯中，用他自己的话说，也“始终站在农民一边”。

2008 年正值世界性的粮食危机发生之时，范德普勒格出版了专著——*The New Peasantries*。在很多学者对世界粮食危机进行事后诊断时，这本专著对当今世界农业的趋势和特征进行了深刻的分析。作者以其 40 余年来对第三世界国家和发达国家农业与农民的研究成果为基础，从农村社会学、农业经济学、发展社会学以及农学等多学科视角，对农业的总体特征进行了分析，对过往的小农理论进行了批判，并指出目前世界上主要存在三种农业模式，即小农农业（peasant agriculture）、企业农业（entrepreneurial agriculture）和公司农业（corporate agriculture）。全书紧紧围绕这三种农业模式的性质和特征展开分析。在现代农业、工业农业、高科技农业和资本农业主导农业发展话语的今天，范德普勒格关于这三种农业模式的真知灼见告诉我们，若将这些半真半假的宏大叙事作为世界粮食危机和普遍的食品安全危机下的镇静剂，那么进一步的世界粮食危机和食品安全危机还将持续发生，不在今日，就在明天；不在此地，就在别处。

一 小农农业[①]

不知世界上是否还有像当今中国社会这样如此鄙视小农和决心消灭小农的，即使在研究农业与农村的大学和研究所，人们也会用“小农思维”来指代那些所谓狭隘、不灵活、不开放、没有希望和前

① 本文涉及有关《新小农阶级》内容和思想的介绍文字，尤其是关于小农农业、企业农业和公司农业的介绍，很多出自原书，但因摘自书中的很多不同部分，且做了归纳和综合，因此没有一一标注。

途的想法。个中缘由非常复杂，包括文化的、历史的、社会的和政治的因素，但是，马克思和恩格斯的贡献或许不容小觑。我们社会里的几乎每一个人都对马克思和恩格斯的著作略知一二，中学生和大学生学习得较多，而官员们学习和掌握的就更多了。马克思和恩格斯的著作充满了对小农蔑视和讥讽的语言，如认为小农是“旧社会的堡垒”（马克思，2004b：578），是“日趋没落的”（马克思，2004a：57）；小农落后、“保守”、“迷信”、“偏见”，他们“愚蠢地固守旧制度”，“就像一袋马铃薯是由袋中的一个个马铃薯汇集而成的那样”（马克思，2009：566－568）；他们过着“农民式的孤陋寡闻的生活”（恩格斯，2009b：284）。马克思和恩格斯还将农村视为“穷乡僻壤”（恩格斯，2009b：284），将小农生活的地区定位为“野蛮国家”（Araghi，1995）。在马克思和恩格斯那里，小农农业是在小块土地上生产，不容许在耕作时进行分工，不容许应用科学，因而也就没有多种多样的发展，没有丰富的社会关系。每一个农户差不多都是自给自足的，都是直接生产自己的大部分消费品，因而他们取得生活资料多半是靠与自然交换，而不是靠与社会交往。他们不求摆脱由小块土地所决定的社会生存条件，而想巩固这种条件（马克思，2009：566－568）。因此，小农生产是“过去的生产方式的一种残余”（恩格斯，2009a：512）。

范德普勒格对包括马克思主义在内的过往小农理论进行了批判性的回应。这些理论主要包括：“阻碍发展论”，即将小农视为变迁的阻碍，认为小农是“对发展的阻挠”，是工业化这个“摆脱落后的大道”上的障碍，因此是一种应该消失或被主动移除的社会形态，应该被装备精良、顺从市场逻辑的“农业企业家”所取代；“消亡论”，即在那些现代化工程取得某些成功的地方，小农阶级要么已经转变成为农业企业家，要么已经沦为纯粹的无产者了，小农阶级事实上已经消亡了；“农业内卷化”（Geertz，1963），即认为将劳动力不断填充到农业生产中，最终只会带来适得其反的结果，并造成贫困的再分配；“技术上限论”，即认为小农不可能跨越他们使用的资源中所隐含的“技术上限”；“贫困论”，即小农农业模式就其定义本身来说，正如人们通常所设想的那样会造成贫困。这些小农理论的局限性产生于对小农和小农农业的诸多误解，尤其是，以往的小农研究强调的仅仅是小农作为一个既定要素在农业中的介入和参与，对于小农如何参与、如何从事农业实践以及是否与其他农业实践方式有所不同等问题却几乎未曾触及。小农的独特性被主要归结于他们不平等的权力关系或者他们的社会文化特征。但是，无论身在何处，小农都以一种与其他农业模式截然不同的方式与自然相联系。范德普勒格指出，小农农业中并不存在“固有的落后”，“小农无法养活世界”这一常见观点是站不住脚的，而且，小农农业模式中劳动主导的集约化并不等同于贫困，也并不必然会造成内卷化。在新古典经济学的数学模型中，集约化可能有违报酬递减原理，而在现实生活中，小农对农业发展的组织方式决定了其收入会保持在可接受的水平上，甚至还会提高。尤其是，无论是在秘鲁、巴西这样的第三世界国家，还是在荷兰、意大利这样的现代发达国家，目前都出现了显著的再小农化（repeasantization）趋势。在范德普勒格看来，小农生产方式中被马克思和恩格斯等所鄙夷的方面，很多正是其优越的精髓。按照范德普勒格的定义：

> 小农农业模式通常以生态资本的持久利用为基础，旨在保护和改善农民生计。小农农业往往以其多功能性为显著特征，从事农业的劳动力通常来自家庭内部，或者通过互惠关系组织调用农村社区成员，土地和其他主要生产资料归家庭所有。生产的目的是服务市场以及满足家庭与农场再生产的需要。小农会通过采取诸多精明的策略，使其农业活动远离那些市场。（Ploeg，2008：1）

20世纪80年代初，中国农村开始实行家庭联产承包责任制之后，农村一家一户所从事的农业生产，就是典型的小农农业模式。范德普勒格对小农农业的分析，主要集中在小农的生活方式、骄傲与自豪感、劳动与就业、精耕细作、协同生产、自我控制的资源库、资源的高效利用、互惠关系、自主性、内源性与地方性、多样性与多功能性、附加值的创造、匠人工艺与新奇事物、市场远距化与部分商品化策略、对生物生命的尊重以及劳动过程中的抗争等方面。

小农始终会带着热情、奉献精神坚持不懈地投身于农业生产之中。即使是在荷兰这样似乎只有经济理性才得到认可的高度现代化的社会中，大多数农民仍然郑重地将他们所从事的工作称为自己的“爱好”。小农农业关涉到主体性，强调与自然一同工作、相对独立和匠人工艺所产生的价值与满足感，以及人们对他们构建成果的骄傲与自豪，体现了人们对自身力量和洞见充满信心。正如荷兰奶农莫妮克·范德拉恩（Monique van der Laan）所言：

> 身为农民，我拥有自由，我安排自己的工作和时间。我们在户外劳动，在劳动中有很多身心上的选择与变化。我们与自然和动物结伴。我们每天都面对着指涉生命的价值。我们为我们的牲畜、产品而自豪：它们是新鲜的、美味的。（Laan，2006）

在小农农业中，劳动成了关键因素，小农将劳动置于舞台的中心，将劳动与自我控制的且部分自我调配的资源联结在一起，也与前途和未来联结在一起。例如，在秘鲁的卡塔考斯（Catacaos），小农社区的共享价值之一就是“认同劳动是获得财富的唯一途径”。正如中国国家主席习近平所指出的，劳动是财富的源泉，也是幸福的源泉。人世间的美好梦想，只有通过诚实劳动才能实现（新华网，2013a）。然而，在现代化席卷全球的过程中，劳动被严重削弱了；在资本全球化的今天，无数身强体壮的劳动力和经过正规教育的青年学生，在强大的资本面前沦为了“废弃的生命”（鲍曼，2006a）。值此之际，重拾劳动的价值尤为重要。小农农业中的劳动中心性正与就业密切联系在一起，小农农业模式可以比其他农业模式创造更多的就业岗位。因此，科林·图哲（Colin Tudge）呼吁道：

> 我们需要再一次将农业视为一个主要雇主，认识到雇用劳动力是农业活动的首要功能之一，这一功能仅次于生产优质食物和维护景观。然而，现代政策的设计却是特意要将农业劳动力一再削减、少到不能再少。(Tudge，2004)

小农倚重的是人与自然的协同生产。自然被用来创建和壮大一种资源库。这种资源库又通过劳动、知识、网络、市场准入等而得到补充。在实践中，资源库的扩展和巩固被视为一种财富遗产，蕴含着骄傲和自豪。小农通过对农业生产季节历进行缜密的规划，使所有相关的活动都能够互相协调、配合，并且与作物的生长周期相适应。小农农业往往表面上看起来略显混乱，但其背后深藏着严密的逻辑，在仔细观察下会发现非常高的效率和计划周详的秩序。正如斯科特(2004：377）所指出的，"作物并不是乱种的，而是按照合适的距离被安排在一小堆土壤上，当下雨的时候，既不会形成涝灾，也不会冲刷表面而洗掉表层土壤"。因此，在对小农农业发表意见之前要特别谨慎，不能从本能的保守主义出发，称小农为傻瓜。

在资源库的巩固和扩大过程中，小农还会通过互惠关系组织调用农村社区成员、土地和其他主要生产资料。小农通过创建、再生和发展出一套自发的、自我控制的资源来实现其自主性。这样，小农就不受任何处于中心位置力量的控制和支配，相反，它是内生的。它不能为地方性的问题提供全球性的解决方案，但是却正在演变为应对一个全球问题（即对农业的挤压）的各种越来越多样化的、地方性的方案。多样性从一开始就涵盖在小农农业的概念之中。小农农业的实践证明，并非只有唯一的一条道路，能让人们获得合理的收入、拥有美好的前景。事实上，实现目标的方式有很多种。埃斯科瓦尔（2011：261－264）认为，替代发展的方案可能会涌现在少数民族的经济和实践活动中，出现在草根组织对主要发展干预的抵抗中。在范德普勒格这里，替代方案显然散布在小农的各种实践与行动之中。自20世纪90年代起，欧洲的农村发展实践领域已呈现出一个显著的趋势，且积极推动了各种新形式的替代性方案，即农业的多功能性。这些新的多功能性实体的创建几乎总是以小农农业为基础，并大大增加了小农农业可以创造的附加值。但是，需要指出的是，就在欧洲农业从专业化向多功能性转变的同时，中国的农业却正在从历史悠久的多功能性向专业化转变。

在小农农业中，农民的算账方法不是一般意义上的经济理性所能理解的。例如，当农民用从别处挣来的钱购买种子、化肥等物品的时候，这些物品的的确确是“付了钱的”。它们作为商品被购买，但是之后它们则作为使用价值进入农场生产过程，不再需要按照交换价值对它们进行严格的估价。这些资源特殊的社会历史性赋予了小农足够的自由，这样他们就可以按自己认为的最佳方式来使用这些资源。可利用资源的价值正是在农业活动中体现出来的，长期来看，它们可以被转换为老一辈人手中的养老金和年轻一辈从事农业活动的扎实起点。这里，我们看到的是一个由社会规范的，并且有制度化根基的转换过程。这种转换与资本转换为利润，利润又作为资本进行再投资以获得更多利润的转换极为不同。但是，这种转换过程并没有因为这一不同而显得没有意义。恰恰相反，无论是从短期还是长期来看，是它激活了农业活动。

小农还利用匠人工艺创造各种新奇事物。小农的匠人工艺在一定程度上可以说是一门无字的语言，是无法以精准、明确和量化的概念来表达的知识。只有经过长期的学徒生涯、训练和经验的积累，才能掌握这门技术。在知识的门类中，它显然是一种经验性或者实践性的知识，类似罗伯特·钱伯斯（Robert Chambers，1983：82）所言的乡土知识（indigenous knowledge）和斯科特（2004：426）提出的米提斯（mētis）。利用匠人工艺，小农创造各种新奇事物。这些新奇事物可以是新的实践、新的制品或者仅仅是改变一个特定情境或任务的定义，但却代表着对现有规则的偏离。

小农农业模式代表着一种对市场约定俗成的远距化，这是小农保持自主性的重要策略。小农在组织自己与市场的具体关系时所遵循的原则，是最大限度地实现灵活性、可移动性和自由性。这种对外部关系的组织和安排是为了保证能在适当的时候进行收缩或扩张，避免对生产要素市场的依附，即尽可能避免陷入外部控制之中。正是因为这一策略，小农避免了马克思的误判，即“只要死一头母牛，小农就不能按原有的规模来重新开始他的再生产。这样，他就坠入高利贷者的摆布之中，而一旦落到这种地步，他就永远不能翻身”（马克思，2004a：678）。市场远距化不仅限于第三世界的小农，欧洲的农民大多也只是部分地融入市场。甚至，第三世界的小农很可能比欧洲的农民更“充分地融入”市场，而这种高度的“融入”带来的是高度的市场依赖性，这也恰恰是这些第三世界小农的主要问题。因此，与中心国家的农业系统相比，边陲国家的农业系统总体上更处于依附地位，商品化程度更高，更加立基于“彻底的商品流通”之上。这一结果正是由“自由市场”发起的，是无数专家学者的“科学”建议，其实质是针对发展中国家小农制度的蓄意破坏，不仅造成了更多的“废弃的生命”，也严重威胁着世界范围内的食品安全。

小农农业充满了对生物生命的尊重。在小农逻辑中，“好的产出”处于核心地位并具有重要意义，它指的是每个劳动对象的产量，而且产出要高且可持续；但是就像小农所说的一样，他们不会用“强制”的方式达到目的，而是在以“精心照料”或“匠人工艺”为特征的框架中尽可能实现高产出。因此，在小农农业中，一些内部指标起着规范作用。例如，根据一头牛的生长过程和日常表现来确定最适合的饲料配给量。人们必须精心照料牲畜、作物和大地，如果精心劳作，每个劳动对象的产出就会提高。正如古德曼和里维拉（Gudeman and Rivera，1990）指出的，小农模型的根基来自这样一个观念——地育万物，量力而出，农民通过劳动“帮助”土地孕育物产。

范德普勒格还深化了小农抗争的内涵，拓展了小农抗争的外延。他指出，为自主性而进行的斗争呈现出多种形式，不同形式之间往往相互联系。它可以通过传统的“农民战争”，也可以借助较为隐蔽的

“弱者的武器”，但是，更常见的、几乎从不间断的情形是，这种斗争出现在田野、谷仓和马厩里，体现在牲畜繁育、作物选种、灌溉活动和劳动投入的各种决策中，可以说无处不在。小农要对生产过程增加控制、进行改善，要按照自己的利益和意愿对生产过程加以调整并从中获得更好的收益。这些目标的实现往往伴随着漫长而艰苦的斗争过程。其中，劳动过程是小农进行社会斗争的一个非常重要的竞技场，如为改善现有资源、进行细微调试而付出的顽强努力，这些努力会带来更富足的生活、更可观的收入和更光明的前景。因此，抵抗发生在大量异质的且日益相互关联的实践中，存在于制造“优质肥料”、繁育“良种母牛”、建造“美丽农场”的方式中。小农正是通过这些实践构建出了自身的独特差异性。另外，当与消费者之间的联结被食品帝国中断时，小农会通过直销、农民市集、新的农业食品链的创造等途径去积极探索、建立新的联结。这样的抗争表明，既然食品帝国趋向于把一部分小农变成多余的部分，新的小农也必将开始把自身重新定位为权利不容忽视的公民。

二　企业农业

> 企业农业是通过扩大规模进行持续扩张的一种农业方式，其生产高度专门化，并完全面向市场。企业农业经营者主动委身于对市场的依赖之中，尤其是与农业投入相关的市场。企业农业主要建立在信贷、工业投入与技术等金融资本和工业资本的基础之上，它的种种形式往往生发于国家推动的农业“现代化”项目之中，并对劳动过程进行部分工业化改造。（Ploeg，2008：1－2）

以中国为例，在农业现代化、农业规模化、农业市场化（这些在人类社会历史上几乎未被认为是有效的农业动机）被提升为农业发展的最高标准的今天，对企业农业（包括公司农业）的膜拜或许只有最狂热的宗教热情才能与之匹敌。在各种现代化工程和政策的推动下，农业企业家模型已经被人为地奉为真理，它是当今政策制定的核心模型。无论是官员、专家，还是学者教导下的信徒，都在急切地寻找现代化的圣水，并身体力行地推动或直接参与到农业创业之中。当资本在城市已无更多获利空间的时候，他们真正看重的是资本在农村和农业的广阔获利空间，而置数以亿计的乡村小农于不顾，甚至以非经济强制的方式强夺小农的生命之本。目前出现的各种农业投资主要是以企业农业（包括公司农业）的方式开展的，如各类种植业企业、养殖场、农业科技公司等就是企业农业的例子，甚至近年来在许多村庄以土地流转之名而组成的所谓专业合作社，其实质也是一种企业农业模式。在这些农业企业中，资本大多来自外部，其生产的目的与国家的粮食安全、食品安全战略没有关系，其一切目的就是获利。范德普勒格对企业农业的分析主要集中在与自然的脱节、失活、效率误区、规模扩张与内部挤压、对生物生命的漠视、市场融入与就业、弱自主性、利润导向与附加值的减少、与自然的分离以及与消费者的断联等方面。

在企业农业中，农业活动是与已有的生态资本相剥离的。例如，牛奶生产在很大程度上已经脱离农场中的饲料和草料生产，大部分饲料通过向市场购买获得；草场生长基本上靠施用化肥，这也和农场中积造的农家肥完全脱离。企业农业的发展侧重于与自然的分离，侧重于逐渐减少自然的作用，因为“自然”太过变幻莫测，它使劳动过程无法标准化，从而成为生产规模加速扩大的障碍。因此，自然在农业生产过程中的存在逐渐减少，那些保留下来的部分也在不断地经历着全方位“人工化”过程的“重构”。在高科技的推动下，人工化过程的扩展已经超出传统的想象，尤其是通过使用转基因技术和创建无菌环境，一个新的、人造的“自然”已经产生，这为进一步的工业化创造了条件。于是，那些曾经将农业塑造成一个有机整体的重要循环被打破，这样，将全球性标准和全球性控制方法整合到标准化的农业实践中就相对容易。

企业农业的生产目标集中在利润（剩余价值）的创造上，它仅仅依靠现有的可用资源来生产附加值。在企业农业中，市场首先是一种组织原则。由于高度整合并依附于市场，生产单位不得不遵循“市场的逻辑”，企业家精神成为调整农业企业内外社会与自然要素的核心机制。在企业农业中，利润和收入水平可以通过降低劳动投入来实现，从而随着劳动力的流出而得到提升，因此，企业农业不会力求创造更多的就业岗位，相反，会为了逐利而减少劳动力的使用。企业农业的生产资源并非依赖资源库的发展，而是高度依赖市场，因此，其自主性程度较低。在这种一味追逐利润的目标指导下，当市场价格水平严重下降，以至于利润成为泡影的时候，选择退出并将资本投资他处，是显而易见的、“合乎逻辑的”企业家行为，因此农业失活（de-activation）时有发生。这种农业失活反应还包括向更粗放型的农业转变，这会使劳动投入大大减少。因此，国家粮食安全之梦期望通过企业农业（包括公司农业）的发展来实现，似乎有些天方夜谭，尤其是当国家还给予优惠的政策扶持和大量的财政支持时，人们不得不怀疑资本是否绑架了政治，或者政治与资本是否在共谋其他的目的。

农业企业往往热衷于大规模的扩张，而由于扩张严重依赖信贷资金的支持，企业债务相对较高。这样，财务压力就会转化成加速生产的需求，利用每一片可用之地获得尽可能高的资金产出（也就是利润）来支付利息和贷款本金。因此，牛舍中的每一个可用空间不再是一种使用价值，也不再是可利用资源中明确清楚的一部分，更不是动物生长的场所，在这里，这个空间首要代表着能创造更多价值的资本。这样，高产奶牛可能在第三年或第四年被淘汰或者取代，它们承受的生产压力极可能产生乳腺、生殖和其他方面的健康问题，这也加重了它们的淘汰趋势。因此，奶牛的寿命本身并不是目的。一旦产奶量逐年递减，这些奶牛就会被淘汰，因为它们占用了必须产生最大货币效益的宝贵空间。讽刺之处在于，过去一头奶牛会在畜栏里生活10~12年；而现在，同样的空间会相继饲养5头奶牛，每头奶牛只能利用2～3年。这些改变代表着一种将动物贬低为丢弃型产品的趋势。奶牛本可以多年生产，有些奶牛的生产周期甚至可达15～17年，小农往往是这么做的，但是在企业农业，它们的生产周期被迫大大缩短。因此，人们常常发现，饲养的动物变得更加脆弱，它们被退化为可以随意丢弃的东西。这就是2013年春季上海黄浦江漂浮的万余头死猪奇观背后的逻辑吧，否则人们怎么会将死猪视如可乐罐而随手扔弃呢（中央电视台，2013）？

企业农业根据市场关系和未来前景来组织和安排劳动与生产过程，其中，外部指标成为主要的指示标准，如企业农业会根据牛奶价格和不同饲料原料的成本来确定配给量，而不是根据一头牛的生长过程和日常表现来确定。企业农业的日常活动都在这些外部指标的指导下不断地进行着调整。与此相比，小农则会感到非常迟疑或者根本不愿意这样做，因为“这样做的话你就会毁掉你的奶牛，她们需要最适合自己的东西，也需要连续性”。因此，企业农业对生物生命的漠视以及将农业对象视作丢弃型产品的性质与小农农业的“精心照料”形成了鲜明的对比。因此，当企业养猪场出现死猪时，会随手丢弃；而河北省某村庄的一位妇女在饲养的猪死了之后，伤心地哭了两天。

三 公司农业

> 公司农业也可称为资本主义农业，它由一张延伸极广、易于流动的农业企业网构成，其组织和生产是为了实现利润最大化，其中的劳动力主要是或者说全部是计薪工人。公司农业曾一度在席卷全球的土地改革进程中几近消亡，如今它又在出口型农业的推动之下遍地重生。（Ploeg，2008：2）

公司农业在当代的主要形式就是范德普勒格所称述的食品帝国（food empire），可以说，食品帝国引发并再造了公司农业，同时，食品帝国还以企业农业作为自己的基础。食品帝国最典型的例子莫过于

“ABCD”四大跨国粮商，即美国阿丹米（ADM）、美国邦吉（Bunge）、美国嘉吉（Cargill）和法国路易达孚（Louis Dreyfus）。它们掌控了世界上超过80%的农产品贸易，还操控了生物种子专利、储运加工等各环节（周立，2008a）。中国国内的公司农业也在市场和资本的推动下，向着食品帝国的目标阔步迈进，其食品帝国的面纱往往还在初级阶段时就由自己主动揭开。这一方面说明了其对帝国的无限向往和顶礼膜拜，另一方面也彰显了其征服与控制的优越感。各类农业和食品公司不满足于“公司”之名而急迫冠以“集团”之号，就是最好的说明。范德普勒格对公司农业、食品帝国的分析主要集中在食品帝国的征服与控制、攫取与侵占、逃逸特征、食品的穿越与退化、概念的再造、对劳动的排斥和对生命的蔑视、与消费者的断联以及对消费的重塑与控制、对小农的排斥、发展的幻象等方面。

食品帝国是一种组织方式，是一种将物质资源和制度资源组合到一个网络之中的独特方式。食品帝国的结构特征意味着等级制度，意味着不断地征服、收编和排斥。它构成了一个复杂的技术和制度网络，并将自己的定序原则和指令强加其上。因此，食品帝国最关键的是以特定的方式来获取和聚合资源。食品帝国具体表现为持续不断的扩张。这种扩张是通过对自然、生命、食品和农业的征服而进行的。这种征服以一种特殊的方式重塑社会和自然世界，影响消费模式、健康和消费者的身份。它处处体现着对自然和社会的广泛干预，认为每一件事和每一个人都是能够被计划和控制的。帝国的这一强大组织模式，迫使社会和自然世界的众多领域服从于新形式的集权控制和大规模的侵占。食品帝国需要可控性，由土地、农民和动植物组成的完美均衡，不管在可持续性上达到的层次有多高，都是帝国眼中的罪孽。

食品帝国的这种征服与控制，不仅仅是由市场和那只假定的“看不见的手”来支配的。事实恰恰相反：食品帝国掌控着市场，它实际上代表了一种超经济强制。它在很多领域还采用各种各样的“非经济强制”手段，来获取和集中大量财富，例如，国家干预往往代表的是“服务于市场而不是抵制市场”。国家机器以及它们与“客户”的关系正日益按照市场的形式来进行构建、安排和组织，国家功能被转换成了市场代理。与此同时，市场逐渐不再由“看不见的手”所支配；相反，它们服从于形式各异的超经济控制。

食品帝国在价值创造方面其实没有做出任何贡献，它几乎没有创造任何额外的附加值，它只不过是榨干了当地生产出来的财富，并按照自己的逻辑进行集中和再使用。其实，食品帝国只不过是连接或重新连接了已有的资源，它犹如一张蜘蛛网，不断延展，将乡村的人力和各种资源纳入其中，并将已有资源组合成一种独特模式，以便于榨取其价值，等榨干以后，就收网逃走，再到另一个有“猎物”的地方去继续榨取。因此，那些农业大亨一般不进行固定投资，基础设施一般按年租用，这样就可以很容易地舍弃，也就是说，它具备了一个逃逸型产业的所有特征。

但是，食品帝国的确容易殖民人们的现实，构建财富和发展幻象。其实，在资本和业绩的游戏中，食品帝国未来的绩效被转变成了对当前活动的主要评判依据，这相当于把过去、现在和未来之间的相互关系完全倒置了。在这种对时间的组织中，信任不再构筑于历史之上，而是变为依托未来。这也意味着必须把计划的绩效变为现实。另外，当食品帝国进入乡村时，给人的第一印象会是一个从无到有的过程，这给人以一种强烈的感觉——食品帝国带来了“发展”。在此之前，贫瘠的土地会看似一无所出，而食品帝国却使乡村变成了绿洲和出口中心。它与周边小农社区的直观对比会令人震惊，后者或许干旱荒芜、地力贫瘠，食品帝国却生机勃勃、兴旺发达。这就好比一边是锄头和耕牛，另一边则是重型拖拉机、加工厂和提供着世界市场最新贸易信息的计算机技术。然而，只要仔细观察，人们就会发现其中存在的排斥和强夺现象，这不仅包括土地，还包括水资源、人力资源、小农生计与生命、政策与资金扶持等。不时见诸报端的农业企业攫取农民土地，甚至农民在承包地内被铲车碾死的极端事件，无不说明了上述的排斥和强夺现象。食品帝国不再需要小农了，小农注定是多余的，食品帝国至多是需要小农的资源、土地和水，需要小农被摧毁后的残余物，也就是无可替代的廉价劳动力。

在由食品帝国创造和形塑的世界中，所有产品都丧失了身份。食品不再在特定时间、特定地点由特定群体所生产，也不再通过公众基本了解或者能够了解的流通渠道到达消费者手中。食品正在成为一系列“非产品”（non-product），它的原产地不再重要，它在上架销售前所经历的时空之旅也不再重要。食品帝国将“特定场所”转换成“非场所”（non-place），将特定的时间跨度和诸如“新鲜”这类界定清晰的概念转变成错误的信息，因为在这一过程中，食品已经被运输、转换、储藏和配送，而这些并没有被告知给社会。这样，食品的生产和消费之间产生了极大的脱节，这种潜在的脱节涉及时间和空间两个方面。可以说，断联是理解食品帝国运作方式的一个关键词。在食品帝国的控制下，食品的生产和消费在时间和空间上的联系越来越被切断，农业生产越来越脱离具体的情境，脱离当地特殊的生态系统和社会属性。今天，食品帝国正一如既往地、疯狂地占领和控制着全球范围内越来越多的食品生产和食品消费，尽管世界上85%的粮食产量是在小区域内以短链的、分散的方式流通的。

在食品帝国的控制下，通过被分解成不同的元素并进行不同的处理，现在食品真的能够实现远距离的时空“穿越”。例如，牛奶来自哪里这个问题已经不再重要，它可能来自任何地方，它同样意味着身份的丧失。关键是，牛奶中要包含各种可以科学检测的成分，人们购买食品时也会仔细检查食品包装上标明的各种成分。如此一来，

> 橙汁就不一定非要是橙子榨出的果汁了，它完全可以是橙子中的各种维生素组合，加入科学研究出来的添加剂，再添一点必要的颜色，就可以是“橙汁”了。这种“橙汁”的生产彻底割断了橙子本身和橙汁产品的关系，也就是说，食品变得非常抽象了。（Ruivenkamp，2008）

也正是因为科学家坚信食品营养成分的确定性，按此逻辑，“土鸡蛋并不比工厂鸡蛋更有营养”这样的雷人语也就不足为怪了。这些极大地改变了食品本身，不只是食品的概念，还包括食品这一物质实体都改变了。食品帝国推出了“非食品”，它将非食品塑造成食品的形貌，以便非食品在销售过程中能得到食品一般的礼遇，也就是说，食品帝国在越来越多地生产着“仿真食品”。为了跨越时间和空间距离以及为了获利，食品不断被加以“设计构造”，食品行业内的激烈竞争不断推动企业在全球范围内挖掘最便宜的原料和最廉价的措施。这导致了食品质量的日趋退化。因此，食品帝国深刻地改变了食品本身，改变了一直以来食品被生产和消费的方式。可以说，食品帝国对人类生活的诸多方面进行了重塑，它们用自己的新科学和新技术重新操控着生活。

食品帝国还往往对食品的概念进行重新界定和不断再造。例如，鲜奶曾经是一个表述非常明确的概念，但是在食品帝国的干预和重塑下，今天所说的“新鲜”不再是指挤奶之后 24 小时之内完成加工并保证 48 小时之内消费。今天所说的“新鲜”能够延长至几个星期，甚至是几个月。再如，鸡肉的嫩度和口感与品种、饲养和管护已经毫不相干，因为它们也可能是胡搅乱拌的结果：也就是向任何品种的鸡肉中注水、增加蛋白质、添加软化剂和香料。鸡肉的颜色也不再与品种、饲养、管护、牲畜压力、储存和加工方式有任何关系。深色鸡肉（可能还散发着难闻的臭味、看上去质量很差）经过粉碎、掺水拌成肉泥以及脱水和烹煮之后，就成了好看的白色（仿真）鸡肉片。总之，自然、食品和农业，甚至包括健康、新鲜等都被重新界定，从根本上加以重组和重塑，从而使之服从于不同食品帝国的具体原理。

四 农业！农业！

古往今来，农业一直被等同为将自然或生态资本转化成食物、饮料和各种原材料，但不能因此被简化为仅仅是食品的供给。农业代表着社会和自然之间的一个重要联系，它总是与自然、社会以及那些亲身事农者的情感、利益和前途融为一体。生命的绵延不绝是农业的精髓，农业就是循环不止、生生不息的开始和终结，是永远的重生（鲍曼，2006a：15）。农业还体现了一个个生命之间的交往。河北省某村庄的一位农民，用玉米喂鸡，将鸡蛋送给在城市的孙女。有人建议他干脆把玉米卖了，到城里再买鸡蛋，这样既省事又便捷。该农民说：

> 断然不可，因为我辛苦养的鸡，下的蛋，送给我的孙女，孙女吃了，这表达了我与孙女之间的感情交流。当儿媳妇说“这是你爷爷养的鸡下的蛋”时，我感到的是温暖，绝不是几个钱可以代替得了的！（一位河北农民语）

然而，目前的农业发展趋势往往是去社会化和去人性化的，它将社会关系沦落为纯粹的物质和金钱的交易。其中工业化、市场化和现代化对农业的腐蚀尤为明显。当今食品生产与食物消费的工业化过程正在按照一个精心设计的计划来言说和开展：全球化、自由化、完全成熟的转基因食品、宣称全世界从未享用过比今天更为安全的食品。有人甚至声称这一计划将为第三世界的穷苦农民带来光明的前景。另外，农业还被广泛理解为企业家式的活动和行为，并因此被视为与其他经济部门并无二致。如此一来，农业不但能够而且必须受到市场的支配和控制。再者，“现代农业”建立在一种长期失衡的基础上，并不停地奔向一个新的未来，它代表着一种惊险的变革。

今天，食品帝国和企业农业所建构的文化攻势和话语叙事正在改变大众的现实。2011 年 11 月 23 日，央视节目《谁能玩转农业?》就 IT 公司是否应该进军养猪业展开了辩论。辩论的背景是猪肉多年供不应求、价格飞涨，导致不少资本集团对进军农业领域跃跃欲试。其结果是，“IT 公司进军养猪业”较“主要由小农养猪”获得多数人的支持。这在很大程度上代表着目前被殖民了的现实：多数经济学家鼓吹大幅减少农村和农民数量，高谈城市化战略；小农生产方式落后、规模小、效率低，无从应对诸如食品安全等问题；农业的前途是实现规模化的公司经营。

当主流都在为公司和企业进军农业而欢呼雀跃时，我们却重拾小农农业，也许很不入流；当现代农业和规模农业成为国家大策时，我们却倡导小农的自主性，似乎很不应景；当人们以“小农意识”来鄙视“俗”人时，我们却译介小农主义思想，自然会成为少数派。当然，也许有人会质问，“你想回到小农社会吗？”卢梭在论述社会出现之前的善良原始人自然状态的平等生活时，预先提出了他人可能的质问——“难道要取消社会，返回大森林和熊一起生活吗？”卢梭说，自己喜欢预先将这样的质问提出来，是想让他人为得出这种结论而感到耻辱。其实，卢梭十分明白，重返大自然是不可能的，人们应当生活在社会当中，但是，通过对人类生活史的追溯，公民也许可以更好地履行责任，更好地运用各自的天赋来治理好国家（卢梭，2009：31，185）。尽管世界各地或多或少地存在着范德普勒格所说的“再小农化”进程，我们必须认识到，我们面对的主流趋势是普遍的去小农化（depeasantization）进程，但是，这并不能否定对小农与小农农业进行研究的意义，恰恰相反，通过对小农和小农农业的研究，我们也可以更好地思考农业的本质和人类的生活，尤其是可以重新反思当下的现实，重新思考普遍的食品危机之根源，还可以看清食品帝国对生态和社会经济的粗暴掠夺，以及对自然、农民、食品和文化所造成的毁坏。这可以使我们保持警醒，未来的农业将继续以一种健康且可持续的方式养活人类，还是养活公司？

在世界普遍的去小农化进程中，我们还应该看到农业大学和农业科研机构里的那些农业科学家的贡献。对小农和小农农业的最大诋毁莫过于农业科学家，他们中的大多数倡导的是消灭小农农业方式，减少小农数量。现在，公司正在越来越多地渗透到农业的研究和教学之中，并以研究项目和奖学金等形式绑架农业科学家和青年学生的主体性意识，从而为食品帝国主宰农业和农村铺平道路。农业研究大多围绕化学制品、仿真食品、添加剂和转基因开展，少有真正分析小农的生产和生活逻辑的。由此，农业研究所服务的或许是企业和公司，而不是农民。北京顺义的一位农民因为生产绿色食品而受到很多城市消费者的关注。她的产品之所以深受欢迎，就是因为不用农药、激素等化学制品。她的策略就是远离农业科学家每每炫耀和宣扬的科研成果。今天，面对中国悠久的小农农业历史传统，也许没有什么比农业科学家极力蛊惑消灭小农更为讽刺的了，没有什么比农业科学家对数以亿计的小农之生活境地漠不关心而更无情无义的了，没有什么比农业专家声称的“食品安全与生活质量”更没有实质意义的了。

马克思曾预测小农将会消亡，范德普勒格用第三世界和发达国家的丰富案例明确地告诉我们，小农没有消亡！不仅如此，甚至越来越多的人正在以小农的方式为实现高质量的、环境友好的和自主的生存而进行着不懈的社会斗争。面对世界性的粮食危机和食品安全危机，我们不能只从监管、道德和诚信的角度寻找根源，而应该反思正在不断推进的公司化、市场化和商品化农业机制。我们应该正视农业的本质和小农农业在尊重自然、尊重生命、尊重健康方面的特征，正视小农在农业中的主体性特征，要避免将土地和人民的命运交由市场安排，因为那样将无异于对他们的毁灭（波兰尼，2007：113）。

范德普勒格反对将自己说成是民粹主义者，但愿意将自己看成是农民，当然他的确是农民的儿子。与他的无数次交往，让我深深体会到他的后现代农民研究所蕴含的“多元杂糅”的价值观，特别是真正尊重农民、理解农民的实践观。在《新小农阶级》里，我们还可以真切地感受到他对农民的深情厚谊。然而，这种情意或许会遭遇这样的告诫，即学者的研究不要带有感情色彩。我自以为，人本来就是感情动物，其一举一动、一言一行都是带有感情的，有情有义的人发出声音怎么可能不带感情呢？对绝对理性的盲目追求往往会泯灭人类的感性，甚至很多人尚未经历感性的体验就被教导理性至上，尚未学会感性思维就开始理性思考了，也难怪当今的学术作品很多言之无物、索然无味了，它们实不如鸡肋，弃之亦不足为惜。当然，范德普勒格的感情作品不是凭空而来，而是建立在扎实的经验研究基础之上的。在多学科、多地点和多年的研究基础上，范德普勒格饱含深情地告诫我们，“一个有小农存在的世界要比没有小农的世界更加美好！”

6

粮食的故事：关于饥荒与涨价的悖论

春种一粒粟，秋收万颗子。四海无闲田，农夫犹饿死。（李绅，《悯农》）

随着世界范围内现代化进程的推进，人类正在创造一个又一个繁荣发展的幻象。从表面上看，饥饿似乎正在逐渐淡出人们的视野，大规模饥荒在过去几个世纪越来越少见。尤其是，在欧洲和北美洲19世纪中期以来彻底摆脱饥荒的困扰之后，不少学者更加坚定了饥荒能够被彻底根除的信念（Vanhaute，2011）。近几十年来，“绿色革命”与农业生物技术促进了粮食产量的大幅提高，使人们仿佛看到了曙光。今天，国际发展机构、发展中国家政府和发展专家都认为，可以通过农业技术进步使粮食产量的增速快于人口增长速度，从而突破“人口陷阱”[①]，实现经济起飞，并最终摆脱贫困，完成对发达国家的“赶超”。然而，在经历了几十年的技术进步与产量增长之后，未受

① “人口陷阱”是指任何超过最低水平人均收入的增长都会被人口增长所抵消，最终又退回到原来的最低水平。人口陷阱理论的基本思想来源于马尔萨斯的人口理论。新古典发展经济学理论认为，人口陷阱的存在是发展中国家人均收入停滞不前的根本原因。

饥饿之苦地区的人们或许根本无法想象下面两个方面的事实。

第一，全世界范围内的饥饿人口不减反增。2007 年 10 月 16 日“世界粮食日”那天，联合国粮农组织总干事迪乌夫说：“我们的星球有足够的粮食为所有人提供充足的食物，但今晚仍有 8.54 亿男人、女人和儿童饿着肚子睡觉”（周立，2008a）。根据严海蓉总结的数据：

> 在过去的四十年里，世界人口增加了一倍，农业产出是原先的 2.5 倍，但是饥饿和粮食危机却困扰着当今世界。残酷的事实是多数挨饿的人口生活在出口粮食的国家，其中 70% 生活在农村。世界 66 亿人口中，饥饿人口以前所未有的速度增长，从 2003 年的 8.4 亿增长到 2009 年的 10 亿多。另有 10 亿人营养不良。世界每年有 500 万儿童因饥饿死亡。（ETC Group，2009；Greenpeace，2009）

第二，全球范围内出现粮食危机，粮食价格居高不下。2006～2008 年，一场惊心动魄的粮食危机在全球蔓延，包括大米、小麦、玉米、大豆在内的国际粮食价格在经历了 15 年的相对稳定乃至缓慢下降之后，在短短两年内急速暴涨。“世界市场上的 60 种农产品价格在 2006 年和 2007 年分别上涨了 14% 和 37%。玉米价格 2006 年初秋开始上涨，在随后的几个月里暴涨约 70%。小麦和大豆价格在这段时间也一路狂涨，达到历史最高水平。……大米价格在 2007 年涨幅更是超过了 100%。”（Magdoff，2008）联合国粮农组织发布的数据显示，2008 年 6 月全球食物价格指数（以 2002～2004 年平均价格为 100）比 2006 年 6 月飞涨了 79.81%，其中谷物价格指数更是在 2008 年 6 月达到 273.5，是两年前的 2.36 倍（如图 1 所示）。粮食与食品价格的暴涨推动了其他生活必需品价格的上涨。由于无力购买足够的食物并被日益高昂的生活成本逼入窘迫境地，愤怒的人们走上街头，表达自己的不满。2007 年到 2008 年间，有 30 多个国家爆发了抗议食物与生活成本无节制上涨的民众游行示威，与此相关的暴动、骚乱、哄抢乃至政府倒台引发了更多的暴力冲突与死亡（贝罗、巴非尔拉，2010）。

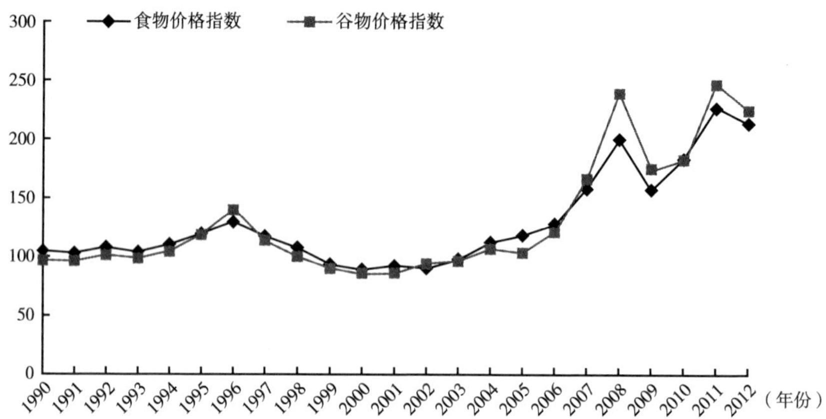

图 1　联合国粮农组织食物价格指数、谷物价格指数（1990～2012 年）

注：图中数据为年度平均值，根据联合国粮农组织（2012b）发布的每月数据计算得出。

面对世界上近 10 亿人还在忍饥挨饿，以及全球范围内粮价暴涨，无数专家以极具常识性的思维提供了主流性的解释。

关于世界范围内的严重饥荒现象，最朴素和最为直接的解释是由粮荒所致，即因为粮食不够吃。对此，不同专业领域的学者和不同背景的社会人士给出主旨相近但目的各异的叙事。例如，

- ❑ 粮食产量低是食物供应缺乏和饥饿的主要原因。
- ❑ 挖掘农业潜力、增加粮食产量是发展中国家解决饥饿问题的唯一可行办法。
- ❑ 解决饥饿不能没有农业生物技术。多年来，各种作物产量均徘徊不前，产量潜力出现瓶颈，因此，应该通过生物技术的研发来解决世界饥饿问题。
- ❑ 非洲需要提高粮食产量对抗饥饿；中国已经解决了 13 亿人口的吃饭问题，中国正将自己的经验搬到非洲，以帮助他们扭

转长期粮食供应不足的局面。

- 到2050年，全球农作物产量必须从目前的水平上增长两倍，才能满足全球需求，以阻止全球发生饥饿，确保全球粮食安全。

很明显，这些叙事将世界饥饿问题看成了纯粹的技术问题，认为挨饿就是因为粮食不够，因此，若提高了粮食产量，也就不会再挨饿了。如此一来，为了发展农业生产，生物技术专家建议政府或财团增加对生物技术研发的投资，栽培育种专家建议政府加大对农业科研的投入，国际发展合作领域的从业者建议将中国农业模式输送给非洲。如此一来，资本则获得攫取土地实施现代农业的道德支撑。似乎每个群体都能从“饥荒乃粮荒所致”的推论和叙事中，获得一份利益与工作机会。

关于全球范围的粮食危机和粮食价格暴涨，最朴素和最具常识性的解释是由供不应求所致，即因为市场粮食短缺，所以粮食价格飞涨。显然，这一解释将全球粮食危机和价格暴涨看成了纯粹的经济学问题，认为只有增加市场粮食供给，才能克服粮食危机。遵循这一逻辑的叙事，一直是媒体报道和社会讨论中的主流声音。例如，

- 粮食价格上涨的主要原因是供不应求。
- 全球食品涨价谁之过？供不应求是造成商品涨价的直接原因，全球食品涨价也不例外，其中粮食供不应求是根源。
- 粮食涨价，蔬菜涨价，肉类涨价，农产品都涨价，这是因为供不应求，需求很大，但产量不足。因为国内生产不能满足需求，还需要从国外进口。

其实，从一千多年前李绅的“四海无闲田，农夫犹饿死”那里，我们已经知道粮食绝不是简单的产量和价格问题，绝不是单纯的技术性或经济学问题。虽然真正的粮荒一定会导致饥荒，真

正的市场短缺或许会导致涨价，但在当下的全球现实中，“饥荒乃粮荒所致、涨价乃短缺所致”的推论是不需任何智识的线性思维的，其因果逻辑是条件反射式的、想当然的，因此无法掩盖其悖论的本质。

一　粮食的产量与供给

（一）饥荒与粮荒的悖论

世界粮食产量几乎每年都会创出新高。新近数据显示，世界谷物产量2013年将增至历史最高，达到近25亿吨（中国新闻网，2013）。在中国，2014年全国夏粮创下新中国成立以来“十一连增”（《重庆日报》，2014）。在城市化高歌猛进的背景下，粮食产量连续十余年增产，不能不说是一个奇迹。

然而，世界粮食产量的增加并没有带来饥饿人口数量的减少。2001～2011年的十年间，全世界人口总量增长了13.85%，全球粮食（谷物）产量增长了22.84%。然而，就是在这种情况下，全球陷于营养不足（饥饿）的人口占世界总人口的比例却从13.58%增加到15%[①]。如果从更长的时间来看，在过去的40年中，世界人口增加了1倍，农业产出增加了2.5倍，饥饿和粮食危机却依然困扰着当今世界（严海蓉，2010）。2007年，世界谷类产出大丰收，比2006年增加4%，达23亿吨，然而2008年世界穷人挨饿的程度却创了纪录（Eradicate Hunger and Malnutrition，2009）。法国学者西尔维·布吕内尔（2010：9）指出，从理论上讲，对所有人来说，食物生产都是充足的，世界范围内的食物生产总量高于人类所需总量。尤其是，在全球信息手段和预防手段都相当发达的今天，地球上任何地方的食品匮乏都能轻易地得到补充。

① 综合联合国粮农组织、联合国开发计划署等机构相关数据计算而成。

然而，更为吊诡的是，盛产粮食的地方往往是饥荒发生的地方，粮食的生产者往往最先成为饥饿的受害者（布吕内尔，2010：30）。这种奇特的现象并非偶然出现。在 1943 年的孟加拉[①]大饥荒中，有 350 多万人饿死，2000 万人受到直接影响，而就在大饥荒之前，还有 8 万吨谷物从孟加拉出口（席瓦，2006；伯恩斯坦，2011：72）。1875～1900 年是印度饥荒最严重的时期，被饿死的人数在 2000 万左右，同期印度的粮食年出口量却从 300 万吨增加到 1000 万吨，相当于 2500 万人一年的口粮（麦克迈克尔，2010）。正如阿马蒂亚·森（2001）所确信的，在实际生活中，一些最严重的饥荒正是在人均粮食供给没有明显下降的情况下发生的。灾难性的孟加拉大饥荒并不是孟加拉粮食严重短缺的反映。

麦克迈克尔（2010）的研究发现，从 19 世纪 40 年代爱尔兰的土豆饥荒，到 1943 年的孟加拉大饥荒，再到最近的粮食短缺，粮食都被转用于商业目的。同样的事情也发生在 20 世纪 30 年代的乌克兰和 20 世纪 90 年代初期苏丹的饥荒灾难中（布吕内尔，2010：67）。而在 1943 年孟加拉的大饥荒中，农民为了生存而保卫自己生产的粮食，抵制地主和殖民政府敛税官的巧取豪夺。这些农民却因此被警察逮捕，且被指控的罪名是“非法持有稻米”（席瓦，2006）。

总之，目前的情况是，有充足且不断增加的粮食供给，用以满足全世界所有人的需求，且绰绰有余，但还是有越来越多的人深陷饥饿。现实情况就是如此荒谬，因此，苏珊·乔治（Susan George，1986）以《更多粮食，更多饥饿》为标题对这一现实进行了尖锐的讽刺。

（二）涨价与短缺的悖论

研究发现，至少就 2008 年以来的全球粮食价格高涨而言，其根源不在于缺少粮食的供给，因为粮食的产量与供应量不仅在持续增

① 当时是南亚的一地区，现在分属印度和孟加拉国。

长，而且无论是绝对数量还是增长速度都高于同期的消费需求。在粮食危机爆发的2006~2008年，全球粮食产量增长了13.34%，粮食供应量[1]增加了8.84%。除了2009年产量比上年下降1%以外，2006~2011年的全球粮食产量与供应量始终处于增长之中，其中，粮食产量五年共增长了16.04%，供应量在五年之间增加了14.43%，而消费量只增加了11.77%。2008~2011年的四年之中，有三年的全球粮食产量和实际供应量高于当年全球粮食消费量（联合国粮农组织，2012a）。2007年，世界谷类产出大丰收，达23亿吨，然而，稻米的世界市场价格在2008年的两个月里飞涨75%，而小麦的价格在2008年增长了120%（Pfaff，2008）。也就是说，我们有充足的粮食供给，但粮食价格却在飞涨。其实，在现实生活中，不仅粮食价格不能通过经济学的简单供求关系来解释，其他很多问题也是如此。例如，在高房价成为全国人民深恶痛绝的社会问题之时，“鬼城”现象却屡屡被曝出，难道最近十年房价的高涨是因为市场供应不足吗？

越南是世界第二大稻米出口国，且拥有充足的粮食供应，但在2008年却出现了疯狂抢购囤积大米和严重通货膨胀的现象。联合国开发计划署驻越南经济学家乔纳森·平卡斯（Jonathan Pincus）指出，越南国内的粮食危机并非因为短缺，而是由于同国际市场价格接轨的国内米价降低了人们的购买力（唐风，2008）。因此，对于融入世界市场的发展中国家，当国际粮食价格高涨时，只能或放任高价而使穷人因买不起粮食陷于饥饿，或维持低价而使本应满足国内需求的粮食流向能出“大价钱”的发达国家。尽管每年在国际市场上交易的粮食只占全球产量的十分之一左右，却能够影响一国内部的粮食供应和市场价格，而且对穷人的影响更大。例如，若世界小麦价格上升75%，“对美国来说，所造成的差别只不过是一个面包的价格从2美元上升到约2.1美元”，在印度却意味着收入拮据的穷人不得不“从

① 粮食供应量等于粮食产量加上库存量。

一日两餐变为一日一餐”（Brown，2011）。

正如阿马蒂亚·森（2001）所言，“饥荒是指一些人未能得到足够的食物，而非现实世界中不存在足够的食物”。但是，贫穷的人因为无力购买而无法获得食物。粮食危机与饥荒“说到底是食物的分配问题，而不是拥有问题”（布吕内尔，2010：10）。因此，在考察粮食问题时，我们需要清楚的是：

> 粮食问题从来都不是单纯的。只有从历史的视角看，才能摆脱单纯就粮食谈粮食、就农业谈粮食、就简单的供求失衡谈粮食、就国内外贸易变化谈粮食的讨论模式，才能进一步挖掘新一轮粮食价格上涨表象的背后逻辑。（周立，2008a）

二　食品帝国

既然我们拥有足够的粮食，而现实却是越来越多的人被迫忍受饥饿，那么粮食都去了哪里？研究指出，跨国公司掌握着全球大部分粮食的生产、加工、流通与销售。这些跨国粮食和食物公司，被范德普勒格称为食品帝国（food empire）。

> 食品帝国是高度集中化的、由大型食品加工与贸易公司构成的、在全世界范围内运作的经营方式。它是一种正在占据主导地位的组织与控制方式。在食品帝国的控制下，食品的生产和消费在时间和空间上的联系越来越被切断，农业生产越来越脱离具体的情境，脱离当地特殊的生态系统和社会属性。今天，食品帝国正一如既往地、疯狂地占领和控制着全球范围内越来越多的食品生产和食品消费。（范德普勒格，2013：4－5）

食品帝国最典型的例子莫过于“ABCD”四大跨国粮商，即美国阿丹米（ADM）、美国邦吉（Bunge）、美国嘉吉（Cargill）和法国路易达孚（Louis Dreyfus）。它们均有着百年历史，已经掌控了世界上超过80%的农产品贸易，还操控了生物种子专利、储运加工等各环节（周立，2008a）。在中国，这四大跨国粮商通过各种途径渗透到粮食流通市场的广大领域，通过收购或参股国内大型粮油企业，获得中国大豆80%的进口权，导致中国97家大型油脂企业中的64家被外资控制（蔡恩泽，2010）。2005～2008年的短短三年间，中国85%的大豆压榨产能已被跨国粮商控制（周立，2008a）。

一项针对某行业中前四家最大企业所共同占据的市场份额的研究显示，在小麦加工行业，前四家公司的市场份额从1982年的40%增长到2000年的61%；在玉米加工行业，前四家公司的市场份额从1977年的63%增长到1997年的74%；在大豆加工行业，前四家公司的市场份额则从1977年的54%增长到1997年的83%（Yoon，2006）。这充分说明在粮食和食品行业，大企业的集中程度越来越高。此外，国际四大粮商还通过各种方式进军农业上游领域的生物育种、农药和化肥生产与下游领域的粮食储运加工、食品制造和销售，甚至直接在发展中国家收购土地设立农场，触角伸及世界各地（马格多夫，2008），其中也包括转基因种子和农业燃料产业（贝罗、巴非尔拉，2010）。而在这些跨国公司背后进行操纵的，是隐藏更深、能量更大的垄断金融资本。美国商品期货交易委员会指出，“华尔街的投资控制了芝加哥、堪萨斯和纽约商品交易所五分之一到一半的玉米、小麦和活牛等期货合约。以芝加哥交易所为例，47%的生猪、40%的小麦、36%的活牛和21%的玉米长期期货合约都由华尔街的投资控制”（麦克迈克尔，2010）。

世界上有充足且丰富的食物，问题是：“世界的食物生产是按有支付能力的需求来安排的”（布吕内尔，2010：30）。垄断资本追逐高额利润的天性，使其控制下的食物生产与分配将那些最迫切需要食物而又没有支付能力的穷人排除在外。穷人买不起附加了垄断利润的昂贵食物，因此他们被认为“不是消费者，对食物没有需求”。

三 粮食的政治与战略功能

国以民为本，民以食为天。能否保证本国人民获得数量和质量上都有可靠保障的粮食，关系到任何一个国家的社会安危与政权合法性。因此，自古以来人们就从政治的高度来看待粮食与粮食安全。例如，《礼记·王制》提出，“国无九年之蓄，曰不足；无六年之蓄，曰急；无三年之蓄，曰国非其国也”；《管子》认为，“不生粟之国亡，粟生而死者霸，粟生而不死者王”；《商君书·农战》指出，“国之所以兴者，农战也”“国待农战而安，主待农战而尊”。在古代，这样的论述有很多，都将粮食置于关系国家生死存亡的重要地位。因此，中国历朝历代都坚持重农抑商、强本逐末的指导思想，强调农业和粮食生产的重要地位，以防止拥有雄厚资本而追求利润与垄断地位的商人剥削小农而威胁到国家粮食安全。此外，中国历代王朝政权还通过组织修建大型水利工程、兴办漕运、设立常平仓与荒政救济制度等方式促进粮食生产，保障国内粮食储备与粮食市场稳定，方便粮食周转，应对各种天灾人祸造成的粮食短缺与饥荒。正是由于认识到粮食的重要政治地位，中国古代长期实行鼓励粮食进口而限制粮食出口的政策，官府对向少数民族地区和外国出口粮食实行严格管制，在明清两朝更是严禁粮食出口（刘玉峰、李维才，2009）。

然而，将粮食作为国际政治中用以控制和胁迫他国，以达到政治与军事目的，谋求自身利益的一种战略武器，美国或许是始作俑者。1954 年，美国签署《480 号公共法案》，即《农业贸易发展与援助法》，又称“食物换和平计划”，目的是利用美国的过剩农产品对第三世界开展“粮食援助”（USAID，2004）。至于援助的效果，该计划最早的鼓吹者之一——参议员休伯特·汉弗莱在参议院一个委员会上是如此大加赞美的：

人们将为了粮食的缘故而依赖我们。我明白，有人会认为这不是个好的消息。依我看，这却是个好消息，因为人们必须先吃东西，才能干些事情。如果你想找一种办法让人家依靠你，仰赖你，也就是与你合作，那么，粮食方面的依赖似乎是绝妙的一招。（石如东，1995）

1971 年，智利民选总统萨尔瓦多·阿连德推行包括土地改革和将外国资本控制的厂矿进行国有化等在内的一系列社会主义政策，致使美国垄断资本在智利的利益受损。美国因此立即停止了对智利的粮食援助。而在受到中情局支持的智利独裁者皮诺切特发动武装政变推翻民选政府，实行法西斯独裁统治，全面取消阿连德的社会主义政策后，美国的粮食援助又恢复了，并且是之前的数倍。对这段历史，阿连德时期的智利农业部部长贾克斯·孔高尔总结道，“谁控制粮食出口，谁就控制世界”（石如东，1995；周立，2008a）。另一个典型例子是美国对苏联的粮食援助。20 世纪 80 年代初期，苏联由于入侵阿富汗而遭到美国的粮食禁运，但是在 80 年代末期苏联开启符合美国利益的自由化改革进程后，美国立即在 1990 年美苏首脑会谈中给予了苏联为期五年的粮食贸易援助。1990 年 6 月 4 日的《南洋商报》是这样评论的，这个协定“对于戈尔巴乔夫解决国内经济改革问题并无助益，但对于戈氏在国内的权威与地位，对于戈氏的体制改革大业，具有象征意义”（石如东，1995）。

“援助”自然会有人因此受益，像嘉吉这样的美国大公司，利用政府补贴的食品援助项目向发展中国家倾销过剩农产品而获得巨大收益，从此开始成长为国际大粮商。我们由此也可知晓背后推动这一计划的原动力。然而，跨国垄断资本不仅仅满足于用粮食作为筹码来讨价还价，必要时也会直接用武器来排除一切阻挡它们攫取利润的障碍，就像美国联合水果公司 1954 年在危地马拉所为一般。当危地马拉政府试图购买联合水果公司一块闲置土地，以分给无地的农民时，一个由美国中央情报局支持的入侵行动引发了这个国家此后持续 40 多年、造成 20 万人死亡的独裁统治与战争。当时的美国中央情报局局长正是曾在联合水果公司供职的艾伦·杜勒斯。此外，这个公司还因为向哥伦比亚准军事组织提供资助而受到指控（帕特尔，2008）。

美国斯特拉特福战略预测机构曾清楚地指出，粮食已经成为地缘政治中的王牌。美国前农业部部长约翰·布洛克也说道："粮食是一件武器，而使用它的方式就是把各个国家系在我们身上，那样它们就不会捣乱。"而美国中央情报局的一份报告指出，第三世界国家缺粮"使美国得到了前所未有的一种力量，华盛顿对广大的缺粮者实际上拥有生杀予夺的权利"（石如东，1995；周立，2008a）。跨国垄断资本正是极力借助它们手中的政治力量来谋求控制全球的粮食，因为正如基辛格所言，"如果你控制了石油，你就控制了所有国家；如果你控制了粮食，你就控制了所有的人"（恩道尔，2008），而"人"在垄断资本眼中已经被等价于制造剩余价值的劳动力和提供利润的市场。

当然，中国政府非常清楚粮食之于国家稳定和国际政治的作用。国家主席习近平多次就粮食问题发表重要论述：中国始终高度重视国家粮食安全，把发展农业、造福农村、富裕农民、稳定地解决13亿人口的吃饭问题作为治国安邦重中之重的大事（新华网，2014）。我们自己的饭碗主要要装自己生产的粮食（新华网，2013b）。手中有粮，心中不慌，保障粮食安全对中国来说是永恒的课题，任何时候都不能放松。历史经验告诉我们，一旦发生大饥荒，有钱也没用。解决13亿人吃饭问题，要坚持立足国内（新华网，2013c）。因为粮食价格一旦发生非理性上涨，就会造成巨大的社会动荡。农业部部长韩长赋曾提醒"中国人的饭碗不能端在别人手里"，这并非危言耸听（蔡恩泽，2010）。

四　资本对粮食的控制

今天，全世界一半以上的粮食是由第三世界的小农生产出来的（Altieri，2009），而由跨国垄断资本推动的国际贸易的粮食只占年产量的十分之一左右（联合国粮农组织，2012a），资本是如何将全球粮食分配控制在自己手中的呢？实际上，由工业化与自由贸易推动的资本主义全球化过程，也就是资本对人类赖以生存的食物日益取得支配地位的过程。工业化摧毁了传统社会基于农民与地方社区的农业生产方式，使资本掌握了粮食的生产过程。新自由主义所推动的自由贸易进一步为资本化的粮食生产开拓市场，从而能够将生产过程创造的剩余价值转化为垄断利润。

（一）工业化与粮食生产

资本主义的工业化既包括由资本组织土地、劳动力与机器设备的工业生产方式的建立与扩张，也包括对传统农业部门的工业化改造。工业部门要求资本与劳动力高度集中，因此掠夺土地并驱赶附着于土地上的农民就成为迅速获得足够资本与自由劳动力的捷径。而通过对农业的工业化改造，建立起单一种植的商业化农业，农业部门便被纳入资本主义生产体系中，并为工业部门提供廉价的食物与原材料，成为其附庸。

1. 从“圈地运动”到跨国土地攫取

资本主义的原始积累是一个生产资料从分散、平均配置向资本家手中快速集中的过程。通过殖民掠夺获得原料与金融资本，通过圈地运动获得土地与自由劳动力，既是资本原始积累的途径，也是资本主义工业化能够快速推进的秘诀。欧洲的圈地运动一直延续到 19 世纪，新兴贵族通过暴力方式将农民赶走，将原先为众多自耕农和佃农耕种的土地大片据为己有，转变为工业地产或资本主义的大农场。被剥夺土地的农民成为无产者，不得不向资本家出卖劳动力以维生；他们的食物来源从过去的依靠耕种土地自给自足，到后来通过工资来购买。市场由此取代土地，成为大多数人获取食物的唯一来源。可以说，资本与市场在食物分配中的地位，正是通过强行剥夺农民土地的方式而人为建立起来的。

16 世纪英国毛纺织工业的兴盛和大量纺织工场对羊毛的需求成

为圈地运动的主要推动力，追求更高级差地租[①]的新兴地主将大量过去用于生产食物的土地转变为牧场或工业用地，从而压缩了食物的生产能力。并且，那些过去能够自己生产食物而后来被剥夺了土地的人成为纯粹的食物消费者。前提是他们能够找到工作、赚取工资，并购买到足够的食物，否则只能饿死。失业人口的大量存在为资本家维持着一个“令人满意”的低工资水平，而且这个工资水平会随着资本积累规模的扩大，以及更多更先进的机器代替劳动并扩大“产业后备军”[②]，而被不断压低。用于生产食物的土地与劳动力的减少、大规模的失业和极低的工资水平，带来无产阶级的贫困化、饥饿和革命。于是，对外殖民掠夺便成为缓和与转嫁国内危机的手段。

首先是人口输出与土地掠夺。从16世纪起，英国对爱尔兰的残酷殖民政策，使来自英格兰的地主占有了大片爱尔兰土地。在移民涌入、人口激增和日益严重的土地兼并下，土豆成为爱尔兰农民赖以为生的主要食物来源。而在此后爱尔兰爆发“土豆饥荒”的七年中，又有100万爱尔兰人因为饥荒逃亡海外，成为当时欧洲向殖民地输出过剩人口的主力，也是强占原住民土地的主力[③]。其次是直接从殖民地掠夺粮食。1846年，英国废除《谷物法》，并开放对粮食的自由进口。从此以后，英国粮食对外依存度从1830年的2%激增到1880年的45%，其中大部分粮食来自英国的殖民地，如当时饥荒日益严重的印度。19世纪的爱尔兰大饥荒被认为是欧洲历史上的最后一次饥荒。许多西方学者将此后的欧洲视作人类消灭饥荒灾难的“典范”，

---

① 级差地租指租地经营的资本家由于土地质量的差异而向土地所有者缴纳的超额利润，区别于由于土地天然的稀缺性而产生的“绝对地租”。级差地租包括级差地租Ⅰ（由于土地肥力或位置的不同而产生的级差地租）和级差地租Ⅱ（由于对土地追加投资引起的劳动生产率差异而产生的级差地租）。

② “产业后备军”指资本主义社会中经常存在的大量失业和半失业的劳动人口，是资本主义生产方式存在和发展的必要条件。产业后备军的存在可以随时调节和满足资本主义生产周期变动对劳动力的需求变化（马克思，2004b：707）。

③ 1845年，爱尔兰种植的土豆由于感染病毒而大面积绝收。在当时土豆作为大多数爱尔兰人主要食物来源的情况下，土豆绝收引发了此后七年的严重饥荒。其间，有100万爱尔兰人逃亡到北美等欧洲殖民地地区（王辉云，2010）。

是深受饥饿之苦的第三世界应当学习效仿的“样板”（Vanhaute，2011）。然而，社会学家迈克·戴维斯一针见血地指出：“实际上，伦敦人在抢印度人的面包吃。”（麦克迈克尔，2010）

可以说，全球范围内，特别是第三世界愈演愈烈的饥荒与粮食危机正是由工业化国家为应对本国的粮食短缺、防止工人阶级反抗，而在全世界掠夺粮食所造成的；而工业化国家内部的粮食短缺恰恰缘于资本占有了大片曾经用来生产粮食的土地，并为追求高利润而将土地转作他用。今天，以应对全球粮食危机、保障粮食安全的名义，“圈地运动”的野火已经蔓延到第三世界，跨国垄断资本开始在全球范围内进行土地攫取。据世界银行估计，2007～2008 年期间有 4500 万公顷的土地被交易；而乐施会的数据显示，从 2000 年起，全球参与国内或跨国大宗交易的土地达到 2.27 亿公顷（佛朗哥，2011）。这些土地大多位于历史上饱受食物短缺与饥荒之苦的撒哈拉以南非洲、非洲之角、拉美和东南亚，其中绝大部分是当地居民世代耕种的土地和休耕地、牧场、采集或狩猎场所，如今却以“荒地”的名义被地方政府与当地精英圈占，并被出售给本国或国外的大公司。本地居民则从自己的家园里被赶走。大片土地过去用于生产供当地人消费的食物，如今却被用于以出口为目的的商业种植，其中也包括农业生物燃料的生产。今天，不仅是“伦敦人”在抢面包，那些使用生物燃料的“伦敦的汽车”也在从第三世界人民的土地上抢夺粮食。

资本主义通过圈地运动实现了资本的原始积累，并创造出大量的无产阶级。其在为自身发展创造基本条件的同时，也摧毁了建立在农民与土地天然联系基础上的自给自足的农业与食物体系，使粮食短缺与饥荒成为不可避免的常态。通过输出人口和殖民掠夺来转嫁饥荒、解决资本主义内部的食物短缺，同时也将更大的区域纳入资本主义世界体系当中，意味着更多的土地被圈占、更多的农民被无产化和更多的人面临饥荒（伯恩斯坦，2011：72）。从圈地运动到殖民掠夺，再到跨国土地攫取，资本势力的扩张和资本主义全球化就好比一条越吃越长的贪吃蛇，最终难免咬到自己的尾巴。

2. 对农业的工业化改造

资本不仅通过占有土地的方式直接控制食物的生产，还通过对农业生产过程的工业化改造，将农业强行纳入资本主义的市场体系中，结果是消解了农业生产与农民的自主性。这种改造最典型的例子就是所谓的“绿色革命”，即通过运用化学与生物技术的大规模单一种植来提高发展中国家的粮食产量，以应对人口增长带来的粮食压力。发展经济学认为，“绿色革命”更大的意义在于使更多的劳动力能够脱离土地而进入工业部门，为发展中国家的工业化与经济起飞创造条件（速水佑次郎、神门善久，2009）。其潜台词便是将更多的农民变成可供资本剥削剩余价值的无产者。

在漫长的人类历史中，小农的家庭农场一直通过对物质的循环利用，在有限资源基础上生产各种产品，以满足家庭和所在社区的需求。这种农业模式充分利用自然界物质循环和生物多样性，扩大可利用的资源，并实现产出的多样化，从而具有高度的生态适应能力和抗风险能力，是一种多功能的生态农业模式。在许多民族的传统文化中，人类被视作整个自然界物质循环的一个有机组成部分，自然界和土地被赋予了如母亲般神圣的含义，农耕过程本身便是人类与自然界进行物质交换与精神交流的途径。而经过工业化改造的农业只为单纯追求高产，为此而采取单一化的种植模式。它通过大量施用农药来消除生物多样性，通过大量施用化肥来代替自然物质循环，一切只为追求产量和利润的最大化。在这种只追求单一作物产量的农业中，一切都按照工厂的模式来进行，土地就像是一条流水线，各种机器、管道将利用生物技术生产的种子、化学肥料、农药作为原料不断倾向土地。这些原料被分解、组合、装配成一件件高度标准化的产品，最后再由机器来收割（伯恩斯坦，2011：140）。这个生产过程同一切工业工厂一样，原材料从一端进入，另一端则排出产品和各种废弃物，如农药残留、化肥污染等。

在欧洲殖民者将单一作物种植园引入其他大陆之前，其他大陆当地的农民数千年来一直采用的是产出多样化的生态农业模式。从农业生产过程的劳动组织来看，传统农业需要对复杂的农业生态系统进行合理规划，充分利用各种功能与资源，农民因此需要具备丰富的地方性知识、技艺和对复杂系统进行综合管理的能力。与多功能农业生产过程高度的复杂性相比，单一种植模式建立在对生态的人为简单化处理基础之上。这个过程是通过对自然的强制来实现的，不需要劳动者拥有对自然的丰富知识，而只需要他们执行这种强制命令，因此其劳动过程也是强制性的，如同工厂流水线中工人的劳动过程一般。与工厂中工人被视作机器的延伸、在机器的支配下进行被动劳动一样，单一作物种植园对劳动者的要求也不过是“会说话的牲口”。因此，欧洲殖民者的种植园中大量采用奴隶作为主要劳动力，而今天的大型农场普遍采用机器或缺少法律保护的外籍劳工。单一种植模式源于对产量、利润的追求，而非满足食物的需求。欧洲殖民者通过建立奴隶制种植园等方式，将这种单一种植模式推广到世界各地，在第三世界形成了满足宗主国需求的出口作物种植业，如印度的棉花、东南亚的橡胶、非洲的热带作物和中美洲的热带水果与蔗糖等，从而使这些地区原先满足自身需求的农业被强行纳入世界市场。

20 世纪 60 年代至今的“绿色革命”，以提高产量的名义将这种工业化农业模式向广大第三世界国家推广，试图使其取代第三世界农民原先的多功能生态农业模式。工业化农业由于其反自然的特性而要求通过农药、化肥、生物技术种子和机械的大量投入，来保证其单一品种产量，因此与使用天然资源而产品更为多样化的多功能农业相比，要求更多的资金投入。同时，工业化农业产出的单一性，要求必须通过在市场上出售产品来换取其他食物和生活必需品；从事单一种植的农民除了要面对生产过程中的各种风险外，还要面对市场风险。一些农民为了筹集购买种子、化肥、农药的资金被迫举债，而一旦生产过程中遭受损失或者市场价格下跌，农民就有可能陷入沉重的债务当中而难以自拔，成为债奴（伯恩斯坦，2011：66）。在印度，大量的棉农通过贷款方式从同一家企业购买杂交良种和农药。当棉花由于严重虫害和大规模良种失效而歉收时，他们只好服用这些让自己陷入债务的农药而自杀（席瓦，2006）。事实上，正是以世界银行和国际货币基金组织为代表的国际垄断资本，鼓动印度政府和农民放弃粮食生产，转向用于出口的棉花种植；而向农民兜售种子、农药和贷款的也正是那些跨国公司（席瓦，2006）。

（二）新自由主义发展模式与跨国资本

从20世纪80年代起，由发达国家主导的国际发展援助机构，利用发展中国家遇到的暂时困难，兜售新自由主义发展模式，鼓吹通过结构调整、自由贸易和以出口为导向的商业化农业来实现发展。如果说攫取土地和农业的工业化只是将农业与粮食纳入资本主义体系当中，那么新自由主义的发展模式则为跨国垄断资本控制全球的农业与粮食打开绿灯，使跨国垄断资本得以位居全球食品帝国的顶端。

1. 结构调整

出于改造殖民主义统治遗留的畸形经济结构、促进民族经济发展和维护本国利益的考虑，众多第三世界国家在独立后采取了国家主导的发展模式，实行政府对国民经济的计划控制，对外国资本控制的企业和土地实行国有化，在农村推行各种促进社会平等与农业发展的政策。但是，由于国内与国际形势的变化，一些发展中国家在20世纪80年代遇到了各种困难，主要表现为政府开支居高不下、大量的财政赤字和外债。而此时的世界银行、国际货币基金组织乘机以逼迫偿还到期债务和暂缓提供财政援助相要挟，迫使这些国家政府接受它们所制定的新自由主义改革措施，包括私有化、取消市场管制和对外资的限制、削减政府开支特别是社会福利支出、单方面开放自由贸易等。这些改革措施被统称为“结构调整”（structural adjustment）（陈平，2008）。

结构调整政策使发展中国家政府削减了对本国农业的投资，取消了大量对农民的补贴，将农业技术推广、小额信贷等工作委托给私营部门，甚至将本国的粮食储备私有化或商业化。私有化过程同时伴随着国家对市场、外资和国际贸易管制的解除。这样，跨国垄断资本便得以大举进入，并控制这些已被私有化或商业化的部门；发展中国家弱小的民族资本则被排除在外或沦为跨国垄断资本的附庸。在印度，新自由主义改革使政府将为农民提供小额信贷的工作，交由国际援助机构和国外非政府组织，而后者又委托那些以盈利为目标的金融资本来运作，使农民更难以获得贷款，从而更容易陷入债务困境（Taylor，2011）。同时，印度还对本国粮食储备进行商业化改革，使得本应平抑国内粮价、维护本国粮食安全的粮食储备部门，反而成为囤积居奇的粮食投机商，在国内粮价飞涨的同时反而向海外出口储备粮食（帕特内，2010）。

为了保证政府有足够外汇偿还国际发展援助机构和发达国家的债务，结构调整政策要求发展中国家采取出口优先导向的发展战略，按照本国“比较优势”参与国际分工。许多发展中国家因此一改过去以满足国内需求为优先的农业发展战略，转而发展用于出口创汇的商业化农业，扩大生产用于出口发达国家的经济作物、水产品、肉类、水果、花卉等，从“粮食第一”转向“出口第一”（席瓦，2006）。保罗·哈里森在《第三世界——苦难、曲折、希望》中，描述了第三世界人民为了满足西方世界的需求，生产用于出口的经济作物，而自身饱经苦难的过程。他写道：

> 在发展中国家，大部分最肥沃的土地本应用来种植粮食以满足国内的需要，现在却为了满足西方的需要种上了经济作物。……在巴西东北部，一片片深绿茂密挂着银白色花穗的甘蔗林随风摆动。可是种植和收割甘蔗的工人却被排挤到大路两旁一间间狭窄的棚屋里，四周连一小块菜地也没有。由于圈地运动而被逐出家园的英国农民曾经抱怨说“羊吃了人”，而今天在许多发展中国家里，吃人的却是经济作物。（石如东，1995）

世界银行在印度大力推广用于出口的棉花种植，并让农民借贷来购买杂交种子和农药。这些农药最终成为那些因为歉收而无力还贷的农民自杀的工具。对虾养殖是世界银行向印度等发展中国家推荐的另一个出口农业项目，但那些现代化的养虾池破坏了沿海的红树林生态环境，排放的高盐废水导致周边的水稻田绝收，为了提供对虾饵料必须消耗大量原本为穷人提供廉价蛋白质的鱼类（席瓦，2006）。在亚洲和南美洲，这些高成本的水产养殖基地大多由美国等发达国家投资（席瓦，2006），其他还包括巴西的转基因大豆、非洲用于生产生物燃料的玉米等。这些产品出口到发达国家供富人消费，利润由投资这些农场的外国资本赚取，由此造成的资源损耗、环境污染和食物短缺则由发展中国家的人民来承担。在此情况下，正如席瓦（2006）所总结的，“农民被剥夺了选择种什么的自由，而消费者也正在被剥夺选择吃什么的自由”。

发展中国家政府对农业投资的减少、农业基础设施的私有化、外资管制的解除以及出口导向的农业发展战略，为跨国垄断资本全面进入并控制这些国家的农业部门扫清了障碍。结构调整政策迫使发展中国家将自己纳入由发达国家主导的世界分工体系中。发展中国家的一切生产活动均围绕着居于核心的发达国家而展开，按照跨国垄断资本的指挥，为满足发达国家富人的需要而进行。回顾历史，我们会发现，这种以满足发达国家消费需求为目标的专业化出口农业，同殖民主义时期服务于宗主国需要的殖民地农业并无二致。

2. 单方面自由贸易

如果说结构调整政策为跨国垄断资本长驱直入敞开了大门，那么单方面自由贸易的结果则是第三世界国家彻底使本国粮食供给仰赖于他人，而跨国垄断资本也因此实现了“把各个国家系在身上”和“控制所有人”的目标。

20 世纪 70～80 年代的经济危机造成美国国内农业生产严重过剩，而危机期间大量中小农场的破产或被兼并，也使农业垄断资本实力剧增。为了帮助垄断资本倾销过剩农产品，美国政府一改过去针对发展中国家农产品的贸易保护主义政策，开始在全球推动农产品自由贸易。其成果便是关贸总协定“乌拉圭回合谈判”在1993年达成的《农业协议》和《与贸易有关的知识产权协定（TRIPs）》（刘元琪，2004）。《农业协议》主要涉及扩大农产品市场准入、降低出口补贴和对国内农业的保护水平。该协议规定各国对农业的保护水平不得高于1993年以前的水平。然而，这意味着已经拥有较高保护水平的发达国家可以继续维持这种保护，而保护水平极低的发展中国家却再也不可能达到这一水平。最后的事实是发达国家的农业补贴不仅没有下降，反而从1995年的1820亿美元上涨到1998年的3620亿美元（马德莱，2005）。《与贸易有关的知识产权协定》更是将种子遗传资源作为一种知识产权专利，从而将农业技术公司窃取并垄断种子资源的行为合法化（马德莱，2005）。

《农业协议》和《与贸易有关的知识产权协定》作为推动全球农业自由贸易的两个纲领性文件，对各国农业政策的规定明显偏向发达国家和大公司，使广大发展中国家的农民在竞争条件上处于不利地位。美国一方面迫使发展中国家开放农业市场、取消国内补贴和保护政策，另一方面不断加大对本国农业的补贴与支持。扭曲的国际市场价格使美国的过剩农产品得以在全世界大肆倾销，并将发展中国家的农民排挤出去。这种所谓的自由贸易，只是对控制着全球粮食贸易的跨国垄断资本的单方面“自由贸易”。菲利普·麦克迈克尔在《全球粮食政治》一文中写道：

> 全球企业和农业出口大国是自由化的关键支持者。事实上，美国在关贸总协定“乌拉圭回合”谈判中的原初建议书就是由嘉吉公司的前副总裁起草的，嘉吉公司和大陆公司共同占有美国谷物出口的50%。农业跨国公司利用世界贸易组织阻止各国政府的农业计划，阻碍农产品供给保障，降低各国农产品价格。通过减少各国政府对农产品的价格支持，大公司将它们在世界上的比较优势最大化，并从全球“自由”市场中获取最廉价的投入。（McMichael，1998）

经过结构调整，许多国家大幅减少甚至完全取消了对农业部门的投资，同时大力发展用于出口的商业化农业。这些措施严重破坏了发展中国家的农业生产和粮食自给能力。正是在这种背景下，跨国垄断资本借助被高度扭曲的国际粮价向发展中国家倾销本国过剩的粮食，以彻底摧毁发展中国家建立在小农生产基础上的粮食自给（贝罗、巴非尔拉，2010）。玉米历来是墨西哥人民的主要食物。作为世界上最早开始种植玉米的地方，墨西哥素有“玉米之乡”的美誉。然而，由国际货币基金组织、世界银行和华盛顿推动的自由市场政策，却使墨西哥由“玉米之乡”变为需要从美国进口玉米之地（贝罗、巴非尔拉，2010）。同墨西哥一样，菲律宾自20世纪90年代中期以来，从粮食净出口国变为净进口国，并且是世界第一大大米进口国；人口相对稀少的非洲也从20世纪60年代的粮食净出口地区变成现在必须依赖粮食进口与援助（贝罗、巴非尔拉，2010）。南方国家过去能够从农业贸易中获得10亿美元的贸易顺差，如今为进口食物而导致的贸易逆差已达110亿美元，低收入国家为弥补国内粮食不足而每年用于粮食进口的花费更是超过380亿美元（Holt - Gimenez，2009）。几十年资本主义式的发展和推广工业化农业生产模式的结果，便是发展中国家小农农业的瓦解，从食物自给转向一种依附性的食物体系。正如苏珊·乔治所指出的：

> 第二次世界大战结束时尚能在粮食方面自给自足的国家——其中很多国家甚至向工业化国家出口粮食——在发展的时代则成了粮食净进口国。这些国家发展经济作物，接受西方的低价粮食，顺从被跨国粮商统治的农业市场法则。在这些压力下，它们自给自足的粮食生产能力萎缩，国内饥饿随之加重。第三世界的人民越来越依赖于国外出产的食品。（George，1986）

在最近的粮食危机中，这些放弃了粮食自给而转向依靠国际市场进口粮食的国家，在面对粮价飞涨和粮食主产国出口限制时，显得异常脆弱。而就在发生国际粮食危机的2008年，世界银行在《世界发展报告：农业发展》中，仍一如既往地以提高生产效率、满足消费者为名，倡导把所有的农业生产推向市场，把小规模农业生产者纳入由农业产业资本和金融资本控制的“价值链”中（严海蓉，2010）。

为了取代第三世界的那些立足于本地生产、廉价且营养丰富的传统食物体系，跨国垄断资本采用了各种广告宣传手段，用“科学”、“健康”、“现代”（类似于过去所说白人的、美国式的）、“时髦”等华丽的字眼，来描绘这种消费进口的工业化食品的生活方式。美国的食品公司将作为非洲加纳人廉价蛋白质来源的海鱼制成罐头和宠物食品销往美国（显然对于食品公司而言，能付得起大价钱的宠物比没钱的穷人更像消费者），再向那些失去了传统食物来源的非洲人推销从美国进口的麦片。当地人花了比过去更多的钱，却得到更少的营养。而婴儿食品公司为了向第三世界贫困的母亲推销婴儿奶粉，不惜编造出“配方奶粉比母乳更加营养”的谎言，引诱那些缺乏安全水源和卫生器具的母亲购买昂贵的婴儿奶粉来代替母乳，结果导致大量儿童感染痢疾或营养不良（周立，2008b）。

正是通过瓦解世界各国立足于本地生产的食品体系，而代之以专业化生产和“国际分工”的世界市场体系，掌握全球农产品贸易的跨国垄断资本将关系各国人民生存的粮食掌握在自己手中。从“圈地运动”到跨国攫取土地，从单一种植模式的确立到“绿色革命”，是一种资本主导的农业生产方式在作为世界体系核心的欧洲建立，并不断向外围进行自我复制与扩张的过程。这个过程是资本主义全球化和世界市场体系构建的一部分。如果说早期的殖民主义旨在建立以宗主国为核心、殖民地为外围的分工体系与市场体系，那么今天超越民族国家的跨国垄断资本，则借助结构调整和自由贸易，最终建立起了一套涵盖全球的分工体系和市场体系，并获得了前所未有的霸权。对此，席瓦总结道：

当一个个小型农场和小农民被推向灭亡，当单一耕种模式替代了多样性的耕种系统，当农耕产业的目标由提供多种富有滋养力的粮食转变成替转基因种子、除草剂和杀虫剂创造市场机会时，抢夺收成的现象正随处可见。随着农民由农业产品的生产者转变为大企业专利农产品的消费者，随着地方市场不断被破坏而全球市场持续扩展，“自由贸易”的神话和全球经济已经变成了富人窃夺穷人的取粮权乃至生存权的一种手段。……少数几个大企业控制了整条食物链，摧毁了各种替代途径，使得人们没有办法获得具有多样性的、安全的、环保的粮食。当地方市场已被完全摧毁，在此基础上种子和粮食系统的垄断被建立了起来。（席瓦，2006）

五 制造饥饿

跨国垄断资本将粮食作为一种战略武器，通过控制全世界的粮食生产、分配、贸易与消费，驱使人们为资本的利益而服务，而使用这一武器的方式便是制造饥饿。当人类生产的食物已经足够使所有人免于饥饿的时候，大规模饥荒的阴影却依然挥之不去，并在世界上的某些地方反复发生着。在联合国千年发展目标关于在 2015 年前将全球饥饿人口减少一半的宣言发布之后的很多年里，我们看到全世界特别是第三世界国家中处于长期饥饿与营养不良状态的人口数量竟然有增无减。总之，当那些拥有解决饥饿的足够办法与资源的人反复宣誓着抗击饥饿的决心，并且反复讨论着如何解决饥饿时，饥饿却日益严重。我们可以认为这是一种刻意而为的放任。

资本主义给予我们的许诺是，开放自由竞争的市场能够降低社会生产成本，并扩大供给，创造出一个“丰裕社会”（加尔布雷斯，1965）。然而，资本的利润直接来自市场商品的稀缺性，谋求垄断地位以获得高额利润成为所有资本追求的目标。在真实的历史中，我们看到的是资本不断聚集的趋势和资本主义从自由竞争到大公司垄断，再到跨国垄断资本掌控世界市场的过程。粮食的稀缺对于生活拮据的穷人意味着生活成本的增加，甚至忍受饥饿；而对于掌握粮食的垄断资本而言意味着可以乘机坐地起价大赚一笔。因此，2007～2008年那场使无数家庭陷入饥饿境地的粮食危机，却为农业领域的跨国垄断巨头带来了一笔横财。仅在粮食危机刚刚爆发的2007年第四季度，美国阿丹米公司的净利润便上涨了42%，美国孟山都公司的上涨了45%，美国嘉吉公司的上涨了86%，而嘉吉公司旗下生产肥料的美国美盛公司（Mosaic）的盈利更是暴涨了12倍（Holt－Gimenez，2009）。

饥饿不仅能带来利润，更能带来权力，使他人屈从于自己的意志。当人人所必需的粮食被商品化而为资本所控制时，人们便不得不听从资本的驱使。1846年的英国资本家便是利用爱尔兰土豆饥荒所带来的英国国内高粮价，迫使生活日益窘迫的工人阶级支持废除《谷物法》，以达到降低原材料成本和工人工资的目的（马克思，2004b：524，922）[①]。而在1974年孟加拉国因严重水灾遭受饥荒的时候，美国政府趁机以断绝粮食援助来要挟孟加拉国政府停止向古巴出口黄麻。为了换取国内急需的粮食，孟加拉国不得不放弃这一关系到本国无数家庭生计的出口产品，而把市场拱手相让。直到确定孟加拉国停止同古巴的贸易后，美国才“信守诺言”地重新运来粮食，此时饥荒已经差不多过去了（森，2001）。同样，每当一些国家的人民由于各种原因而面临饥饿威胁的时候，掌握大量剩余粮食的美国政府及其主导的世界银行、国际货币基金组织，往往会在此时威胁停止援助，除非满足它们的各种额外条件（如从推翻将美国公司国有化的智利民选政府到新自由主义的结构调整，再到停止向无地黑人分配土

① 爱尔兰饥荒提高了英国国内的粮食价格，工人阶级不断要求提高工资水平，资本家面临巨大的成本压力。在当时的英国，以资产阶级为主的反《谷物法》同盟拥护者通过蛊惑性的宣传要工人们相信，随着贸易自由的实行，他们的实际工资将要提高，他们将得到比从前大一倍的大圆面包。而且，那些拥护者还拿着两个写着有关字句的面包——一个大的和一个小的——在街上形象地进行鼓动。然而，《谷物法》的废除并没有给工人带来大圆面包，他们的平均工资水平立即下降了10%以上。

地的津巴布韦土地改革），而这些条件背后都是跨国垄断资本的利益所在（周立，2008b）。

饥饿的另一个功能是可供消费和观赏。格劳贝尔·罗查（Glauber Rocha，1982）将此称为“饥饿的美学”，因为“当拉丁美洲为它的苦难而悲痛时，国外旁观者却正在玩味它的苦难，不是将其当作一种悲惨的表征，而纯粹是他们兴趣爱好的美学对象”。与此同时，通过对第三世界人民所遭受的饥饿痛苦以及他们艰难维生的生活状况的一种近乎猎奇式的展示，第三世界被建构成为一个处在物质匮乏之中、传统而保守的社会，一个欠发达或曰不发展的社会，一个无以自立而需要依靠西方发达国家（或者是殖民地宗主国）的帮助与指导的社会（伊斯特利，2008）。在这样的话语建构中，“对于这种非人道的生存状态富有强烈同情心”的西方发达国家，拥有了决定并指导第三世界“摆脱贫困而实现发展”的霸权地位（伊斯特利，2008；埃斯科瓦尔，2011；叶敬忠，2011a）。正是通过这种对饥饿苦难的不断消费，西方主导的发展援助体系尽管在帮助第三世界摆脱饥饿与贫困并实现发展方面建树无多，却能够延续至今，并不断壮大，最终成为一个汇聚了无数金钱与权力的“发展援助产业”（莫约，2010：20）。然而，在第三世界人民面临真正饥荒的时候，各种许诺的援助却总是姗姗来迟。这些廉价进口粮食所发挥的真正作用与其说是拯救饥民，倒不如说是彻底击垮那些劫后余生的本地小农和本土农业，为美国剩余农产品的大肆倾销扫清障碍（周立，2008b）。

短暂的饥荒可能是由自然灾害或地区冲突造成的，但涉及多达10亿人口的长期的、普遍的饥饿，则是资本主义开始全球扩张以来才出现并日益严重的。掌握着粮食的跨国资本通过制造饥饿或以饥饿相威胁，在全世界聚敛财富，并迫使人们屈服于它们。然而，哪里有压迫，哪里就有反抗。面对跨国垄断资本的大肆掠夺和饥饿威胁，不甘被奴役的人们纷纷起来为自己的“粮食主权”而斗争。

六 粮食主权与替代选择

> 2007年，在非洲马里的一个村庄，来自80多个国家的农民、渔民、牧民、原住民、失地农民、农业工人、移民工人、妇女、青年、消费者等组织的500多名代表聚集在一起，通过并发表了关于“粮食主权”（Food Sovereignty）的《聂乐内宣言》（*Nyeleni Declaration*）。……该宣言反对以利润为主导而不以人民的利益、健康和环境为主导的公司掌控食物和食物生产体系；反对那些削减我们未来粮食生产能力、毁坏环境和健康的技术和科技实践，包括农业领域的新老“绿色革命”、渔业领域的“蓝色革命”和畜牧领域产业化的“白色革命”，以及工业化的生物燃料基地“绿色沙漠”等；反对食物、公共服务、知识、土地、水、种子、畜种和自然遗产等的私有化和商品化；反对假“援助”之名，行倾销转基因食物之实；反对使妇女和其他社会群体边缘化的男权体制和价值观。（严海蓉，2010）

（一）粮食主权与全球农民运动

“粮食主权”最初的定义是国际农民组织“农民之路”（*La Vía Campesina*）在1996年给出的，指“人民拥有获得健康的、符合文化习俗的、通过生态上可持续的方式生产出来的食物的权利，以及自主决定食物与农业体系的权利”（Holt - Gimenez，2009）。尽管包括联合国《世界人权宣言》在内的国际法和许多国家的宪法都将获得食物和免于饥饿列为一项基本人权（联合国粮农组织，2009），但粮食主权的含义并不仅限于国家和公民个人的粮食安全。除了保障人们获得食物的权利，反对跨国垄断资本对全球农业的剥削和掠夺之外，粮食主权还强调整个食物体系从生产、加工、配送、销售到消费全过程的民主化（Holt - Gimenez，2009），因此更是一场反抗资本主义霸权体系、要求人民民主的政治运动。

事实上，粮食主权本身就是全球农民运动的一个成果。1993 年，由全球小农生产者、分成佃农、农业工人、季节工人、渔民、游牧民组成的国际农民组织联盟“农民之路”在比利时的蒙斯成立，并宣布同代表发达国家大农场主利益的“国际农业生产者联盟”（IFAP）彻底分道扬镳。从此以后，农民之路运动便强调小农的权利和第三世界国家与人民对自己的农业政策的自主权，倡导可持续的生态农业、土地改革和公平贸易，致力于同新自由主义主导的资本主义农业体系抗争，并逐渐成为一个由遍及全球五大洲 70 余个国家的 150 多个农民组织组成的庞大同盟，也是国际农业政策对话中一支不可忽视的力量。从主导 2006 年联合国粮农组织农业改革与农村发展国际会议，到成功阻止世界银行推行市场导向的土地改革方案，农民之路不断为粮食主权运动扩大政治影响。在 2007 ~ 2008 年的粮食危机中，农民之路发表的宣言猛烈地批判了应该对全球危机负责的新自由主义发展模式及其幕后推手——国际货币基金组织、世界银行、世界贸易组织等，并再次要求终结以生产生物燃料和农业出口为目的的土地攫取，谴责以应对危机为名推广“绿色革命”和转基因作物的行为，呼吁通过建立民主的、生态可持续的农业来保障人民的粮食主权。如今，以农民之路为代表的全球农民运动网络已经成为在各国和国际舞台发出农民呼声和诉求的重要力量，并对各国和国际农业政策的制定发挥着越来越大的影响（Holt - Gimenez，2009）。

（二）小农与生态农业

粮食主权反对那种以资本为手段剥削农民和生态的工业化农业模式，而主张生态可持续的农业模式。在被资本主义进行工业化改造之前，农业一直采取的是建立在小农场基础上的生态农业模式。这种模式以高度适应自然的方式，利用当地的土地、水和生物多样性来满足人们的食物需求。直到今天，全世界超过一半的食物需求仍是由小农来满足的，这个比例在非洲超过了 90%。在拉丁美洲，小农提供了当地51%的玉米、77%的豆类和61%的马铃薯；而亚洲的农民一直通过小规模精耕细作的农业，为占世界一半的人口提供食物（Altieri，2009）。同工业化的农业相比，以小农为基础的生态农业更少地依赖外部资本投入，对本地资源的利用更为充分，在生态可持续性和保护生物多样性方面优势明显，对气候变化具有更强的适应能力，是保障地区和全球范围粮食安全的主要力量（Altieri，2009）。

为了抵抗资本主义对小农的排挤和绿色革命对生态的侵蚀，许多农民组织和非政府组织大力推广适用于小农场的生态农业技术。这些技术立足于当地农民的知识与资源，包括良种人工选育、土壤改良、水土保持、病虫害综合防治等。例如，拉丁美洲的农民互助组织（Farmer to Farmer）和东南亚的农民田间学校（Farmer Field Schools），通过在农业技术人员帮助下的农民自主实验和经验交流，使各种立足于当地的生态农业技术得到迅速推广；而在非洲，来自不同国家的组织形成了一个分享生态农业知识的庞大网络，且开发出数百种可用于解决非洲和第三世界农业发展障碍的生态农业技术（Holt - Gimenez，2009）。当绿色革命让众多农民破产或陷入困境的时候，立足于小农的生态农业却在减少投入、降低环境损害的基础上，使农业产量有了大幅提高。在生态和功能上更加多样化的农业模式降低了风险，而农民也因此对整个生产过程拥有更多的自主性。在农民互助组织的帮助下，古巴通过将工业化大农场转变为生态小农场，并大力发展城市有机农业，从而顺利渡过了由苏联解体而导致的国内经济与粮食危机；在非洲，对小农生态农业技术的推广提高了粮食产量，保障了当地的粮食安全（Holt - Gimenez，2009）。即使在单一种植与工业化农业的发源地欧洲，越来越多的农村也正在经历着回归传统农业模式的“再农民化”过程（Pretty，2009）。这一实践正日益同各国与全球的农民运动相结合，为曾经被忽视的小农生态农业模式争得应有的空间。

（三）巢状市场与社区支持型农业

粮食主权不仅强调农民在食物生产过程中的自主性，更强调对食物生产、分配、交换与消费整个过程的民主化，以避免被少数垄断资本控制。历史上，作为众多分散的食物生产者，农民在地方市场出售他们的产品，并换取其他物品，而消费者也直接从生产者那里购买食物。直接进行交易的农民同消费者之间不可能相隔太远，小农农场的分布均围绕他们服务的消费中心，且均在一定距离之内。农民和购买他们产品的消费者，如蜂巢一样互锁、互嵌在一个网络和体系里。其中，农民生产者和消费者直接建立联系，二者针对农产品质量、生产和消费等问题共享同一套价值标准。该网络有一个特定的边界，即并非无限市场，生产者和消费者在其中都很明了谁在为谁生产什么样的产品，谁在消费谁生产的产品，双方建立了深厚的信任。我们称这样的地方市场为“巢状市场”（Nested Market）（Ploeg，2010；叶敬忠等，2011，2012）。施坚雅在对中国成都平原的研究中，就提出了传统中国乡村社会的“基层市场社区”模式，即若干相邻村庄共同构成一个六角形边界的基层市场共同体，而集市成为共同体内成员进行商品交易、信息交换和社会交往的重要场所。在这些基层市场中，不仅进行着商品的交换，还有大量信息、情感和社会资本的流动，因此已经超出一般商品市场的单纯经济含义（施坚雅，1998）。

资本对农民的控制，正是通过控制市场、彻底隔断农民同消费者的直接联系开始的。当这个供农民完成“惊险跳跃”[①] 的中间桥梁为跨国垄断资本所把持的时候，农民被资本剥削的命运也就开始了。同时，消费者不得不选择那些由垄断资本的食品帝国加工并出售的产品，但对这些产品如何生产出来却一无所知。整个过程如同被隐藏在一个巨大的黑箱里。跨国垄断资本控制的全球食品帝国，迫使消费者放弃自己身边廉价且新鲜的本地食物，而购买经历了长途运输和各种加工程序的仿真食品（范德普勒格，2013：128）。研究指出，美国人餐桌上的食物大多经过了1300英里的旅程，而像冷藏、上蜡、上

① 马克思说过，商品价值从商品体跳到金体上，是商品的惊险的跳跃。这个跳跃如果不成功，摔坏的不是商品，一定是商品占有者（马克思，2004b：127）。

色、熏蒸、包装等加工过程更多是为了方便这种长途运输和大规模储存。这些对食物营养与品质毫无益处的额外加工成本却需要消费者来支付（贝罗、巴非尔拉，2010）。

为了摆脱食品帝国的控制，实现粮食主权中对整个食物生产、加工、销售和消费过程的民主化，一些让农民生产者同消费者直接对接的公平贸易机制正在世界各地建立起来（Ploeg，2010）。例如，通过建立消费者与生产者之间相互信任的伙伴关系，来共同管理食物的生产过程，形成利益共享、风险共担、长期稳定的合作机制，在消费者获得质量上值得信赖的本地食品的同时，也让农民获得应有的经济回报。在这些新的机制和新的实践中，“社区支持型农业”（Community Supported Agriculture，CSA）正在全世界迅速推广。在一些公民社会团体的推动下，包括中国在内的许多国家出现了大量由农民和消费者共同管理、公平交易的合作社或其他农业组织，而各种借助互联网与电子商务技术的社区支持型农业模式更如雨后春笋，不断涌现，蓬勃发展。

7

食品的故事：小农小生产与工业大生产之祸福

“地沟油、牛肉膏、注水肉、人造肉、假猪蹄、假鸡蛋、毒血旺、毒豇豆、毒生姜、毒韭菜、毒奶粉、植物奶油、漂白蘑菇、硫黄姜、化学豆芽、染色馒头、过期循环面包、镉大米、红色素西瓜、树胶蜂胶、致癌茶油、杀虫剂青菜、石粉油豆腐、添加剂料火锅、染料果蔬、苏丹红辣酱、避孕药海鲜、瘦肉精猪肉、皮革奶、塑化剂、甜蜜素……”现代食品安全事件层出不穷，人们正遭遇着食品安全问题[①]的十面埋伏。面对日益严峻的食品安全问题，有些部门和民众将矛头指向了小生产者和小作坊。

2012 年，辽宁省宽甸满族自治县养牛专业户于某，因购入盐酸克伦特罗（俗称“瘦肉精”）粉剂，对长势不良的 6 头育肥牛进行添加饲喂，被判处一年零六个月有期徒刑。该县动物卫生监督管理局对被告人于某饲养的 31 头育肥牛依法扣押，并做了焚烧深埋无害化处理（《人民法院报》，2012）。这样的处理或指责不止一例。2011 年，

① 本文讨论的“食品安全”主要指涉质量安全。目前，社会上出现的食品安全问题以及民众广泛关注的食品安全事件更多聚焦在这个方面。这类食品安全问题大致可归为以下几类：制假售假，滥用或非法使用添加剂、微生物或农用化学品污染，等等。

安徽省凤台县李冲乡农民杨某因使用“瘦肉精”喂养自家的3头牛，被当地法院以生产、销售有毒、有害食品罪判处有期徒刑8个月，罚款5000元（《生活日报》，2011）。2012年，河北省昌黎县人民法院判决一起“瘦肉精”案，被告人秦某因在喂羊的饲料中添加含“瘦肉精”成分的药品，被以“生产、销售有毒、有害食品罪”判处有期徒刑三年（中国新闻网，2012）。

不仅小生产者成了食品安全问题的“祸首”，小作坊同样难逃“厄运”。自2009年，山东省在全省范围内开展了为期两年的食品安全整顿，以农村和城乡接合部为重点区域，以小作坊和无证照黑窝点为重点对象，目的是全面提升食品安全水平，保障人民群众饮食安全（大众网，2009）。2006年，浙江省食品安全委员会办公室决定，在全省范围内开展城乡接合部食品安全联合专项整治，取缔一批无证无照、规范一批证照不齐和超范围经营的食品生产加工和经营单位（户），力争基本消除无证无照生产经营食品和餐饮服务的现象（新华网，2006）。

毫无疑问，“食品安全”是近几年的一个“热词”，人人谈其色变。因为食品安全关乎每一个人的生存，所以社会对其诉求声不断。然而，政府的应对措施更多的是诉诸对小作坊和小生产者的突击检查和整顿。这样的措施一方面将民众的目光慢慢转移到小作坊和小生产者的生产条件上，另一方面通过政府的行动暂时平复了民众对食品安全的担忧。然而，这样的治理举措未必能够真正解决食品安全问题。长此以往，民众对食品安全问题真正爆发的原因或许更感迷惑，进而对政府部门的治理能力产生怀疑。面对这样的可能性后果，我们不得不考问：小生产者和小作坊真的是食品安全问题的根源吗？

2014年7月被曝光的“上海福喜工厂黑幕”，让人们再一次思考大公司、大品牌的安全问题。

麦当劳、肯德基、必胜客、德克士、全家、星期五，这些洋字号的快餐食品以其卫生、方便、高标准深受消费者的喜爱。因为信赖这些快餐食品背后的大公司，我们很少关心这样一个汉堡、一块鸡块的原料从何而来，如何生产。然而，上海电视台新闻中心深度报道组记者化身流水线上的普通工人，深入到这些快餐巨头供应商的工厂车间内工作多月后，发现的事实却让人触目惊心。

散落一地的麦乐鸡、调味牛肉排，而工人们正在把地上的牛肉饼、鸡腿一一捡拾起来，这样的镜头并非来自小型的食品作坊，而是美国欧喜集团在上海的分公司——上海福喜食品有限公司。

原料已经过期了将近半个月。而此时，工人在现场却表示："过期了，没关系的，搬上去。"……次品添加的产品最终将被用于制作麦当劳的汉堡、必胜客的比萨，消费者看到的是被精心包装的快餐，消费者看不到的是生产线上的种种添加。……作为一个现代化的食品生产企业，福喜公司内部实行严格量化的管理体系，……各个岗位的工人被严格限定在指定工作区域，不能随意走动。以配料的使用为例，配料间的工人只能严格按照领料单的要求去仓库领料，无论过期与否，都必须按照单据上的指示配料。(东方网，2014)

尽管福喜集团（2014）在事件曝光后迅即发布声明称，"本次事件是一起个体事件"，并在随后的各项通报或报道中将问题缩小化，但我们依然不由想起如在昨日的"三鹿奶粉事件""双汇瘦肉精事件""思念水饺'致病门'事件""雀巢米粉重金属超标事件"等。类似这样的一次次食品安全事件，无不给那些刻意倡导大企业安全、大公司可靠的学者和官僚，以及那些盲目相信大公司、大企业的消费者一记记响亮而沉重的耳光。事实证明，大公司、大品牌并非人们期待的那样安全。然而，为什么当前社会将解决食品安全问题的期望放在了这样的"规模化、标准化"选择上，而将小生产者或小作坊视为食品安全的"眼中钉、肉中刺"呢？很多 IT 新富更是倡导农业的工业化革命、信息革命，畅想着通过"云中农业"（云计算）来解决大地上的问题。

> 联想控股的佳沃集团常务副总裁汤捷认为，“农业和食品的安全之所以遇到这么大的挑战，主要由中国农业的特征所决定。中国的农业仍然是小作坊农业、小户农业，这种模式最大的问题是生产不具备积聚性”。网易养猪、联想控股种水果、九城建有机农场，近些年农业里的确出现越来越多的IT角色，他们正在用IT技术、IT思维、IT经营理念来推动农业发展，所建的示范基地不仅可复制从而加速农业的企业化及规模化，还能用现代企业的模式管理农业，提供安全的产品。（陈绍鹏，2013）

食品安全问题的原因究竟何在？研究者从不同的角度进行了探析，并提出了一些建议。例如，食品涉及环节过多，涉及面过广，监督体系不完善，执行力度不够（谢敏、于永达，2002）；企业丧失社会责任、社会规范无效及价值观混乱（李景山、张海伦，2012）；未形成规模的手工作坊充斥整个行业，为降低生产成本而利用劣质原料并逃避卫生检疫，少设或不设检测程序（王丹，2008）；食品质量标准较低（张雨等，2004）；等等。总之，当前关于食品安全问题的研究多集中于政府监管、法律和制度规范、技术手段和安全标准层面，所提建议则是指出在此基础上的“应然”，如应尽快建立健全食品安全法律体系、监管体系、应急处理机制、安全标准和检验检测体系、风险评估评价体系、信用体系、信息网络体系、中介及研究单位的推动体系等九大体系（张永建等，2005）；加强宣传教育，提高对食品安全的认识，调整生产方式，规范经营行为，完善民间组织或行业协会的功能，建立统一管理体系，加大监督力度，建立和完善信息、监测体系和预警系统，提高食品安全领域的科技水平，根据国际经济发展趋势及市场需求选择食品产业链的发展战略（张雨等，2004）。

我们认为，此类分析都是在现有食品体系的框架内分析问题，用产生问题的思路来解决问题，没有跳出产生问题的框框，没有直指问题的根本。倘若对问题的分析仅停留在此层面，我们便永远无法真正理解所处的社会环境，无法真正理解所面临的食品安全问题，所有的应对措施也只能是隔靴搔痒。正如蕾切尔·卡森所指出的：

> 难道只要生活在比环境恶化的允许限度稍好一点点以摆脱困境就是我们的理想吗？为什么我们要容忍带毒的食物？……谁愿意生活在一个只是不那么悲惨的世界上呢？……现在是这样一个专家的时代，这些专家只盯着他们自己眼前的问题，而不清楚套着这个小问题的大问题是否褊狭。（卡森，2011：12－13）

当前食品安全问题的频发性和普发性说明它并非一时一地的问题，而是当今社会不得不时时和处处面对的一个问题。有研究指出，对食品的态度由“以使用为目的”向“以交易为目的”的转变是食品安全问题普遍、频发的根源（蓝志勇等，2013）。然而，“以使用为目的”和“以交易为目的”的背后，又隐藏着怎样的价值殊异和社会变迁呢？在商品经济至上的现代社会，工业生产多是以交易为目的，而食品卫生是现代化工业生产的伴随物，可见，它是现代化自身引致的危险和不安全感（黄旦、郭丽华，2008）。并且，随着食品供给链条越来越长、环节越来越多、范围越来越广，食品安全问题的产生也越来越复杂，任何一个环节出现问题都将增加食品风险发生的概率（张卫斌、顾振宇，2007）。食品安全问题的发生有着深刻的社会根源，与现代化的食品体系本身脱不开干系。

从前工业时代到现代，食品的特性发生了根本的改变。这些改变是社会变迁包括生产生活和主流价值观变迁的缩影，同时也正是这些变迁导致了人们今天不得不面对的食品安全问题。前工业时代食品的自给性、地方性、稳定性、自然性和文化性，决定了食品的生产和消费嵌入了人们的生活世界之中，并与其生活的方方面面相互联结，共同维护着食品安全；而工业时代的食品因其商品性、全球性等特性，造成人们生产、消费与生活世界的断联，为食品安全问题埋下了隐患。从前工业社会到工业化社会的转变过程中，相应的生产和消费逻辑造成了当前严重的食品安全问题。针对目前的食品安全问题及其背后的决定因素，轰轰烈烈的反向运动正在世界各地形成。它们试图通过替代性食品体系的建立，重新联结起生产与生活之间的关系。

一　前工业时代的食品

“对供人食用的物质的称谓通常有‘食品’和‘食物’。从功能方面来看，食品和食物并无根本性差别，但有人从经济学的角度对两者做了一定的区分，将供食用、未经加工（除简单的分类、包装等外）的农产品称为食物，而将经过工业化（包括以营利为目的的餐馆、饭店）加工的供人食用的产品称为食品。”（张志健，2009：1）《食品安全法》第99条规定：“食品，指各种供人食用或者饮用的成品和原料以及按照传统既是食品又是药品的物品，但是不包括以治疗为目的的物品。”

中国古代的食品生产以发展农业为主，兼顾自然资源，适当发展养殖业（徐兴海，2008：215）。因此，当时的食品主要具有这样几个特点：自给性、地方性、稳定性、自然性和文化性。自给性，即食品生产主要是为了满足家庭成员的生存和再生产需要。虽然在一些产粮丰富地区和歉收地区之间会有食品的流通，但总体上食品生产以自给为主。地方性，即食品加工在一定的区域范围内进行，且加工后的食品主要供给附近区域的居民。食品的地方特色明显，同当地的气候、水文、地理等条件相关。稳定性，即食品的种类、数量和质量在一定时期内不会有太大变化，包括食品的生产方式、加工工序等均呈现出稳定性。自然性，即食品的生产、加工、储存，甚至消费皆遵从时令规律。文化性，在前工业时代形成了许多以食品为主题的文化节日，如春节、元宵节、端午节、中秋节、冬至等，并且在日常生活中获取食物与加工食品的方法也具有一定的传承性。这种传承性往往呈现出地方独特的文化性。

从植物食源来说，人们在春秋两季采集植物的叶、嫩芽、花果；秋冬则采集果实、挖掘块根，如竹笋、野芋头、野薯等（徐兴海，2008：39）。不同地域的人获取生活资料的方式、难易与气候等条件的不同，产生和累积了不同的饮食习俗，即所谓“一方水土养一方人”，形成了因地域不同而千差万别的食品文化。例如，青藏高原海拔高，气候寒冷，人们身体所需热量大，所以多吃牛羊肉；东北地区冬季严寒，缺少新鲜蔬菜，民间多用白菜来腌渍酸菜，用土豆做粉条，因此酸菜粉条炖猪肉就很普遍。此外，医食同源、药膳同功是中华饮食文化的一大特点。在中国人的眼里，食物不但能果腹，而且合理的膳食能养生、治愈疾病。春秋战国时期，名医扁鹊就讲道，“君子有病，期先食以疗之，食疗不愈，然后用药”（徐兴海，2008：26）。

自给性和地方性使食品的生产、加工和交换形成了一个相对封闭的循环，有利于其稳定性的形成。食品的自然性更多地与当地的生态环境、食品的营养价值以及人们获取它的可能方式相关。若比较容易获得，则可能成为人们的日常普通食材；若较难获得且因此而稀少，则会成为当地的奢侈食材。这种自然性与稳定性的结合，久而久之促成了当地独特的食物文化。这种食物文化反过来又可以强化长期形成的食品稳定性，维护人与自然之间的和谐关系。不仅如此，这样的食品特性与当时小农社会的稳态性也是相互助益的，即前工业时期的食品生产与消费嵌入了当时的小农社会生活中，与小农生活的方方面面相互联结。正如唐代诗人孟浩然在《过故人庄》中所呈现的，“故人具鸡黍，邀我至田家。绿树村边合，青山郭外斜。开轩面场圃，把酒话桑麻。待到重阳日，还来就菊花”。从这首脍炙人口的古诗中，我们可以想象出当时的场景，在绿树青山环绕的村庄，面对着窗外的打麦场（一般是农村的公共场所，类似于城市的广场），品着农家的“土鸡”、黄米饭，边饮酒边聊农事，而且吃什么也是有农时的，如重阳日就菊花。食品、时间、空间、话题、文化等在诗人的笔下，不自觉地以“农”为中心融为一体。

古人云："王者以民人为天，而民人以食为天。"（《史记·郦食其列传》）执政者要获得权力的合法性，就一定要首先保证人民有足够的食物可以维持生活。正如孟子所言：

> 不违农时，谷不可胜食也；数罟不入洿池，鱼鳖不可胜食也；斧斤以时入山林，材木不可胜用也；谷与鱼鳖不可胜食，材木不可胜用，是使民养生丧死无憾也。养生丧死无憾，王道之始也。（《孟子·梁惠王上》）

"王道"是要直接为百姓的"生死"负责。并且，"厌饮食，财货有余，是谓盗夸。非道也哉！"（《老子》）古人认为，保有生存和自给以外的多余财物在道德上是不合法的。帝王为人民的衣食生计负责，人民则小富即安。两者相互作用，共同维护着传统小农社会的稳定性。在这样的小农社会里，食品的生产与消费以其特有的方式进行，社会对其有一定的约束作用，因此，并不存在今天意义上的"食品安全"问题。

在传统的农业社会里，人们对天地万物总有一种特殊的信仰，对其始终怀有敬畏之感。"在一些地方，人们甚至相信被人类吃用的只是动植物的'替身'，而其灵魂是永存的。由于其对人类的养育之恩，人们将动植物的不死神灵化为萨满信仰和崇拜。"（陈苏华，2013：164－165）此外，不同的民族用不同的仪式表达着这种信仰与敬畏，如藏族农民在藏历七月间，粮食丰收在望时，背负经卷绕行田垅，预祝好年景（浙江省民族宗教事务委员会，2011）；汉族的普通农民至今在春节前后依然有祭天地的习惯。但是，随着农业生产方式的转变，与之并行的传统文化与仪式在逐渐消失，与食品安全相关的约束力量也在慢慢减弱。正如梭罗指出的：

> 农事曾经是一种神圣的艺术，但我们匆促而杂乱，我们的目标只是大田园和大丰收。我们没有节庆的日子、没有仪式、没有

> 行列了，连耕牛大会及感恩节也不例外，农民本来是用这种形式来表示他这职业的神圣意味的，或者是用来追溯农事的神圣起源的。（梭罗，2011：137）

二 工业化时代的食品

> 以“钢铁和蒸汽领域中的思想”自豪的英国人忽然发现，他们是在用古代法兰克人的方法制作《staff of life》（“生命支持物”），像诺曼人入侵时期那样。唯一的一项重要进展是借现代化学之助制作掺假的食品。英国有句古语说，每个人，甚至最好的人，一生都得吃《a peck of dirt》（一斗脏东西）。……约翰牛想不到，在最直接的物理意义上，他天天都在吞食一种不可思议的由面粉、明矾、蜘蛛网、蟑螂和人的汗水做成的 mixtum compositum〔混合物〕。（马克思，1974：588）

关于现代食品的溯源问题，没有一个准确的说法。然而，卡尔·威尔海姆·舍勒（Carl Wilhelm Scheele）对氧和甘油的发现，汉弗莱·戴维（Humphry Davy）对钾、钠、钙等元素的发现，以及约瑟夫·路易·盖-吕萨克（Joseph Louis Gay-Lussac）建立的碳、氮、氧测定方式，可以说为现代食品的生产和发展奠定了科学的基础（张志健，2009：6）。如今，一些用传统方法烹饪的食品，如包子、饺子、馒头、面条、馄饨、月饼，以及咸菜和各种酱制品等，都有专门的食品加工工厂；还有一些半成品，如鱼香肉丝、辣子鸡丁、酱排骨、西湖牛肉羹等，配料齐全，只需加热即可（徐兴海，2008：63）。现代食品在极力为人们提供各种方便、满足不同人群各色需求的同时，也为食品安全埋下了隐患。与前工业时期截然不同，工业化时代的食品具有商品性、全球性、风险性、技术（干预）性和（文化）侵略性的特点。这些特点使食品的生产和消费脱嵌于我们所熟知的生活世界，为食品安全问题埋下了伏笔。

（一）商品性

“现代食品的生产不限于一个单位，一个部门，或一个国家，具有跨部门、跨地区、跨国界的商品经济的属性。”（徐兴海，2008：63）不同于前工业时代食品的自给性，工业时代的食品多是为了交换而生产。马克思（1974：589）指出，“工业要求大批生产，即大规模生产，是为了商业而不是为了个人消费而生产”。而任何农业现代化的政策和计划，也都以深化商品关系为基础来提高农产品产量。其中，重要的是要改进农业技术条件，如良种和耕作方法、施用更多化肥等，即农业的工业化。然而，农业的工业化带来的却是更多的生态成本、食物营养价值的下降、食物毒性的增强和由此引发的健康成本等（伯恩斯坦，2011：135－136）。

联合国粮农组织最新发布的《粮食展望》报告称，2014 年国际贸易量有望扩大至创纪录水平，全球粮食进口费用或稳定在 1.29 万亿美元。生产者面向大众消费市场进行生产，将大部分甚至全部产品提供给市场，从而获得市场价值，再用所得收入去市场购买自己所需的食品。纯粹的商品性隐藏着极大的安全隐患。生产者与消费者之间互不知情，消费者不了解其所用食品的真实信息；生产者因商品性而深陷市场之中，生存压力和逐利动机增加。生产者与消费者之间没有任何道义约束，加之监管体系不到位，食品安全问题极易显现。一些地方出现了“一家两制”现象，自家食用的产品和用于市场交换的产品采用不同的生产方式。这是生产者在强烈的商品性冲击下的一种自保行为（徐立成等，2013）。

（二）全球性

得益于工业化的加工、保鲜技术和发达的物流系统，食品消费实现了全球化。例如，产自智利的树莓从采摘、包装、运送到放进商店的陈列柜里，仅需 4 天的时间（罗伯茨，2008：56）。然而，看似可以更方便地享受到来自世界不同地方的各种食品，事实却不尽然。首先，适合作为全球性食品的是那些可以大规模种植，且当地种植成本低廉，简单加工后便可获利丰厚的种类，如咖啡、甘蔗、玉米、大豆等。这些产品不仅在当地排斥了居民原有的生计方式，剥削当地劳工（加莱亚诺，2001：41、42、60），而且通过超市实现对市场的占有，在事实上减少了消费者选择的可能性。其次，一些本地新鲜且品质优良的食品经过远距离运输到达他国连锁超市的货架上时，往往被标以昂贵的价格，超出一般消费者的承受水平。最后，一些既非大宗消费食品又非新鲜的高档食品之类，如鸡肉等普通肉类食品，只能依靠高度的加工和冷藏技术保证其适合全球市场①。

并且，无论是依靠农药、化肥等生产资料投入的规模化单一种植，还是依赖高度工业化、标准化的工厂食品生产，其对食品安全的影响都是决定性的。如在健康方面，其影响包括“工业化”种植和“工业化”加工的食品中有毒化学成分含量的上升，以垃圾食品、快餐和加工食品为主的饮食结构中营养成分的缺失，肥胖症患者以及由肥胖引发的疾病的增多，等等；在环境方面，其影响包括食品生产、加工和销售方面的“工业化”过程所产生的能源耗费与碳排放量的不断攀升（伯恩斯坦，2011：124）。因此，我们看到，全球化是资本和利益向上流通的全球化，同时也是贫困和不安向下扩散的全球化。在看到便捷的食品消费全球化的同时，也应该看到关于食品生产与消费另一面的全球化。

（三）风险性

首先，工业化时代的大部分食品不再是产在本地，满足当地人的基本生存需要，而是要不断推陈出新，赢得市场份额。因此，食品的种类和生产方式会不断发生变化，加工工序也会不断改进。然而，每一个变化都意味着新的风险可能性。因为，工业的过度生产

① 一个极端的例子是，2013 年 5 月，广西南宁市警方在一家食品走私窝点发现，一些原材料（鸡爪）包装袋上印制的包装日期竟然是三四十年前，其中“资历”最老的鸡爪，包装日期显示封存于 1967 年（光明网，2013）。

造成了现代化的风险，其威胁是全球性的（贝克，2004：18）。其次，现代食品从生产者到消费者，中间经过了很长的链条，包括收购商、加工商、经销商、批发商、零售商等，每一个环节的流通都增加了风险的可能性。特别是在监管体系无法得到保证的情况下，每一个环节都可能为了获得更多利益而弄虚掺假或违法添加其他物质，造成食品安全问题。而且，在今天，文明的风险一般不是被感知的（贝克，2004：18）。最后，新的加工技术和化学添加技术的应用，使食品制假更加容易并且隐蔽（孙文，2014）。难以通过感官经验直接识别真假优劣，使消费者遭遇食品安全问题的风险加大。并且，面对日益严峻的风险遭遇，社会底层民众往往是最直接和最早的受害者。正如贝克（2004：45）所言，“世界范围内平等的风险状况不会掩盖那些在风险造成的苦痛中新的社会不平等，这些不平等特别集中地表现在那些风险地位和阶级地位相互交叠的地方”。

（四）技术性

“现代食品生产不单是通过农业生产来获取初级食品，更为重要的是利用现代科学技术和工程技术对初级食品进行加工、改造，生产出不同于初级食品的新型食品，以及利用现代新理念、新技术、新资源设计生产全新形式的食品。工业食品是传统烹饪食品的派生物，是现代科学进入烹饪领域的结果。”（徐兴海，2008：63）人们发现，在现代化语境之下，社会工程学家往往将技术作为统治工具，确保人类社会物质化、标准化、功能化以及明确化（叶敬忠、王为径，2013）。工业化时代食品的技术性主要表现在三个方面，一是初级生产的种养殖领域采用工业化、规模化和化学化的生产和管理方式；二是在食品深加工领域使用各种添加剂，或采用各种人工合成物质取代食品的自然成分；三是为了更容易获得某些具有特定性质的食品，或为了争取更多的市场份额而研制、开发和应用带有安全隐患的技术。所有这些技术方式都在帮助人类使其劳动对象更加明晰、可控。可以看出，“工业革命和工业技术的发展，为食品安全问题的爆发提供了必要的技术基础”（孙文，2014）。为适应食品全球性消费的储藏和防腐技术，以及为满足食品商品性消费的各种加工技术，如使用添加剂、催熟剂、上色剂等，都为食品安全问题埋下了隐患。

（五）侵略性

在北京，能喝豆汁的人越来越少，正宗的北京炸酱面馆越来越难找，而在肯德基、麦当劳快餐店里排队等餐的人越来越多；在广西京族三岛上的渔民曾经用高跷捕鱼的方式得到浅海的鱼虾，而目前，在京族的万尾渔村，只剩下最后5个会高跷捕鱼的人（中央电视台纪录频道，2014）。被公司和食品帝国把持着的全球食品体系，通过对消费地和生产地两处的文化侵略，改变着食品的消费结构和生产方式，加深了食品安全危机。

一方面，一个民族的饮食文化传统来源于对食物长期适应的最佳选择。它既是一种文化传承，又深刻影响着食用者生理适应能力的遗传。轻易改变自身饮食习俗和食物结构，正是产生食源性疾病的重要因素。近20年来，中国患心血管病和糖尿病的比率大幅攀升，而因为过量食用垃圾食品，超重和肥胖儿童已占儿童总数的近20%（陈苏华，2013：485）。另一方面，本地食品的远距离消费以本地食品的大规模、标准化生产为基础，这势必造成一种“粗暴的生产”（范德普勒格，2013：150）或对资源掠夺式的开发和利用。在此情况下，传统的人与自然和谐互惠的生产方式被打破，相关的生产文化也开始断代、消亡。单一的种养模式，附之以化学化、工业化的管理方式，使食品生产从源头开始即潜藏着不安全的因素。

三　对食品安全问题的反思

从前工业社会到工业化社会的转变酝酿了食品安全问题发生的契

机，其中的因素有很多。这里从食品安全标准制定中的政治介入、食品的工业化生产和食品与自然及人类生活世界的断联三个方面进行进一步的思考。

（一）标准制定中的霸权

“食品安全问题，已经随着食品供应链的愈来愈全球化而发展成为一个政治问题，甚至上升到了国际政治的高度。”（俞雷，2005）根据谭伟恩、蔡育岱（2009）的研究，2003 年在美国出现的疯牛病病例让许多国家限制或禁止进口美国牛肉，导致了美国出口贸易的巨大损失和牛肉产业的衰退。为了改善这一状况，美国一直设法改变有关疯牛病的相关规范。2005 年，美国成功地促成世界动物卫生组织通过一项决议，将原本对疯牛病所指定的 5 项风险分类调整成 3 项，即可忽略的疯牛病风险、被控制的疯牛病风险、未能确定的疯牛病风险。这实际上大大降低了牛肉的市场标准。事实上，在制定一项国际性的食品标准时，发展中国家及其食品产业常常是缺席的。

可见，国际食品安全标准的制定受到霸权国家的控制。科学技术本身即一种霸权话语。正是发达国家的形象展现和话语作用使得科学技术深入人心。发达的现代传媒和一系列精彩的广告轰炸，以及伴随有一定文化氛围的食品体验，使多数民众在文化上潜移默化地接受着西方的饮食标准。然而，在科学技术论盛行的今天，当发展中国家的民众寄希望于不断改进的技术以解决他们面临的食品危机时，发达国家却紧握着它们的政治拳头，通过强权改变食品安全的标准，以实现自身经济发展的目标，而置人类的安全健康于不顾。

（二）工业化生产

“现代食品工业不仅是农业或牧业的延续，它还具有制造工业的性质。”（张志健，2009：6）并且，工业化进程对食品安全的影响是非常深刻的（孙文，2014）。工业化的生产方式对食品安全问题的引致作用主要表现在三个方面：第一，对原初生产基础的污染和破坏所带来的食品安全问题，如镉大米[①]等；第二，生产过程的化学化所潜藏的不安全因素，如 45 天的速生鸡和 3 个月的催肥猪；第三，各种生产技术加重了食品安全问题的隐蔽性，如“蓝色牛奶”。

现代工业的发展，使空气、土壤普遍受到不同程度的污染。现在已没有一方净土、一洼净水和一立方纯净的空气了，食品的安全日益成为一个严重的问题（张志健，2009：485）。中国目前受污染的农田面积达 933 万亩，30% 左右农户的蔬菜受到不同程度的污染（李长健、陈占江，2005）。水体的污染已使鱼类普遍受到污染（张志健，2009：485），农产品质量安全正遭受着农业之外的工业污染危害。不仅如此，近几十年来，因为农药、化肥的施用，农业源污染已经超过工业排放和居民生活污染，成为中国主要水污染的最大来源（国家统计局，2010）。“第二次世界大战期间，科学家第一次发现战争中使用的神经毒气可以用来杀死啃食作物的昆虫。自那以来，农业就越来越依赖于化学产业。农民使用的化学物质越来越多，却发现效果越来越差，施放到地球表面的农用化学物质每年大约有 300 万吨。”（古道尔等，2009：32）“在农业成为高污染领域的同时，与之高度相关的食品安全和人体健康毫无疑问面临严峻挑战。近年来频发的食品安全问题和日益高发的非传染性慢性疾病，就是农业污染在社会和经济等多重层面负作用的显现。”（温铁军，2011：12 - 16）质言之，农业种植、养殖领域的源头污染是目前中国食品安全存在的问题之一（张雨等，2004）。

伯恩斯坦（2011：135 - 136）指出，农业生产过程的化学化使土壤成为一个纯粹的媒介，供植物吸收“流向”它们的化学物。这导致了土壤的贫瘠，也使土壤的毒性增强了。周边水域同样如此，生长

① 2013 年 5 月 16 日，广州市食品药品监管局公布了第一季度餐饮食品抽验结果，其中一项结果为 44.4% 的大米及米制品抽检产品发现镉超标（广州市食品药品监督管理局，2013）。

在土壤中的植物和我们的食物的毒性也增大了。在养殖领域，农业企业多采用“封闭动物饲养法”。这也是一种“直流”系统，其中动物的身体成了媒介，用来吸收浓缩饲料和生长激素，还有高级别的抗生素，以预防因为这种密闭饲养而产生的动物疾病。禽类生产可能是工业化农业中最让人怵目惊心的例子，因为标准化的鸡“工厂”拥有封闭的、可控的内部环境，而且完全是可以移动的。只要有利可图，任何地方都可以建造鸡“工厂”。这样就可以将资本从土地和当地特定的生产限制条件之中“解放”出来，而这些限制条件自古以来都是农业历史的典型特征。化学农法是工业化的农法，它抑制了生命的本能，浪费了环境，使人类吃的东西变得劣质。结果一方面带来生产力的飞跃发展，另一方面也带来农村和农业生产环境的恶化，以及食品的劣质化（胡晓兵，2007）。

食品工业化最典型的例子非食品帝国莫属。范德普勒格（2013：123－125）指出，食品帝国深刻地改变了食品本身，改变了一直以来食品被生产和消费的方式。例如，欧洲帕玛拉特食品集团的“新鲜的蓝色牛奶”项目，就给意大利的食品安全、公共健康和整个乳品行业的生存带来了巨大的潜在风险。该项目的实施是在诸如波兰这样的地区低价收购劣质牛奶，3个月后将其转化并作为新鲜的一级牛奶在意大利市场上销售。“新鲜蓝色牛奶”的生产大致上就是将牛奶脱脂，之后对乳脂进行巴氏杀菌和均质化处理，同时将脱脂牛奶加热并进行微过滤。这样一来，微生物菌群几乎全部被灭除了。下一步，再次添加乳脂，也就是重新制造“牛奶”。在这之后，再次进行巴氏杀菌。相对于生牛奶，通过这种方式再造出的牛奶，其生物物理性质已经发生了严重变化，它可以保存相当长的时间。由于各环节之间的远距离，对整个加工链进行质量控制越来越难以操作。食品加工的复杂性和食品供应链的延长，使普通消费者无法通过经验和感官手段对食品的好坏做出直接的判断。那些隐藏在食品内部的各种问题，只有通过专业仪器和手段加以检测才能被发现。这就大大地增加了食品安全问题的隐蔽性（孙文，2014）。

（三）断联

在现代食品领域，工业化的生产方式与全球化的远距离消费使食品与自然及人们的生活世界发生断联，这是当前食品安全问题所以发生之根本；而且，“断联”使人们只追求食品所带来的经济利润，很少顾及可能给他人带来的危害，因此造成了一系列“明知故犯”的食品安全道德事件。而在前工业时代，传统的农业不存在生产和消费的分离以及经济生活和家庭生活的分离（孟德拉斯，2005：91），食品的生产和消费本质上嵌入了小农的生活世界之中，与小农社会的方方面面形成联结，维护了食品的安全性。

针对生产中可能出现的问题，工厂和小农有着不一样的解决策略。如在养殖领域，工厂趋向于消灭动物的天性，将许多家禽饲养在“电池农场”（battery farms）[①] 里。狭小的空间导致禽类经常互啄，于是它们往往在痛苦的拔喙过程中被“修整”；由于其脚爪常常被笼子底部的铁丝网眼卡住，所以会被切去脚趾末端，以防脚趾生长。当发现有一只或几只鸡有问题时，工厂便会对整个鸡群进行药物治疗和预防（古道尔等，2009：57）。在华北村庄的观察发现，面对同样的问题，小农会尽量降低家禽密度，像协调者一样干预其中，将其轰散。甚至在它们天性脆弱时期像家长一样守护在旁边，晚上它们挤成堆时，将它们挪开；遇到不可控的疾病感染时，小农尽力去照看，一一掰开家禽的嘴巴喂药片，以确定每一只需要治疗的家禽真的得到治疗。如果治疗无效死亡，小农也会伤心地将家禽深埋处理。面对坚强生存下来的鸡群，小农则会骄傲地称它们是“战斗鸡”，会自信地夸耀它们的基因好、身体素质绝对强，并相信其后代的基因会是更优的。总之，小农采用一种对动物本身更有利的方式来饲养动物，这种生产本身便是小农生活的一部分；而工厂采用一种暂时满足人类各种获利需求的方式来饲养动物，这种生产与人类生活世界本身并无干

① 因为狭小的笼子酷似蓄电池而得名。

系，至多算得上是一种为了牟利而不得不进行的工作。

可控性是现代社会崇尚的内在品质之一。工业化的标准生产方式是达到可控性的一个手段，并且一旦有不可控发生，便会被食品帝国建构为一种需要解决的问题，“可控性的创建就成了作为一种组织模式而存在的帝国的核心，这通常需要对社会和自然进行深刻的重构”（范德普勒格，2013：263）。小农在传统种养殖模式下生产出的产品往往参差不齐，因为它们是顺应自然的生产。色泽光鲜、外形美观的产品只是其产出的一部分，且在某种程度上带有偶然的因素。当在市场上交易时，人们倾向于选择这样的优质产品，因为这些产品的确是同一批产品中的优质品。然而，通过现代技术，食品的外形和色泽等是可以被控制的。并且，一些食品公司通过大众传媒等手段不断建构着食品的生产、选择和消费标准。不符合标准的产品皆是问题产品，是要被抛弃或改进的。通过选择标准的建构和现代食品工业技术的应用，现代社会实现了食品生产与消费领域的可控性。在现代食品生产中，为了迎合消费者追求光鲜、美观的心理，一些有着安全隐患的加工技术纷纷被发明、应用，如使用上色剂、瘦肉精等。这种生产方式之所以可行，并且能够日益摧垮小农生产方式，主要得益于目前全球化的远距离消费。消费者不再了解食品的生产过程，而只看重最后产品的呈现形态；他们忙碌的工作使其没有时间、精力来关心自己所食用的产品，更没有精力来关心为自己生产食品的人。而生产者呢？在全社会经济水平和消费水平持续走高的同时，他们亦要为生存谋。因此，为从来也不会关注自己的远距陌生人生产食品，只是其为生存谋利的手段而已，与其本身的生活世界并无联系。在监管体系不完善的情况下，其中的道德风险和安全风险便可想而知。

四　替代性食品体系

人类或许还很留恋那种饱含情谊、人工技艺和历史记忆等特殊性的独到食品。人类可以追求现代化的享受，但这种享受不应该割裂人与人、人与自然之间的那种无形而实在的纽带，否则，人们就会产生一种漂泊和无助感，进而对社会产生不信任，各种社会问题也会随之爆发。食品安全问题不仅是食品质量不安全的问题，同时是消费者对社会和政府失去信心的问题。逐利型的工业生产粗暴地切断了人与自然之间的神秘联系，自利性的社会驱动力果断地掰开了人与人之间的道义嵌环，一方面产生了食品质量不安全的问题，另一方面也加剧了消费者对食品市场的不信任。

与食品安全问题相伴的是食品生产环境，尤其是生态与自然环境的严重不可逆性破坏，如《寂静的春天》里所描述的场景：

> 合成杀虫剂使用才不到二十年，就已经传遍生物界与非生物界，到处皆是。我们从大部分重要水系甚至肉眼难见的地下潜流中都已测到了这些药物。早在十数年前施用过化学药物的土壤里仍有余毒残存。它们普遍地侵入鱼类、鸟类、爬行类以及家畜和野生动物的躯体内，并潜存下来。科学家进行动物实验，也觉得要找个未受污染的实验物，是不大可能的。（卡森，2011：15）

“再也没有鸟儿歌唱”，地球上布满“死亡的河流”，人类正为此付出生命的代价，各种癌症和罕见病的发生使人类相信其施与自然的破坏性力量正反过来作用于自身。因此，波兰尼（2007：258）指出，在盲目“进步”之后，人类正在恢复自己的“家园”，若要使工业主义不致毁灭人类种族的话，就必须让它臣服于人类本性。

目前，各种替代性食品生产运动正试图将食品的生产和消费与人类社区生活重新联结起来。这些运动倡导人类与自然和谐相处的生态耕作与生产方法，倡导在地化消费，减少食物里程；鼓励生产者与消费者直接互动，减少中间环节，以打破食品帝国的垄断和价值操纵，追求更多的自主性与可持续性。例如，中国农业大学人文与发展学院正在华北农村地区倡导和开展的“巢状市场”（Nested Market）实践，中国人民大学农业与农村发展学院和北京小毛驴市民农园倡导的“社区支持型农业”（CSA），以及各类农夫市集、共同购买组织、消费合作社等，都在理论和实践层面产生着重要影响。

“巢状市场”指的是农村地区的生产者和城市的消费者直接对接，共享同一套关于食物如何生产的参照框架。它强调人与自然之间的协同生产，并尽可能少地添加人工生长因子。它有一个明确的边界，在界限内，生产者和消费者都清楚谁为谁提供了何种产品。它一方面可提高农民的收入，另一方面可保障消费者的食品安全。“巢状市场”源于一系列的日常抗争，采取的“并不是组织起来或直接的对抗，而更多是一种平静的、普通的和细微的方式”（Kerkvliet, 2009）。通过特定生产者生产出的高质量农产品与特定的消费者直接联结，在已有的市场框架下扩展自己的生存空间。对主流市场进行批判和抵抗的“巢状市场”的建立，回应了现代农业的广泛危机，从某种程度上解决了现有的食品安全问题（叶敬忠等，2012）。在“巢状市场”实践中的某一次对接送货过程中，消费者发现自己购买的猪后臀尖上有很多肥肉，便与送货农民进行了讨论。

消费者：“后臀尖怎么还有肥肉呢？”

生产者：“后臀尖就是连着肥肉一起卖的，在农村我们都是这样分割的。”

消费者：“超市里的后臀尖都没有肥肉，看到这有肥肉的都不习惯了。”

生产者：“我们的猪都是家养的，绝对没有瘦肉精，所以肥肉就多一些。我也不敢保证下次我们的猪会瘦一点。现在人们都喜欢没有肥肉的，所以人们才开始用瘦肉精。您要是有空，常去我们村里看看，您就可以了解这些产品为什么是这个样子了。”

这位消费者认识到，要食用真正健康的食品，就应该鼓励生产者在尊重自然的基础上进行生产。这位生产者也表示，通过一些技术处理，消费者的需求往往很容易得到满足，但食品安全就不能保证了。

对于“社区支持型农业”，美国国家农业图书馆将其定义为：由个人组成的社区，这些个人保证共同支持某一农场，从而使该农场或合法或合情合理地成为该社区的农场，这样生产者与消费者相互支持，共同承担农业风险，共同享有农产品收益（鞠海鹰，2009）。社区支持型农业兴起的直接原因，是近年来工业化和城市化的不断推进所引致的一些负面效应，如环境问题和食品安全问题。在国际上，这个概念最早是由日本的一些妇女在1971年因关注食品中的化学成分而提出的（Janssen，2010）。当时，东京等大城市的主妇出于对健康农产品的需求，自发组成消费者团体，到农村包地，通过定单、预付款等方式鼓励农民生产不用化学品的农产品，并直接与农民协会交易（高瑞霞，2009）。20世纪80年代中期，CSA被带到美国。2007年，美国的CSA农场达到12549个（Lang，2010）。并且，在德国、法国、丹麦、瑞士、葡萄牙等地，同种形式、不同称呼的社区支持型农业也在轰轰烈烈地开展（亨德森、恩，2012：298－312）。

“农夫市集”是指生产者联合起来，在约定的时间和地点一起售卖自己的农产品。这些农产品多采用生态方式耕种，有着相对固定的消费者群体。“共同购买”是指消费者联合起来，支持某个有机农场或某几户小农按照一定的方式进行生产耕作，并按照约定价格购买农场或农户产品的行动。在国内，人们习惯把各类农夫市集和共同购买组织归入社区支持型农业的范畴。然而，在实际发展过程中，人们可以联合起来支持任何一种有益自然、有益健康、有益人际和谐的产品和行动（杨宝熙，2014）。

以营利为目的的现代食品工业体系，不仅割裂了人们的生活世界，造成人与自然、人与人之间的断联，将其自身的安全风险转嫁于消费者和生产者，而且置环境保护于不顾。这加重了人类的生存危机和环境危机。在全球范围内，面对现代食品工业咄咄逼人的态势，针对食品工业化的反向社会运动从未止息，如慢食运动、素食主义运动、反人造脂肪运动、食物地方化运动、母乳喂养倡导行动、动物福利保护等。作为现代食品政治博弈中对食品工业生产极致化的反向运动，它们通过诉诸“用餐叉表决”的方式，履行着一种有关生命与健康的公民权利（《齐鲁周刊》，2012）。

五　食品与生活

西方的现代化和工业化发展战略及各种功利主义价值观，使它们在现代“民族—国家”的竞争过程中彰显出强大的比较优势。而模仿西方发展道路，追求同样的发展内容，内化西式的发展思维，成为非西方国家赶超西方发达国家的行动逻辑。在现代化和工业化过程中，食品安全问题映射出了市场的失灵，主要表现在垄断、外部性、信息不对称和公共产品性质缺失等方面（孙耀武，2009）。现代社会表面上积极倡导自由市场，实际上不过是要让其他力量服从并服务于经济的力量。在现代化之鞭的策引下，政策和话语多鼓励规模化、信息化、创新等，而规模难道不就是垄断的孪生兄弟吗？信息化及在任意方面不断创新的结果不是信息的更易获取和更透明，反而是信息不对称的加剧：强势一方掌握更多的信息，也更容易利用各种技术途径收集各种信息；弱势一方则更容易被人为设置的各种技术壁垒或制度排斥在信息海洋之外。在高举经济大旗的当今社会，似乎人人都为私利而奔，正的外部性和公共产品性质被严重忽视。目前，社会更倾向于以一种运动的方式，将食品问题的矛头对准小生产者和小作坊。然而，占尽规模、信息、资本等优势的大公司所生产的食品未必就是安全的。尤其是，作为现代食品生产体系中重要的一环，这些大公司与工业化的生产方式、消费方式相互联结，以一种独特的方式影响着现代的食品安全和我们的生存环境。

食品本应是人类生活的一部分，是人类生存之基础。在任一时代，它都不可能单纯地作为一种工具性的效用而存在。现代社会亦不例外。食品不可能单纯地作为一种商业性的获利工具而持续存在，并以一种有机成分的角色协助维护社会的稳定发展。关于食品的很多反向运动或替代性选择，倡导重新联结人与自然、人与人之间的关系，体现了人与自然的友好相处，并将生产者和消费者直接联结，重建社会中人与人之间的关系。因为，说到底，食品就是人类生活的一部分。

8

科学的故事：现代科学技术对农业的规训

18 世纪英国工业革命之后，人类对自然世界的敬畏转化为对科学技术的无尽热诚。在此背景下，哲学家开始将科学技术与人类前景紧密相连，甚至将前者视为企及后者的通达之路。的确如此，在往后的几百年中，人类高度的物质以及文化生活的需求，都由于科学技术的不断发展而应接不暇地被满足着。在此过程中，人类逐渐拥有了相似的命运：如果说文艺复兴将人类从中世纪君主专制中解放出来，那么，科学技术的兴盛发展，又一次将人类网罗到几近相同的归路中去。

与之相伴随的是，农业也在现代化的引导下逐渐蜕变。特伦斯·J. 拜尔斯（Terence J. Byres）以全球作为维度，将资本主义背景下的农业转型分为以下几类：在英格兰式道路中，通过土地的商品化，封建制度转变为新的“资本主义地主阶级、农业资产阶级和无产阶级劳工”三位一体的农业阶级结构；在普鲁士式道路中，封建领主制的庄园生产被由固定的农业工人进行的商业生产所取代；在美国式道路中，劳动力的相对短缺和较高的工资成本导致了 19 世纪的机械化；在东亚道路中，农业并未转化成农业资本主义，而是将农业生产中的一部分“剩余”贡献给了国家工业化的进程（伯恩斯坦，2011：47）。

尽管各国农业现代化的历史不尽相同，然而，它们似乎朝向了一个共同的结果：以精进技术为手段，以节省生产成本、创造剩余价值、减少农业用人为目标，以大规模、集体化且排斥小规模独门独户的生产单位为形式，在机械化、化肥化、信息化及标准化的趋势中，逐渐突现现代农业。在中国，自20世纪50年代，“四个现代化”就成为国家的战略目标，其中包括农业现代化和科学技术现代化。因此，“现代农业”一直是国家发展的宏大叙事，体现在一系列对现代农业科学技术的追逐和对乡土性、地方性知识的藐视上。例如，在“十二五”期间，国家对转基因品种的研发支持是300亿元，而常规育种只有1.8亿元（王晓慧、林晓，2011）。现代农业尤其强调以西方发达国家为代表的农业科学技术的现代化过程，忽视农业技术自身的特点，而过分依赖农业外部的投入，实际上走的是一条农业技术工业化的道路（胡晓兵，2007）。由于对效率和产出的过分强调，现代农业科学技术在农业生产实践中出现了前所未有的问题：

> 第一，从事农业生产的农业人口数量大幅度减少，农业在国民经济中的相对地位在不断下降；第二，农业面临着气候变暖和水资源匮乏的危机，结果是农业资源遭到严重的破坏和退化；第三，大量的“现代”物质投入，使环境原先相对平衡的物质循环受到了破坏，造成了环境的恶化；第四，现代化的生产，产生了与自然生态不相适应的“现代”生产方式，造成了生态的严重失衡；第五，现代生物技术和信息技术等高新技术在农业中的运用，产生了不可预计的深层次伦理问题和社会认同问题。（胡晓兵，2007）

伯恩斯坦对农业耕作和畜牧养殖的现代化过程以及由此引发的生态后果，进行了生动而形象的描述：

> 在过去150年里，作物栽培发生了生态上的变化，即从历史上的“循环的农业生态系统”急剧简化成了以越来越多地使用化肥和其他化学制品为基础的系统，而且这一过程一直在强化。在前一个系统中，土壤、植物化学、微生物之间进行着复杂的相互作用；而在后一个系统中，土壤成为一个纯粹的媒介，供植物吸收“流向”它们的化学物质，植物的生长速度因此加快，数量因此增多，产量也因此而得到提高。而这导致了土壤贫瘠，使任何作物的生长都需要越来越多的化学物质。“化学化”的程度更强了，土壤的毒性也增强了（周边水域同样如此），生长在土壤中的植物和我们的食物的毒性也增大了。（伯恩斯坦，2011：135）

> “封闭动物饲养法”，亦称集中型动物饲养经营，即在尽可能狭小的空间里、尽可能短的时间内，生产出尽可能多的牛肉、猪肉和鸡肉。确实，这也是一种“直流”系统，其中动物的身体成了媒介，用来吸收浓缩饲料和生长激素，还有高级别的抗生素，以预防因为这样密闭饲养而产生的动物疾病。禽类生产可能是工业化农业中最让人怵目惊心的例子，因为标准化的鸡“工厂”拥有封闭的、可控的内部环境，而且完全是可以移动的。只要有利可图，任何地方都可以建造鸡“工厂”，这样就可以将资本从土地和当地特定的生产限制条件之中“解放”出来，而这些限制条件自古以来都是农业历史的典型特征。（伯恩斯坦，2011：136）

在农业现代化实践中，如鲍曼所作的“园艺精神”的比喻，园艺师将一个自然场所加工至一个人为的具有秩序的植物空间（斯科特，2004）。现代农业被嵌入一个标准化的环境之中，以对“效率”的无止境追求作为合法化基础，利用不断更新的生产技术作为巧妙的掩护工具，将强大的政治力量注入农业之中，强迫农民遗忘那仅有的一点地方知识记忆与个人自由。

从农业资本主义到工业革命，从“田园城市”（霍华德，2000）的提出，到“灿烂之城”巴西利亚的规划完成，从“军团化”的科学林业乌托邦梦想（斯科特，2004：4）的滋生，到中央集权政府干预下的强制村庄化（斯科特，2004：297），发生在近代的一切，无不追求暗含政治或经济目的的易懂性与透明性、标准性与同质性。社会工程师精心炮制了看似完善、明确、独一无二的社会秩序与社会前景，创造出一幅幅由“秩序、科技与大规模”带来的绚烂画面。他们将社会中那些行将消逝的杂乱与不确定性，通过话语的包装与技术层面上的弃绝，不知不觉地从人们身边消灭。最终，这些工程师看似胜利了，但异化也悄无声息地渗透到世界的各个角落。

一 现代农业科学之于农民、农地与农作

最初，人类对自然饱含同伴般的深情。每一次采摘丰收的果实或狩猎飞禽走兽，都被他们作为接受上天馈赠的纯粹形式。从游牧模式到原始人的定居，农业的出现从根本上改变了人类生活。瓦罗（1981）在《论农业》中曾经这样描述古罗马人在收成前的仪式：“在你带来小麦、大麦、豆物、萝卜等果实之前，奉献上未割过的猪的祭品和一头母猪。在你奉献母猪之前，你应该事先用神香、葡萄酒向哲纳斯（Janus）、丘比特（Jupiter）和朱诺（Juno）作祷告。”瓦罗还更详细地记载了在进献贡品时古罗马人的说辞。毫无疑问，人与土地的关系并非与生俱来便如现代这般剑拔弩张，我们甚至可以从上述的只字片语中，读到人类曾经对自然的敬畏与尊重，以及发自肺腑的归属之情。

工业革命的爆发确立了与资本主义相辅相成的科学理性精神，并带动了科学与技术、生产的普遍结合，使得那些古希腊传统式的冥想被科学家抛之脑后。与此同时，现代化逐步确立了其对于整个时代的重大意义，并将世界不论从历史还是空间维度都纳入“已知”的领

域。从经济角度来说，现代化衍生出一套“工业发展、经济增长”的普适标准，并为全球市场的弱肉强食创造了绝佳环境；从社会角度来说，贫富分化、阶层固化与社会分工日益加剧；从政治角度来说，现代化体现在全球化多元格局不见硝烟的战争中。一言以蔽之，人类包括经济、政治、文化的方方面面，历经了以科学技术为动力的一次重大变革。在无处不在的现代性气息当中，农业科学技术也导致了农业社会的异化，甚至整个农业社会中包含的所有生产关系，都经由现代农业技术所蕴含的科学密码而异化了。

第一，现代农业科学技术异化了农民自身。现代农业科学研究建构了农民饱受劳动之苦的现实，因此均以解放劳动力为宏大叙事。伴随着科学技术的迅猛发展和机械化的普遍采用，农民多年的生活方式和劳动方式无不被摧为枯朽，成千上万的劳动力被“解放”出来，从事农业的老人、妇女或青壮年突然间“闲”了下来。同时，伴随着工业化的时代洪流，政治家也开始盘算如何最有效地将小型农场主会聚一堂，通过机器省却人力，完成人类在土地上反复劳作了上千年却从未变更的任务。随着拖拉机的出现，农业工业化由此开始。马格林（2001）指出，如果说机械化大工业严重剥夺了工人的自主性，那么，机械化大生产则更加彻底：它使一部分农民不得不离开农村涌向城市，而使另一部分成了地地道道的农业商人。事实证明，数目庞大的被农业技术与设备遣送至工业体系中的农民，因为没有一技之长，仍然未逃脱被城市抛弃的命运。至于另一小部分幸运儿——那些追赶上现代农业技术脚步的农民，经由资本投入、农业技术推广、机械与肥料的使用，得以成为农民中的佼佼者，并与政府、资本家和科学家称兄道弟。“农民”意味着的将生命贡献于土地以换取生计的那部分意义，在他们看来早已可有可无。土地之于他们不再是赋予生机的大地母亲，而仅仅是牟取利益的田野工厂。正如马格林所言：

> 高科技农业将数目庞大的农民释放出来，让他们进入工业领域工作。释放农民出来是为了什么？为了工业生产——仅向工人

> 提供一张周末工资支票，换取沉闷、愚蠢，以及最糟糕的是无意义的工作。丧失土地的劳动者，因为与土地的经济、政治和社会纽带被切断，其生存意义也受侵蚀，因而成为第一代“农村无产阶级”。(马格林，2001)

吊诡的是，就在人们为科学技术和机械化解放了劳动力而欢欣鼓舞之时，“就业难”却变成了全球性的、普遍的社会难题，各国政府都将“创造就业机会”作为执政的口号和目标。当然，具有讽刺意味的是，科学技术在“解放”了很多就业岗位的同时，还常常宣称创造了多少就业机会。可以说，正是由于科学技术对劳动力的大量和彻底的解放，现今世界上很多找不到劳动岗位的人，已经不再是马尔萨斯意义上的“剩余人口”，而是鲍曼意义上的“废弃的生命”（鲍曼，2006a），即相对于科学技术而言，很多人根本就是多余和不需要的。在此情况下，人类需要进行整体性的思考——“我们到底需要什么”。面对众多“废弃的生命”，我们更需要的或许是放慢科学技术对劳动力解放的步伐。

第二，现代农业科学技术异化了农地。有赖于18、19世纪的生物化学基础，20世纪的农业科学技术旨趣越来越带有生物学的特性。一方面，人们开始研究并改良化肥和饲料。从某种程度上说，这种方法的确促使土地的短期收益激增。但与此同时，这种方法也破坏了土地或植物原有的状态，如“以越来越多地使用化肥和其他化学制品为基础的系统”取代了“循环的农业生态系统”（伯恩斯坦，2011：135）。另一方面，随着科学家对遗传与演化问题的探寻，基因在农业技术尤其是新品种培育方面起到重要作用，如杂交育种、诱变育种以及转基因育种。中世纪初期，“为了确保土地的肥沃，男女双方在土地上滚动，赤裸的男人在庄稼地上滚动，女人在亚麻上滚动”（绍伊博尔德，1993）；而以科学技术为取向的现代社会，正被围困于农药、化肥对河流、海洋、土壤、生物乃至整个地球的伤害之中。一部分农民远离土地及其身份，剩下的农民成了农业工业化机器中的螺丝钉。

后者殚精竭虑地思考如何与官僚和知识分子相处愉快，以获取更多投入或技术，并经由喷洒农药、机械化耕作，以及向埋头于实验室的科学家讨教新兴农业技术的动作，断绝了他们与土地之间如同母亲与子女、施与受一般的充满归属与感恩的和谐关系。而这种施与受的关系正是农民在千百年的农业实践中悟出来的人类与土地之间的关系：

> 小农模型的根基来自这样一个观念——地育万物，量力而出。然而，人类必须通过劳动“帮助”土地孕育物产。人类和土地之间存在一种施与受的关系，这种关系被塑造成了互利互惠。农民也知道，与有机肥料相反，化学产品会“灼烧大地”并“消耗”它的力量。粮食作物从土地中吸取能量，人类转而又从粮食作物和动物产品中获得能量和力气，人类的力量用于土地上，这种耕作劳动会产出更多的力量。（Gudeman and Rivera，1990）

第三，现代农业科学技术异化了农事劳动。马克思认为，“最文明的民族也同最不发达的未开化民族一样，必须先保证自己有食物，然后才能去照顾其他事情”（马克思、恩格斯，1961）。所以，他将农业领域看作一切劳动部门的自然基础。马克思的确富有洞见。宏观上说，现今整个农业领域的生产，确实承载着每一个国家乃至全球的粮食安全问题。然而，从微观角度看，耕作作为生计劳动的观念，已经逐渐消散在现代农民的脑海中。与其说农业劳动本身的异化来自农民的转变，不如说现代性意识形态重塑了人们对农业劳动的期许。曾经，人类渴望提高粮食产量，以备不时之需。然而现在，生产主义目标贯彻至整个农业领域，上至农业部门下至农民，所有投入产出关系之外的结果都被忽略不计。在过去，土地之于农民所以神圣，或许与其为农民提供生存之道不无关系。这层关系的逐渐消解，意味着包括土壤、水源、农作物质量以及土地归属关系等在内的问题，都不再是整个农业领域劳作的重点，除非它们开始影响到生产。而在农民的长期农业实践中，劳动一直是财富的来源和未来的期望。正如范德普勒格所指出的：

> 小农阶级将劳动置于舞台的中心，将劳动与自我控制的且部分自我调配的资源联结在一起，也与前途和未来联结在一起。当与实现进步的其他方式相对比的时候，小农阶级的这个劳动核心就会清晰显现。在小农境地的概念中，进步和发展被认为是自身劳动的结果。（范德普勒格，2013：41－42）

当农民、农地与农作都相较于过去截然不同时，我们可以说，农业科学技术异化了农业。在过去，农业的顺利讲求天时、地利、人和，缺一不可；现代农业科学技术却可以运用温室、人工降雨等操控天气，以农药、化肥催化土地，通过专家的判断和决策直接影响整个农业过程。一切成败都可以完成于实验室，一切经过都能够排除农民而由专家主导。农民不再是唯一的劳作者、收获者，而被改造为参与者、施行者。换而言之，现代科学技术的出现，导致了农业领域内观念世界与生活世界的分离，前者属于农业科学技术的生产者——农业科学家，后者属于农业科学技术的采用者——农民。事实上，观念世界与生活世界的逐步分离，并不是仅出现在农业科学技术领域，而是贯穿于整个历史过程与现代社会的方方面面。20世纪后，实验室已被广泛应用于化学与生物学界。医学、农业与生物学工业技术，都开始以生物学实验工作作为研究基础而发展。在此之后，但凡关乎土地的一切，似乎都被在遥远实验室中的科学家运筹于帷幄之中。实验室方法的出现，致使科学与技术、生产领域开始相互结合渗透。科学家放弃了象征学术的形而上世界，投身于无止境的产量诉求当中。他们从一个实验室游走至另一个实验室，开发着一些将用于土地的那个与他们相隔遥远的地方的技术。农业科学技术变成联结科学家的观念世界与农民的生活经验世界的中介，实验室是制造中介的载体。这两个世界所指向的旨趣截然不同。前者致力于通过更多的指标追名逐利，从而稳固地位、丰富职业生涯；后者的需求，兴许才能勉强与土地本身有所关联。

毋庸置疑，尽管农业科学技术自兴起至今已有几千年的历史，然而，在现代社会被奉为社会发展动力的科学技术，已经与过去粗糙的手工工具大相径庭。现代性语境下的农业科学技术，斩断了曾经的农民与土地之间带有神性光辉的美好情愫，模糊了农民长达多个世纪的身份认同，将整个农业领域推向现代社会机器化大工业的熔炉之中。

二 去政治化的农业增长与高科技农业的政治性

现代科学技术将农业活动异化为类似工业大生产一般的流水线劳动，使农民作为独特的个体参与劳动的比重变少，并降低了成本、增加了收益。这一切恰恰符合整个工业革命对增长无限追求的总基调。在发展主义的逻辑中，唯有增长，方可完美呈现权力和财富的存在，其支持者又反过来以权力和资本为工具，迈向无止境的新的增长阶段。

20 世纪 30 年代，由于美国对杂交玉米技术的研究日趋成熟，农业科学技术开始在美国走商业化路线，并且，杂交农作物逐渐取代传统农作物成为市场宠儿。20 世纪 40 年代，农业杂交技术更是经由美国的“玉米地带”传至墨西哥，为后来墨西哥发展出各种杂交小麦、创造第一次绿色革命的最大生产成就提供了技术基础。这项技术也影响了印度与巴基斯坦。20 世纪 60 年代，成立于菲律宾的国际水稻研究所开始改造水稻种子（马格林，2001）。20 世纪 70 年代，中国的杂交水稻也应运而生，为确保中国粮食安全做出了贡献，并以不足世界 7% 的耕地面积养活了世界近 1/5 的人口（熊愈辉，2003）。

事实上，第一次绿色革命的形成，不仅始于生物学与农业科学技术领域结合与推广的诉求，以及当时全球大规模爆发的粮食危机。马格林（2001）一针见血地指出：“绿色革命是在美苏两大帝国较量这种背景下炮制的。”他认为，为了在世界版图上不断扩张，美国用食物作为重要诱饵，以帮助第三世界国家消灭饥饿、实现共产主义所提出但未能实现的“美丽的承诺”为理由，酝酿了绿色革命。这场以杂交育种技术为导火索的农业科学技术革命，对发展中国家的意义尤为重大。在印度、墨西哥、菲律宾等多个推广绿色革命的国家，粮食产量增长达到史无前例的速度。例如，印度的小麦单产从1961年的800公斤/公顷上升到1990年的2200公斤/公顷，菲律宾的大米单产发生了从1961年的1250公斤/公顷上涨到1990年的2800公斤/公顷的变化（熊愈辉，2003）。一时间，由绿色革命所带来的粮食产量激增，既解决了一批发展中国家的粮食自给问题，又稳定了全球性的政治格局。

然而，杂交育种技术的蓬勃发展，昭示着人类对自然的又一次挑战。马格林（2001）认为，在绿色革命中粮食大幅增加的背后，人类需要付出代价。第一，杂交农作物品种的出现，取代了传统农作物的植物多样性，导致前者抗灾能力减弱；第二，新品种的培育需要大量水分、化肥和农药，在此过程中，恐怕难以避免对生态系统的破坏；第三，由于农场物料不再自产自销，所导致的农村经济关系变化，可能会引发政局不稳。马格林总结道：“这三个问题都可归纳到一个大问题之下：可持续性。”

的确如此，绿色革命取得的成果是短暂的，随后造成的破坏性却是绵长的。首先，化肥与农药的大肆施用，致使生态环境持续恶化。如同《寂静的春天》所描述的那样，“包括大气、水体、土壤和作物，进入环境的农药在环境各要素间迁徙、转化并通过食物链富集，最后对生物和人体造成危害”（屠豫钦，2003）。其次，随着农业科学技术的提高与研发投入的增加，农产品产量不增反减。早期的农业技术，建立在顺应自然规律以及保持人与自然和谐关系的基础上，因此，农作物产量更多依赖于农民的照顾以及天气、土壤结构等自然条件。现代农民更加关注种子、农药、化肥、机械以及新技术的投入，而忽略对土地的呵护。尽管农作物产量会如同在绿色革命的早期一般飞速增长，然而，随着化肥与农药的追加，土地逐渐展现疲态，因为过量的人力、物力投入会引起永久性伤害。农作物也由于丧失多样性而抵抗力渐弱，在负荷超重的土地上受到物理或化学的损伤，最终产量下降。再次，高速增长的人口对高产作物的依赖，造成世界人口抵御力的普遍下降以及亚健康人群的增加。最后，不可忽略的是，农业科学技术的持续推广，对全球能源紧缺的现状形成巨大压力。由于机械和肥料的成分来源都是石油或煤炭等不可再生资源，全球各国对于资源的使用难以控制，对于资源的争夺也愈演愈烈（胡晓兵、陈凡，2008）。终于，人们意识到，以短期的粮食产量暴增作为目标的绿色革命，无益于土地，也无益于农民，更无益于长远解决全球粮食问题。

此外，由于绿色革命这样的高科技农业需要信贷、科学技术知识和外部物质投入，而这些条件往往只有富裕农民才能具备，因此，科学技术的实质效益每每被田土面积大和富裕的农民所独享。如此一来，高科技农业必然会使富者越富、贫者越贫，危害农村社会的稳定。正因如此，马格林（2001）明确指出，“无论如何，高科技农业的首要任务，似乎并不是要大力改善农民的生活”。

胡晓兵（2007）指出：“工业化的现代农业技术是以机器和化学手段对农业生物进行加工的技术，农业生物变成了可以生产的物质材料，以高产高效为目标，专业化、规模化、连作化、机械化被不断地推广和普及。”如同绿色革命一般，现代农业科学技术打着“追求增长”的旗号而来，却难免暗含着政治或经济的目的：当自然环境与生态过程中的动植物生长出现不确定性时，化肥、除草剂、杀虫剂、温室、基因工程等现代农业技术的组成元素便将自然界改造为流水线工厂；当饥饿和灾荒对第三世界国家人民具有威胁性时，各种一揽子的改良育种经由发达国家之手用以获得更多的政治支持；当无数中小国家或中小型生产单位还在凶险的全球市场中摸爬滚打时，新兴大国或全球大型企业的高科技农业成为垄断资本的最佳工具。

以转基因技术为例。自问世以来，转基因技术不仅接受着人类关于其对生态、社会等方面负面作用的拷问，还引发了伦理方面的争议。转基因技术会破坏农田的生物多样性，并有可能通过逃逸现象形成自然界的“超级杂草”，从而导致生物链断裂。从政治角度说，转基因技术有可能造成技术垄断问题，以及发达国家对第三世界国家的经济侵略与农业资源掠夺；从经济角度说，转基因食品价格过高，会造成发展中国家的经济负担，更在考验农业科学技术本身的同时，消耗着大量的社会资源；从伦理角度说，食品安全问题在全球范围内层出不穷，给人类健康带来威胁（毛新志，2005；杨通进，2006）。

印度著名环境保护运动人士苏曼·萨哈伊曾说，“基因工程的主要目的是赢利”（胡晓兵，2004）。这句话一语中的，也适用于农业科学技术发展现状：诸如转基因技术之类的高端农业科学技术，已经不再流传于离土地最近的农民的世界中，而是被控制在如官僚、资本家与知识分子等少数人手中。它不再单纯是为了农民生计和全球粮食安全，更甚者，不是为了产量本身，而是为了发展的表象背后，少数人进行资源垄断与技术统治的目标。正如吉多·雷文卡普所指出的：

> 生物技术通过含有独特信息的种子加速了农业与环境的分离，通过信息化的酶使农业产品与食物产品分离，通过独特的非食物产品及其组成成分使农业产品和食品质量分离，通过独特的添加剂及其组成成分使农业和健康分离。上述的一切种子、酶、氨基酸、脂肪酸、乙醇、食物成分、添加剂等都是政治化的产品，创造着新的社会和权力关系。（Ruivenkamp，2008）

针对高科技农业（杂交玉米）在墨西哥的推广，曾任美国地理学家协会主席的伯克利加州大学地理系主任卡尔·索尔（Carl Sauer）教授曾指出：

> 美国农业部对于农业发展出一套咄咄逼人的政治哲学，似乎如今这套哲学要延伸到我们的拉丁美洲邻居了……今天的农业

部，首先是一个政治组织。……（农业科学家到拉丁美洲推广杂交玉米）这种做法只能使我们影响别国，以服务于我国利益。我实在看不出这种做法可以怎样让我们了解其他生活方式。影响别国以服务于我国利益也许是有价值的甚至是必须的目标，但这属于政治，而非研究的范畴。（马格林，2001）

三　技治发展主义与农民自主性的式微

“发展主义是一种认为经济增长是社会进步的先决条件的信念。”（许宝强，1999）为了实现经济增长的目标，可以采取不同的途径，其中科学技术的发展常常被看成是最重要的手段。这是一种科学至上的技治主义思维。我将主要依赖于科学技术的发展主义称为技治发展主义（technocratic developmentalism）。在技治发展主义指导下，农业科学技术与农民的日常实践越来越脱钩，农业科学技术在农村和农业上的推广应用，也导致了农民自主性的式微。

（一）现代农业科学技术世界与农民生活世界的脱离

今天人们对于现代农业技术的强调，绝非指向同一生计目标的全人类的共同理想。且不论农民，哪怕是国家权力机构、大型企业或农业科研人员，都因为各自的动机，对农业科学技术的未来饱含憧憬。迄今为止，国家权力机构对农业问题的简单化处理，所造成的自然和社会损失事件已经不在少数。但是，全世界的社会工程师和农业专家仍然坚信，农业技术乃至所有科学技术的精髓是：理性化、大规模生产以及实验室方法。通过应接不暇的国际研讨会、技术发布会或学术杂志的“在场”，专家远离农地，在忙碌的知识交流中，把握着农业科学技术的最新走向。与其说他们在为全球人类的粮食安全辛苦奔波，倒不如说官僚机构将农场变为社会工程的新规划对象，大资本家和小农场农业商人唯利是图，农业技术研究人员埋头于实验室为前程而拼搏。正如斯科特（2004：262）评价苏联中央集权背景下的工业化农场时所说的，“农场活动中有90%是工程，只有10%是农业”。这种以农业科学技术为媒介、政府机构或大型企业为施用主体、社会规划为最终目标的农业工业化，“在农业上与巴西利亚城市中平整出的工地是等价的”。

早在1938年，英国物理学家贝尔纳（2003）就清楚地认识到，工业革命后，科学便进入了以营利为目的的新时代。在《科学的社会功能》中，他列举了影响科研工作者自我增值的部分条件，它们包括：不同等级的科研津贴、从事项目的选拔与机会、研究导师与课题的选取、研究成果类的硬性指标以及科研职业管理体系等。他认为，强求研究成果的数量并用以衡量科研人员的专业性，导致“科学文献中充满大量毫无用处的论文”。利奥塔（1997：3）指出，“知识的供应者和使用者与知识的这种关系，越来越具有商品的生产者和消费者与商品的关系所具有的形式，即价值形式。知识为了出售而被生产，它不再以自身为目的”。在拉图尔、伍尔加（2001）的调查中，实验室科学家从事实验活动是为了撰写论文，或发掘新产品、新技术的潜在商业价值。实验的选题取向，大部分来源于科学家在交谈中的灵光一现、论文期刊的类型诉求，以及政府或企业项目的资金投入偏好，而绝非科学家在生产实践和生活世界中的累积。

在2009年4月9日《南方周末》刊登的一篇名为《“瘦肉精”背后的科研江湖》（苏岭、温海玲，2009）的文章中，记者呈现了“瘦肉精”由外国进入中国的来龙去脉。这其中牵涉到国内部分科研机构与专家的学术伦理问题——早在20世纪80年代，“瘦肉精”便初次出现于中国学术期刊，直到农业部将“瘦肉精”封杀，相关方面的研究论文和综述已有四五十篇之多。然而，在这些学术成果中，相当一部分未提“瘦肉精”的副作用。用一位当事人的话说，“如果在论文中介绍了副作用，我们（的论文）也发不了”。毫无疑问，这个话语所带有的假设前提，正符合拉图尔、伍尔加（2001）在《实验室生活》中所述的科学家的情况：为求名利放弃其他，包括学术伦理道德。总之，作为研发现代农业科学技术的重要主体，科研人员鲜有深嵌农民的生产实践和生活世界之中，鲜有通过大量对农民需求的考察，确立研究旨趣。正如我们的前期研究指出的：

> 每年中国众多科研机构的研究课题并不是从农民的需要出发而确定出来的，相反，多数都是研究者自我确定的，或更多的是尽可能地从课题审批机构或某些决策者的意图和兴趣点出发而确定的。而农民所需要的是能解决他们生产和生活中实际问题的农业科学技术。（叶敬忠等，2000）

可以说，农业科研人员中的大多数，碍于科学技术研究本身的桎梏，在实验室建造了一个科学技术诞生的天堂。在关于科学家和科学技术的讨论中，我们频频被告知科学家和科学技术都是中立的。相信社会里大多数人都以为如此，但在很多重大议题上所呈现出来的社会现实引发我们再思这一常识。例如，在有关转基因的可能风险方面，“具有不同道德观念和价值取向的科学家，往往会对风险问题做出完全不同的判断；如果再把他们有时对话语权和经济利益的诉求也考虑进去，那么，情况就更是如此”（杨通进，2006）。马格林也指出：

> 无论个别科学家意识到与否，科学的应用，都是受到政治和经济因素左右的；而且在推行绿色革命时起着重要作用的私人基金会，有其制度性的偏颇，而这种偏颇，就是由这些私人基金会所属的社群的政治和经济利益造成的。（马格林，2001）

斯科特（2004：426）用源自希腊的“米提斯”（mētis）概念，解释了农民通过日积月累得出的与耕作相关的自然、气候、雨水等知识。这些来自经验世界的地方化的知识和艺术，才是真正流传于远古农民的、为了得到大地母亲恩赐且不至于饱受饥荒灾害的历史产物。与农业工程学家和资本家的政治或经济目的不同，也有异于农业科学技术研究人员受到诸多束缚的研究旨趣，农民在触手可及的生活世界中，为了生活而劳作。他们经由与大自然的相互给予，创造了“米提斯”，并在与外部世界的现代农业技术、农村现代规划的博弈中，失去了它。最终，这些创造者和使用者，怀揣着各不相干的愿景，被农业科学技术结合到产业链当中。当“米提斯”逐渐流逝于标准化社会工程的一次次实施时，农业也就丧失了它绝大多数的独特与美好之处。

（二）现代农业科学技术禁锢了农民的自由

现代农业科学技术的进步，其表象是农作物产量的增加乃至农业本身的发展，其实质“不仅是掠夺劳动者的技巧的进步，而且是掠夺土地的技巧的进步”（马克思、恩格斯，1971）。正如马克思所说，土地早已比过去任何时候，更加召唤着各方权力的角逐。并且，农业科学技术的异化，使农民无法控制工作性质以及生产节奏，并成为机器化大生产中的一个个小零件，在政治参与的舞台上身影渐淡。海德格尔（2008）认为，科学技术产生的一切异化现象，都是因为“把生命的本质交付给科学技术制造去处理”。在此基础上，所有农业活动都被物化、功能化、标准化与利益化，经由作为科学技术本质的“座架”，“限定”空气的来源和去处、农民的身份与工作内容、农作物产量的高低等，“强求”土地不再为土地，农业不再为农业，都变成现代农业科学技术的随从（绍伊博尔德，1993）。马尔库塞则提出了著名的公式：“技术进步＝社会财富的增长（国民生产总值的增长）＝奴役的扩展。”（陈振明，1997）法兰克福学派认为：

> 科学技术的发展在现代社会中已经对人造成压抑性的统治，如技术把人们束缚在现有的社会体制之中，使人变成了只追求物质利益的人，丧失了追求精神自由和批判思维的能力。同时，科学技术的发展不仅控制了物质生产过程，而且也加强了对人的心理、意识的操纵与控制，人沦为了一个功能性的部件，丧

失了自由和人性，成为被操纵的对象和客体。（李培超，2001：42－44）

阿帕杜雷（2001）曾通过印度西部农村的案例，指出现代农业科学技术与其知识系统的入侵，导致村民丧失作为农民的自由而被工具改变劳动内容，丧失自给自足的自由而不得不依赖市场的新技术和新设备，丧失以情感为纽带的合作互助自由而借以工具理性进行交往。其实质是，政府官员与专家通过技术推广和技术垄断，得以使用技术霸权达到统治目的。

在现代农业科学技术的发展过程中，农民逐渐抛弃了自发育种，选用政府下属科研机构或大型企业的高科技育种。如此一来，他们只能年复一年地在政府、资本家和科学家的引导下买种。当他们选择了一定的种子，又需要施以配套的化肥。更甚者，由于土地的日渐受损，化肥的用量必须逐年增加。在此基础上，他们无可避免地将象征着知识和技术的人奉上神坛，如饥似渴地接受着政府、企业的项目培训与“改造”。农民能够看到的，是自己使用新型育种、大量化肥、各种机械施行他们梦寐以求的规模农业，并因此使粮食产量大幅提高。他们看不到的是，这些多余的粮食终究流向城市、流向资本聚积的一方，流向远远凌驾于他们之上的某处。而粮食产量提高导致的盈利，也随着物价的提高和“经济力量的无声强制”，仅仅成为字面上的数据增长。总而言之，对于现代科学技术的反思，无法忽略的是，它以全新的去政治化的形式，物化了本应生机勃勃、血脉相连的世界构造，禁锢着人类的身心自由。在农业方面，这种技术的统治机制，可以看作这样一个过程：官僚、资本家和专家，利用现代农业科学技术与装备的推广项目，削弱农民和农村社区与相关机构的自主性，践行其巩固集中权力的基本逻辑。

（三）服务于发展主义和科学主义的现代农业科学技术

霍克海默、阿多诺（2006）认为，被“工具理性崇拜”占据大脑的现代人类，蜕变成为只注重追求功能性、生产效率与策略算计，而放弃对人生意义与价值思考的迷失自我、丧失内在灵性的行尸走肉。同样的观点也出现在海德格尔（2008）的《诗人何为》中。他通过分析里尔克关于金钱的诗篇，感慨事物的物性已经丧失灵光，全部退化为市场价值。以金钱作为度量单位，土地、动物、农作物等一切事物，都被标准化成可以比较的毫无区别的商业筹码。物化伊始之时正是世界灵性消失之日，诚如马克思所说的，“技术的胜利，似乎是以道德的败坏为代价换来的……甚至科学的纯洁光辉仿佛也只能在愚昧无知的黑暗背景上闪耀”（马克思、恩格斯，1972）。

发展主义与科学主义正是钻了物化的现代文明的空子，从而扭曲了曾经质朴纯粹的农业技术。马格林（2001）认为，以“绿色革命”为例，其政治、经济问题，以及长远的自然环境破坏问题确实严重，比这更值得批判的是，一种以“发现问题—解决问题—再发现问题”为逻辑的不可持续性的科学主义，和建立一套鼓励现代化的知识系统，以达到改造农业方方面面的发展主义的技术推广方式。但他同时指出，高科技农业并不是一次性的技术方案。科学家一直知道，尽管问题需要解决，但解决问题时又制造了问题。舒马赫也曾告诫我们：

> 我们的科学家和技术人员曾合成许多自然界所不知晓的物质。自然界面对这些物质毫无防御能力，也没有手段将这些物质排除。这有点像土著居民突然遭到机关枪的攻击：他们原有的弓和箭完全无用武之地。（舒马赫，2007：7）

在探寻第三世界国家发生的诸如贫富分化、失业率升高、生态灾难频发与自然环境破坏等种种危机时，班努里（2001）抨击了西方中心论的发展主义道路，指出其实质并非为了将第三世界国家从粮食危机中解救出来，而是单纯将西方的“效率至上”理念嵌入第三世界国家的社会发展观。斯科特（2004：343）在总结东非殖民化项目的失败时，提到项目设计上的一个致命弱点，即对机械和大规模生产的盲目信心。类似的情况不计其数。更甚者，“官方和专家对未来的积极规划与农民之间的冲突，被官方归结为进步与蒙昧主义、理性与迷信、科学和宗教之间的斗争”。

迄今为止，在中国，许多国内外援助组织、地方政府、企业或者科研机构，在忙碌地追求着“经济增长”与“生产率提高”。在标准化的现代性语境中，当“大”和“多”成为唯一的正向追求时，将一切赋予市场价值似乎变得理所当然。一系列看似毫不相关的机构通过农业科学技术实现着各自的目标：援助组织获得了慈善资本，地方政府获得了相应的税收与绩效考核，企业获得了垄断资源，科研机构获得了名声与利益。与此同时，它们固化了现代农业社会结构。该结构由周期短暂且生命脆弱的种子，污染环境且消耗能源的化肥与机械，贫瘠的土地，拥有大量资金、大量土地与高端技术的统治阶层，以及随时会一无所有的农民所组成。

四　全景敞视与规训农业

在现代化语境的工业社会中，科学技术作为推动社会方方面面前进的动力资源，往往被掌握在少数人手中。在鲍曼那里，经由科学和技术，少数统治者的时空生命得以解放，他们一边在辽阔的天地之间自由来去，一边为无法拥有技术的大多数人制造各种藩篱。在政治上，科学技术是科学技术掌握者削弱对手权力的最强有力的武器；在经济上，科学技术解决了“增长崇拜”社会所面临的首要问题；在文化上，科学技术制造了现代社会新的消费美学，以与“利益最大化”的普遍价值观相互匹配。然而，现代科学技术衍生的一切后果都并非无心之作。更合理的解释是，最初，人们通过科学技术与其他手段，力图建造一个具有确定性的、透明的、人人平等的现代社会，其结局是，在统治者拥有一个清晰社会的同时，不确定感却充斥在其他多数人的世界之中（鲍曼，2001）。

福柯（2001，2003b）认为，在行政框架内，通过统计学对个人的量化，治理术无法抵达家户内部的困境得以解决；在司法框架内，通过精神病学与法律领域的结合，带有偏见地定义“不正常的人”；在临床医学框架内，通过医学领域与教育领域的结合，医生对病人实现经由各项指标完成的个体分解。上述情况的共性在于，现代社会的每一个领域中，都充斥着大量由数据、档案或分类系统重组的人。恰恰是他们，在丧失自由和安全的生活情境里被一览无遗，与此同时，却浑然不知地满足着统治者的种种需求。

现代农业科学技术对农业社会的异化正是诸如此类的规训。之于农民，它一方面导致了农民内部的不平等，一方面将更多的农村廉价劳动力排挤至城市化工业建设的大潮中；之于土地、动植物，它的出现有助于完成更具操作性、更可控制的自然界临床演化过程，更大程度地物化了自然界；之于农事劳动，它以标准化的机械程序或书面化的育种指南，排斥被赋予“落后”标签的人力耕种，消灭人与自然之间充满情感及能量传递的交流方式，使其转化为纯粹的市场价值创造；之于农业社会与外部世界，它赋予有话语权的科学家、资本家、地方政府以合法性，破坏了市场、资本和科学知识与本土文化互不干扰的和平局面，使农业社会日益脱离自给状态，成为外部世界获取廉价资本的绝佳场所。

现代农业科学技术崇尚的是单一的、确定性的、功能性的美学观念，实现的是农业社会的全景敞视主义。全景敞视通过间隔、差距、序列、组合的机制，揭示、记录、区分和比较（福柯，2009）农村、农业和农民，提出类似“新农村建设”的农业社会重组途径，以便整合乡土资源，普及和倡导具有去政治化内涵的新型农业在农村的广泛应用，塑造符合现代化、工业化、城市化建设的新型农民。的确，必须承认的是，不论是“新农村建设”还是“新型农民”，都在某种程度上使农民、农村、农业自身，城乡关系以及国家发展向着更加可控的物质富足的未来前行。并且，这种未来相较于过去，在不断地试图解放农民人身自由、缩小城乡现实差距以及精进农业施行模式。

尽管如此，对现代农业科学技术的反思，需要我们思考一些当今农业仍然存在的问题：在全景敞视下的农业社会，不论是农村、农业还是农民，面对被自上而下地、自下而上地、横向地甚至自我强迫地“监视”，究竟还有多少自主选择的空间？全景敞视主义引导下的现代农业科学技术，能否接受除却普适理念以外的其他农业方式？能否复还一个充分具有多样性的农业世界？能否面对实验室与田野之间可能存在的信息不对称？对现代农业科学技术的反思，倘若不去思考这些，或许将有越来越多人的自由牺牲于政治斗争、市场经济以及争名夺利的过程中。不仅农业领域，整个现代社会都被整齐划一的、单调而充满可见性的空间所笼罩。当我们追问科学技术的内涵为何、质询发展的进路何在时，需要看到的是，某种致力于完善社会结构功能的宏大叙事，或一系列为了方便生活所发明的文本、档案、数据库和归类系统，是否暗含着规训的逻辑；需要想象的是，构建一个现代科学技术去中心化的世界，以尊重每种独特的选择，以完满一个圆融的空间。

9

技术的故事：关于转基因技术的论争

伴随每一次技术革命，人类都会以新的认知方式框构自然。20世纪以来，随着生物基因技术的出现，自然呈现给人类的是一幅全新的基因图景。在技术工具理性的驱动下，人类获得了打破物种间固有边界并根据意愿重塑生物的能力。转基因食品就是利用分子生物学手段，通过基因的跨物种转移和对遗传物质的改造，使生物体在性状、营养和消费品质等方面向人类所需要的目标转变而形成的（罗云波，2000）。经过商业化推动，以世界上首例转基因食品——一种软化缓慢的西红柿在市场上出售为标志，转基因技术开始走出实验室进入人们的日常生活。

转基因作物的大规模商业化种植始于1996年，其主要品种有棉花、大豆、玉米和油菜（陈健鹏，2010）。国际农业生物技术应用服务组织（ISAAA）主席克莱夫·詹姆斯（2013）的研究显示，2012年全球转基因作物种植面积已经达到1.7亿公顷，是1996年的100倍，种植转基因作物的国家也从最初的6个增至28个。就中国的情况来看，转基因作物总种植面积居全球第六（张云中，2013），以转基因棉花为主，其他已获政府正式批准进行商业化种植的作物有西红柿、烟草和牵牛花（陆裕良、董峻，2008）。此外，政府还批准了棉花、大豆、玉米、油菜等四种转基因作物的进口安全证书（于文静，2011）。以大豆为例，目前中国大豆油市场中，转基因大豆油占据了90%以上的份额（文静，2012）。

作为新技术的产物，转基因食品的安全性因为尚无定论而一直备受争议。尽管关于转基因的争论不曾休止，但转基因技术的研究和开发在中国一直是政府资助和扶持的重点（葛立群、吕杰，2008）。2009年10月，中国农业部为两种转基因水稻和一种转基因玉米授予了安全证书（中国生物安全网，2009）。这也让中国成为世界上首个批准主粮可进行转基因种植的国家（王佳，2010）。2010年，针对转基因技术，中央一号文件提出，应“在科学评估、依法管理基础上，推进转基因新品种产业化”。在农业部发布的《农业科技发展“十二五”规划（2011～2015年）》中，“继续实施转基因生物新品种培育重大专项”被列为重点任务。由于知识的壁垒，当前关于转基因议题的主要争论大多限于部分学者之间，且技术专家话语占主导地位，大众声音明显微弱。面对公众对转基因食品的担忧和质疑，科学家的解释话语大多体现出对科学技术的笃信和信心，诸如“未来人口的增长对粮食安全构成很大的挑战，发展转基因技术培育新品种的目的就是确保粮食安全”（张巧玲、许智宏，2010），“转基因食品是安全的，可以放心食用”（新浪网，2012）。更有学者称，要让“转基因水稻最迟五年内走上中国人的餐桌”（金微，2010）。引领转基因技术研究的主流科学家、中国科学院院士张启发则指出：

> 转基因作物有着巨大的潜在价值，即少投入，多产出，保护环境，减少食品污染，有利于人类健康，减少环境污染，保障可持续发展，维护生物多样性……为了大力发展转基因作物，我们应该采用多种形式对公众进行普及生命科学基础知识的教育，使公众对转基因技术有一个较为科学的认识，主动地接受转基因食品。（张启发，2010）

转基因议题在中国已经引起了广泛的论战。在此过程中，技术专家往往将论战的焦点归为纯粹的技术问题，指责转基因食品质疑者缺乏基本的科学知识或科学素养；而质疑者的论战往往涉及政治经济学以及哲学与伦理学的考虑，怀疑科学家的伦理价值与人文关怀。事实上，转基因技术在应用于人类食品并进行商业化推广后，已经远远超出纯粹的技术范畴，且变成了政治经济问题，以及哲学与伦理问题。本文首先对有关转基因食品的主要论争进行梳理，并在此基础上对有关转基因技术的政治经济学分析和哲学伦理反思进行综述，最后就如何应对转基因技术进行人文思考。

一 有关转基因食品的论争与实质

关于转基因食品的争论最初只聚焦在安全性问题上，后来市场的推广又催生了有关转基因食品商业化及标识管理的争论。

（一）安全性争论

据葛立群和吕杰（2008）的研究，关于转基因食品安全性的争论主要体现在食品安全和生态安全两个方面：食品安全方面的讨论，主要集中在外源基因在新的生物体中是否会产生毒素、会不会改变食品的营养成分、对人体健康有没有危害；生态安全方面的讨论，主要聚焦于转基因作物释放到田间后会不会引起基因污染、产生超级杂草，是否会打破原生物种群之间的动态平衡、破坏生物多样性。

学者的态度大体上可以分为两派：赞同派和怀疑派。赞同派认为转基因食品是安全的，判断依据主要有两个：一是国际上广泛认同的“实质等同性原则”①。该原则认为转基因食品和传统食品之间没有本质区别，所以安全性应该是等同的（毛新志，2004）。二是“无罪推

① “实质等同性原则”是由经济合作与发展组织于1993年提出来的。具体内容是：如果某个转基因食品的成分与传统的食品成分等同或大体等同，则认为它们同等安全，就没有必要做毒理学、过敏性和免疫学实验（毛新志，2004）。

论原则”（杨通进，2006）。该原则最具代表性的论据是转基因食品商业化十多年来，至今未曾出现过转基因食品安全事件，因而是安全的（张启发，2003）。

但在怀疑派看来，转基因食品的安全问题还存在很大的不确定性。从技术上来看，尽管转基因作物中所转外源基因的功能是明确的，但它在“新的遗传背景中会产生什么样的相互作用，就目前的科学水平而言是不能完全精确预测的”（罗云波，2000）。转基因食品对人体是否具有长期和潜在影响也难以确定（黄卫平、王洪斌，2010）。由此看来，未出现安全事件并不意味着长期安全。杂交水稻之父袁隆平就曾表示，“转基因食品对人体是否有伤害，需要非常长的时间来考察，至少需要两代人才能得出结论”（刘洋，2010）。毛新志（2004）对转基因食品支持者所拥护的安全评价方法——“实质等同性原则”提出了质疑，指出这种评价原则实际上是一个结果评价法，它简单地将对转基因食品的安全评估还原为对化学成分的比较，忽略了整个生产过程的安全性。事实上，“转基因食品与生态环境和人的健康密切相关，应以有机整体论的思想来分析和思考”。该原则以还原主义的逻辑对转基因食品进行安全评估，其结果并不足以说明转基因食品的安全性。

（二）商业化争论

尽管转基因食品的安全性并没有科学定论，但转基因作物在全球的商业化步伐却在持续加速，很多转基因食品也开始潜入人们的餐桌。与此同时，关于转基因食品的争论焦点也发生了转变。具有安全风险的转基因食品是否应该进行商业化推广，成为新的讨论焦点。总的来看，围绕转基因食品商业化的争论主要存在支持和反对两种观点。

支持者常从粮食的供需矛盾出发，指出在当前全球耕地面积不断减少而人口持续增加的趋势下，人类将面临严重的粮食安全问题，而目前的“作物产量潜力已经出现了瓶颈”，为提高粮食作物产量、减少饥饿并保证充足的粮食，应“大力发展转基因技术”，因为它不仅能从量上提高作物生产率，还能从质上改善食品的营养结构，有效促进人类的福利（杨通进，2006；张启发，2010）。也有学者明确指出，“只有转基因技术才能解决中国的粮食问题”（黄大昉，2009）。有的则呼吁：

> 农业生物技术是解决未来中国农业的重要手段，是解决未来食品短缺的重要技术，应当大力发展，不能因某些缺乏科学根据的猜测而使这个技术死掉，这会伤害到整个世界农业的发展，尤其是食物短缺的发展中国家。（人民网，2000）

反对者针对上述观点提出了质疑。除了对转基因食品安全性的担忧之外，还有观点指出，上述粮食供需矛盾说实质是支持者为转基因食品商业化寻求合法性而采用的一种叙事工具，其背后更多的是经济和政治利益诉求（皮埃尔、苏瑞特，2005；恩道尔，2008；周立，2010）。该叙事试图将粮食安全问题简化为一个技术问题，以建立自身存在的合理性，然而这种技术化手段并不具备足够的说服力。首先，“全球范围的水和土地资源仍能满足中长期粮食需求的增加，即使没有农业生物技术的重大突破，未来粮食的供需平衡也很可能实现”（陈健鹏，2010），并且“人类生产的粮食已足够人类食用”（杨通进，2006）。其次，粮食安全问题并不仅仅是量的问题，利用转基因技术即便能提高作物产量也并不能确保粮食的获取权。阿马蒂亚·森（2001）和布吕内尔（2010：10）在对饥荒的分析中都曾指出，粮食安全问题本质上是关于粮食的分配结构问题，而非简单的生产供应量问题。再次，转基因作物能够增加的产量也是有限的。陈健鹏（2010）的研究分析指出，转基因作物并不能提高作物的潜在单产，只能通过控制部分杂草损失或挽回虫害损失，在一定程度上相对提高实际单产，总体对于长期的粮食安全而言意义并不大。

此外，也有学者从技术专利导致利益分配不均入手，对转基因食品商业化提出了质疑：一方面，转基因技术发端于私人领域，主要以营利而非公共利益为目的，它的最大受益者将是垄断转基因技术开发应用的跨国粮商而非消费者（陈健鹏，2010；周立，2010）；另一方面，由于转基因技术的研发主要集中在发达国家，转基因食品商业化对发展中国家的粮食主权将构成潜在威胁，恩道尔（2008）将其视为“一场不为人知的阴谋”。

（三）标识争论

由于转基因食品的安全性还存在很多未知因素，商业化生产的转基因食品在进入市场后是否应该标识以及如何进行标识才能保证消费者的权益，引起了社会的广泛关注。

据杨昌举（2000）的研究，一些消费者、消费者组织、环保组织和许多科学家对标识转基因食品表示支持，认为加贴标识不仅是对消费者知情权和选择权的尊重，同时还能作为食品安全溯源的监控手段。而反对标识的主要是转基因作物的种植者，转基因食品的生产者、经销商及相关研究开发机构。他们认为加贴标识一方面会增加生产者和经营者的成本，另一方面会向消费者暗示转基因食品不安全，从而影响转基因食品的市场竞争力，阻碍转基因技术的应用与推广。

标识的主要目的是解决生产者和消费者之间信息不对称的问题，以便消费者做出自主选择（姚琼，2008）。尽管世界各国政府在保护消费者知情权和选择权方面已达成共识，但由于政治、社会、文化及经济利益等方面存在差异，各国对转基因食品所采用的标识类型也不同。目前主要采用的有强制性标识和自愿性标识（毛新志、殷正坤，2004）。中国采取的是强制性标识体系，具体实施形式是选择性目录标识，即所有被列入农业转基因生物标识目录的转基因产品都必须标识（姚琼，2008）。

然而，转基因标识是否能真正赋予消费者知情权和选择权，学者间也存在争议。郭于华（2004）认为，消费者自主选择权的实现需要基于对商品的充分知情和了解，而前提是必须有一个多元开放的社会，以保证各种关于某一商品的信息能够得到充分传递。就中国的情况来看，作为新技术的产物，转基因食品对很多消费者来说还比较陌生。由于知识壁垒，消费者很难对其形成自己的认知和判断，标识制度所赋予他们的选择权也只是一种被架空的权利，处于转基因食品知识权力场域外的消费者事实上是没有选择权的。此外，即使转基因食品有标识，消费者也会遭遇另一种尴尬。以中国豆油为例，目前市场上的大豆油90%以上是由转基因大豆加工而成。即使消费者熟知这种情况，但由于“市场上大豆油的替代品很少”，所以对他们来说也是“别无选择”（黄卫平、王洪斌，2010）。

（四）简要评述

关于转基因食品安全性的争论，表面上是对一个科学问题的争论，实际上更多的是由利益和风险分配问题所引发的。尽管很多国家对转基因食品商业化持谨慎或反对态度，但为了避免受制于人，也在进行转基因技术的研发。围绕转基因食品商业化和标识管理的争论，尽管焦点有所不同，但如周立（2010）所述，大部分争论最终回答的是如何应对转基因食品的问题，并未对转基因技术的社会性本质进行追问。也就是说，人们一般并不反对对转基因技术进行科学研究，但问题的关键是，人类是否真的需要转基因食品？转基因技术是否真的能够给人类创造福祉？要回答这些问题，有必要对转基因技术做进一步的审视。

二 转基因技术的政治经济学分析

在里夫金（2000）看来，基因作为一种生命遗传信息，本是公共生物资源，属于全人类共有的财富，不应被任何人独占。但随着转基因技术在全球的商业化推广，基因开始成为一些跨国公司和政府所争夺的资源，并被喻为“绿色黄金”。一旦发现具有开发潜力的基因性状，生物技术公司就会对其进行遗传物质改造，并申请基因专利以寻求知识产权保护。为垄断基因资源的使用权，它们还在技术层面采用基因使用限制技术，即“终结者技术”来阻止种子发育，迫使种植者每年都要购买新的种子（里夫金，2000；恩道尔，2008；周立，2010）。由于研发水平不同，转基因技术在全球的发展状况极不平衡，垄断现象严重。从知识产权格局来看，大部分转基因技术专利被发达国家的少数跨国公司所垄断（陈健鹏，2010）。目前，主要转基因作物上存在的9000多项专利中，44%集中在4个跨国公司手中（行动援助中国办公室，2003）。转基因技术知识产权实质上是一种私有权利，它旨在保护的是跨国公司对世界生物物种遗传物质的控制，其主要目的是维护技术的垄断收益（皮埃尔、苏瑞特，2005）。

然而，转基因技术在创造收益的同时，也制造了新的价值链。在知识产权的保护下，通过科学研究和开发，价值随着技术的应用也被植入了作物种子中。这不仅为种子商品化提供了基础，而且重组着围绕作物生产所形成的社会关系（里夫金，2000；埃斯科瓦尔，2011）。

首先，作为种植者的农民成为转基因技术设计的目标消费者（里夫金，2000）。由于被整合到新的商品关系链条中，农民的独立性被削弱，对市场的依附程度加大（陈健鹏，2010；伯恩斯坦，2011：82）。传统农业条件下，农民通过地方知识在实践中选择、培育并保留最适宜当地种植的品种，农民相互之间有交换种子的传统，其中并没有经济利益的考虑。而种子商品化之后，农民不仅每年要在市场上购买种子，为保证产量还必须使用相配套的农化产品。种植成本的增加，无疑会给小种植者带来很大的经济压力。无力承担市场风险的生计型农户，将面临更加窘迫的生存境遇。农业生产进入门槛成本的提高，还容易导致种植者之间出现贫富分化，威胁农村社会的稳定。在追求高产、高科技的农业发展理念下，本地种子由于缺乏产量优势而在逐渐消失。这种情况无疑进一步压缩了农民的选择空间，间接强化了农民对市场的依赖程度。此外，在种子商品化过程中，农民之间的劳动合作观念也发生了变化。过去互惠交换的劳动变成了可以出卖的时间和劳动，取而代之的是小时和工资。金钱开始成为衡量交换劳动的新标准，促使农民之间的社会关系趋于经济化（里夫金，2000）。

其次，据雷文卡普（2011）和马格林（2001）的研究，转基因农业技术使农业生产活动外部化，促使种子培育者和农民之间出现了劳动分工。与此同时，农民所持有的乡土知识体系和转基因技术所承载的专家知识体系之间的关系也发生了变化。农业文明诞生以前，人类现有的很多作物品种曾是野生植物，后经人工选择和栽培而来（皮埃尔、苏瑞特，2005）。种子商品化之前，作物的选种和培育工作大多是由农民基于经验知识来完成的。这些知识不仅根植于具体的农耕活动，而且是农民对所处环境形成的独特判断。然而，在新技术下，种子的培育工作成为实验室里的一项精细工作，需要具备的专业知识和技术设备都超出了一般农民的能力。农民在长期实践中积累的有关土壤肥力、生态环境以及作物保护等的地方性知识，也开始被一系列生物化学物质所替代。在科学和技术的标准化要求下，农民对于土地、气候以及地方环境的细节知识也开始变得“不合用了”（马格林，2001）。与此同时，有关谁是农业种植“专家”的权力关系也发生了变化。技术推广机构不断地向农民传递新的技术知识，不仅创造了农民对农业生产系统本身的“无知”和其实践经验的“落后”，还使他们被边缘化并对外部技术机构形成了依赖（雷文卡普，2011）。在专家的技术话语统治下，就连农民自己都表示，“以前我们都靠观察，凭经验，视力范围小，不科学也不标准”，“有的老习惯和老经验是错的，种田还是要跟着科技走”（中国农资传媒网，2011）。

再次，转基因技术要求的是规模化和产业化的经营种植模式，对劳动力具有一定的排斥作用，容易制造新的贫困。规模化和产业化要求农民必须加大投入、兼并更多的土地，只有这样才能生存。一方面，这样的情况提高了农业经营成本，使转基因农业的实质效益为田土面积大和富裕的农民所独享；另一方面，它使更多的农民丧失了依靠土地生存的可能性（周立，2010）。而发展中国家的农业是劳动密集型的，它吸纳了约80%的劳动力。如果在这些国家推广技术密集型和资金密集型的转基因农业，很多农民将被迫离开农业另寻出路。如果农村之外没有足够的生存空间和就业机会来容纳这些改变了生存方式的农民，他们将面临被驱赶的命运，进而陷入更加贫困的境地（杨通进，2006；周立，2010）。此外，大规模商业化种植的转基因作物，因为产量及机械化程度较高而具有成本优势。这将会对本土的传统农作物生产造成一定的冲击，不仅会夺取地方农民和粮食加工者的生存空间，还会促使进口国在粮食供应方面形成对出口国的长期依赖（席瓦，2006）。以中国的油料作物大豆为例，“国产大豆出油率不及进口的转基因大豆，而且是小规模生产，比美国、阿根廷等国家机械化种植的成本高出很多，导致国产大豆在转基因大豆的冲击下节节败退”，很多无法与之抗衡的豆农陷入了破产的困境（黄卫平、王洪斌，2010）。

最后，转基因技术所带来的利益和风险分配是不公平的（杨通进，2006）。由于转基因技术主要掌握在发达国家的跨国公司手中，而绝大多数生物遗传资源集中在南半球，转基因种子的推广不仅会强化跨国公司的垄断收益地位，还会进一步扩大发达国家与发展中国家之间的贫富差距（里夫金，2000）。转基因技术过程虽以生物多样性为发展前提，但在技术收益分配中，承担生态多样性主要保护工作的农民，长期在物种培育和管理方面所做的努力和劳动并未得到相应的体现（里夫金，2000；皮埃尔、苏瑞特，2005）。相反，作为技术的消费者，他们不仅要支付使用费用，还要承担转基因技术带来的一系列风险。在皮埃尔、苏瑞特（2005）看来，这是另一种形式的殖民主义。再者，转基因技术带来的好处只能由当代人来分享，因为转基因技术存在的安全风险需要“几十年甚至几百年才能显现，到那时，当代人已经不存在，而后代人却不得不为当代人的福利买单”。这种以牺牲后代人的幸福甚至生命为代价来换取当代人福利的做法，违背了代际正义（杨通进，2006）。

总之，转基因技术的设计并不以大力改善农民的生计为主要目的，它迎合的只是发达国家少数跨国公司的需要（皮埃尔、苏瑞特，2005）。印度著名环境保护运动人士苏曼·萨哈伊就曾指出，“基因工程的主要目的是企业赢利”（胡晓兵，2004）。“如果说生产创造了它力求满足的需求，抑或需求与生产并肩兴起，那就不能再用需求的所谓紧迫性来为生产的紧迫性作辩护。生产只不过是填补了它自己创造的空白。”（奥尼尔，2010）也有学者指出，“转基因技术极有可能被发达国家用以对发展中国家进行技术资源垄断和政治控制的目的”，而非为人类的粮食问题提供解决途径（胡晓兵，2004；恩道尔，2008；毛新志，2011）。

三　转基因技术的伦理与哲学审视

转基因技术在农业生产中的应用，通常被认为具有降低生产成本、提高单位面积产量、提高作物的营养价值和提高生态效益等优点（李晓明等，2000）。从技术的角度来看，转基因技术与传统育种技术在本质上主要存在两点不同：一是转基因技术可打破物种间的界限，将人为选择的外源基因直接转入作物体中，实现基因的“跨界转移”[①]；而传统农作物一般只能在同一物种内实现基因的自然配合（黄卫平、王洪斌，2010；蒋高明，2012）。二是转基因技术所操作的基因具有明确的功能，与传统育种方法相比，目标性更强，能大幅缩短传统育种所需的时间（胡晓兵，2004）。总的来看，传统育种以遵循自然规律为前提，每一个物种与生态环境之间的适应关系都经历过时间的磨合，总体上是一个自然选择过程；而转基因育种技术突破了自然规律的限制，并在短时间内完成了对物种的改造，体现的是一种人为干预过程，其生态和社会影响还有待自然的长期检验（陈蓉霞，2010）。

---

① 生物类群中的界有三大类：动物界、植物界、微生物界。界以下分别是门、纲、目、科、属、种。杂交多发生在同种、同属或同科物种之间。在传统育种方法下，生物间的跨界杂交是“零概率事件”（蒋高明，2010）。

在里夫金（2000）看来，转基因技术是一项“索取型”技术。尽管它能打破生物种间隔离的限制，通过改造作物的遗传物质使作物表现出更好的性状，如抗虫性更好、营养品质更优等，但仍需以具有丰富基因资源的天然种子库作为原材料。转基因技术虽然能够改造却无法创造遗传物质，“缺乏基因资源和多样性的生物，创造新物种只能是无源之水、无本之木”（毛新志，2005）。

从哲学的角度看，高亮华（1998）认为，技术是人类为满足生存与发展需要，借以改造与控制自然的操作体系，体现着人对自然的干预，且具有高度目的性。随着技术的出现和发展，人类对技术的认识也在不断地发生变化。目前，主要存在技术中性论、社会决定论和技术决定论三种观点。在技术中性论者看来，技术是实现价值的工具或手段，与技术后果没有必然的联系。这种观点暗含的理论前提是，技术的创造者和使用者完全理解技术的目的，技术是成为一种善的还是恶的力量，取决于技术创造者与使用者的动机和利益而非技术本身。社会决定论认为“技术不只是解决问题的手段”，更是一种“文化表现形式”，体现着伦理、政治与文化等社会价值（高亮华，1998）。这种观点较侧重社会背景对技术的影响，但针对技术本身并未提出更多的认识。技术决定论把技术看作“一股独立于社会和人的自我发展，且有着自身的独立意志与目的的力量”，认为“技术和它的使用之间不存在差别，技术的后果与影响是内在于技术的”，技术自主地控制并决定着社会和人类的命运（高亮华，1998；张铃、傅畅梅，2005）。由于技术也存在难以预测的潜在影响，且对技术本身和技术应用的区分能为风险性技术的持续革新提供有效辩护，减少公众对技术过程的影响与干预，所以技术中性论的观点被斥为具有一定的片面性。此外，社会决定论和技术决定论因为过度夸大技术的社会性和自主性，也招致了很多批评；尽管两种观点存在很大的差异，但有一个共同的认识：技术是负载价值的（高亮华，1998）。

高亮华（1998）进一步指出，作为一种负载价值的工具体系，技术也折射着人类看待自然的方式，因为“自然只有在观念上可以被认识和征服时，才能在现实中被认识和征服”。在他看来，强调人文主义的文艺复兴运动，就为现代技术的产生提供了观念前提。随着人文主义对人性的弘扬，以近代哲学创始人笛卡尔提出心身说为标志，人类的主体性原则得到确立，同时出现了一种全新的自然观。先前原始浑然一体的人与自然，也开始被分置于二元对立的主客体世界中。由此，“人与自然的原始统一消失了，取而代之的是一种人对无意识的客体世界的控制和利用关系。这种人对自然的新的体验方式，必然要在客观上导致一种对自然的统治与操纵的现代技术的兴起”（高亮华，1998）。在海德格尔看来，技术的本质就是人与自然之间的关系。现代技术展现的是一种挑战，它迫使事物进入非自然状态，不同于顺应自然的古代技术展现（高亮华，1998）。海德格尔将技术的这种挑战性称为“座架”，认为它不仅“限制了人的自由，也遮蔽了自然的真实显现”（毛新志，2005）。现代技术中，人们只从“技术的需要去对待自然”，把自然界限定在某种技术需要上，“而忽视了自然其他丰富的存在内容”（高亮华，1998）。

里夫金（2000）指出，生物在工业社会以前“被视为是整体的”，之后随着机械自然观的出现，“生物被视为由各个组成部分装配而成的复杂而有效的活机器”。这种生物机械观打消了人类关于生物的神圣感，“使自然界失去了活力，泯灭了生物的内在价值，为人类征服和控制自然做了心理准备”。进入信息时代之后，技术的工具理性又获得了新的表现形式。随着生命遗传物质的发现，生物不再被视为机器，而是被视为“一束束遗传信息”。以遗传资源为原料的转基因技术开始对生命进行改造，自然开始从遗传信息上被改写。在里夫金（2000）看来，转基因技术就是“人类控制自然的终极象征，因为它可以随意按照人类的理想来塑造周围的生物”。

为了使生命的跨物种设计能够被接受，将无限复杂的生命简化为简单的、决定论的和可能预测的模型，成为转基因技术设计者的主要目标，也对生物各自具有的固定特征及物种边界观念提出了挑战（恩道尔，2008）。里夫金（2000）认为，正是在简化论和还原论的观念下，转基因技术“通过使结构分解成功能，再将功能还原成信息流”，取消了物种之间的自然界限。“所有生物都才被消除了物质特征，转变成了抽象的信息。”这个过程同时也为人类对生命进行人工设计，提供了适度的合法化基础。此外，人类关于物种的认知也受到转基因技术的冲击。康奈尔大学化学生态学研究所所长、生物学教授艾斯纳博士就曾指出：“作为遗传工程最近进展的结果，生物物种应当被看成是基因的寄存处，这些寄存的基因有可能发生转移。物种不仅是自然书库中的一本硬皮精装书，同时也是一本活页书。它的每一页都是基因，都可以转移或改造成为其他物种”；对转基因技术而言，“物种界限不再是一堵分离各种植物或动物的不可透过的墙，而只是便于识别生物关系的标签”（里夫金，2000）。

转基因技术的出现不仅改变了人与自然的关系，而且预示着人类新自然观的形成。然而，这种新自然观背后充斥的是人类中心主义的思想。在人类中心主义者看来，人类是自然的主宰者，其地位要优越于其他物种，可以按照人类自己的意志对它们进行改造，人以外的存在物只具有工具价值（唐叶萍，2007）。然而，王铭霞（2001）从本体论的角度出发，认为“人与自然是相互平等的两个自然主体，不存在谁主谁从的问题”。朱俊林（2008）也指出，人类在技术活动中应当尊重自然规律，不能仅把自然看作一个可供操纵的客体，而应把它看作一个与人共存于这个世界的平等主体；作为自然生命共同体中的一员，人类有责任和义务尊重自然整体的演化规律及其他生命存在，不能仅以人类的意志为尺度，使自然的演化朝着人类所欲求的方向发展。恩格斯早在一百多年前，就曾意味深长地告诫人们：

> 我们不要过分陶醉于我们人类对自然界的胜利。对于每一次这样的胜利，自然界都对我们进行报复。每一次胜利，起初确实取得了我们预期的结果，但是往后和再往后却发生完全不同的、出乎预料的影响，常常把最初的结果又消除了。（马克思、恩格斯，1995）

作为一种高新技术，转基因技术本身就是“伴随着巨大风险的不确定活动，存在许多不确定因素和潜在的风险”（胡晓兵，2004）。卡尔·波普尔说过：“所有的科学都建立在流沙之上。”（吉登斯，2011）在里夫金（2000）看来，尽管转基因作物在进行商业化之前有一系列的安全风险评估，但转基因作物一经投入环境中，与其相互作用的便是整个复杂的生态系统，实验室条件下的监测或有限时空范围内的大田试验并不足以揭示转基因作物对环境的实际影响。可怕的是由于这些作物是能够在野外自行生长和繁衍的生命，它们一旦产生破坏效应就极易触发连锁反应，且整个过程“具有不可逆性”（杨通进，2006）。里夫金（2000）认为，“大田试验只不过是一场管理上的闹剧，一个具有科学的合法外衣却无实际内容的精致骗局”，“转基因农业可能是一个没有路标和参照物的高风险旅程。我们正盲目地闯入农业生物技术的新纪元，期望很大，约束很少，对潜在的后果我们却茫然无知”，即“我们不知道我们不知道”（毛新志，2005）。而对人类来说，生命只有一次。在强调平等和人权的现代社会，转基因技术在应用上以牺牲部分人的幸福甚至生命为代价来换取少数人物质利益积累的做法有悖社会伦理（杨通进，2006）。

四　如何应对转基因技术

对转基因技术进行科学研究无可厚非，公众对此几无微词。但是，当转基因技术应用于人类食品并进行商业化推广后，它已经不再是一个纯粹的技术或科学研究问题，而变成了政治经济问题以及哲学与伦理问题。

从政治经济学的角度来看，转基因技术创造了全球范围的种子与作物的价值链条，并将导致一场又一场没有硝烟的资本战争；从伦理与哲学的角度来看，转基因技术的影响直指全球环境安全与人类健康。正因如此，人类需要积极开展转基因技术研究，但是应该慎之又慎地进行转基因技术的应用，尤其是转基因食品的商业化推广。

杨通进（2006）对转基因技术伦理的研究，借鉴了乌尔里希·贝克关于“风险社会”的概念，即20世纪中叶以来，人类文明正在从过分追求发展与增长的具备第一现代性特征的“工业社会”，蜕变为具备反思性现代性特征的“风险社会”。在此基础上，“风险生产与分配的逻辑逐渐取代了财富生产与分配的逻辑”，健康、安全和环境等因素也优先于财富，成为社会变迁与人类生命历程中举足轻重的要素。在此背景之下，预防原则[①]应运而生，并有必要成为衡量转基因技术乃至其他新兴技术的开发与运行是否具备合法性的根本标准。

> 预防原则的基本要求是：某项行动，尤其是技术的使用，如果会给人类的健康和环境带来某种严重的或不可逆的潜在伤害，那么就最好不予实施，即使这种潜在伤害的可能性、严重程度或因果联系在科学上仍存在着不确定性。其核心内容包括两点：第一，积极预防原理，即如果有证据表明，被排放的某种物质（或拟实施的某项工程或决策）有可能会给健康或环境带来伤害，那么，即使目前的科学证据尚没有完全证明这种排放（工程或决策）和伤害之间的联系，我们也应采取行动以减少或禁止该种物质的排放（或叫停该工程或决策）。第二，举证责任转移原理，即那些认为目前的排放行为（工程或决策）不会给健康或环境带来伤害，或伤害很小以至于可以忽略不计的人，有责任向人们证明其行为的无害性。（杨通进，2006）

需要强调的是，这里指的是那些与人类健康和环境密切相关的技术。杨通进（2006）特别指出，其对健康与环境的破坏往往是不可逆的，“而且一旦发生，其后果将不堪设想”。因为，人的生命是

① 预防原则最早出现于20世纪70年代的联邦德国，于1987年在“保护北海第二次国际会议”上第一次被引入国际社会。此后，预防原则很快被许多国家和国际组织所接受，成为制定与保护环境、技术风险有关的政策的重要指导原则之一（杨通进，2006）。

“一次性的，一旦失去，即不可复得。而那些失去健康的人，则只能在痛苦中体验人生的烦恼和无奈。以牺牲少数人的幸福甚至生命为代价来换取社会财富的传统做法已经很难得到伦理的合法性辩护”。当然，预防原则“既有可能防止一场大的灾难，也有可能是虚惊一场，多此一举”。但那又怎样？无数的历史教训告诫我们，“先破坏，再治理”将酿成种种恶果，而且治理成本将超出获得利益无数倍。更为严重的是，获得利益的私有化和治理代价的社会化现实，将使社会更加不平等、不和谐。面对具有潜在的不可逆性风险的转基因技术的应用，人类应该从历史悲剧中吸取教训，而不能陷入对科学和技术的盲目自信中。弗洛姆曾就现代技术前景做过这样的描述：“如果人们知道现代技术社会所要演进的方向，那么就会立即采取适当的手段去打断这种演化的方向。如果没有意识到，在被惊醒的时候，就会发现他们的命运已不可逆转了。”（高亮华，1998）因此，“人类只有既面向未来又反思过去，才不至于陷入盲目乐观或无穷忧虑之中”（胡晓兵，2004）。在对待转基因技术的应用尤其是转基因食品方面，我们“必须走‘未雨绸缪，防患于未然’的可持续发展的生存道路”（毛新志，2005）。

此外，转基因食品，尤其是像转基因水稻这种主粮作物，在毛新志（2011）看来，“属于重大的民生事情，必须扩大公众与社会的参与，应该把转基因作物产业化的信息公开，充分考虑和吸收公众的建议，提高决策的透明度”。这毕竟涉及13亿人口的吃饭问题，对于这种重大的民生问题，容不得出现任何问题，否则后果不堪设想。这种公众讨论，理应既包括非“生物技术”领域的人文社会科学的讨论，也包括普通民众的讨论。然而，在现实中，人文知识分子的讨论往往被看成是“不懂专业”的观点，普通民众的看法往往被说成缺乏科学素养。

其实，科学哲学和科技伦理学本来就是人文社会科学的重要组成部分。因此，人文知识分子对转基因等科学技术的讨论实属分内之事。钱理群（2008）指出，现代科学专业的划分越来越细，学习的知识越来越单一，如果眼光完全局限在专业范围内，发展到极致，就会把专业、技术所涉范畴，看作世界的全部，从而排斥“不属该专业的”一切观点。如此一来，科学家也不免变成了鲁迅先生刻画的形象——“咀嚼着身边的小小的悲欢，而且就看这小悲欢为全世界”（鲁迅，2005a：250）。

当转基因技术应用于人类食物时，作为食用者的公众，提出质疑无可厚非。然而，科学家往往带着不屑表情进行种种回应。其实，人民大众并非一味的科学虚无主义，也很少有人对化学制品、转基因等技术本身抱有敌意。科学家的态度正反映了他们对自然界和生物体的征服者姿态、对普通百姓的救世主姿态。一方面，科学家仍然怀揣着贵族主义的优越感，保持着“一切他者均为我之客体”的居高临下、唯我独尊的泛主体性心态，抱着“改造自然和征服自然”的决心不放，拒绝“尊重自然和敬畏自然”。另一方面，在无法证明科学对人类无害的情况下，科学家往往以“没有证据表明有害”搪塞一切。这充其量只是一种强权逻辑罢了！

人类不可能没有技术，但是，转基因技术不能成为统治、压迫和奴役我们的异己力量。尽管转基因技术的发展趋势不可阻挡，但是在对待转基因技术时，“不仅要尊重自然，而且要尊重人性”（胡晓兵，2004）。正如杨通进提醒的：

> 面对现代文明这辆在技术化的轨道上越开越快的列车，我们需要冷静地评估和判断前面诸多岔道各自所蕴藏的利益与风险，应该认真地思考贝克所提出的那个古老而全新的根本问题：“我们希望如何生活？什么是应该保留的人类的人性特征和自然的自然特征？”（杨通进，2006）

10

自然的故事：经济增长中的环境迷雾

在古希腊语中，自然意喻“生长”，生长变化具有确定的趋向，这个趋向就是其内在本性自我实现的要求（吴先伍，2006）。这与中国古代哲学对自然的理解不谋而合。在中国古代，自然主要指天然的、不依人的意志为转移的、无须人的作用来干预的状态。此外，原始的自然概念具有神性和对人类的包容性。在许多古文明中，自然被赋予了灵魂，充满了神明和精灵，是一个生命的有机体，一个既有丰富活力又有秩序和规则的运动着的生命整体。自然的整体性决定了它不能被任意分割和重新拼合，其中人依附自然存在，只能服从自然、看护自然（吴先伍，2006）。从广义上说，原始的自然概念是指天地万物之道，与宇宙、物质、存在、客观实在等范畴同义。而狭义上自然的概念等同于自然界，即人类社会以外的事物的总和；被人类活动改变了的自然界，通常称为“第二自然”，或“人化自然”。

人们现在对自然的理解，主要是指狭义的自然。而环境的概念大体上与狭义的自然相同，是指不具有神性、不包含人性成分的原初自然。《中华人民共和国环境保护法》对环境概念是这样阐述的：

> 本法所称环境，是指影响人类生存和发展的各种天然的和经过人工改造的自然因素的总体，包括大气、水、海洋、土地、矿藏、森林、草原、湿地、野生生物、自然遗迹、人文遗迹、自然保护区、风景名胜区、城市和乡村等。（《中华人民共和国环境保护法》第 2 条）

在这个概念下，自然被交给了理性和科学，失去了灵魂和神秘，而人类从自然中脱离出来，成为世界的主人。

进入工业文明以来，随着人类资源开发技术的日益成熟、社会生产力的极大发展，以往对大自然的崇拜逐渐转化为对自我能力（科技）的迷信和崇拜（谢高地，2009）。短短的几百年间，地球人口急剧增长，人与自然的冲突和对抗日益加剧，环境污染、生态破坏日益严重。全球气候变暖、臭氧层破坏、水资源危机、能源危机等一系列问题，已经成为全球性的难题，也成为人类社会关注的焦点。各种应对环境破坏的保护理念或行动，不断被提出并付诸实践。同时，人们对环境问题产生的根源、环保行动的效果及目的的质疑从未间断过。环境因何成为问题，它又为何迟迟难以得到实质性的解决？本文试图通过回顾、梳理和反思当前社会有关环境问题起源和治理的主要观点，阐释这样一个事实：环境在现代化语境之下逐渐成为实现增长的资源，为实现环境保护的诸多理论和行动，其终极目标仍旧是经济的增长。

一　工业革命以来的环境破坏

工业革命后，科学技术的飞速发展给人类社会带来极大物质繁荣的同时，也造成了人类与自然关系的异化，从而导致了一系列灾难。受这些灾难影响的方面有很多，但首当其冲的便是环境。回顾工业革命以来的环境破坏历史，梅雪芹（2002）划分了四个主要阶段。（1）18 世纪末至 20 世纪初，从英国开始的工业革命建立了以煤炭、冶金、化工为基础的工业体系，其中煤成为最主要的动力。这场变革带来了粉尘、二氧化硫、二氧化碳、一氧化碳和重金属污染等。但是，这个阶段只是点源污染，环境破坏尚处于初发阶段。（2）20世纪20～40年代，一方面煤炭大量使用带来的光雾污染等频频发展成为公害——如30年代的“马斯河谷烟雾事件”、40年代的“多诺拉烟雾事件”、50年代的水俣病事件等；另外一方面，石油、天然气成为新的动力，大大促进了汽车工业和有机化学工业的发展，带来了许多新的危害，如有毒烟雾、白色污染等。在这一阶段，全球环境危机明显深化。（3）20世纪50～70年代，环境问题全面爆发。在此阶段，世界进入战后高速发展期，工业化、城市化进程不断推进，发达国家公害事件频发，海洋环境受到污染；新污染源——放射性污染和有机氯化物污染出现，并将环境问题推向了更加复杂的境地。在这一阶段，环境污染与生态破坏逐渐蔓延全球，同时人类对于环境的意识也开始觉醒（喻泽斌、王敦，2001）。（4）20世纪80年代至今，环境问题以区域性和全球性为主要特点，表现为臭氧层破坏、全球变暖、酸雨、生物多样性锐减等。环境问题还引发了全球的环保浪潮，国际环境合作、环境资源争夺等愈演愈烈。

对于环境问题产生的根源，各方观点不一。国内外学者从人口、科技、经济及制度、道德、文化等几个角度，论述了环境问题产生的根源（刘建涛、贾凤姿，2012）。在各种说法中，王国印（2008）认为，最有影响的是“经济发展原因说”和“科技原因说”。其中，“经济发展原因说”认为环境的恶化与经济增长相联系，是工业革命以来的经济大规模发展导致了日益严重的环境问题。1972年，罗马俱乐部发表了著名的研究报告——《增长的极限》，直言环境污染等问题是经济增长造成的。此外，西方经济学也常用“外部性说”或“市场失灵说”等来解释环境污染产生的经济原因。“科技原因说”从“环境→经济→科技”的关系来追溯环境问题产生的根源，认为人类经济活动依仗科学技术，而科技本身是“双刃剑”。此类研究由科技带来的负面影响入手，分析环境恶化的根源。

但是，也有一些为经济和科学技术辩护的观点，如“阶段论”和“代价论”。“阶段论”者认为环境污染只不过是阶段性的，可以先污染、先破坏，以后再治理，破坏与治理之间的时间差是由人类经验和知识的局限造成的，经济和科学技术的发展终能解决环境破坏问题。“代价论”者认为环境破坏是为了增长必须付出的代价。这种观点认为环境—生态破坏是人类为增长必须支付的代价，这是正常的现象，没有好处的获得可以不付出代价的（薛利山，2005）。在中国，长时间来的积弱状态以及急于强国的意愿，更导致了“豁出生存搞发展”的倾向——尤其是在计划经济体制阶段。因此，在中国，有学者提出“残余论”，认为当前对环境的破坏是计划经济体制的残余，只要彻底实现了全球化，与发达国家社会体制接轨，一切问题自然会迎刃而解（黄平、李陀，2000）。

但是，这些辩护也遭到质疑，认为许多环境破坏需要长时间的恢复或者根本就是不可逆的，不会有环境恢复的“阶段”。而且许多发达国家在污染以后的“治理”之术，就是将污染转嫁给欠发达国家和地区。以生态环境为代价获得经济的增长，无疑是一种掠夺式开发。当许多人已经在因为环境恶化丧失性命的时候，再谈“治理”又意义何在？这样的增长满足了少数人的舒适和高标准生活，却将多数人置于危险和恶劣境地，社会正义又何在？在中国，国家长时间的贫穷使发展成为一种政治选择，但当“经济建设为中心”的口号演变为一场疯狂的逐利行动时，那毫无疑问也是一场对自然环境的浩劫（东方海，2000）。而以“代价”言论来平衡增长的利益和危害是不可能的，破坏是客观事实，不因为 GDP 的增长而泯灭，何况很多时候增长的受益者和受害者并非同一群体——弱势群体更容易处于承担社会发展代价的位置上。

不管有关环境问题起源的争论如何，在人类进入工业文明以后，高速的科学技术发展带来环境危机的事实是人们无法否认的。现代环境问题的出现、扩张都伴随着现代工业化、城市化的快速发展，尤其是在二战以后，世界进入了经济发展的高峰期。到今天，环境问题已成为世界关注的焦点和人类社会发展议题中最为重要的一环。这缘于两个方面的因素：一是上面所论述的，工业革命后严重的环境破坏与人们环保意识的觉醒；二是接下来所要论述的，二战以后发展主义霸权的建立和对环境问题的构建。

二 环境问题的发展主义根源

发展一词最常见于二战后理论家、政治家对第三世界或者欠发达国家和地区的一系列问题的描述上。“发展中国家”“低度发展地区”等都是在此领域常见的概念。而这些概念的背后实际上有这样一个逻辑：发展实质上就是通过资本、科学和技术等要素的支持，对欠发达国家和地区进行全面的重新构建和变革，以达到物质繁荣和经济进步，使其复制和采纳“先进”社会的特点——高度的工业化、城市化、农业科技化、物质生产和生活水平的快速增长、现代教育和文化价值等（李胜，2008）。这种以西方为中心的发展话语体系，以绝对的霸权统治着人类社会，掌控着人类社会的未来进路。大多数人热衷于追求发展，且从未质疑过“发展”话语体系存在的问题。

发展话语许诺给人类美好的未来，但发展实践却产生了它的对立面——贫困、债务危机、剥削与压迫、生态恶化等，发展主义的实践和意识形态日益陷入危机（埃斯科瓦尔，2011：2－3）。对发展主义的批判首先出现在西方内部，尤其在20世纪70年代以后，后现代主义思想家从文化上对传统发展主义的理性主义哲学基础进行了清算，并质疑理性的普遍有效性和合法性。他们“解构”理性，彻底否定作为发展主义目标的“现代性”“现代化”，以及主导了世界现代化历史进程的整个西方工业文明（周穗明，2002）。美国人类学家埃斯科瓦尔（2011：26，49）在其著作《遭遇发展——第三世界的形成与瓦解》中，尖锐批判了发展主义的危机，对发展的真正意义进行了探讨。他提出，应将发展作为一个独特的历史现象和一个被创造出来的思想和行动领域来考察。二战后早期，发展话语及其一系列策略以解决“贫穷”问题为由而被发明出来，并被不断强化。由此，“发展”通过发展知识专业化、发展实践制度化得以展开。他指出，在特定的领域，发展系统地生产了知识和权力，并使发展机器发挥了其功能。这些特定领域就包括了可持续发展。埃斯科瓦尔认为，发展的霸权主义世界观继殖民主义之后统治着人类社会，而发展话语的背后实际上是西方中心本质和政治背景（李胜，2008）。第三世界国家的学者也对发展主义进行了批判，如印度生态女性主义学者范达娜·席瓦（Vandana Shiva）就指出，发展的概念是基于西方父权制和资本主义关于经济进步的概念而形成的。在父权制和资本主义经济进步的指导下，“发展”是线性的、充满霸权的概念（安娜，2009）。在中国，随着物本主义、发展的目的与手段相颠倒、主客体的对立和分裂这三类发展主义的征候在现代社会的展露（杨寄荣，2010），学者对发展主义的批判也日益尖锐。黄平（2003）指出，源起于西欧北美特定的制度环境，并在20世纪60年代之后逐步扩张成为一种为国际组织所鼓吹、为后发社会所尊奉的现代性话语和意识形态——发展主义（严格地说，应该是“开发主义”），通过对工业化、城市化、现代化等的美好许诺，对广大“第三世界”产生了极其深远的影响。冷战结束以后，发展主义更是演变为一种全球化的潮流。这种潮流将“发展”简单地还原为经济增长，又将经济增长简单地等同于GDP或人均收入的提高。

尽管对发展主义的批判已经出现，但毫无疑问，发展的霸权仍是社会主流，人类仍旧坚信发展可以创造一个美好的未来，社会仍在向着这个理想的未来不断前进。在认识到发展是社会建构的，是历史的产物，是一种霸权主义世界观后，再来看看被埃斯科瓦尔定义为“发展主义编造的四大神话”之一的“环境”。

日益严重的环境问题显然是阻碍发展的因素之一。一方面，生态资源是社会经济增长的基础，生态的破坏造成经济增长危机；另一方面，生态的破坏也引发人们对发展的指责，产生舆论压力和信心危机。如生态后现代主义的代表人物斯普瑞特奈克（Spretnak，1991：

12）就明确指出，环境问题本质上是一个现代性的问题。在她看来，“在许多深层意义上，现代性并没有实现它所许诺的更好的生活”。人们已经逐渐认识到其所处时代面临的环境问题的严重性。现代环境问题多被认为是几个世纪以前才开始统治世界的西方工业体系所产生的直接后果。尽管多数人忽视了20世纪60年代后工业化、现代化背后的支撑力量——发展的霸权，但是，随着发展对于改善环境、创造美好未来的许诺逐渐破灭，人们对“发展”的绝对信仰也必然趋于瓦解。

此外，随着现代化对环境的规划和利用，“环境”本身已经成为一种发展主义体制和话语下的资本和资源，而具有资源价值的自然物在被迅速商品化和市场化的过程中，通过各种本土的或全球的资本—技术的依附关系，逐渐集中到各种权势集团和资本集团的手中，如全球土地攫取（黄平、李陀，2000）。环境问题已经不再是单方面的问题，它关系到政治、经济等各方面因素，涉及国家、企业、个人等不同主体的利益分配，因而有关环境资源的争夺也愈加激烈。

综上可知，重视环境治理、整合发展与生态的关系成为维护发展话语霸权的必然选择。而发展话语在建构环境的过程中遵循着这样的逻辑：首先，大力度宣传环境问题的严峻性和干预的必要性，使人类干预具有合法性，发展经济和科技以保护和治理环境成为主流之声；其次，可持续发展理念以及环境资本化的尝试，极大地缓和了世界经济增长与环境恶化的矛盾，并深得人心；最后，21世纪以来气候变化问题的提出与主流化以及引发的争议转移了人们的视线，同时创造了一系列概念，如碳指标等，以保护环境的名义使一些环境领域的概念进入市场，并发展成为一种潮流和经济形式。

三 应对环境破坏：环保领域的热点及其实质

人们对日益恶化的生态的担忧，随着环境破坏的加剧而深化。环境大规模、高速度的恶化并不是历史常态，而是近代工业革命后随着社会发展而出现的问题。“地球退化说”、大自然的病态形象等以环境保护论者、经济学家和政治学家的专业话语姿态得到散播（埃斯科瓦尔，2011：225）。满目疮痍的地球如果不能得到及时的救治，将会走向灭亡，人类也将走上穷途。地球需要专业的、科学的管理，更加合理的规划能够解决环境问题，此类观念的深入人心使地球和地球本身进入理性话语之中。“管理地球”“人类必须成为地球舵手”的言论甚嚣尘上。人们普遍认同不能仅仅靠感情，而是需要科学的介入来保护环境。而且环保运动必须紧跟科学的发展，我们要学会尽可能地少破坏，同时在必要的时候尽可能多地干预（布兰德，2012）。

人类对自然的干预是通过一系列理念和实践实现的，如“可持续发展”的概念、环境资本化运营的理论与实践、近年来被誉为“世界头号灾难”的气候变暖问题，以及由此催生的经济形式——如碳经济、碳交易等。这些理论和实践体现出了同一个信念：人类能够通过技术和制度化的进步，有效地治理环境。然而，人类对自然进行干预，即进行“规划”和“管理”信念背后的预设是：社会和自然可以被人类随意设计、引导和制造（布兰德，2012）。“我们”必须管理、规划好地球。这一话语中的我们，绝非一般大众，而是指西方科学家、规划者、管理者，是专业的环境学领域的学者、专家，是国际环保组织。在此状况下，环境作为一个专业领域被置入了发展主义的话语中，而可持续发展的概念成为这一领域的最高目标和基本原则。

（一）可持续发展：为了环境的可持续还是经济增长的可持续?

1987 年，《我们共同的未来》的问世为人类社会进程引入了新的战略——可持续发展。它是指既满足当代人的需求，又不对后代人满足其需求的能力构成危害的发展（世界环境与发展委员会，2004）。在多数人眼中，可持续发展是实现经济和环境可持续发展的最佳理论、最好方法。诚然，可持续发展战略认识到自然环境对人类社会发展的阻碍，相对于传统的只顾经济利益不顾生态环境的发展观来说进步多了，但是，深入反思可持续发展的理念会发现，其中依然存在着许多问题。从概念本身的矛盾、潜藏的病态逻辑及其体现出的技术乐观主义和人类中心主义，到它在实际中起到的作用，可持续发展无疑都是服务于发展霸权的、基于技术乐观主义和经济效益的浅层方案，不可能从根本上解决环境问题（彭新武，2001）。

从理论层面上理解可持续发展，可发现此概念存在的一些问题。第一，从可持续发展概念的背景来看：

> 可持续发展意识的兴起，与形形色色的实践中的调整有关（比如评估发展项目的可行性与影响，获取本土知识，非政府组织的发展援助），与新的社会环境有关（自上而下发展项目的失败，此失败所带来的史无前例的社会与生态问题，抗议的形式不断更新，愈加突出的匮乏问题），与公认的国际经济和技术因素有关（伴随生态退化的全球化趋势而出现的新的国际分工，以及测量生态退化的新技术）。（埃斯科瓦尔，2011：227）

也就是说，可持续发展概念的出现绝非单纯的生态意识的复兴。第二，从概念本身来说，它并未突出人与自然的关系，而是从人与人的关系出发来定义的。它突出的重点是“发展”的可持续性。环境的可持续性是实现人类发展可持续的工具和前提。仅就人与人的关系而言，可持续发展的概念也忽视了当代人之间的矛盾（彭新武，2001）。此外，“可持续发展是针对人类的无限发展与自然资源的有限性这一矛盾而提出的战略思想”（罗浩波，2002）。在人与环境的可持续发展中，可持续发展理念无疑是更偏向于人类的发展而非环境。《我们共同的未来》关注的焦点并非经济增长给环境带来的破坏，而是环境破坏对经济增长的阻碍。与其说是为了环境的可持续性提出了可持续发展的概念，倒不如说是为了实现可持续的增长而不得不考虑环境的因素。第三，可持续发展理念潜藏着以未来框架规范现实的非现实主义病态逻辑。可持续发展的定义和侧重点，更偏向于“为了实现未来发展的持续功能而去协调现实的有序发展结构”（彭新武，2001）。对当下危机的克服只是实现未来发展的工具。这一策略将发展优于环境、优于人类当下的生存问题，肯定是不正常的。从来没有哪个时代像近现代以来的社会对“发展”如此热烈追求，对理想中的未来如此渴望，强烈到几乎忽略了现实和当下（彭新武，2001）。第四，它过多强调的是一种没有代价的发展。事实上，可持续发展只能将这种代价缩小到一定的范围内，而不能完全消除。因此，可持续发展理论存在着自身命题上的困境（王礼刚，2005）。第五，可持续发展战略企图在不改变现有社会结构、维持发展权威的前提下，依靠现有的社会机制和技术进步来获得环境治理的有效性。但是人类忽视了，正是发展对世界的统治以及人们对发展的迷信和渴望导致了社会与环境的一系列问题。企图维持发展的绝对话语、期盼着“发展”能够解决一切问题，显然是不可能的。可持续发展理论中体现出的对人类自身能力的崇拜和对科学技术的乐观主义也令人担忧（彭新武，2001）。在《我们共同的未来》中，有这样一段话：

> 本委员会（世界环境与发展委员会）相信：人民有能力建设一个更加繁荣、更加正义和更加安全的未来。……我们看到了出现一个经济发展的新时代的可能性，这一新时代必须立足于使环境资源库得以持续和发展的政策。我们认为，这种发展对于摆脱发展中世界许多国家正在日益加深的巨大贫困是完全不可缺少的。（世界环境与发展委员会，2004）

可持续发展理论坚信人类能够通过技术、良好的治理和管理政策等改善环境，通过预测对可能出现的环境问题加以避免。这隐含着一个可怕的假设，即人类能够使用技术、工具等控制和改造自然。科学技术与人类前景紧密相关，然而，“科学认识的突破和新的技术也蕴含着不断增长的危险性”。人类对技术的依赖和对物质的追求，体现了对发展和进步的忠实信仰，同时也可能导致“人”的退化（彭新武，2001）。

而从实践层面上看，可持续发展在环境治理上存在许多现实问题，其实际效果发挥着维护发展霸权、使环境服务于发展的作用。可持续发展理念在社会发展动力上，难以改变人类对利益关注的“近视”性；在政治层面，难以解决要实现可持续发展而需要的国家间、地域间的合作（汤建龙，2003）。此外，可持续发展缺乏标准和衡量指标，在操作层面难以落实。在实际效果上，可持续发展战略的提出，不仅为发展话语赢得了许多环保主义者的支持，而且巩固了人们对发展的信心。对于信仰“发展至上”的人来说，它是一支强心剂，让他们相信发展本身，相信人类能够解决环境恶化问题，能够实现极限的增长。对于环保主义者来说，可持续发展被视为工业社会对环境的妥协。而对于更多以增长为目标的决策者来说，可持续发展是获取某些支持和利益的良药。此外，

> 可持续发展就像是一种超级黏合剂，把志趣截然不同的人——从追求利润为目标的工业主义者和风险最小的维持生存的农民，到追求社会平等的工人、关心环境或保护野生动物的绿色运动分子、以增长为目标的决策者及着眼于某一目的比如拉选票的政治家——联系在了一起。（郇庆治、李云爱，1998）

而这一切实现的根源在于人类对发展的迷信。可持续发展理论将环境问题纳入发展的规范框架，使其成为发展的一个特殊领域。可持续发展概念的提出，使得“增长”与“环境”这对冤家化敌为友。此外，在发展的话语中，贫困与环境密不可分，实现更多的增长、消除贫困也就成为保护环境的一种手段。这样，“环境”表面上得到重视和关注，而实质上还是在继续被损耗，为增长做贡献；可持续发展

表面上为环境可持续指出了一条明路，实质上路的前方依旧是经济增长的发展主义霸权。

（二）环境资本化：保护还是更彻底的利用?

如前所述，可持续发展的概念对增长和生态破坏起到调和的作用，而“环境”概念本身也是二者的中介。埃斯科瓦尔（2011：229）认为，环境的概念“源于城市—工业体系的自然观。所有与该体系的运转相关的，都成为‘环境’的一部分”。现在，越来越多的人认识到，良好的生态就是一种发展的“资本”，甚至可以说是决定经济发展后劲最重要的资本，环境本身就是一个绿色银行（穆治辊，2004）。将环境资本化（也有称自然资本、生态资本）运作以实现生态效益和经济效益的统一，是当前受到热捧的理念。此理念赋予环境以资本的属性，从而巧妙地将经济学与生态学相整合，迎合了以经济为中心的国际竞争趋势和可持续发展的要求，因而受到各方的赞誉和采纳。

那么，何为环境资本化？环境经济学认为，资本是能够得到价值增值的投入，而人类的投资经营活动很大程度上依赖于环境的好坏，当环境作为投资过程的一项投入进入生产过程时，可以带来更多的商品、劳务并实现增值，因而环境亦属于资本的范畴（黄爱民、张二勋，2006）。具体来说，环境资本是指“能够在现在或未来提供有用的产品或服务流的自然资源及环境资产的存量”（Daly，1996），包括水、土、气、矿以及森林、草原、湿地、遗迹等自然资源，交通、信息等基础设施，以及政策、观念等无形因素。这是对环境资本的静态描述。从动态的角度来说，环境资本一方面包括了为人类经济社会可持续发展服务的自然、未受人类干扰的资源，另一方面它也是通过人类劳动或自身功能而实现生态自我还原和自我修复的自然资源和外部环境（林娅、孙文营，2008）。环境资本运营的本质（或目的）是获取经济利润，其手段或途径是改善环境质量（黄爱民、张二勋，2006）。以前，生态环境得不到好的保护，原因就在于其产权的复杂性和外部性。如果纯粹将其视为一种基础设施，问题反而会比较好解决，“假如我们的基础设施出现问题了，我们就会想到利用科学、工程以及公众共识，还要用发行债券或公私合作等方式来解决它，而这些工具实际上对自然基础设施也同样适用”（布兰德，2012）。承认环境有价，也是按自然规律办事，尊重自然。只要科学经营，尊重环境资本属性，就能解决长期困扰环保工作的资金短缺难题（黄爱民、张二勋，2006）。

在中国，将环境资本化理念付诸实践的呼声非常高涨。郭涛、王海娟（2002）指出，对于人口众多、经济发展仍然受到自然资源制约和限制的中国来说，改善和保护生态环境是发展综合国力的途径。如在西部大开发中，应保证必要和持续的环境投入，提高环境资本的权重和生态效益，将环境发展目标寓于经济发展目标之中（李萍、张雁，2001）。在农业发展方面，实现绿色农业生态资本运营，不仅可以实现绿色农业生态资本的经济价值，还可以使绿色农业生态资本保值和增值（严立冬等，2009）。

在环境资本化运营概念出现以后，环境保护和发展的关系逐渐缓和——在此之前，发展与环境保护是明显对立的，是牺牲环境保发展还是环境保护优先一直是有争议的议题，而现在，“环境是资本、生态出效益”，保护环境是获取利益的保障，市场化的推动也使环境治理本身成为一个“有利可图”的朝阳产业（牛新国等，2003）。

对环境资本化运营的过度吹捧，使很多人相信它能够妥善解决环境污染问题，却殊不知这一概念背后存在的问题。学界对环境资本化运营的反思和质疑一直存在。环境资本化过度简化自然的功能至经济功能上是十分危险的（李霞，2011）。这也使“环境”一词的内涵越来越被人误解。它突出了环境中的某些要素，如自然资源等经济效益较为明显的部分，使人曲解了环境的含义。此外，突出环境要素的经济价值，极易使人们正在形成的科学环境观发生新的偏差，也易使以经济价值来衡量环境成为合理的、正常的观念（曹顺仙，2006）。它隐含这样的生态价值观：环境的价值在于促进经济的发展。不仅如此，环境资本化还将导致“资本跟着环境走”，导致更多的基于环境的经济发展活动，其后果不可能保证一定是环境友好型的。

此外，环境资本化运营表现出的对环境破坏权的瓜分同样令人忧心。当前，国际上基于此概念提出的环境政策工具主要包括三类：一是政府命令管制或直接提供，二是公众和私人部门参与，三是利用市场或经济手段。其中，利用市场或经济手段是近年来迅速创新并发展的新政策工具，也可统称为环境经济政策，是依据市场价值规律，利用财政、价格、税收、信贷、投资、收费、保险等经济方式，限制、指导或影响市场主体的行为，以此实现经济发展与环境保护协调发展的政策手段（陈文升，2011）。这些政策认可了以经济补偿受损环境的思维。这不单是把环境本身看作一种资本，还把污染环境看作一种可争夺的权力资源，其实质还是为了实现经济的增长。例如，碳交易、排污权等政策，看似控制了污染排放的总量，却将污染环境的权力货币化、市场化，使污染环境成为道义上可以接受的事情——只要看是否能够获得排污的配额。这些配额引起了各国的激烈争夺，而在争夺中，处于弱势地位的欠发达国家和落后地区必将承受污染的最终后果，且弱势人群受到损害的程度将最为严重。环境资本化的实质是将污染环境这一举动社会化、合理化，使环境进一步成为经济增长的附庸。而近年来中国推行的生态补偿政策也是如此，表面上非常公平正义，实质上也是一种以货币定价自然、将自然环境纳入国家治理和市场交易的形式。

（三）碳经济：全球的毁灭危机还是环保陷阱？

1. 变暖还是变冷——全球气候变暖争议

在可持续发展、环境资本化运营等将人们对自然环境破坏的担忧和争议逐渐缓解的时候，另一个有关自然以及人类生存的重大命题逐渐成为关注的焦点，那就是“全球变暖说”。主流媒体、各国政府都倾向于承认：人类活动产生的大量二氧化碳，加剧了温室效应，从而造成了世界范围内的温度上升，导致了一系列严重的后果，如北极海冰融化、海平面上升、气候灾害等（北京市林业碳汇工作办公室，2010；徐春堂，2002）。全球变暖成为当今世界上威胁人类的头号灾难。二氧化碳也成为将人类推向末路的头号公敌。围绕减少二氧化碳的议题，催生了碳经济、低碳生活、碳交易等概念。21 世纪，全球俨然进入了低碳时代，二氧化碳浓度问题大有将其他环境问题以及人类社会的现实问题掩盖之势。

支持变暖论者认为，地球温度和二氧化碳排放量在走势上非常吻合，呈正相关关系。而且，不断有研究者证明了人类活动、二氧化碳与全球变暖之间的相关关系。他们相信，人类社会经济活动导致的大气中温室气体浓度上升是诱发全球变暖的主要因素之一。关于全球变暖的严峻后果及其与人类活动之间关系的证据，近年来以日新月异的速度增长，越来越不容置疑，人类活动与温室气体排放之间的关系成为气候变化研究领域的热点之一（顾和军、曹杰，2010）。

质疑变暖论者则认为，大气温室气体中，水汽对温室效应的贡献率约为 95%，二氧化碳的贡献率约为 3.62%。而人为活动排放的二氧化碳对温室效应的贡献率，只有 0.105% 左右。政府间气候变化专门委员会（IPCC）过分夸大了人为活动排放的二氧化碳对气候变暖的影响，没有充分的科学依据来证明人为活动排放的二氧化碳是导致全球气候变暖的罪魁祸首（杨新兴，2010）。然而，地球上的气候自始至终在不停地进行着冷暖期的交替变化，所谓的“地球恒温”是不存在的。而且，气候变暖并不一定是可怕的，现在的变暖远没有被宣传的那样严重（黄伟夫，2011）。历史上，地球的温暖时期被称为“人类最适宜气候期”。温暖的气候更有利于人类社会的进步和生产力的发展，而不是给人类带来灾难性的后果（杨新兴等，2011）。因此，对于气候变暖，人们不必恐慌。相反，某些人一味宣传全球变暖则危害很大。一方面，这误导了人们对冬季生活的必要心理预期与物质准备，使人类失去对“变冷”的应有重视，将会给人类带来难以预料的灾难；另一方面，把环保目标从治理全球变脏转换成应对全球变暖，分散了环保活动的注意力，使人们不能聚精会神地去抓污染，导致许多地方的空气、水、土地等污染日益严重。似乎只要全球不变暖，污染严重也无妨（刘书越，2009）。还有批判者甚至指出，地球并非在变暖，而是在变冷！全球变冷才是真正的趋势，它背后是地球、太阳乃至银河系运行规律的大道玄机，这些，根本不是人类所能抗逆的（柳下再会，2010）。

2. 拯救还是陷阱——全球抗暖行动与碳经济

总体来说，尽管出现了对全球变暖的质疑，但是，多数国家、跨国组织等对全球变暖深信不疑，将减少二氧化碳排放这一行动推上了一个道德制高点。减少二氧化碳排放，从而扭转全球变暖趋势，给子孙后代留下一个可持续发展的环境，成为世界各国义不容辞的责任——如果有任何国家或者组织、个人不参与减排的行动，那么它（他）就是毁灭地球、毁灭人类未来的杀手，将受到非议和谴责（杨槐，2010：8）。第三世界国家也不能逃避承担减排的义务。尽管多数人能够意识到让工业革命明显迟于发达国家的发展中国家承担与发达国家同步或同等份额的减排和限排义务是不公平的，但是，支持变暖说的人相信，对于任何国家而言，如果只顾自身利益，最终都逃不过全球变暖的惩罚。正如政府间气候变化专门委员会的报告所强调的，无论哪个国家或地区，面对全球气候变暖，谁都不会成为真正的赢家（张锐，2007）。

从目前来看，全球抗暖主要有两条思路。第一条，人们相信人类活动是全球变暖的主因，并主张通过大幅减少温室气体排放（减排）或限制温室气体排放（限排）来遏制全球变暖的趋势。这一派以《京都议定书》批准国，尤其是欧洲国家为代表。第二条，人们不相信人类活动是全球变暖的主因（虽然他们也赞成全球变暖说），但主张通过本国科技创新来减少能耗和发展替代能源，并主张用高科技来应对地球自身不可避免的变暖问题。这一派以美国为代表（张锐，2007）。不同的抗暖思路，衍生出不同形式的碳经济——虚拟碳经济和实体碳经济。柳下再会（2010）在《以碳之名：低碳骗局幕后的全球博弈》中，对虚拟碳经济和实体碳经济做了分析。下面对其观点做简要介绍。

虚拟碳经济主要指碳商品和碳金融。碳商品和二氧化碳没有物理上的关系，它只是基于“二氧化碳排放权”概念衍生出的虚拟品（柳下再会，2010）。1997 年 12 月，《京都议定书》明确了发达国家各自要承担的减排指标，建立了一个将排放指标商品化的机制。这个机制确定了五种不同温室气体之间的换算关系，促使碳排放指标被赋予商品意义。最初，碳交易以购买配额为基本交易方式。随后，欧洲气候交易所推出了与排碳配额挂钩的期货，使二氧化碳排放权可自由流通，也完成了将“碳排放权”由特定需求商品向广普商品的转化——普通人也可出资购买自己的“碳足迹”。且随着期货的推出，一些基金开始到发展中国家开展减排项目合作，然后将获得的核证减排量拿到市场上出售。2004 年，私人资本开始大举投资减排项目。此后，政府失去了“碳资产”领域运营上的主导权。碳商品市场由最初的国家间指标交易、政府给企业发放配额，到金融资本大举介入，碳排放权被完全赋予了商品属性，交易在社会上普及开来（柳下再会，2010）。

实体碳经济则主要指绿能技术和碳捕捉技术。长期以来，由于化石类能源的短缺和“环境政治”的影响，欧盟国家一直深耕能源替代技术。目前，它们在绿能技术的研究和应用上处于世界领先地位。碳捕捉技术也受到众多投资者的青睐。尽管这种技术实质上对解决能源供应无补，于环境改善有害，但是，其意义在于，一旦强制性减排得以国际大推广，在“碳排放权”被限制，对应传统化石类能源的使用也被严重限制的情况下，人们为满足能源需求，不得不寻求昂贵的绿能来补充，或者求助于碳捕捉技术减低排放（柳下再会，2010）。

3. 科学还是政治——世界低碳利益格局与争夺

从上面的分析不难发现，不管是虚拟的还是实体的碳经济，欧盟均占据了主导地位，美国等发达国家也从中获益。而碳经济不仅是利益分配问题，还牵涉到全球政治局势。美国麻省理工学院地球、大气和行星科学系教授林德森认为，“全球变暖”这一命题在科学界根本没有形成共识，却已经被某些人在政治上当成了真理，“全球变暖”已变成“科学的政治”（梁海、罗江海，2010）。在2009年哥本哈根世界气候大会上，根据各国对于气候危机不同的利益关注点，世界低碳利益格局主要分为保生存、保发展和保主导三种，相应地构成了生存体系（低端）、发展体系（中端）和主导体系（高端）三个体系。这三个体系交织于世界低碳利益格局之中，使得世界低碳利益格局更加复杂且具有变数，而世界低碳利益格局的形成，与以往的世界格局交织在一起，使得世界利益更加错综复杂（陈天林，2010）。减排问题政治化，似乎成了一些发达国家用来遏制发展中国家发展的利器（冯武勇，2007）。杨槐（2010：8）总结道，18、19世纪，西方凭着赤裸裸的殖民掠夺获得积累；20世纪，西方凭着“第三次浪潮”及其高科技发财；21世纪，西方则以“科学”和“环保”的名义进行“碳交易”而获得了主导权。

在政治力量和利益集团的争夺下，“科学政治化”的倾向不可避免，而这无疑是一场灾难。象征着理性、公理的科学精神，不仅不能帮助人类更清楚地认识世界，反而让人们为此付出代价——“气候变暖”是不是一个骗局，我们不知道。“碳陷阱”与“气候升温”之间是否具有相关性，气候变暖是不是纯属为政治大谎言服务的“科学大谎言”，我们也难以判断。然而，碳指标、碳金融、碳税等却是实实在在的，且要求我们为此买单。在这个议题的探讨中，我们看到政治家、金融家、科学家、技术专家等在各自的立场上大肆宣扬，却看不到普通的民众——他们失去话语权，既没有能力获得，也看不懂、辨不清那些有关气候的真真假假的繁杂数据。我们很清楚，全球变暖关乎政治、经济、宗教和战争，唯独不能确定它是否科学。而自然，则在气候战争中销声匿迹。它被运作为一系列概念。这些概念通过炒作又衍生出庞大的市场，养活着一大批的专业人士。自然的命运，似乎天天被人们挂在嘴边，却又从来没有被真正地关注过。不仅如此，世界对气候变暖的回应还倾向于割断全球变暖与全球环境危机的联系。这无疑是转移人们视线的一种方式——通过对变暖这一大灾难铺天盖地的宣传，使人们忧心于自己的未来，从而忽视整体的生态危机，诸如物种灭绝、海洋环境被破坏、热带森林被砍伐、土地沙漠化、有毒废物排放等问题（福斯特，2009）。

四　以自然之名

原始的自然象征着事物的总和以及事物的本性，而人类社会是自然的一部分。工业文明时代，随着人类资源开发技术的日益成熟以及社会生产力的极大发展，以往对大自然的崇拜逐渐转化为对自我能力（科技）的迷信和崇拜（谢高地，2009）。以西方为中心的发展话语体系以绝对的霸权姿态占据了人类社会的主流，并带来大规模、高速度的生态破坏。这种生态破坏直接威胁到发展以及人们对发展的信心。在此背景下，环境问题被提上议程，“环境”概念取代了“自然”，成为人们关注的焦点。而这一概念上的转变象征着人类中心主义和对自然的功利主义的合法性的确立，人类从自然中独立出来，并站到了对立面。

而环境的破坏威胁着经济发展的可持续性，也动摇着人们对发展话语的绝对信心。在此状况下，可持续发展理念成为弥合经济增长与生态保护的良药。但是，它没有摆脱对发展的迷信、对技术的依赖和对经济增长的追求。理论上，其概念的兴起与发展的危机紧密相连，是拯救发展主义于危机中的药方。概念的重点在于维护人类的可持续发展，而非环境本身，或者说，是为了实现经济的可持续增长而需要环境的持续支持。该理念的逻辑是以对未来的追求规范现世的行为。概念的预设是没有代价的发展都是病态且不现实的。此外，这一理论对技术、对自身能力的崇拜和乐观，也是一种人类中心主义的表现（彭新武，2001）。而在操作层面，可持续发展一方面缺乏具体化的技术与标准；另一方面，也正因其模糊性而鼓舞人心，维护了人们对发展的信心，促成了经济增长与环境保护化干戈为玉帛。

可持续发展的背后仍旧是对经济增长的追求。环境——或者说，与人类分割开来的自然——是经济的附属品。在此理念下，环境资本化的趋势悄然袭来。环境本身成为资源，成为争夺的对象。环境资源表现为两种，一种是环境本身能够提供经济发展所需的资本。另一种资源则是污染环境的权力——准确地说应该是合法污染环境的权力。这种权力以被誉为创新的以市场作为环境政策工具进行环境治理的行为，一方面将污染合法化，一方面引发随之而来的争夺。

在探讨可持续发展、环境资本化运营等理念时，环境被用作经济发展的幌子，保护环境是为了获得极限的增长。当气候变暖成为环境领域关注的主题时，它已经直接从一个环保问题演变为一个经济和政治的问题。如果说对于普通的环境问题，如水污染、噪音污染等，民众还可以振臂一挥表达抗议或参与治理的话，那么在全球变暖这一议题上，普通民众则完全没有发言权。地球气温是在上升还是在下降，是什么原因导致的变化，这些本该是现代科学可以通过测量与实验来言明的事情。但是，由于过多的利益集团牵涉其中，被操纵的数据使这些原本应该有确定答案的问题变成一团迷雾。碳指标、碳金融等则完全脱离了自然实体，异化为一些对概念的炒作和运作。普通民众被迫为这些专家创造的概念买单，从而使气候变成一大产业，无数人据此为生。在这场混乱中，我们可以确定的是，山水污染继续，空气雾霾不减，大气的成分依旧在被人为活动所影响，纯净的自然——无论是概念上的，还是实体的天然纯净的空气、水、山川等自然物——渐行渐远。

而深入分析当前有关自然的主要命题，不难看出自然在概念和实践上的溃败。环境问题的产生以及各种环保理论和实践背后的价值倾向，都离不开人类对“发展”的迷信、对技术的膜拜和对人类中心主义的张扬。在这样的实践中，自然被剥夺了灵魂和话语权。它的实体仍在被污染、被践踏，在各种环境保护名义下支撑着人类社会经济近乎极限的增长；它的名义则被利用、被炒作来获取利益。罗兰夫人曾感叹：“自由，多少罪恶假汝之名以行!”面对自然真实的故事，面对环境政策与实践从对“增长的极限”的担忧向“极限的增长”转变，我们或许也会感叹这个时代的自然、环境与经济：“自然，多少罪恶假汝之名以行!”

11

灾害的故事：当重建成为发展的契机

人类对灾害现象的观察、感知和体验已历经数千年，并在历史、文学、信仰等领域留下了丰富的记载。然而，从社会科学角度分析灾害现象却是十分晚近的事。尽管戴恩斯（Dynes，2000）追溯，卢梭在观察1755年里斯本地震破坏时，论及减少人口密度和组织有效撤离会降低灾害损失，为审视灾害提供了第一个社会科学视角，然而，直至20世纪50年代，社会科学家才开始对灾害产生积极而持续的兴趣。长久以来，自然灾害都被认为是超出人类能力的“上帝的行为”。然而，社会科学家的介入改变了人们对灾害的传统看法。因为即便是日常生活中十分常见的现象，一旦被引入学术讨论，人们对它的界定就难免存在争议、不够明确甚至相互对立，并时常伴随着对其认知的新旧更迭。灾害的概念也是如此。为了将这一社会现象带入学术语境，灾害研究领域的先驱者在灾害的概念化问题上殚精竭虑，关于“什么是灾害”的论争也由此始终占据着灾害研究的历史舞台（Quarantelli，1998）。这一切恰恰说明，关于灾害的知识也只是不同叙事范式的建构，而以之为基础的灾害应对行动也是权力实践的场域。历经几十年的学术积累和思想更迭，在灾害研究领域，可以辨识出两种演变范式。一种是以灾害本身为研究取向，建立在实证主义认识论基础之上的灾害研究的影响范式；另一种则关注灾害事件中的社会脆弱性要素，认为社会才是灾害研究探讨的核心，可以称之为灾害研究的结构范式。这两种范式共同构成了灾害研究的现代性叙事。与此同时，我们不能忽略的是与这两大经典范式相生相伴的反对声浪。它们来自社会学、政治经济学、人类学等重要学科，试图批判灾害研究的现代性旨趣，并建立它的后现代阵营。本文通过回顾当代西方灾害研究的学术理路、阐释其问题表达及终极诉求，呈现灾害研究从现代性到后现代的历史发展，并以此观照今日中国。

一　技术管理自然反常：灾害研究的影响范式

灾害研究的影响范式与其发轫时期强烈的应用性倾向密不可分（Quarantelli，1987）。早期的灾害社会科学研究至少可以追溯出两个相对独立的学术源头（Mitchell，1990；米勒蒂，2008）。一个是地理学家吉尔伯特·怀特（Gilbert White）和他的合作者在20世纪30年代后期开始的洪灾评估。这一先驱性的研究展开了灾害研究中对人类社会与生态环境之间相互关系和互动实践的讨论。怀特认为，自然灾害是自然和社会两种力量共同作用的结果，其影响可以通过个人和社会的调整来减轻。追随怀特这一思想的地理学家至今仍试图在不断调查和研究的基础上，阐明社会对自然灾害的适应性，并讨论社会通过适应调整而达致缓解灾害的原则与途径（米勒蒂，2008）。另一个更直接促发了针对灾害主题研究兴趣的源头，则是第二次世界大战及之后对核威慑的调查。冷战时期，美国军方在“灾难时社会秩序的动荡”主题之下，资助了一些有关灾害的社会科学研究项目，借此积累核危机事件中防务方面的经验，并探寻社会应对灾害的行为特征。这些研究项目所获得的研究传统和知识成果的延续与应用，形成了以灾害的社会影响、灾害事件中个人与组织的行为应对，以及防灾减灾预警和灾后恢复等作为重要命题的灾害研究领域（Quarantelli，1987；Oliver-Smith，1996；Fischer，1998；米勒蒂，2008）。

这两个研究传统不仅在地理学和社会学的灾害研究里有着各自根深蒂固的影响，还接纳了地震、气象、地质、工程、心理、经济、规划、法律、公共政策等学科的加入，并共同为灾害研究领域确立了第一个主导性研究范式——以应用性灾害响应和减灾为目标，以自然灾害本身为中心的影响研究范式。在对灾害的认识上，它主要关注的是自然和地理运动的过程。它所概括的灾害事件特征是异常的和极端的，是与日常生活相隔离的（Fordham，2007）。在灾害的应对上，它具有鲜明的行为回应特点，是一种地理学家、地震学家、气象学家等能够监测和预测灾害的科学家，以及管理学家、经济学家、政治家等能够诊断和救治社会的社会精英所支配的官僚—技术专家范式（Hilhorst，2003）。这一范式中的灾害叙事，秉承着突发事件—行为回应—技术官僚决策的逻辑，意味着灾害是一个抗击自然的故事：自然和地理运动过程形成人类居住环境的突然变化，对人类社会造成破坏性冲击，在社会组织的努力下，失序甚至中断的社会通过压力调整得到重新恢复，由此形成一个灾害事件从发生到消解的完整周期循环。它的主要研究内容包括灾害预警和防灾减灾技术，灾害影响评估与应急管理体系，灾难中国家、社区、群体及个人的反应，减灾影响因素和策略措施，灾后重建中组织的作用，等等。它在社会科学的灾害研究领域，形成并发展了相应的分支学科体系，如灾害社会学、灾害经济学和灾害管理学等。

（一）灾害：对社会常态的干扰

美国灾害社会科学研究的先行者恩里科·夸兰泰利（Enrico Quarantelli，1995）曾说，“只有在我们澄清和获得关于灾害概念最基本的共识后，才能够继续灾害的特征及其结果等方面的研究”。在灾害的影响研究范式里，这一理想基本得到实现。查尔斯·弗瑞茨

（Charles Fritz）对灾害的定义被视为经典，并一直为各类主题的灾害研究所分享。

> 特定时间和空间范围内，集中发生的实质性的或具有威胁性的意外的或不可控的事件。在这一事件中，社会或相对自足的社会部分遭遇严重的危险，发生人员和物理附属物的损失，社会结构遭到破坏，社会的全部或部分重要功能受到干扰。（Fritz，1961）

这一小心翼翼的定义，一方面显示出追求实证主义所强调的精确性的努力；另一方面具有强烈的功能主义导向，充分体现了社会学的“结构—功能”分析传统。

如同弗瑞茨的定义所强调的，灾害的影响研究范式对灾害的认知包含两个要点。第一个要点是认为灾害事件具有“非常态”特征，相对于正常社会系统，它是瞬间的、突发的、外部的、例外的、突破常规的、不可控的（Oliver-Smith，1996；Stallings，2002）。同时，作为意外的干扰，灾害事件在时间、空间和影响范围上都有清晰的边界。因此，在时间上，灾害事件被视作一系列相互关联的阶段，有其自身的生命周期和循环。一个完整的灾害事件通常被划分为灾前的防灾准备、灾害爆发时的社会应急反应以及瞬时灾害之后的恢复行动三个阶段（欧博文、米尔蒂，2004）。在空间上，则有重灾区、一般灾区与非灾区之分（Porfiriev，1995）。

第二个要点是强调灾害对正常社会系统造成的影响。虽然地理学灾害研究同样强调生态系统在灾害事件中的改变，但是，更多灾害研究者论及的灾害影响，主要分布于社会系统内部。根据这个逻辑，突然的灾害干扰，首先给社会系统带来死亡和损失，进而造成社会、政治、经济的中断和失序，并对社会结构、组织和文化造成全面的冲击和挑战。因此，最常见的灾害影响模型将其区分为有形影响和社会影响（Lindell，2011）。有形影响主要是指人员伤亡和财产损失。尽管如此，灾害的损失和影响范围并非不言自明，它依赖灾害统计学和经济学中可用的分析技术与计算模型。20世纪50年代以来，灾害研究者对一些灾害事件的类型、发生时间、影响区域、影响人群，以及造成的人员伤亡、财产损失等信息进行了全面的调查采集，以建成区域或跨区域灾害数据库①。研究者对灾害损失的计算，也逐渐从房屋、机械设备或公共基础设施遭到破坏的直接损失，扩展到灾害导致的停产、失业等间接损失（米勒蒂，2008）。社会影响包括的范围则更加广泛，如灾害会导致大范围的负面心理反应和个体应急行为；灾害可能导致大量人口的死亡、伤残，并会出现人口的迁移和重新安置，或者产生流民和难民现象；灾害袭击和对灾害的反应会促进资源分配，或法律、政策的突生或中止；灾害影响中的政治要素既体现在灾害过程中的社会动员，也体现在由此导致的国家与地方关系的变化；灾害既可能导致受灾区域文化的崩溃，也能催生新的灾害文化（Oliver-Smith，1996）。

这一时期的灾害定义淋漓尽致地流露出学者对实证主义的信奉，也体现了当时的社会情境与学术主流。弗瑞茨对于灾害研究历史的意义是重大的——他成功地将作为“非常态”的不可控的自然或社会事件的灾害，简化为既可操作又能够施行措施以控制的灾害。对于灾害的性质、程度和种类的时空划分、数字陈列，也将灾害幻化为似乎看得见、摸得着，甚至能分门别类的人类足以轻松认知的事物。可以说，经由分类、统计等自然技术所表达的灾害，是灾害研究与现代性的完美融合，更昭示着灾害和灾害应对将在现代化的道路上越走越远。

（二）灾害研究与灾害应对：导向技术与管理

根据灾害的分门别类，以及当时灾害研究的务实传统，灾害的影

① 联合国开发计划署、世界卫生组织等国际组织以及美国、日本、欧盟等国家和地区都建设了全球或本国/本地区的各类灾害数据库。尤其是美国，不仅建成了全球性的综合灾害数据库，还建成了包括海啸、地震等在内的各类专题灾害数据库，如美国国家海洋与大气管理局—国家地球物理数据中心的海啸历史数据库、美国国家气候资料中心的美国暴风雨雪灾害数据库、特拉华大学灾害研究中心的灾害数据库等。

响研究范式在灾害应对实践上，一般有三种有效的干预：实施减灾措施、提高紧急应对能力和实施灾后恢复重建。这三种干预分别对应灾害周期中的灾前、灾中和灾后，用于讨论如何通过干预减少灾害影响。其中，灾前减灾被视作灾害应对中最积极、最有力、最理想的干预措施。它的主要内容包括灾害监测预警、防灾减灾工程和规划避灾，相关研究主要由规划者和公共政策学者把持。

> 灾害监测预警主要通过对灾害风险信息的控制来协调社会应对行动，其相关研究不仅有与地震学、地球物理学等工程类学科合作的技术和组织研究，也有社会群体如何响应灾害预警信息的研究；防灾减灾工程致力于通过人造环境限制、防范、降低灾害的影响，是典型的技术减灾措施，其形式有修建大坝和防护堤，改善建筑物的结构，提高建筑规范等；规划避灾则代表了工程减灾路径的最完美思路，试图通过科学理性事先的和灾后重建中的规划——如人口布局、土地利用、生态分区、风险源点分布、建筑环境设计、设置避灾空间与撤离通道等，达到减灾与防灾的目的。在这里，移民安置体现了其行动策略的极致。(米勒蒂，2008)

紧急应对是20世纪50年代以来灾害研究和灾害行动实践所关注的焦点。灾害研究探寻这一领域的初衷，是力图摸索灾害中应急反应的变化和调整规律，以寻求灾害管理的最佳实践。这些研究通常借由划分社会空间来加以讨论。在国家层面，主要是中央与地方政府机构建立和完善应急组织及相关制度体系，如成立应急管理机构，提高官僚体系的紧急响应效率和制定应对预案，消防、警察和医疗机构角色的联动，救灾物资的储备与运输，社会动员与社会资源的调用，等等。在社会层面，一些参与灾害应对的社会性组织受到关注，如拥有较多与灾害应对相关社会资源的社会团体，通信、建筑、交通等行业的企业，保险业，新闻媒体，志愿组织，等等。尽管有研究指出，对某些技术灾害的应对会导致居民的冲突而不是联合（Picou et al.，2004），但针对社区应急反应的讨论常常是强调社区的积极作用。灾害发生之后，社区的凝聚力和道德意识都有所增强，灾前邻里之间的冲突也得到缓和或化解，大家地位平等且相互帮助，对社区事务的参与也更加积极和有效（米勒蒂，2008）。此外，突出家庭层面灾害应对与防灾措施的重要性，使这一领域的灾害研究取得重大进展。家庭是灾害应对中最为敏捷的社会单元。良好的应急行动对于保障家庭安全尤其是生命安全十分有利。影响家庭对威胁和紧急事件反应的主要因素，包括灾害知识、经验、信息渠道、家庭资源状况、家庭规模、有无子女以及家庭避灾计划等（特纳等，1990；米勒蒂，2008）。个人层面的紧急应对曾长期为“灾害迷思”所蒙蔽（Fischer，1998）。社会管理系统的官僚—技术人员更愿意相信个人在危急情况下，通常有盲目的决策和多余的行动（米勒蒂，2008）。

在灾后恢复阶段，首先得到重视的是复原性活动，如对废墟的清理、对物体环境的重建，以及对伤员的关怀和对遇难者的悼念。其中，对物体环境的重建，如对住宅、道路、市政设施等的建设获得了工程专家的广泛青睐。他们采用新的建筑规范、新的建筑材料和新的规划设计，激发了与灾前情形不同的新的重建模式。其次，强调克服灾后恢复重建的阻碍因素，如在国家层面要提供有利的重建政策、充足的财政资金，地区层面要做好联动项目之间的协调、制定灵活有效的恢复行动、促进社区的配合、考虑满足当地人的需求等（欧博文、米尔蒂，2004；米勒蒂，2008）。

显然，灾害的影响研究范式在丰富的实践活动中日益趋向于依赖技术和管理。一些近代开始流行的管理手段（如人口控制），一些逐步细化的学科与行业领域的参与，连同从上至下、由国家到社会到家庭再到个人的秩序干预，以及由自然逐渐转轨到知识、道德的增强手段，无不彰显了灾害技术统治论与管理主义对灾害研究的渗透和主导。也许，对影响范式的学者来说，在一个现代社会，现代性是扫除一切的最有力武器。如果灾害最多只是一个安全问题和管理机会，那么面对这一不确定和不可控的极端事件，人类唯有坚持与专业的灾害管理一起，死战到底以控制自然（Hewitt，2013）。今天在灾害应对领域，可用的新技术和新方法包括以计算机为媒介的信息交流、地理信息系统、遥感技术、风险分析、损失评估新模型、新的建筑材料、新的工程技术（米勒蒂，2008）。同时，应急管理的职业化体系也已颇具规模。20 世纪 70 年代以来，专职的应急管理人员已经很普遍。他们的职责不再仅仅是城市防御和灾后直接的紧急活动，而是随着应急管理综合化概念的产生扩展到减灾和灾后恢复等工作领域。现在，人们普遍认可灾害管理需要专门的知识、技能和训练。应急管理的专业化催生了一大批经过专业培训的专家、授予从业资格证书的机构或协会、开设应急管理课程并授予相应学位的高等院校（米勒蒂，2008）。

二　发展消解社会脆弱：灾害研究的结构范式

20 世纪 70 年代末至 80 年代初，经验研究的发现逐渐开始挑战以自然灾害本身为中心的灾害研究与灾害应对。这一情形主要起源于人类学家对低度发展国家灾害应对实践的观察和参与。多少年来，被观察到的灾害事件和单灾死亡人口持续增加。奥基夫等（O'Keefe et al.，1976）认为地理的和气候的变化无法解释这一趋势，相反，越来越多的观察表明，这一趋势意味着人口脆弱性的不断增加，尤其是欠发达国家和地区。因此，有必要重新思考自然灾害事件中自然的要素和社会的要素，并非自然而是社会—经济状况才是灾害事件的主要致因。与此同时，沿袭地理学灾害研究强调人类社会相对于自然环境系统的适应与调整能力的思路，维斯盖特和奥基夫（Westgate and O'Keefe，1976）指出，界定脆弱性不能不考虑人口承受、应对灾害影响以及从中恢复的能力。这一质询将“社会脆弱性”概念引入关于灾害的讨论中。此外，20 世纪 70 年代末发表的一些依从文化生态学和政治经济学视角的灾害民族志研究表明，灾害的发生具有历史性，国际和国家的政治经济发展过程正是灾害酝酿、累积、催生和强化的过程。尤其在第三世界国家，灾害成为其现代化或发展过程的重要副产品。政府对高风险、高回报的土地管理实践的鼓励，引入新技术对自然资源利用关系的改变，促进农业的资本化，带有偏向的贷款和补助，政府或跨国公司以利润为导向的活动引发的再分配、征收和腐败，以及急剧增长的消费主义需求对农村的不满，等等，都与这一副产品紧密相关。这种情形要么直接导致人类生存环境的恶化，要么将倾向保持其传统经济实践的部落和农民驱逐至海岸犄角、沙漠边沿和高山斜坡等环境更加恶劣的边缘栖息地（Torry，1979）。基于此，他们也得出灾害的根源多在于社会而非自然的结论（Oliver-Smith，2001）。

休伊特（Hewitt，1983：304）对这一结论的进一步阐释，则将这种挑战推向高峰。他指出，与地理上的极端物理运动（如风暴、地震、干旱等）相比，灾害更多的是现行社会秩序运行的后果。正是这一秩序结构下的人与环境的关系，以及更大的历史结构过程（如殖民主义和不发达等框架）塑造了灾害现象。因此，他呼吁一个更真实、更准确的灾害概念，这个新的灾害概念应该更加关注社会环境而非自然环境。遵循休伊特的观点，经由布莱基等人（Blaikie et al.，1994）的阐发，20世纪90年代对于灾害的新的理解完全包纳在"灾害是自然灾害与社会脆弱性的复合函数"这一虚拟关系所表述的框架之内。与以往几乎将灾害等同于自然灾害不同，现在人们开始从自然灾害和社会脆弱性的相互作用角度来理解灾害，并偏向于强调"硬币"的另一面——社会脆弱性。在灾害事件发生之前，社会脆弱性已经内在于社会结构之中，是正常社会系统中可见的或遭到掩蔽的要素在其他致灾因子诱发下的呈现。借由这一重要概念，灾害研究随之发生转向，逐渐走出几乎单一关注灾害结果和工程应对的影响范式，而转向结构范式。20世纪80年代以来，脆弱性在有关灾害的书写中出现得越来越频繁。在这一范式内提出的灾害应对方案，也开始聚焦于社会和政治结构的转变，如消除或改造这些产生社会脆弱性并维持其活力的制度、结构、文化甚至观念。这些转变也成为灾害应对的重要目标和评判标准。与此同时，地方知识以及当地人的参与应得到重视的观点也正在被接受（Chambers，2006）。

（一）灾害：社会结构与社会进程脆弱性的显示器

"灾害是什么""灾害为什么发生""灾害造成了什么样的破坏"等被认为是定义灾害的基本原则（Porfiriev，1995）。如果说弗瑞茨的定义主要关注的是"灾害是什么"和"灾害造成了什么样的破坏"，那么由人类学的研究和政治经济学的视角占据着重要位置的新的灾害研究范式更关注"灾害为什么发生"。脆弱性概念即提供了一个理解灾害发生的社会根源的有效通道。它超越视灾害为"一次性事件"以及灾害与正常社会相断裂的观念，将灾害事件和灾害应对行动界定为原有社会结构的投射（Hewitt，1997；Dynes，2002）。虽然社会学和管理学为了将其指标化和变量化，而沉溺于不停地对脆弱性概念及其要素进行定义（Cutter，1996），但对这一概念更重要的理解，是在这种可操作化之外的两个层面。

在第一个层面上，脆弱性概念强调灾害现象及其原因都根植于社会结构与社会变迁之中，因此应该从形塑社会历史的社区、区域乃至国际文化、政治、经济背景和过程中去理解灾害事件（Bolin and Stanford，1998）。结构范式的学者认为，论及个人和家庭层面，社区或家庭、个体维度的不安全状态可能与其资源禀赋或文化情境有关（欧博文、米尔蒂，2004）；就国家或区域维度来说，经济增长方式或土地利用方式也会导致灾害后果（Tierney，1993；沃斯特，2003）；从全球来看，灾害同时又是世界资本主义体系中不发达国家附属性和边缘性角色的后果。在第二个层面上，这些学者指出，脆弱性概念是理解应对灾害风险不平等的社会系统的关键，它使一些人和群体比其他人和群体更加容易遭受或者需要承受更多灾害冲击。这种脆弱性状态的分布与社会成员在常态社会中政治、社会和经济状况的等级分层是一致的，并且往往是贫穷的国家和受剥削的社会群体承受更多。这在很大程度上也是一个社会中权力关系运作的结果（Hewitt，1997）。

作为一个分析性概念，社会脆弱性假设灾害是由于社会系统的失败而造成社会成员的脆弱性表现，因此非常成功有效地将对灾害的分析重点从以往的灾时反应及影响等，转向灾前社会情境及灾后社会恢复，跳脱了聚焦于灾害本身的局限，即真正关注的对象不再只是灾害结果，而是自然系统与社会系统相互作用的过程。这种对灾害更为复杂的理解，大大拓宽了灾害研究的内容与范围，如古斯塔沃·威尔谢-肖（Gustavo Wilches-Chaux）区分了十一种形式的脆弱性——自然、物理、经济、社会、政治、技术、意识形态、文化、教育、生态和制度的脆弱性（加西亚-奥克萨塔，2011）。灾害不再只是失范社会的研究实验室（Dynes and Drabek，1994），而是社会进程的显示器，尤其是揭示那些被掩蔽的社会运行逻辑（霍夫曼，2011）。

如果说，灾害研究的影响范式初次将灾害作为社会的"反常态"纳入人类管理的范畴，那么，灾害研究的结构范式则是将人们对灾害的认知与应对由自然系统蔓延至社会系统，尤其拓展至人。受到西方效率优先、科学至上、专家当道的知识体系的影响，灾害研究的目的，从过去对于不时给人类带来梦魇的自然的挑战，与讳莫如深的涉及人类生存环境的些许要求，变成冠冕堂皇的为了解决灾害潜藏的问题及其导致的后果，而进行的对人的改造、对地方知识的消解与对多元文化的扼杀。一种地方事件全球解决的态度得以确立。这种为西方现代精神所贯穿的普世主义，通过"社会脆弱性"的横空出世，联结了灾害与当代社会进路，主宰了发展背景下的灾害研究及其实践。

（二）灾害研究与灾害应对：以发展为背景

社会脆弱性概念从连续性视角，反转了人们对灾害尤其是发展中国家的灾害的理解。发展与灾害有着十分紧密且复杂的关系已成为普遍的共识，并引起了有关灾害与发展、减灾行动与发展策略的广泛讨论。维克曼和廷伯莱克（Wijkman and Timberlake，1984）指出，第三世界许多灾害的原因在于难以解决的发展问题；米勒蒂（2008）等观察到自然灾害的损失常常是由不可持续的发展行动造成的；有研究认为灾害是对发展的阻碍（Dynes，2002）；也有学者则反复申明发展与灾害管理都是以消减脆弱性为目的的；而其他一些观点甚至认为灾害为发展提供了机会。总结起来，灾害与发展的关系具有四个向度，即发展增加或减少脆弱性，灾害阻碍发展或为发展提供新的机会（Fordham，2007）。但是，几乎所有的讨论最终都指向将灾害和发展捏合在一起，因为没有人能否认，以主动的发展降低和应对灾害风险以及以合适的发展避免脆弱性的加剧是正确的选择。那些被证明是导致灾害的发展要素，则被统统归类为“走入歧路的发展”（Fordham，2007）。

灾害脆弱性视角，也带来了其通过关注更广阔的社会经济结构的调整，从而增强承灾能力和弹性，以改善风险状况的行动目标。与理论上的论争纷纷不同，灾害应对实践直接埋头苦干。新的灾害应对模式径自突破了单一的工程减灾路径，顺理成章地转向基于发展的消减脆弱性路径。这种结构发展范式不再只是强调耗资巨大的工程建设，而是已经逐渐形成了同时强调综合性的可持续解决方法（Cutter，1996）。综合性原则主要试图协调减灾行动与发展及相关要素的关系。一方面，灾害脆弱性与贫困、人口过度、经济落后、缺乏教育、环境退化等一样是“低度发展或不发达”的表现，因此应该通过发展来防灾减灾；另一方面，贫困、人口过度、经济落后、缺乏教育、环境退化等又同时意味着灾害脆弱性，因此缓灾减灾的过程应该综合考虑消除贫困、促进经济增长和普及教育，反之亦然。可持续减灾原则是20世纪80年代后期兴起的可持续发展观念在灾害应对领域的具体化。可持续提法起源于自然资源的过度开发引起更加频繁的灾害事件和威胁，以及人们对社会和代际公平的考量。基于发展的消减脆弱性路径还有一个特点，即强调只有灾前和灾后的措施，才能有效提高安全性和减少灾害风险。1994年的横滨会议标志着国际减灾十年向强调社会要素和预防措施的转变。虽然不能说对知识、环境危险的监测或紧急援助的需求将不再重要，但对脆弱性的强调质询了之前减灾思路对这些的偏重情势（Hewitt，2013）。

总之，多学科多视角的努力，使今天的灾害应对和灾害援助，再调整为主要关注灾前的脆弱性消减和灾后的可持续重建，并与发展紧密相连。它在指导思想上无可回避地吸纳了灾害脆弱性研究成果，并分享了可持续发展原则，尤其体现在灾后恢复重建的行动中。20 世纪 70 年代后期以来，全新的灾后恢复模式不断进步和完善，可持续发展原则促使减灾观念融入灾后恢复重建之中（米勒蒂，2008）。此前的灾后恢复行动往往在清理废墟之后走上循环性的复原之路，通过修复回归原有的稳定；而热衷于描绘和创造未来的规划者和实干家更多选择发展性的重建之路。后者将灾后重建的目标界定为：在减少发展不利因素的同时，不断提高区域经济实力（Anderson and Woodrow，1989）。这表明重建并不致力于恢复灾前的秩序，而是试图通过规划构建新的秩序，重新定义人与自然、人与环境、人与空间，乃至人与人的关系。从美国的芝加哥城到日本的神户，从唐山到汶川，规划、发展、移民搬迁、重建成为灾后恢复的同义语。宣称囊括了防灾减灾要素的发展规划图纸，自 20 世纪 80 年代以来一次又一次地在几乎全球各地的灾后废墟上铺展开来。

三　权力框构灾害话语：灾害研究的后现代叙事

现代性的主旋律是知识和理性（Corbridge，1993）。数十年的演进历史中，灾害研究在取向上历经了从影响范式到结构范式的更迭，在视角上交织了组织社会学、文化地理学、生态人类学、政治经济学、发展管理学等多学科检视，在转向由无数与灾害相关的准则组成的具体路径时则呈现出更多的差异（Alexander，1997）。然而，这些都未能逃避以西方为中心的资本主义现代性的笼罩。无论是多元视角，还是范式与具体路径上的差异，更多的只是灾害与灾害应对的现代性叙事的多样性表征，因为它们持续地依赖于专家知识和现代干预。这一叙事形塑了人们对灾害的理解，也形塑了体现在灾害场域中有关自然、技术、地方、国家、全球、文化、发展等之间相互关系的讨论。源自后结构与后现代思潮的批判性视角介入灾害研究之后，不断地发掘了灾害场域中的建构性及其暗含的多重权力关系。

在灾害的现代性叙事中，对人类与自然的关系的不同界定往往成为认知范式转换的基础。在灾害影响范式里，自然首先是对人类社会施加无情打击的战争对手；在脆弱性视角下，自然活动只是科学与技术能够补偿的生态环境脆弱性要素之一；进入可持续发展话语中，自然又成为客体化的资源和商品。不管怎么变换，自然世界与人类世界始终是相分离甚至相对立的。但这并不是从来如此的。班科夫（Bankoff，2004）回顾说，在西方的描述里，“热带”自然世界曾经是舒适、富饶、宁静、温和的，从 17 世纪开始才逐渐被描画为不安全和危险的，甚至是残暴丛林。奥立佛－史密斯（Oliver-Smith，2001）梳理了人类学的研究对这种在西方占统治地位的社会—自然关系模型的称霸和不断扩张的过程。在中世纪时期，自然一般被认为与人类有合作关系，人类也被看作自然的一部分；人类的目标是了解自然。在 17、18 世纪，滋生于视自然为堕落和罪恶的基督神学的意识形态，经常唤起充满野蛮与暴力的大自然形象。这种视野含蓄地将暴力、自然失序与人类文化和文明并置起来。灾害也因此被建构成失序，其与人类世界冲突的秩序被中断或破坏。随后，对于自然界更为功利性的视角得以更加彰显，自然被看成是可塑的，人类可以用理性来任意重构人与自然的关系，以操控、驯服、重塑和收获自然。而镶嵌于资本主义现代性一般话语之中的可持续发展观念，进一步将自然作为资源和生态资本予以商品化，并通过专业知识和现代管理进行占用、使用和控制（Escobar，1999）。

在当代，对灾害的解释和应对已不再是一个本土性的事务，防灾减灾、应急响应、社会动员、资源调配、灾害援助等都跨越了当地，日益成为地方与一个更大的社会空间的关系互动，并常常受到地方的社会结构及其与国家或国际秩序的关系的先期制约（Oliver-Smith and Hoffman，2002）。但在灾害场域中，外界干预的建构性及其对本土知识的矮化与排斥也越来越为人们所了解和质疑。人类学的研究一再显示，地方社会在与其独特的自然环境的长期互动中，积累了环境适应经验与本土资源、形成了自然资源利用与生计资源管理方式与实践、构成了灾害应对本土组织机制、沉淀了生活习俗与灾害文化观念（Oliver-Smith，1996），在面对灾害事件时具有更强的恢复和适应能力。然而，以科学理性和现代技术为代表的现代性知识与本土知识从未兼容。例如，面对心理治疗全球化的趋势，心理学知识体系内学理上的分类方法并不一定适合实际的当地文化理念，灾害心理援助问题的实质是国际心理治疗学说与当地对灾害的文化阐释遭遇后发生了冲突（Breslau，2000）。休伊特认为灾害研究一直以西方中心作为整个研究的基础与前提，包括联合国减灾十年的一些行动机构也总是立足于提供"我们这些富裕国家"所拥有的地理的、技术的和组织的知识给那些缺乏的人口，而当地社区和公众的行动也很容易被技术专家理解为无知状态下的盲目操作（Stallings，2002）。

相反，针对灾害、风险感知的研究表明，在一些社会与科学的语境下，灾害概念具有高度争议性。从认识论上说，它们从属于不同行动方的建构（Oliver-Smith，1996）。比如，并不是每一次洪水、地震都被称为灾害，在"灾害问题是否被纳入公共议程""以何种方式应对"等核心议题上，人们的理解因时代、文化、阶层、受灾与否的变化而有所差异。从这个意义上讲，灾害是由人类定义的，而不是由自然定义的。正因如此，有学者将灾害概念的定义与使用、灾害发生的原因和作用过程、灾害影响程度以及减灾策略等，皆视为组织"观点制造"的社会过程（陶鹏、童星，2012）。整个灾害研究发展的历史，就是一个伴随着学科与专业的介入而不断界定、不断"发现"的历史。斯托林斯（Stallings，1995）的研究具体分析了地震问题，揭示出地震与科技组织之间存在的密切关系。地震强度、威胁、管理策略等都是由工程师、地理学家、地震专家、私人部门以及政府机构组成的小团体所制造的。对地震问题的社会认知并非一般大众的认知结果，而是由利益团体所建构的。他将此过程称为"地震制造"。

从更广阔的背景来看，夸兰泰利指出了"问题背后的问题"（Quarantelli，1995），即一直以发达国家学者为主导的灾害讨论，不可避免地将研究者的预设投射到研究中，直接影响并形塑了人们对灾害的理解。班科夫（Bankoff，2003）则将脆弱性概念、自然灾害概念与发展概念相比拟，指出其同样是西方发达国家的科学知识与权力霸权对第三世界国家的一种话语建构。沃尔夫冈·萨克斯（Wolfgang Sachs，1999）更是将灾害广义化，认为现代社会已经被塑造成危机四伏的社会，当全球范围内的一些地区被划定为灾害的衍生地，这些地区就必须顺应先进国家模型，面临事前改造和事后重建。萨克斯毫不讳言地表示，战后发展已经过去，一个制造恐慌又杜绝灾害的事关"安全"的时代正在来临。正因如此，所谓对灾害的拒斥和对安全的期冀，成为西方发达国家借用自身标准，干预全球各国尤其第三世界国家问题的冠冕堂皇的理由。于是，灾害研究及其实践无可避免地、越来越紧密地与全球政治、经济生态相互勾连起来。

在灾害跨越当地成为国家事务和全球事务的情况下，灾害应对行动同时政治化和全球化了，成为国家、国际地缘政治、国际组织、全球市场借以控制地方社会的重要路径和载体。当灾害援助的空间形成并开始约束地方灾害应对实践时，路径控制便开始了。灾害援助的人道主义性质一直遭到怀疑，德鲁里等（Drury et al.，2005）指出，美国的国外灾害援助在"是否援助"以及随后"援助多少"的决策上，都没能远离政治的考量。斯特伦贝里（Strömberg，2007）的研究表明，富裕国家的灾害援助存在明显的偏好，历史上的殖民关联、外交政策和经济上的重要程度、本国的投资、双边贸易额、政府关系，甚至距离的远近和是否使用共同语言等众多灾害之外的要素，在裁决着谁能够或不能够得到灾害援助。灾害应对中的国际地缘政治和国内政治丑剧还可以展演到更高层次，如被饥荒与饥饿研究所揭示出来的刻意的饥饿政策和人为饥荒、外示饥荒中的捕食逻辑（布吕内尔，2010：22）。埃斯科瓦尔（Escobar，1995）也指出，从史前的饥荒到20世纪八九十年代拉丁美洲的粮食骚乱，饥饿一直是一种强大的社会和政治力量。阿马蒂亚·森以权利的丧失建立起来的饥荒政治解释框架，可以推进扩展到基于所有必需品的社会基本控制，即社会安全（Drèze and Sen，1989）。这也意味着统治阶层已经借由灾害和危险，将控制深入最为基本的生命层面。

借由灾害而进行社会控制的另一个方面是强化了国家力量。同发展项目的运作效果一样，灾害援助行动和灾后重建也会加强干预力量对受灾地区的政治控制（Bankoff，2004）。自里斯本地震开始有国家干预介入以来，国家力量在现代形式的灾害应对与管理实践中得到彰显，如国家主导灾害规划和依靠军事化组织，甚至直接委托于武装力量的紧急应对。尤其是美国“9·11事件”之后，一些研究者和实践者更加关注灾害管理中政府的指挥控制模式和从上至下的路径。这意味着无须通过与处于风险中的社区进行双边或多边谈判，就可以将灾害管理政策和结构强加其上（Buckle，2004）。国家力量还往往借助于媒体宣传、纪念仪式等，从灾害场域中凝聚出社会动员能力和国家意识形态（范可，2011）。

今天的灾害应对也日益被嵌入资本主义所框定的独特模式之中，克莱恩（Klein）称之为“灾难资本主义”。由灾害事件造成的休克状态与资本和暴利的生产机会，在这一模式中得到完美结合。从新奥尔良到伊拉克，从海地到斯里兰卡，在遍布全球的灾害废墟上，都能看到新自由主义政策和大资本集团携手共进、埋头苦干（克莱恩，2010）。然而，灾难资本主义并不仅仅停留在灾后重建阶段，而是延伸至包括疾病控制、消防、风险信息管理、战争防务等领域。在发达资本主义国家，公共安全和风险管理也日益成为政商财团的获利市场（克莱恩，2010）。在发展中国家，尽管灾害会造成更大的人员伤亡和财产损失，但人们依然越来越多地发现，灾后重建更应该被看作一个甚至是难得的发展机会。政府不仅应该动用手中的政策工具帮助灾后重建，更应把政策目标定在“好于灾前”。阿加里等人（Asgary et al.，2006：3）的研究发现，灾后恢复过程常常伴随着密集的资金投入，以及更多的灾后新设项目建设。因此，灾区常常在灾后经历一个较快的经济增长。这又成为政府积极承担灾害应对行动的助力。而灾害实际造成的“空白石板”（克莱恩，2010）现状，无疑为地方政府的各种规划，提供了更为便利的机会。

这些依循知识与权力路径对当代灾害的现代性叙事及更为广阔的资本主义背景的质疑与批判，描绘了与现代性叙事截然相异的灾害景观。在这些各不相同的灾害故事里，有太多的内容无关乎灾害和灾难本身，有太多感觉无关乎灾害和灾难本应固有的沉重惨痛的悲剧逻辑。或许这已经不只是误入歧途，而是应和了德波的论断——当代资本主义社会已经从生产阶段发展到一个独特的景观阶段，在这个阶段里，生活的每个细节几乎都已经被异化成景观的形式：“所有活生生的东西都仅仅成了表征。”（张一兵，2007：7）灾害也只是表征，维系着灾害场域中的景观—观众关系所支撑的资本主义当代社会秩序。因此，灾害不再被看作道义上无法容忍和政治上不可接受的事件，相反，与“饥饿美学”（埃斯科瓦尔，2011：119）一样，灾害同样被框入画中，成为观赏和消费的对象。

四　灾害应对中国模式：历史回顾与现状反思

现代中国的灾害研究发端于20世纪二三十年代开始的灾荒史研究（艾志端，2011）。20世纪20年代以来，随着现代性因素的增长和具有现代科学技术的新一代知识分子的产生，运用现代科学技术、现代管理思路以及多学科参与视角来解释、分析、讨论灾害和灾害应对的研究成果，开始突破传统荒政模式（汪汉忠，2005）。20世纪80年代以来，国家对科学技术的高度重视和防灾减灾工作的实际需要，形成了以自然科学家为主体的多学科综合协调的灾害科学体系，如灾害经济学、灾害社会学、灾害管理学、灾害统计学、灾害医学、灾害学、地震学等。这一科学模式在灾害研究和减灾防灾事业中发挥着主导作用（汪汉忠，2005）。同时，对联合国提出的可持续发展思想和“国际减灾十年”倡议的回应，也促使这一体系与国际灾害研究的范式相整合。同一时期的灾荒史研究，尤其是近代灾荒史研究，开始把灾荒当作考察中国社会变迁的另一个视角（汪汉忠，2005），从而一方面开启了灾害与中国社会变迁关系的讨论，一方面推动了灾害的历史研究。近年来，具有批判性的人类学灾害研究（庄孔韶、张庆宁，2009；曾少聪，2010；范可，2011）的兴起，则部分得益于这一历史关注的延续，当然也得益于对西方灾害研究视角的梳理和介绍。

纵览这一历程，可以发现中国的灾害研究与灾害应对实践，从一开始就与国家主导的发展叙事纠缠在一起。从晚清开始的现代国家建设和推崇科学技术与工业化，到1949年后的全面现代化，再到改革开放以来的市场化改革，中国一直在探寻着以发展为元叙事的社会改造历程。在发展的元叙事话语里，整个中国社会始终具有脆弱性，“灾难深重”与“积贫积弱”共同成为其典型特征。国家富强、技术进步与灾害应对实践互相印证，如1976年的唐山地震后，由于国家力量的不足，直到1986年才成立恢复建设规划组，以推进灾后重建（郑功成，2010）。经由1998年长江流域的抗洪抢险和2003年抗击“非典”，中国的灾害应对机制在逐渐完善，并在2008年汶川地震之后，确立了一个成熟的灾害应对机制。在这一机制中，灾后重建被视作国家力量推动和主导的发展机会。

自上而下的发展干预行动往往起始于“深谋远虑”的规划。针对汶川地震灾后恢复重建，中央政府及相关机构制定了一个总体规划和城镇体系规划、农村建设规划、城乡住房建设规划、基础设施建设规划、公共服务设施建设规划、生产力布局和产业调整规划、市场服务体系规划、防灾减灾和生态修复规划、土地利用规划等九个分别针对具体领域的专项规划。这些规划不仅设定了灾后重建的目标与指向，也选定了灾后重建的具体内容，规定了推行灾后重建的行动方针，在横向上囊括了从城镇到乡村、从基础设施建设到产业布局调整的广大范畴，覆盖了社会生活的各个方面。据报道，到2009年5月，已经完成39个地震重灾区的县市区规划、702个镇乡规划和2197个村庄规划（新华网，2009b）。在随后的实施过程中，规划的任务又转化为项目建设和投资。大规模的住房、道路、公共设施等建设，土地开发利用，工业园区建设，旅游开发区建设，社会管理制度建设等，让整个灾区呈现出一派建设和开发的欣欣向荣景象。在设定的三年完成重建任务的节点上，截至2011年4月底，整个四川灾区纳入国家重建规划的41130个项目已完工38803个，占重建任务的94.34%；完成投资8851.53亿元，占规划投资的92.37%（人民网，2011）。由规划—项目—投资支撑的灾后重建取得了显著的成效，2010年底，四川省39个重灾县生产总值增速比全省高1个百分点，财政收入增速比全省高12.4个百分点，城镇居民人均收入和农村人均收入增速分别比全省高3.4个和4.4个百分点（中国政府网，2011b）。这一成功在主流的灾后重建叙事里被表述为“灾后重建的奇迹”“汶川模式和都江堰模式”“发展型重建”“超越式重建”，“取得全面胜利”“令人骄傲的数据”“灾区旧貌换新颜”，“两年跨越二十年”“辛苦两三载，进步二十年”“跨越式发展”。

但是，这一模式依然难以回避其受限于发展叙事的缺陷和质疑。尽管与发达国家和第三世界国家在灾害应对实践中的种种纠葛不同，灾后重建“中国模式”同样面临着科学技术与自然环境、国家主导与地方社会自治性、专家知识与地方文化、灾害应对与资本和市场扩张等相互间的遭遇。如对于汶川地震灾后重建中受到极大关注的羌族文化保护问题，许多研究提出了质疑，并指出以民俗旅游开发保护羌族文化的做法存在着“去本土化”现象。

> 民族文化重建不能指望县城重建，因为真正承载羌族文化的不是城镇而是那些高山深处的村寨。……居民另迁新址，地方知

识就会贬值，他们的社会结构和亲属邻里关系就会瓦解，他们的方言和宗教仪式就会无法延续和传承甚至灭绝。人们离开家园，就必然会丢掉传统文化。……对于生活在高山村寨里的羌族人民，我们不能以己度人，认为他们跟城里人一样都是单独的个体，遇到困难只能去找心理咨询服务。（鄢莹，2009）

水磨古镇的重建方式是由政府出资买下各镇街，并依托广东省对口援建方重建基础设施和住房，然后再通过招商引资的方式使外地商户进入当地从事经营活动，而当地的很多村民则用出售自家住宅的资金去都江堰和成都等大城市购买楼房。当一个全新的水磨古镇展现在世人面前时，其居民组成已经发生了巨大的变化，商业经营的规则也已经完全覆盖传统的羌族文化内核。（辛允星，2011）

在发展元叙事观照下的灾害应对中，这些信心十足、极其肯定的项目、措施和规划带来的变化往往是无可逆转的，一旦导致的是错误的结果，除了被动承受再无退路。短期经济利益的单一考量和对理性、技术的迷恋式信任，使人们忘记了一个准则，即身处一个风险社会，任何进步都只能在试错性的经验积累中获得。而在灾害应对场域中，构建、维系和运转这一经济至上和理性至上的发展叙事迷思的，正是一套业已形成的灾害应对机制。它能够将任何输入的灾害事件消化，转而输出对发展与理性的进一步痴迷。面对自然灾害事件，它通过国家力量或者灾害造成的“休克状态”，将灾害应对绑缚于发展的宏大叙事，推进更为彻底、更为全面的地区工业化和商品化，如汶川地震之后借由恢复重建而重新启动的开发区建设，玉树地震之后迫不及待的高原旅游开发。面对技术灾害，它则将其归类为技术局限与管理缺陷问题，从而为推进更精进的技术开发和更官僚化的管理体制，以更好地服务发展并开创更大的空间。如甬温线动车追尾事故、上海胶州路火灾事故以及接连不断的矿难事故等，最终都咎责于技术设备和管理制度上的细枝末节（陈世栋等，2013）。

现代中国社会对无限发展的狂热引发了一系列的社会问题，如生态环境的极度恶化、城乡差距的拉大、乡村社会遭受无限剥削等，也激起了多层面的反思（杨小柳，2009；朱晓阳、谭颖，2010）。而为发展元叙事所框构的灾害应对也值得拷问：当灾害应对成为配合发展、推动现代化的工具；当灾害应对承载着对自然和环境的暴力，承载着知识、权力和资本的侵入，承载着对资源和自由的控制时，我们又何以将自身的安全寄望于它？

12

慈善的故事：NGO 是草根天使，还是精英代理？

人们怀着热情和责任，将它锻造成全民的能量，又带着怀疑和拷问，见证它的光芒尽失。（赵华文、李雨，2012：4）

2011 年 6 月，有网络披露，经新浪微博认证的“中国红十字会商业总经理”郭美美，自称“住大别墅，开玛莎拉蒂”。一时间，中国红十字会的红色徽标成为舆论攻击的靶心。这场质疑的风暴从对商业系统红十字会与多家公司勾连的质疑，逐渐演化到对红十字会这一组织的官办性质，以及对中国慈善体制的质疑（冯禹丁等，2011）。随后，《新周刊》发起的一项调查显示，82% 的网友表示不会再给红会捐款（新浪网，2011）。正如《纽约时报》所形容的，郭美美就像一枚“手雷”落在了中国慈善事业，公众的慈善热情从三年前“汶川地震”时前所未有的大爆发，猛然降到了冰点（杨继斌、夏倩，2011）。

事实上，在中国乃至全球，类似红十字会这样以公众特别是草根利益为使命的组织有成千上万个。在人们心中，它们是公益慈善与非营利事业的载体，是慈爱与善行的播撒者。前联合国秘书长科菲·安南则称它们为“人类的良心”（Tvedt，2002）。寄予其上的，更是其他机构很少能够企及的大众信任和信仰。

它们被联合国赋予了一个共同的名字——NGO（Non-Governmental Organizations，非政府组织）。在二战后的相当长一段时间内，NGO数量不多，大部分由志愿性人群组成，主要参与扶贫或帮助社区适应社会变迁（Veltmeyer，2008）。如果说直到20世纪80年代末期前，NGO还只是发展的花絮，那么此后，无论是在发达国家还是发展中世界，NGO都如雨后春笋般涌现。它们迅速升级为重要的全球行动者，在社会经济事务中的可见性显著增加。当时冷战的结束、东欧社会主义的崩塌、二战以来一直占主导的国家—市场二元对立的结束、民族国家能力的削弱、全球化的日益加深等政治、经济、技术和文化的变化，为NGO创造了需求和发展的土壤（Berger，2003）。相关统计显示，世界上各类NGO达数百万之多，其中国际NGO超过35万个。在国际上确认的国际组织中，90%以上是NGO（穆紫，2008）。而据美国约翰·霍普金斯大学的研究者粗略估计，这些组织雇用了4550万人，相当于全球每20个被雇用者中就有1个在从事该行业（Heintz，2006）。这些NGO同时还拥有庞大的可支配资源。大量多边和双边援助机构借助于它们，把各种资源输向草根（Keese，1998）。不仅如此，它们的目标也已经从最初的反贫困、改善草根人口的生存质量，扩展到民主、环境、教育、战争规则、人权、技术标准、女性权益等领域，并寻求影响公共政策议程和国家行为以及框构地区和全球的法律框架。

在过去30余年的各种文献中，NGO被广泛认为是与公共部门和私人部门相对的“第三部门”、政府和商业社会之外的“第三种力量”、社会财富的“第三种分配机制”（王名，2002；萨拉蒙，2007），其历史重要性俨然成为那个时代的世界性修辞。时任美国洛克菲勒兄弟基金会主席的斯蒂芬·海因茨（Stephen Heintz）曾给予肯定：NGO为社会提供了自我组织的机会，通过赋权公众和推动草根层面的变迁，代表并推进了社会的多元主义与多样性。这些都是充满生机的、成功的现代社会的标志（Heintz，2006）。美国约翰·霍普金斯大学的萨拉蒙（2007）认为NGO的兴起具有重要的历史性意义，“人们正置身于一场全球性的‘社团革命’之中。历史将证明，这场革命对当今世界的重要性，丝毫不亚于民族国家的兴起对于19世纪世界的重要性”。类似褒扬性的表述不胜枚举。根据以往各种支持性的叙事，NGO可发挥的重要作用主要表现在以下三个方面（Keese，1998）。

第一，作为福利和服务的提供者，进行“自下而上”的针对性干预。战后数十年跌宕的发展历程使人们对国家和市场作为发展代理人的幻想，于20世纪80年代最终破灭（Drabek，1987），批判国家主导发展的思潮随之兴起。在此情况下，NGO在福利提供方面的“优势”开始出现在发展话语中。它们被认为拥有草根的知识和代表草根的能力，因而可以开展由人民主导和控制的、由人民的需求而驱动的发展，进而改变“自上而下”的福利提供模式，从而成为执行参与式发展的重要主体（Chambers，1994；World Bank，1996）。NGO被置于与国家和市场相对或替代国家和市场的位置，被认为可以填补国家撤退所留下的空白，承担政府所转移的各种责任，如提供教育、健康、清洁用水和卫生服务、生计项目等（Veltmeyer，2008）。

第二，作为公民社会的亚部门和重要行动者，赋权边缘群体并表达其声音，促进民主和善治（Fisher，1998：17；Keese，1998；Paxton，2002）。它们被认为可以在国家和社会之间搭桥，创造能被公众关注、表达与抗争的焦点问题，赋权民众表达诉求；或者代表群体利益进行倡导，帮助他们伸张公民权利（Fisher，1998）；可以调节国家、市场与社会之间的关系，成为三者之间的平衡者，以及国家与市场的“监察者”（Lewis，1998），从而控制和减少资本主义的潜在危害，并使国家更具回应性和包容性（Mitlin et al.，2007）。正因如此，NGO被描述为民主的力量，甚至被描述为“一种新的全球性意识的超能量”、关注多元问题的“新社会运动”

(Veltmeyer, 2008)。

第三，作为替代发展的话语建构者和实践试验者、发展变迁的试水者和先行者，通过应对公共部门和私人部门无法面对的挑战，使试验和社会变迁成为可能（McCarthy et al., 1992: 3; Keese, 1998; AbouAssi, 2014)。斯蒂芬·海因茨指出，不少来自 NGO 的创新被采纳为政府政策，很多今天被认为是“最好实践”的服务模式，正是建立在 NGO 多年试验和改进的基础上（Heintz, 2006)。不仅如此，NGO 甚至还可以为挑战现行统治的替代性话语和计划提供空间(Keese, 1998)。

正如特韦特（Tvedt, 2002）所指出的，各种关于 NGO 的主流故事，都在向人们展示其“道德善”“人道主义”“有效”和“进步”的一面，似乎这就是 NGO 或跨国公民社会、全球公民社会的全景。然而，现实中的 NGO 在价值、目标、项目、政治议程、资金来源以及操作和捐助国家的背景等方面较复杂，其角色和功能也未必如此。因此，质疑的声音自 NGO 诞生之日就始终伴随着它们。在“郭美美事件”之后，《南方周末》对红十字会给出了如此评论：“在中国，红十字会已经异化为这样一种组织——它与权力体系走得太近，又与商业世界结交甚欢。这几乎让人们忘了它作为民间组织的中立、独立的人道主义初衷。”（冯禹丁等，2011）1997 年 12 月，时任南非总统的曼德拉在南非非洲人国民大会（African National Congress, ANC）上公开批评 NGO 对待民族政府的立场，并谴责其执行的是为国外利益代言的政治议程（Tvedt, 2002)。米歇尔·阿吉耶也表达了自己的疑问：

> 他们（人道主义援助者）究竟是不是“排外行为更为廉价的执行者”？（更重要的是）他们是否被当作工具，用来消除他人的焦虑，开脱有罪之人，抚慰旁观者的不安，或缓和紧迫感和抚平人们害怕意外发生的情绪？把难民交到“人道主义工作者”的手上，不但满足了摆脱有害人类垃圾的迫切愿望，也满足了人

们保持自身道德正义性的强烈要求。（鲍曼，2012：50）

如今，作为发展中的一个重要行动者，NGO 已经从一种使命性和福利性的组织，转变为发展图景中的重要部分，被发展中的多种力量所形塑，也在形塑着发展的图景。如果不从多个维度去诠释其角色和行动，也就无法真正理解发展。对于被描述为且自我宣称为公众特别是草根、弱势群体利益代言者的 NGO，本文关注的是，这些组织的存在是否都源于纯粹的道德善？其几十年来的实践是否真正维护和代表了草根的利益？在其开展的发展干预中，“自下而上”的发展发生了吗？最终带来的是谁想要的发展？带着这些问题，本文将就 NGO 的几个重要方面，展现 NGO 的多元身份和现实复杂性。

一 慈善与民族国家：NGO 的政治性与合法性

当前，全球舆论已经形成了对 NGO 的支持之势。对于绝大多数民族国家来说，已经难以拒绝这支日益壮大的力量的存在和发展。然而，NGO 如此多元、复杂，且在政治上高度敏感，无论是在历史上还是在当代，并非所有 NGO 都单纯以慈善和公益为使命，也并非所有政府都对它们开怀拥抱。

从历史上看，无论是在西方社会还是在非西方社会，传统的慈善组织往往具有浓厚的宗教色彩，同时容易牵涉政治的权谋。如在 16 世纪的意大利都灵地区，就存在慈善与权力的“暧昧不清”，捐助者建立免费医院旨在觊觎统治者的地位，许多慈善组织的行动并无“志愿”性质。近代西式慈善在非西方社会的传播，则大多“尾随”在西方殖民者的炮火之后。在这些 NGO 中，很多是由西方国家的政府及相关机构资助，目的是配合政府行为或补充、代替政府去完成政府不便出面或难以完成的使命，因此被认为是帝国主义用于侵略和统治的工具（赵华文、李雨，2012：33 -42）。

冷战以来，一些国际 NGO 在发展中国家所扮演的政治性角色更加引人关注。布拉顿（Bratton，1989）指出，NGO 渗透到发展中国家，其重要作用之一就是“种下政治不满，累积反政权力量，并提供组织支持”。香港《紫荆》杂志曾载文总结了非政府组织向发展中国家渗透的三大手段：一是资助、培训发展中国家的各种 NGO 来施加政治影响；二是利用 NGO 的渠道进行软性渗透，即以所谓人道主义救援、维护人权、推广民主进程、维护宗教自由和新闻自由等为借口，进行渗透和培植亲西方的代理人；三是通过 NGO 控制或影响舆论，为西方实现渗透和演变服务。该杂志还指出，为了消除被援助国政府和民众对西方政府直接援助的反感，西方国家更擅长通过首先资助西方 NGO，然后通过西方 NGO，间接资助发展中国家 NGO 的方式来实现对外渗透（穆紫，2008）。这些国际 NGO 尤其与美国关系密切，很多在为美国的海外政策服务，并接受美国国务院下属的国际开发署的指导。回顾历史，很多美国 NGO 被认为对苏联和东欧国家的“颜色革命”和剧变、埃及等地的“阿拉伯之春”等起了推波助澜的作用，如“自由之家”“开放社会基金会”“民主基金会”“欧亚基金会”“人权基金会”“民主价值基金会”“宗教自由基金会”和“国际共和研究所”等（刘小燕、王洁，2009）。而在这一过程中，“公民社会”一词被赋予了反对集权国家和“科学社会主义”的意义（Ehrenberg，1999）。其中的“国际共和研究所”在全球设有多家机构，并为 50 个国家的非政府组织提供资金支持。美国前总统小布什在该所举办的 2005 年度“自由奖”颁奖仪式上毫不避讳地盛赞道，20 多年来，该研究所“在 100 多个国家的民主变革斗争前沿努力工作。正是由于它的作用，今天的世界才变得安全了、自由了、平静了”（刘小燕、王洁，2009）。在现实中，NGO 的这些行为遭到许多非西方国家的谴责。因此，今天的发展中国家普遍对国际 NGO 的进入和活动十分警觉，执行社会主义发展政策的国家对其更带有敌意。

冷战结束后，一方面，随着更多国家加入全球资本主义体系，很多国家之间在意识形态方面的对立逐渐弱化。同时，伴随众多全球性问题的凸显和对国家角色的重新理解，以及福利国家和发展主导型政府遭遇福利提供的危机，很多政府对NGO的管控逐渐松动。公民社会逐渐成为一种主流的政治与发展话语。这一趋势随着拉美和东欧一波接一波的民主化浪潮而更加显著，并蔓延到很多发展中国家（Veltmeyer，2008）。此时的NGO更多以人道主义、伦理道德和普世关怀的形象出现，如参与扶贫、赈灾、解决劳工待遇问题等，而意识形态的色彩减少了（黎尔平，2006）。但另一方面，自20世纪80年代中期开始，世界银行（以及很多北方双边援助方）以结构调整为条件，通过贷款援助的方式推动新自由主义的“华盛顿共识”。世界银行和其他援助机构向发展中国家提供的发展援助和借贷服务都带着“政治”附加条件和改革要求，如要求发展中国家更加开放、减少干预，并且“布置”了很多NGO组织来提供支持和服务，而NGO的工作议程主要由西方援助国家决定（Desai，1999）。

如今，绝大多数发展中国家对NGO十分警惕，尤其关注NGO与西方国家或官方援助机构之间的纽带及对国家安全可能造成的影响。此外，由于很多NGO常常与西方民主政治和自由主义的观点联系在一起，且关注人权问题和一些替代性的发展道路，并形成了全球性的网络，因此，即使没有颠覆国家政权的危险，它们也会给民族国家的传统主权观念、自治能力、社会控制、政策决议甚至立法、国家形象等带来挑战和压力（Smith，1997；Jalali，2008）。所以，除赈灾等公益性事务外，无论是西方国家还是非西方国家，大多数政府会在理论和文化上接受NGO，但在现实中并不情愿其介入本国事务（黎尔平，2006）。

从对NGO的全球管理来看，目前还没有一个国际的合法性标准，其法律特征仍然不清晰（Martens，2002），不同国家在如何利用与规制NGO方面存在很大差别。美国等西方发达国家对NGO的管理大都是利用多于防范；多数发展中国家由于公民社会发育程度不高、法律体系欠完善、政府缺少治理经验，尚未形成系统、有效的监管办法，而普遍采取的是防范为主、适度利用的基本政策；非洲、中东的一些国家则严格限制，甚至禁止 NGO 的活动；部分独联体国家对西方 NGO 的颠覆活动非常警觉，采取了主动的防范措施（余跃，2006）。为了应对真实存在的或想象中的 NGO 的威胁，各国政府采取的防范措施有很多，如要求 NGO 进行注册登记；创办国家机构来替代 NGO；对 NGO 的募款能力设限；建立官办 NGO（Government-Operated NGOs，GONGO），以抢占 NGO 的空间；设立会员制的全国性组织或伞形集团（umbrella groups），以协调和控制 NGO；或根据情况，对其进行监视、取缔和限制（Heurlin，2010）。

自新中国成立，直至 90 年代，慈善组织被与“帝国主义”相提并论，“披着慈善的外衣”成了那一时期的通用词语，NGO 的活动几乎被完全禁止，也少有言说“公民社会”之类的话语。直到 1994 年，《人民日报》发表了评论员文章《为慈善正名》，才算是一个新的开始（王振耀，2012）。如今，NGO 已经成为中国社会里一个不可忽视的行为主体，但其身份合法性依然是一个主要问题。政府对 NGO 的态度是宏观鼓励、微观约束，但存在“两级摇摆”的现象，即一方面在某些领域表现出对 NGO 高度的关注和支持，另一方面又对 NGO 持高度的政治警觉（王名，2007；俞可平，2008：20－21）。政府具体采用的是“归口登记、双重负责、分级管理”的管理体制，但针对 NGO 的登记注册门槛很高。根据王名（2007）的保守估计，正式注册的“合法”NGO 不足 NGO 总数的 10%。在实践操作中，中国政府还采取“三不政策”，即“不支持，不反对，不取缔”。很多没有正式注册的 NGO，其实是在政府的默许下开展活动，处于非常尴尬的“灰色地带”（叶常林等，2009：174）。

某国际 NGO 曾于 1948 年短暂进入中国，由于各种政治因素，1950 年退出。直到 1995 年，它才得以再次到中国开展项目。该组织的很多员工谈道，在中国开展工作的合法性是难以回避的问题，需要随时注意项目活动是否涉及政治敏感性，“政府不会干涉，但会盯着你。政府不允许国际 NGO 到第一线、到社区去收集资料，因此只能通过高校或者研究机构去做。作为国际NGO，一定要保持敏感性，要遵守当地的各种制度，不能闯红灯”[①]。

为了获得在华开展工作的合法性，一些NGO选择了变通策略：通过工商注册，或寻找本土合作伙伴，使其在华活动“去政治化”。如上面提及的这一国际NGO，就选择了后者，与当地妇联建立了合作关系。现实中，还有很多NGO完全游离于法律框架之外。它们不仅无法享有正式登记的NGO所享有的优惠和待遇，而且在人力资源管理、筹资、项目开展等方面受到种种限制，每每自生自灭，难以壮大。因此，一些学者和媒体呼吁给NGO松绑，给予它们法律上的规范和保护（高丙中，2002；胡敏，2004）。

二 谁的议程：资源依附与NGO的独立性

NGO无法回避这样一个现实，即需要获取生存和发展的各种资源，并建立起动员和维持资源可持续性的机制。这是草根组织面临的最大挑战。由于受到募款资格、本国公民社会发展状况等各种因素的限制，很多NGO，特别是发展中国家的NGO，动员民间捐助的能力十分有限。其资源主要来自三个渠道：国际捐助、商业和政府。霍尔门（Holmén，2010）提醒我们，捐助者的期望在一定程度上形塑和影响着NGO的操作。那么，依附外部资源的NGO，能够对贫弱者的利益保持敏感，并坚守其独立的使命和议程吗？这需要从三个方面进行分析。

第一，NGO与西方捐助者的关系。特韦特（Tvedt，2002）采用系统的视角，分析了每个国家的NGO是如何与全球发展机构和国家权力相连接的。他认为，提供捐助的西方国家或发展援助机构就如同

① 摘自我于2009年对该NGO的访谈记录。

水库一样，而不同国家、不同层级的 NGO 如同渠道、支流或分散的小溪一般，这个系统最初由美国政府于 20 世纪 60 年代初推动建成。在最近 30 多年里，西方捐助者兴起了在发展中国家寻找有价值的国内 NGO 的热潮，并积极寻求与这些地方行动者建立伙伴关系，对之进行装备。时至今日，这个系统已经发展成为一个庞大的世界性体系，包含成千上万个 NGO，每年支配数亿美元的资金。然而，国际捐助方对发展中国家 NGO 的支持，绝非富裕国家出于道德义务支援贫困国家那么简单，它们通常有着自己的战略重点。在依附于这些外部资源的同时，NGO 也在一定程度上丧失了自主性。在这种捐助关系中，捐助方不仅向 NGO 提供资金，而且提供对问题的定义和解决思路，提供研究、培训的人力资源，以及其他能够促进其价值和话语扩散的帮助（Sen，1999）。同时，捐助方还会根据自身的政治、经济或宗教利益，来确定捐助对象、捐助方式、捐助条件和优先序等，从而直接或间接地影响 NGO 的行动。胡敏（2004）的调查显示，在中国开展工作的国际 NGO 中，83% 在计划新项目时需要获得总部的认可。一些国际 NGO 的负责人也由捐助方确定。正如特韦特（Tvedt，2002）所言，NGO 在这一过程中不知不觉地扮演着传递西方霸权发展观的角色。NGO 行动者之间、NGO 和官方捐助者之间常常保持一致的价值，并形成了一种所谓的“NGO 语言”（NGO-speak）。作为对外部资助和快速政治变迁的回应，NGO 的发展编年史也呈现出与西方发展修辞合拍的趋势：20 世纪 70 年代为合作社；80 年代为妇女组织；80 年代末为环境组织；90 年代为艾滋病组织和“公民社会”……时至今日，仍有成千上万个 NGO 正在敲捐助者的门，或是作为门外的潜在合作伙伴，等待着加入。为了游说和竞争资源，这些 NGO 会自动跟随捐助者的兴趣，或者自愿调整自己去适应并内化捐助方的价值。这不仅进一步鼓励了全球 NGO 组织在短时间内的制度性同质化（Tvedt，1998），而且通过散布于发展中国家各个角落的 NGO 代理人，将西方的发展话语和政治经济议程出口到发展中国家。

第二，慈善与商业的结盟。自工业革命开始，慈善公益组织发起了一场又一场挑战市场的“暴力”运动，成为资本主义问题的“收容所”（刘小燕、王洁，2009：42）。在当代各种文献中，NGO常常以监察者的形象出现，推动公司去修补资本全球化带来的环境与社会问题（Laasonen et al.，2012）。NGO频频挑战和对抗那些剥削边缘民众、破坏生态环境的商业活动。国际上曾一度认为，“忽略环境主义者的公司是在冒险”（Hendry，2003）。时至今日，这种批判性的关注虽然在有关商业与NGO关系的讨论中仍占主导，但另外一种趋势正在涌现（Brown and Kalegaonkar，2002）。这表现为，自20世纪70年代开始，商业领域逐渐流行起一种策略，即将公益形象和经济效益相联结，以发展社会责任的形式，来证明自己的社会、道德和环境承诺（Burchell and Cook，2013）。此后，“企业慈善”开始盛行，“企业公民”“企业的社会责任”等成为越来越时髦的话语。进入20世纪90年代，随着新自由主义在全球的扩展，政府在公共物品和服务供给中的角色逐渐抽离，企业参与扶贫和环保等全球行动受到关注（陈秀峰、李莉，2008）。1992年，联合国环境与发展大会提出，和平、发展和保护环境是互相依存、不可分割的，世界各国应在环境与发展领域加强国际合作，为建立一种新的、公平的全球伙伴关系而努力。这对可持续发展至关重要。20年后，波特和克雷默（Porter and Kramer，2011）则宣布资本主义陷入了危机，全球迫切需要“共享的价值”，并号召商业和社会联合。美国作家戴维·伯恩斯坦也在《如何改变世界》一书中指出，能真正改变世界的不是慈善，也不是商业，真正伟大的社会变革需要把两个看起来完全不同的极端融合在一起，融合成一个圆（赵华文、李雨，2012）。这些倡导模糊了营利组织和非营利组织的界限。对于NGO来说，虽然曾对企业参与公益的初衷有过狐疑，对是否与企业合作也有过分歧，但20世纪90年代中期以来，在资源竞争日益激烈和全球商业化、市场化的背景下，NGO对与企业合作的拥护日盛，且开始主动从商业中动员和寻求资源（Heap，2000：309）。如今，越来越多的企业与NGO已经从单纯的慈善捐助关系，变成合作甚至是战略同盟关系。很多公益基金会直接由企业捐助，如盖茨基金会、福特基金会等。

当然，这些合作和结盟不乏看起来成功的案例，如声名远播的孟加拉国小额信贷项目、巴西商业银行对 NGO 教育创新的支持、菲律宾的社会进步商业项目等，但 NGO 陷入各种丑闻的数量和可能性同样在增加（Laasonen et al.，2012）。2012 年，《明镜周刊》的一篇报道指出，通过对全球影响力最大的环保组织——世界自然基金会（WWF）的近距离调查发现，这家长期致力于倡导保护老虎和热带雨林的国际组织，其许多活动顺从于合作的公司，并为其工业利益服务，而不是保护环境或濒危物种（Glüsing and Klawitter，2012）。总而言之，人们对慈善与资本捆绑的争议不绝于耳。人们的质疑主要关注两个方面：一方面指责公司“用他们的美元换取了更多的东西，而且手里剩下了更多的美元”（伦德伯格，1977），认为商业利益盗用、绑架了 NGO 的公信力，使之成为其“洗钱”、“镀金”、避税、传导意识形态和营销的工具；另一方面对 NGO 面临的风险表示担忧，怀疑它们是否还能保持自己的纯粹性和对资本的挑战性。2005 年 2 月 25 日，英国《卫报》在《与企业“上床”是否值得?》一文中指出，“越来越多的 NGO 开始与企业联盟，以实现抗争目的。但环保组织和 NGO 真的需要和大企业‘上床’以改变后者的行为吗？随着与企业合作的 NGO 的增多，这真是 NGO 需要面对的一个重要问题”（荷兰乐施会，2006）。一份关于中国 NGO 的研究报告也指出，企业资源的进入加剧了 NGO 对企业的依附性，企业的理念和资本的逻辑也逐渐渗透到这些组织中，使其越来越理性，甚至可能导致营利化倾向。这种合作还强化了 NGO 的非挑战性，使其逐渐丧失对企业不当行为的挑战能力。缺乏独立性和挑战性的中国 NGO，并未能承担起倡导和代言的功能（康晓光、冯利，2011）。艾哈迈德（Ahmad，2001）甚至认为，许多发展中国家的 NGO 其实应该被视作商业部门的亚部门，而不是公民社会的成员。

第三，NGO 与政府之间的合作。政府与 NGO 开展工作的政治和法律环境密切相关，它影响着 NGO 能够获及的资源和发展的空间。

在“善治”议程的影响下，包括发展中国家在内的多数国家的政府逐渐为 NGO 提供了更多的政治空间，并加大了资源投入。常见的支持方式有：直接拨款、项目委托、合同外包、政府采购、无偿划拨土地及办公场所、提供免税待遇等。而 NGO 为了寻求资源、参与公共政策过程、扩大影响或使项目更可持续，也日益重视与政府的关系。情势对双方来说，都看似“春天”的到来。但是，并非二者之间的所有合作和资源流动都致力于或有利于 NGO 目标的实现，因为政府对 NGO 进行支持的项目往往比较传统，并有选择性，如只支持服务性组织，排斥倡导性组织；同时政府带有线性的发展思维，采用官僚性的管理方式。这与 NGO 的观念、工作领域和工作方式常常存在冲突。某 NGO 的员工就表达了这种矛盾：

> 很多 NGO 做了很多年才忽然醒悟，在中国做事还是要靠政府的。但我们的工作理念与中国的现实有冲突。我们近期要改变过去只重视硬件不重视软件的做法。但政府又看重硬的东西，如希望我们能参与中国的新农村建设。我们的上层认识到再做硬件没前途，但只做软件又会影响到与政府的合作关系。政府可能会觉得这是“来虚的”，因此不重视、不买账。（某 NGO 员工）

在与政府的合作中，NGO 常常被置于看不到“政绩”的问责压力中，会因为项目太“软”而被不屑一顾。这会与其他压力一道，迫使 NGO “越来越转型为日常的服务提供者，从而削弱了开发新思想或处理深层的、复杂的问题的能力”（Heurlin，2010）。

此外，强势的政府在与 NGO 的合作中往往处于支配地位。以在中国开展工作的一家国际 NGO 为例。在选择项目区时，与之合作的某政府部门会推荐三个备选，但还有很多地方更适合，最终主要还是由该部门确定项目区。因此，在与强势政府合作时，NGO 很容易为之左右和操纵。

很多 NGO 属于官办 NGO，即 GONGO，如中国的各种慈善会、红十字会、妇联等。它们“挂靠”或归属于政府的某些部门，代表政府的意志，同时竞争着来自各种渠道的慈善资源，挤压着草根NGO的空间。《中国慈善捐助报告（2010）》披露，2010年民政部收到的慈善捐款中，近六成流入政府、慈善会及红会系统中，只有1.3%到了慈善会之外的社团、民办非企业单位和福利院；而在接收1.3%捐款的部门中，仍不排除有政府背景的NGO（郑远长，2010）。官办NGO在运作过程中存在大量的不透明、不作为和腐败行为，对NGO的公信力产生了巨大的负面影响。

在与不同捐助者和合作方看似“双赢”的互动关系中，NGO绝非简单的“行善者”，而应该被视为“策略性”行动者（Fisher，1997）。它们有着自己的组织利益，并会为之打算。当资源掌握在强势的行动者手中时，在规则制定和实际操作过程中，往往要么“权力”说话，要么“金钱”说话，NGO很难真正代表草根利益、跳出自己独立的舞步，成为发展的主体，并只能“依附式发展”（康晓光、冯利，2011）。为了迎合强势行动者的期望，NGO很容易被规训，进而偏离初衷，并被异化身份。

三　改善的意愿与行善的能力：NGO发展的内部挑战

人们往往以为，NGO更有效率和灵活性，更能亲近草根并代表其利益，因此是市场和国家“失灵”时的一剂替代良药。随着大量资源流向NGO，NGO是否真正具备良好的能力来妥善安置捐助者的善心呢？在诸多媒体上，NGO未能利用好善款的负面报道甚至贪腐丑闻被频频曝出，公众的质疑和问责声越来越多。与此同时，在公众视野之外，无数草根组织因“无米为继”落寞关张。这些现实提醒我们，虽然有慈善的冲动、改善的意愿和良好的价值，但并不意味着就有很好的慈善能力。正如赵华文和李雨（2012：116）所指出的，“对于一个慈善组织的建立和运作，其内部建设甚至比一家公司还要繁复”。NGO 的发展面临着很多内部挑战。

首先，对于很多发展中国家的 NGO，特别是草根 NGO 来说，一个显著的弱点就是其业余性。它们的能力有待提高。在不少国家，NGO 行业起步很晚，组织运作不够专业；从业者来源广泛，很多以志愿者身份参加，能力参差不齐，缺乏专业人才；人员流动性大，项目管理缺乏连续性；宣传不足，公众了解较少；缺少战略性规划和管理经验；项目运作欠缺可持续性；等等。全球著名管理咨询公司麦肯锡对中国非营利组织的调查显示，在近两万家登记注册的非营利组织中，只有 500～800 家从事的事业具有广泛的影响力（赵华文、李雨，2012：116）。某国际 NGO 的一名基层员工感慨道：“招来的员工都是刚毕业的，没有社会经验，也没有社区工作经验；员工流动性太大，外地员工一般工作不超过半年，3 个月离职的非常多，基本每个月都需要招人；基层员工专业水平不够，不会撰写项目报告。”另一 NGO 设在云南省的项目办工作人员透露，该组织在昆明市的办公室只有几名正式员工，这些员工都没有扎实的专业背景。平时涉及校舍建设等项目活动，都会有总部派来的义工、工程师一起勘察和决策。而这些义工的背景五花八门，他们在地方会表现出各种“水土不服”，却时常大胆地对各种牵涉繁深专业知识和当地背景的问题做出定论，并反馈给总部。总部的审批委也有很多义工工作。他们的很多定论在地方人员看来是如此缺乏常识，但地方人员出于对资助方的尊重，只能百口莫辩、无奈气恼。另外，项目办工作人员需要多方协调，往往费尽周折，耗时漫长才能最终立项。然而，经过繁杂、多轮的程序后，不少贫困县、乡却最终拒绝来自这一组织的资助项目。在经验、技能和资金方面都走在前列的国际 NGO 尚且如此，大量惨淡经营的小型草根组织就更不用说了。技能或组织方面的业余性，会影响 NGO 的执行表现。执行力不足的 NGO 如何能更好地为边缘群体服务，又如何能取得公众的信任呢？

其次，NGO 面临的更大挑战是资金问题。在 NGO 刚刚兴起的一些国家，公共合法性的缺失会增加它们获取资源的脆弱性（Brown and Kalegaonkar, 2002)。清华大学 NGO 研究所于 2000 年对中国 1508 家 NGO 的调查显示, 41.4% 的 NGO 认为资金缺乏是最突出的问题(王名, 2002: 201)。对于国际 NGO 来说,由于受到受捐方战略调整、捐助国与受助国政治与经济形势改变的影响,它们能够从西方本土募集的资金很不稳定。例如,中国近年来的经济增长和通货膨胀就对许多国际 NGO 在中国的工作产生了很大冲击。因为在不少西方捐助者看来,中国如今强大了,已经是竞争的对手而不是帮扶的对象,所以他们捐助的意愿明显下降。而这类组织又很难在中国获得合法的公募资格,运作资金日益吃紧。例如,一家原本以建学校为主的国际 NGO,每资助建一所学校就需要百万元以上。由于能募集的资金越来越少,近几年该 NGO 的立项数量不断减少, 2012 年的立项数量超过 30 项, 2013 年则减少为 10 项左右。该组织不得不考虑将项目战略调整为软件建设,但软件项目又缺乏专业人员支撑,所以一直限于讨论,至今未能铺开。在中国国内,带有官方背景、获得政府支持的自上而下的 NGO 在资金方面的压力相对较小,而绝大部分草根公益组织获得资源十分艰难。后者多数难以从国内基金会获得资助,只能依赖境外资金生存。然而,境外项目的资助期限、额度、领域、区域等有很强的不稳定性,且正由单纯资助型向项目参与型过渡(宋宗合、周继坚, 2009),使得很多草根组织处于"洋奶"难以为继或"断洋奶",而本土"母乳"供给没有跟上的困境中。一些草根组织不得不因此关门,或者只能以极低的薪酬养员工(徐永光, 2012)。在资源竞争日趋激烈的情况下,为了生存和持续发展, NGO 对各种强势行动者的依附以及丧失独立性和挑战性的风险就不可避免了。

近年来,为了解决资源的可持续问题, NGO 领域开始出现"以商养善"的趋势,兴起了一股 NGO"市场化"浪潮。在西方,这被称为"慈善资本主义"。当慈善者开始像企业家一样重视投资,精心考虑资本、贷款、成本、利润、关系等时,我们不禁要问:"这会不会带来 NGO 部门内部的犬儒主义和腐败呢?难道不会引发 NGO 的身份危机吗?”（Fowler，2002）本文最开始提及的中国红十字会“郭美美事件”，在网友的穷追猛打下，王鼎、中红博爱、心动中基等公司浮出水面，为公众勾勒出红十字会的另一副商业面孔。这些依附于红十字会的公司，利用红十字会的公益慈善招牌，获取自己的广告收益（冯禹丁、陈新焱，2011）。2007 年，《洛杉矶时报》在一篇题为《乌云笼罩着盖茨基金会的好工作》的报道中披露了这样一个事例：盖茨基金会使 14 个月大的贾斯蒂斯·艾塔接受了小儿麻痹疫苗和麻疹疫苗，却又在附近投资了一家石油工厂，致使艾塔不停咳嗽、呼吸困难。该报道进一步指出，“盖茨基金会投入大量资金持有一些企业的股票或债券，这些公司与盖茨基金会所宣传的促进健康、安居和社会福利等目标相抵触”。另外，许多美国社会研究学者发现，包括盖茨基金会在内的许多慈善机构没有把钱用在刀刃上，它们常常选择在高风险研究或已经富足的项目上投入过多，而提供给更需要得到帮助的项目资金却很少（赵华文、李雨，2012：200 - 201）。这些对中国红十字会商业化的拷问、对盖茨基金会的质疑，无不彰显着人们心中对 NGO 标榜“非营利性”却进行营利性运作的疑虑。

此外，NGO 在对善款的管理和使用中，普遍存在不透明现象和寻租地带。国内外 NGO 因自身诚信问题而被问责的例子不在少数。“信息透明”也是“中国式慈善”要翻越的大山。目前，只有不到四分之一的基金会有官网，不到五分之一的基金会发布官网年报（赵华文、李雨，2012：220）。由于内部的监督和问责机制脆弱，一些 NGO 不断被媒体和公众曝出问题：“希望工程”被《南方周末》揭露出资金挪用问题；中国民间第一家抚育孤儿机构的创建者因账目不清被捐助者告上法庭；重庆九龙坡白市驿小动物保护协会、森森孤学院、“绿叶义工”等草根组织均陷入了所谓的“骗捐门”（宋宗合、周继坚，2009）；红十字会继“郭美美事件”后，又被艺术家追问 8000 万元地震善款去向，并因“天价帐篷”、“万元午餐”、备灾仓库违规出租等被媒体质疑；等等。这些对善款的不当使用和贪腐行为，不仅对 NGO 的公信力造成破坏，也给艰难培育起来的公众慈善意识和热情带来打击。在这种背景下，出现少数慈善者宁愿麻袋装钱、亲自布施的现象，也就不足为怪了。

NGO 在内部结构、资源等方面存在的这些问题，不仅会在一定程度上削弱其公信力和可持续性，破坏其生存环境和活动空间，也会令人们质疑其存在的价值。

四　改善民众生活的“触媒”？——NGO 范式与草根发展

伴随着发展理论对自上而下的国家主导型发展的批判，一种强调“参与”“赋权”“将穷人放在首位”“尊重地方性知识”“可持续性发展”等的新发展范式逐渐形成。在世界银行等国际发展机构的推动下，NGO 成为这种发展范式的最初践行者和关键性角色。NGO 主导发展的方法被自由主义者认为是，可以通过赋权草根和依托地方知识，促进弱势群体的政治参与，进而培育和激发自下而上的民众需求的发展过程。

尽管不少人欢呼 NGO 在地方发展中越来越重要的作用，但在很多学者看来，NGO 在国际发展中所能扮演的角色被高估了，NGO 主导的发展常常是一些没有新意的倡导，而绝非改善人们物质生活的“触媒”（Veltmeyer，2008）。它们在很多情况下并不是所宣称的那样灵活而有效率（Tvedt，1998）。NGO 主导的发展工程存在各种明显的缺陷。（1）国际 NGO 本土化不够。很多国际 NGO 不能很好地实现工作方式的本土化。在开展发展活动时，它们会自觉或者不自觉地将其所在国的一些经济和社会发展模式移植到当地（赵黎青，2006）。它们会对地方制度、社会和文化带有偏见或误解，不能很好地嵌入地方环境。例如，某国际 NGO 的中国合作伙伴谈到双方沟通的困难时，认为该 NGO 的员工“说话语气常常居高临下”“人情味很淡”，并且常常强求合作伙伴按照自己的规则行事，“在任何场合都要求参与者发言，不发言就认为你能力不行”，而这并不一定是评价中国机构员工能力的合适标准。（2）工作方式的“家长制”和“声音垄断”。NGO 及其负责人常常代替贫困人口和边缘群体决策，尤其是当资源、专家和时间都不充裕时（Brown and Kalegaonkar，2002）。因此，它们并没有很好地赋权草根，没有尊重地方性知识。例如，在中国开展的一个改厕项目中，某国际 NGO 认为应该“先厕后水”，而当地农民认为应该“先水后厕”，最后只能按照该 NGO 的意见实施。因为不适用，改建好的厕所大多被闲置了。不仅如此，NGO 员工在与地方受益群体进行交往时，常常不能平等对话，往往会带有一种优越感。NGO 的这些工作方式不仅会“削弱地方合作伙伴的责任心、项目的可持续性以及真正的政治代表性”（Brown and Kalegaonkar，2002），而且会导致 NGO 与地方行动者关系的紧张。（3）NGO 项目的碎片化。NGO 内部利益十分多元，它们彼此之间或与政府之间的利益常常存在竞争或冲突，导致各自操作的项目缺少协调与整合（Keese，1998）。因此，NGO 主导的发展项目常常呈现出这样一幅图景：成千上万笔分散的捐助资源，汇聚到各个国家成千上万个只关注自己小领域的 NGO 手中，再设计出成千上万个碎片化的小项目，即德赛（Desai，1999）所指的一个个“发展的孤岛”。这些碎片化的项目不仅造成了服务与资源的重复和浪费，而且增加了管理成本。（4）NGO 干预对社区和谐的影响。NGO 项目的资源有限，但要在各种冲突性的人群和需求中选择受益者。这种由于竞争而引起的妒忌以及资源的不均等配置，很容易引起社区之间以及社区内部的分化与冲突（Keese，1998；Desai，1999）。（5）NGO 项目瞄准的有限性和不可持续性。NGO 的力量总体上还十分薄弱，尤其是在发展中国家，不可能完全弥补国家和市场留下来的福利真空。按照最乐观估计，世界上所有的 NGO 最多也只能直接接触全世界 10% 的贫困人口。而中国 NGO 目前可能连中国贫困人口的 1% 也服务不到（《中国发展简报》，2007）。而且 NGO 的项目资源来自不稳定的外部捐助，项目活动和项目周期在很大程度上受捐助方意愿的左右，且存在很大的不确定性和不可持续性。另外，多数 NGO 在方法上存在强烈的问题—（技术）

解决导向。这就使其项目更倾向于对短期、可视化产出的关注，而非探寻问题的根源和长期的改变之道。这样的例子有很多。德赛（Desai，1999）所批评的妇女生计项目就十分典型。她指出，很多NGO会鼓励妇女通过学习编织、缝纫等技能来增加收入，但该项目没有考虑更长远的市场与政府支持问题，结果增加了妇女的劳动负担，增加的收入却微乎其微。因为这些产品与工厂化产品相比，没有竞争优势，根本就没有多少市场。

如果说上述这些对NGO主导发展的争论仍然局限在发展主义框架之内，只是对其被假定能超越国家的方法提出的保守批评，那么，一些新马克思主义者和后结构主义者则尝试"超以象外"地审视这场NGO革命。他们提出了一些更为激烈的观点。在迈克·戴维斯（2009：90）看来，这个新的NGO世界中的实际权力关系并不同于传统的代理人制度，在世界银行的参与式发展转向中，真正的受益者看起来是大型NGO，而非当地人民。历史社会学家莱亚·耶利内克（Lea Jellinek）通过对一个著名NGO的长期跟踪调研发现，这个开始于一个小小草根计划的组织，逐渐发展成为一个"对其低收入基础不再有价值和支持力"的"巨大的、复杂的、综合的和技术导向的官僚机构"（Jellinek，2003）。有学者指出，这些NGO以相同于传统政治机器的方式垄断了专家知识和中间人作用，攫取了贫民的话语权（Gazzoli，1996）。还有学者通过对NGO的深度研究发现，"参与"被简化为通过一些具体的规则，按照被描绘好的方式，获取已经被预设好（通常是国家设计的）的发展计划的过程。对知识和信息的"赋权"，也被局限于提高人们参与国家事务的能力（Jakimow，2012）。而处于多元利益关系格局中的NGO，在与其他外部行动者的博弈中，甚至还可能把自己为受益人代言（自封）的立场当成一种资源，从而置身于"剥夺"后者的位置上（Desai，1999）。

NGO提供知识和信息的能力、改善地方贫弱者生活状况的效果，也被认为是十分有限的（Keese，1998；Jakimow，2012）。吉塔·维尔玛（Gita Verma）指出，"除了用一些印刷精美的创造性标语将标签从‘问题’改换到‘解决’外，没有多少超越”（Verma，2002：151）。然而，尽管 NGO 无意识地与国家在一些问题上处于对立关系，其活动和干预却被认为具有另外两个显著的效果：一是为新自由主义“打前站”，充当西方将发展中国家整合进新自由主义全球体系的工具。对印度 NGO 进行长达近 30 年研究的政治学家科塔里（Kothari，1986，1993，1997）指出，NGO 可被视为新自由主义最热心的代理人，它们可以在政府机构或私人部门都难以渗入的乡村腹地进行操作。世界银行和其他国际机构推动 NGO 先期前往发展中国家，进行活动，随后，它们便对民族国家施压，迫使其对外资开放，并加强与外国资本的合作，逐渐将其整合进全球资本主义体系。这些机构还使本土 NGO 在发展过程中屈从于国际 NGO，从而巩固发展中国家走向全球化的驱动力。对 NGO 资助的增加，事实上正是收编 NGO 领导人的一种手段（Kothari，1986，1993，1997）。二是作为精英和国家官僚机构的治理术，调和国家、市场与社会的关系，消弭资本与市场扩张带来的秩序危机。NGO 通常以问题为导向而不以阶级为基础，更关注具体的利益群体和问题，如环保、妇女赋权、人权、教育、灾害以及其他形式的救助、紧急援助或扶贫（Veltmeyer，2008）。绝大多数 NGO 作为发展的“中间人”，散播了知识和信息，播撒了维系精英统治的主导性话语和意识形态，成为维持统治和持续性依附的工具，从而丧失了寻求替代性发展选择的挑战性和创新性（Fisher，1997；Jakimow，2012）。詹姆斯·弗格森（James Ferguson，1990）在其著作《反政治机器》中，以解构发展的视角分析了世界银行资助的非政府组织在莱索托开展的综合农村发展项目。他指出，这些发展“装置”看似以非政治的技术手段诊断和治疗不发达的病因，实际上却是一套将世界贫困问题去政治化的机器。这套机器的运作效果不在于减轻贫困，而是在一系列中立的、技术化的使命掩护下，促成了国家官僚权力的扩大和加强。因此，发展机器虽然效率不高，却持续运转。孟买住房行动主义者达斯（Das）对贫困窟导向的 NGO 做出了尖锐批评：

> 它们通常的努力是破坏、蒙蔽和腐化人们，使他们远离阶级斗争。它们利用和繁殖对恩惠、同情和人道立场的乞求行为，而非唤醒人们对其权利被压迫的意识。事实上，这些机构和组织体系化地介入，以防止人们采用过激方式来赢取他们的要求。它们经常把人们的注意力从更大的帝国主义政治罪恶转移到仅仅是当地事务上来，混淆人们区分敌我的界限。(Das，1996)

如此说来，如果大部分 NGO 可以被称为“驯服”的社会组织（Kaldor，2004：145），那么，它们的存在则发挥着“驯服”草根组织、消解变革的作用。

五　从虚幻的“乌托邦”到变革的力量

在经济日益全球化、各种棘手的发展问题层出不穷的当今时代，人们期望 NGO 作为一支全球性市民社会的力量，给草根带来希望。现实充斥着关于 NGO 的各种乐观、兴奋的修辞，国际发展机构和各个民族国家也为其提供了重要的政策议程。人们期望 NGO 不仅可以有效而灵活地播撒福利，而且可以成为一支重要的政治力量，来制衡国家与市场，并“赋权”草根，激发“自下而上”的发展，开创替代性发展路径，引领人类社会迈向进步和光明。然而，无论是从发展主义框架之内，还是超越发展主义框架来审视 NGO 在现实中的角色和实践，我们都发现，NGO 并不是一个和谐的统一体，关于 NGO 的各种修辞与现实之间存在巨大的断裂和冲突，它或许只是一个虚幻的“乌托邦”，而非各种叙事所建构的“进步的创造”。事实上，慈善并非简单的慈善，其背后暗含着政治、经济、文化乃至宗教等各种力量的博弈；NGO 也非只为了纯粹的公益，而是多样化的、多面的、有着自己利益和冲突性身份的行动者。在资本日益全球化的时代，NGO 在外部既受到社会、市场和制度性土壤的限制和形塑，又受到各种跨国力量的钳制；在内部则无法回避混杂且流动的从业人员结构、资金等资源的匮乏和不稳定，以及管理的无序等各种挑战。这些多元而复杂的连接和交叉因素，共同制造了NGO在发展中的不佳业绩。即便有改善的意愿，NGO在服务和福利提供方面也未必就有超越国家的显著优势。而且，由于存在合法性困境和资源依附性，NGO很容易被强势的政治权力和资本力量裹挟，从而失去独立性。在现实中，NGO似乎要么被边缘化，很难为草根争取政治空间；要么攫取慈善资源和草根之声，成为精英利益的工具和代理人，丧失其应有的挑战性。NGO主导的发展工程也没有带来所描绘的“自下而上”的社区发展，其改变草根处境的作用十分有限，有时反而推动了资本的“高歌猛进”，维持、固化或强化了社会与经济的不平等。

上述批判性分析，并非要得出NGO已经失去存在价值的结论。相反，我们需要NGO，需要回归本来面目和本来性质的NGO。在新自由主义横行全球、国家权力普遍削弱的全球化时代，为抵御市场和资本向社会无底线的扩张，我们的社会不可能没有“反向运动”（波兰尼，2007）。成千上万个散布于全球各个角落、正在进一步孕育壮大的NGO，是市民社会的重要元素，是“反向运动”的潜在力量。如今，一些NGO已经作为反资本主义和反全球化的力量，正在努力捍卫贫弱者的土地权、食物权、分配权、公平贸易权等；有些NGO运动的影响力已经越来越大，并开始透出变革的曙光，如巴西的“无地农民运动”（MST）、强大的“农民之路”（*La Vía Campesina*）等。正如克泽（Keese，1998）所言，NGO可以成为建构和推进替代性话语的工具，为发展带来更积极的改变。

不仅如此，我们还需要重新审视市场、社会和国家之于人民福祉、人类生活的作用和意义。在追寻公平正义的进程中，我们不但要为NGO重新创造独立行动的空间，以弥补其他社会制度无法提供的产品和服务，而且要发挥NGO在价值倡导和社会运动方面的作用，以使市场、社会和国家回归以人为本，以每个人为本，并使其以此为准则来承担其应有的责任。

13

援助的故事：救穷抑或为己？

第二次世界大战之后，饱经战争创伤的西方国家积极寻求全面重建和经济恢复。而受战争冲击较小的美国，首先开展了对欧洲国家的经济援助，旨在帮助欧洲重建经济、恢复发展。此后，欧洲国家等也加入了对外援助的行列，与美国一道开展对发展中国家的援助。近年来，金砖五国等逐渐壮大起来的新兴经济体也开始从受援国转变为援助国。援助早已成为国际交往中一种常态化的互动形式。一些专门从事援助的国际组织也活跃在国际舞台上，包括国际多边组织，如联合国系统、世界银行、国际货币基金组织等；双边组织，如美国国际开发署、加拿大国际开发署、英国国际发展部等；非政府组织，如乐施会、世界宣明会、世界自然基金会等。

回顾近百年的世界发展历程，可以发现，国际援助一直处在不断的变化之中。尤其是，在冷战之后，不仅援助的主体、客体和性质发生了变化，而且援助的范围和力度在不断增大。例如，在国际援助宣称其使命为人道救助、经济建设或国家发展时，我们往往看到主导国际援助过程的是其他方面的因素，如政治战略的考虑，表现为援助国是否对某受援国实施援助并不取决于受援国是否存在客观的需求，而在于援助国是否认为有必要。美国前总统小布什曾解释道：“我们必须将更多的援助与政治、法律和经济改革捆绑在一起。……要把这些资金投给那些‘治理公正、投资人民和鼓励经济自由的国家’。”（张华，2000：347）另外，援助国在援助过程中的主导作用明显增强，表现在两个方面。一方面增加了援助资金。联合国于 2002 年 3 月在墨西哥蒙特雷召开了第一次以国际发展筹资为主要议题的会议，要求各国增加在发展方面的国际金融和技术合作。从 2002 年起，世界主要援助国普遍增加了发展援助拨款，年均增幅在 100 亿美元以上（李小云等，2007）。另一方面改变了援助领域。从初期的农业发展和工业基础设施建设，到中期的人力资源开发、基础教育、公共卫生、环保、妇女发展等，最后转向意识形态和上层建筑领域，如在立法和司法、良治和民主以及人权对话等方面出现了大量的政策咨询项目（周弘，2010）。援助国主导权的增加带来的是受援国自主性的缩小。多年来，国际援助项目在表面上呈现出公益性、带动性，甚至是无偿性，而令人难以察觉的政治性、经济性，甚至是军事性的目的，却隐藏在这层薄薄的面纱之下。国际援助的结果是否真正服务了受援国，也广受质疑。

埃斯科瓦尔（2011：2 – 3）指出，在美国等西方发达国家主导的国际援助开展 40 多年之后，那些国际发展援助的理论家和政客许诺的富足之国并未出现，相反，援助战略带来的是大规模的欠发达和贫穷，是难以言说的社会不平等，是日益增多的营养不良和暴力事件。这些是霸权式发展战略和现代性思潮失败的标志，第三世界的人民群众对发展援助也越来越抵触。埃斯科瓦尔认为，在国际援助背景下，西方现代化发展话语在广大的受援国成为不言自明的通用真理：现代化是唯一能够摧毁陈旧的价值和制度的力量；工业化和城市化被看作通往现代化的必经之路；而欠发达地区的贫困人口被看成是愚昧无知的。此时，西方现代化发展战略成为将世界标准化的工具（埃斯科瓦尔，2011：43）。因此，一切围绕现代化发展话语的国际援助注定都是“双面人”，必定忽隐忽现地体现着援助国的价值和意图。

而这种意图并非发达国家在“有史以来最盛大的一次国家首脑聚会”上所承诺的“消除贫困，推动人类尊严与平等，实现和平、民主以及环境的可持续发展”① （伊斯特利，2008：7）。事实上，虽然国际发展援助的规模不断壮大，世界受援地区的落后、贫穷、饥饿却未见改观，发展中国家的状况也未见好转。今天，非洲的贫穷与饥饿、中亚的冲突与难民、拉丁美洲的灾难与疾病，无不向我们提示着国际援助中未曾为人所知的一面，无不促使我们深入思考国际援助的真实本质：国际援助是否会如理论家言说的那般无私地帮助生活在水深火热之中的平民百姓，还是会将他们进一步推向深渊；是否会如政治家许诺的那般光荣地带领发展中国家的人民走向一条通向美好生活的阳光大道，还是会给他们制造新时代的困苦生活；是否会如外交家夸耀的那般纯粹地为了与落后地区穷苦兄弟的友谊，还是会觊觎那些未被开发、未被攫取的土地和资源呢？

一　国际援助的历史

援助诞生于一种军事意义上的支援，是邻近地区之间的相互帮助和支持（林晓光，2002）。现在所说的援助，伴随着世界现代化进程，附加了许多新的意涵。在内容上，过去的纯军事援助逐渐削弱，而经济、技术、环境、治理等方面的互动不断增多；在范围上，地区的限制被超越，而跨地区之间的合作更加频繁，国家之间的援助更成为普遍现象。在这种情况下，国际援助一般又被称为发展援助；为了表示援助国与受援国之间的平等合作和互利共赢，国际发展援助又常被称为国际发展合作。因此，现在的国际发展援助一般是由发达国家或新兴经济体向广大的发展中国家提供资源，包括资金、物质、智力等，以受援国的经济增长和地区发展为名，以

① 这是指在2000年的联合国千年首脑会议上，世界各国领导人就消除贫穷、饥饿、疾病、文盲、环境恶化和对妇女的歧视，商定的一套有时限的目标和指标，即千年发展目标（MDGs）。

发展项目为主要形式，对这些资源进行配置，并以此调整国际关系（林晓光，2002）。

本部分对国际援助历史的回顾，主要参考了莫约（2010：8－20）在《援助的死亡》中所做的清晰而系统的梳理。据她考察，大规模的国际援助可以追溯到19世纪。1896年，美国提供了以食物救济为形式的海外援助。随后，根据每个时段的政治形势和经济状况，国际援助经历了不同的阶段。1929年，根据《殖民发展法案》（*Colonial Development Act*），英国政府对穷国的基础设施项目给予了赠款。虽然“发展”这个词至少从1929年的这个《殖民发展法案》时起就存在了，然而，早期的“发展”概念与二战以后它所表达的意思截然不同（埃斯科瓦尔，2011：270）。早期的援助除了在一定程度上显示出援助方的慷慨外，还表现出它们对殖民地领土的政治控制。之后，1940年的《英国殖民地发展与福利法案》将援助项目扩展到资助社会部门的活动（莫约，2010：8）。

现代意义上的国际发展援助计划开始于二战后期。1943年，为了应对战争带来的破坏，联合国善后救济总署（UNRRA）成立。该组织成为第一个国际性多边援助机构，主要为欧洲六百万战争难民提供重新安置服务（李小云等，2009：24）。自那以后，国际发展援助经历了20世纪40年代的布雷顿森林体系、50年代的马歇尔计划、60年代的工业化、70年代的抗击贫困、80年代的结构调整、90年代的民主与治理（莫约，2010：8），以及21世纪初的资源攫取。可见，20世纪国际发展援助的重点逐渐由战后恢复向经济建设，再向政治改革转变，每个阶段都具有显著的时代特征。

（一）20世纪40～50年代：布雷顿森林体系与马歇尔计划

第二次世界大战之后，全球国际货币体系分裂，各国货币价值波动和竞相贬值造成了操纵货币组织间的恶性竞争。尤其是，美国面临着种种急切的需要：保证资本主义制度中现有核心国家的团结和发展，以及资本主义的持续扩张；为美国在战争期间积累的剩余资本寻找投资方向；确保美国对原材料来源的控制，以及对市场和消费者的享有权（埃斯科瓦尔，2011：81）。在此背景下，布雷顿森林体系的建立形成了多边贸易体系和全球范围内具有国际通用效用的经济合作框架。通过对战后欧洲国家重建的经济支持等措施，美国等核心国家将生产过程与它们的政治机器和新兴的国际金融组织融合在了一起（林晓光，2002）。

根据布雷顿森林协定，国际复兴开发银行（即世界银行）于1945年成立，其目的是促进资本投资以推动重建。与世界银行相类似，国际货币基金组织在维持全球经济秩序的稳定和战后国家重建上发挥了重要作用。国际货币基金组织于1947年开始运行，承担着促进和加强国家之间货币合作并预防任何可能的全球金融危机的责任。到20世纪40年代末，以援助为主导的经济框架稳固地建立了起来，但直到之后十年里才出现大规模的政府对政府的援助（莫约，2010：10）。在成立之初，即布雷顿森林体系建立之初，这两大组织的目的都在于支持战后重建，维持全球经济的稳定。随着援助资金的注入，元气大伤的欧洲国家逐渐走向恢复。

1947年，美国国务卿乔治·马歇尔提出，美国应该提供一揽子高达200亿美元的援助资金来拯救遭到战争蹂躏的欧洲（莫约，2010：9）。这便是马歇尔计划。该计划的最初目的，与当时的国际环境紧密相关。二战后，资本主义阵营和社会主义阵营对立，美苏争霸的冷战格局不断加剧。为了壮大阵营、争取更多的拥护国，美国提出了援助欧洲14国复兴的马歇尔计划。该计划从1948年到1951年中期，援助欧洲资金约130亿美元，其中34亿美元用于输入原料和半制成品，32亿美元用于购买粮食、饲料以及肥料等，19亿美元用于进口机器、车辆和重型设备等重工业品，还有16亿美元用于输入燃料（财政部亚太财经与发展中心，2011）。

众所周知，马歇尔计划在欧洲经济重建中取得了巨大的成功。但是，在该计划实施期间，世界银行和国际货币基金组织中本应运用于战后国家重建的资源被闲置了。此时，人们在思考，既然该计划在欧洲取得了如此成功，那么援助为什么不能在世界其他地区发挥作用呢（莫约，2010：10）？于是，越来越多的注意力转向了如何帮助欠发达地区进行经济发展这些远程问题上。随之，世界银行和国际货币基金组织的工作重点逐渐转移，将布雷顿森林体系原初设立的致力于战后国家重建的目的，转移到对落后国家的发展上，即援助的重点和客体发生了转移，曾经的西方殖民地——非洲顺延成为援助对象。1949 年，美国杜鲁门总统著名的“第四点计划”也是在这种转向中出现的。该计划是通过技术援助落后地区的计划，是实施于西欧的“马歇尔计划”的补充（埃斯科瓦尔，2011：39）。另外，在冷战的国际背景下，非洲也是美苏扩大阵营、争取同盟的对象，援助也就成为资本主义和社会主义开展竞争的工具（莫约，2010：11）。可以说，对非发展援助计划是多种利益综合驱动的结果，是西方国家的一种带有工具性和实用性的举措，而非向世界和非洲呈现的优美唱词。

虽然马歇尔计划式的国际援助也被用于非洲之外的其他地区，但非洲一直是国际援助的重点地区。因此，下面的历史回顾主要考察的是对非援助的历史。

（二）20 世纪 60～80 年代：针对性援助

在这一阶段，援助的主体、客体彻底发生了转变：欧洲由过去的援助客体逐渐成为援助主体；非洲则在援助历史和发展中一直扮演着援助对象的角色。在援助内容上，援助国犹如导演一般，根据自己的口味、爱好、需求，不断调整援助剧本；援助客体如木偶般受到不同程度的挟制。在这个过程中，剧本里的台词（援助计划、宣言、演讲）只是一种幌子，其背后的政治和经济驱动力才是真正的剧情。在这一阶段的援助历史中，非洲的援助地位愈加受到援助国的重视，逐渐成为主要援助对象。此外，援助所侧重的领域在 30 年中经历了三次变化。

20 世纪 60 年代，国际援助的重点是基础建设，其目标在于实现非洲的工业化。这一阶段的资金主要用于大规模的工业项目，如交通、水利等基础设施。跨越赞比亚和津巴布韦的双曲面水力发电拱桥卡里巴大坝，就是这一时期建设起来的。到 1965 年，撒哈拉以南非洲差不多 50 个国家中，已经有一半的国家获得独立，受援助资金达到 9.5 亿美元（莫约，2010：11）。

20 世纪 70 年代，以工业化为目标的援助并未能实现经济持续的增长。工业化的援助虽然帮助一部分地区改善了最基本的生产和交通条件，但处于生活底层的人民受益十分有限。因此，国际援助的重点逐渐向消除受援国的普遍贫困问题转移（莫约，2010：12）。尽管如此，为了工业化的基础设施援助还是占了援助资源的大部分。但需要指出的是，多年来为了实现工业化的发展援助在受援国中传播了一种现代化理性（埃斯科巴，2001：86）。这种理性让经济话语成为发展中国家的一种主要意识形态。人们越来越依赖经济增长来实现发展，并认为要实现经济发展，就必须依赖工业化，而工业化的实现又依赖于资金和劳动力的大量投入，因此，外国援助、贷款、投资是必不可少的。在此情况下，非洲越来越依赖于西方发达国家的援助、借贷，其债务累积也越来越高。与此同时，尽管援助是为了减贫，但受援国（如赞比亚）的贫困程度反而加重了，且经济增长率暴跌（莫约，2010：12）。

20 世纪 80 年代，受援国已经无法承受“援助之重”，非洲的债务额从 1975 年的 20 亿美元升至 1982 年的 80 亿美元（莫约，2010：13）。于是，世界银行与国际货币基金组织开始在第三世界强制实施所谓的结构调整政策。与此同时，新自由主义思想得到发展，尤其是得到美国总统里根和英国首相撒切尔的采纳。新自由主义和结构调整的目的都是鼓励更大的贸易自由，并通过一些手段减少结构和制度的僵化，强制要求穷国若接受西方的财政援助，则必须首先赞同自由市场解决发展问题的方案，并尽量减少政府的干预和支出，将国有企业私有化（莫约，2010：15）。牛津大学的结构调整专家弗朗西斯·斯图尔特（Frances Stewart）对非洲结构调整的经验做出这样的判断：国际货币基金组织和世界银行所倡导的稳定化和调整政策在非洲的绝大多数国家中，并没有成功恢复经济增长；实际上反而往往带来持续的经济恶化。此外，从许多方面来看，这种政策正在推动非洲经济偏离其所希求的长远的经济结构，特别是因为它使一些非传统的农业和工业部门丧失了比较优势（贝罗等，1994）。

（三）20世纪90年代至今：援助的疲劳与新兴经济体的参与

在经历了三轮有针对性的重点援助之后，尤其是20世纪80年代的结构调整政策后，非洲受援国背负了更加沉重的债务。事实上，庞大的借款额和无法良性运转的资金渠道，导致了援助资金在非洲穷国犹如画饼和梅林一般，留下了无限的想象，却无法真正解决非洲的资金饥渴。20世纪90年代，非洲经济增长严重下滑，贫困程度不断提高。于是，援助方将非洲经济的苦难归咎于政治领导人的腐败和糟糕的制度，并提出将援助的理念集中在善治和民主建设方面。但这或许是西方援助者对非洲援助有所疲倦的推诿手段，因为这一阶段对非洲的援助资金显著减少。但是，在这一阶段，私人资本逐渐成为援助的新主体，并在多方面、多领域形成援助计划和发展实践（莫约，2010：18）。

进入21世纪，对非援助似乎重新吸引了人们的眼球。各行各业——摇滚明星、电影明星、新兴慈善家甚至教皇逐渐成为对非援助的倡导者，大力呼吁减免债务，筹集更多的资金投向非洲大地（莫约，2010：19）。与此同时，新兴经济体，尤其是金砖五国，正逐渐加入援助国的行列。然而，很多学者指出，这些新兴经济体的对非援助主要是本国的工业化和现代化发展的资源所需，在一定程度上是为了本国的粮食安全和工业化生产而进行的土地攫取、资源攫取和产品市场开拓，因此是一种新的殖民主义。

针对50多年来的国际援助，莫约回顾道：

> 过去50多年来，有超过2万亿美元的援助从富国输往穷国，非洲是最大的接收方。然而，不考虑援助的动机——经济的、政治的或道德的——援助想要实现经济可持续增长和减贫的承诺落空了。……事实上，已经没有什么令人信服的理由可以证明援助能摆脱贫困循环的怪圈并实现经济可持续发展了。卢旺达总统卡加梅评论道，“1970年以来，有超过3000亿美元的援助流入非洲，但几乎没有什么可以证明这些援助实现了经济增长和社会发展”。（莫约，2010：20）

二　国际援助的性质

在过去的半个多世纪，国际援助设定了无数美好的目标，做出许多华丽的承诺，在每个发展阶段都高喊“拯救”的口号，扮演着人类救世主和保护神的角色，并依据相应的时代背景不断调整援助话语、理论、计划和措施，但最初设定的也是受援国迫切希望实现的目标依旧可望而不可即。在一些受援国，援助不但没有消除贫困，反而带来了更多由贫困而产生的社会不平等、民族冲突等社会问题。我们发现，在很多时候，国际援助的实际效果不但没有让受援国独立行走，反而加强了受援国对援助的依赖程度（孙同全，2008）。或许，援助本来就诞生于援助国的“热情”。也就是说，援助之所以产生是因为援助国认为受援国需要帮助。这种强烈的主观性也就决定了援助计划的出发点和落脚点，不是由受援国的现状和发展愿景而是由援助国的“认知”所决定的（周宝根，2009）。现实主义大师汉斯·摩根索（Hans Joachim Morgenthau）一针见血地指出，“援助政策与外交、军事、宣传等没什么区别，它们都是国家‘军械库’里的武器装备”。发展援助也是其中之一，援助的目的从来都不单是甚至不是“救穷”（黎文涛，2009）。

（一）国际援助的政治性质

1949年，美国总统杜鲁门在其就职演说中陈述道：

> 全世界半数以上的人口正濒临悲惨的境地，他们食不果腹、疾患缠身。他们的经济生活原始落后、滞缀不振。……人类有史以来第一次掌握了能够解除这些人苦难的知识和技术……我认为，为了帮助各爱好和平民族实现他们对美好生活的愿望，我们应该使他们受惠于我们丰富的技术知识储备……我们构想的是一个以民主的公平交易的概念为基础的发展计划。（Truman, 1964）

这样的慷慨陈词对于数十亿处于温饱线之下挣扎的人来说，如同甘露一般，令人激动、向往。然而，经历了60余年的援助之后，一些贫困国家依旧处于贫困甚至更为贫困的状态，一些已经独立的民族国家似乎重新经历着对外来力量的抗争。著名的发展经济学家托达罗在谈到国际援助时指出，“援助国提供援助基本上是出于其政治的、战略的或经济的自我利益”（郭拥军，2002）。

1. 援助的冷战背景

无论援助国如何强调为受援国服务，采取何种措施帮助受援国摆脱贫困、萧条状态，都无法忽略实施援助时的国际背景。这也是援助宣传和申辩中无法弥补的巨大漏洞。援助在形成之初所倡导的是帮助欧洲国家重建，其外衣之下已经潜藏了政治目的。除了在军事、经济上的竞争之外，美苏争霸还表现在对同盟国和拥护者的争取上，援助则成为资本主义和社会主义两大阵营展开竞争的工具（彭云，2008）。这也就不难理解，援助国在制定计划和措施时，所考虑的不是受援国受益与否、需求是否得到满足，而在于将受援国拉拢到资本主义阵营，使之成为自己强有力的支持者。如此一来：

> 援助就必须考虑一个新的问题：不是一个国家的情况或其领导人的性质，而是绝望的贫瘠国家在获取援助时的意愿——将自己置于这个阵营还是另外一个阵营。管他是仁慈的领导人还是残暴的独裁者，只要他们选定了阵营，才无所谓呢。（莫约，2010：11）

同时，并不是每一个贫困国家或是在战乱中遭到重创的国家都能成为受援对象。这种资格的划定，依据的是该国站在哪一个阵营中。西欧国家一直是美国所代表的国际组织的援助对象，而西班牙是唯一一个在20世纪60年代没有参与马歇尔计划的西欧国家。当时的西班牙处于佛朗西斯科·佛朗哥的统治下，所采取的恢复策略是自给自足的经济政策，并严格控制货币发行，坚持配额制度。这引发了美国对西班牙地位的重新审视，使西班牙被排除在受援国之外（徐蓝，2002）。虽然在之后的十余年里，西班牙获得了一部分援助资金，但与其他西欧国家所获得的援助额无法相提并论。这主要还是归结于西班牙的“苏联色彩”没有完全消失。

由此可见，“冷战期间，发展援助与军事援助一样，成为美苏争霸的工具，它和地缘政治博弈、意识形态紧密联系在了一起”（黎文涛，2009）。对拉丁美洲的援助也是如此，美国对拉美的经济援助也是一种战略工具。只有在拉美地区的国家出现了苏联支持的强硬的反美力量，并对美国在西半球的安全构成威胁时，美国才会考虑向这一地区提供大规模的经济援助（郭拥军，2002）。否则，美国会充耳不闻、视而不见。

2. 殖民的延续企图

20世纪五六十年代，在西欧国家逐渐走上经济恢复的发展轨道之后，一些第三世界国家迎来了民族解放的高潮。20世纪40年代末50年代初，中国、印度尼西亚、韩国等亚洲国家纷纷走上民族解放、国家独立的道路；20世纪50～60年代，非洲有31个国家独立；20世纪70年代，葡属殖民地独立，结束了长达五百年的被殖民统治；20世纪80、90年代，津巴布韦和纳米比亚的独立标志着在全球范围内的殖民统治的结束（刘馗，2002）。面对独立浪潮，欧美国家不会如此大度地允许其摆脱自己的掌控，也不会容忍历经百年所建立的殖民体系如此迅速崩塌。虽然在此过程中，西方国家进行了一定程度的积极改革，但是白人对黑人的控制欲和占有欲并不会彻底消失。詹姆斯·穆勒（James Mill）曾说过，“为了印度人的利益”，英国人不能“让他们放任自流”（伊斯特利，2008：19）。正如贺新元（2007a）指出的，“二战后，随着第三世界国家民族独立解放运动的蓬勃发展，西方发达资本主义构筑的殖民体系分崩离析，西方变换了对第三世界剥削与控制的手法，援助便是其中极为巧妙的一种。……援助主要是为了自己而不是为了被援助者”。

对于西方援助第三世界国家的性质，冈纳·缪尔达尔（1991）在《世界贫困的挑战》一书中说，“一团语义的阴云笼罩在美国援助计划的上空，使人难以看清其庐山真面目”（贺新元，2007b）。国际援助以资金、物品、技术等物化的方式，出现在受援国的视线当中。这些资金用于工厂的建设、交通道路的完善、医院学校等民生设施的普及；这些物品分给当地人民改善生活质量，解决基本的温饱问题。然而，隐藏在援助美景背后的却是一套权力关系。它通过一系列附加条件，将西方国家的势力渗透到受援国中，建立起一种新的殖民主义形式（孙同全，2008）。西方正是利用世界银行、国际货币基金组织等国际援助组织，来管教和“重新征服越来越难以管理的第三世界”（贺新元，2007a）。

（二）援助的经济性质

美国著名思想家诺姆·乔姆斯基对马歇尔计划做出如下的评价：

> 马歇尔计划常被称作“不可思议的行善”法案，但那是谁的行善呢？当然是美国纳税人的行善。所有马歇尔计划中的130亿美元中，有20亿美元直接落入了美国石油公司的腰包。……再来看看马歇尔计划的其他部分。那笔钱几乎没有离开美国，只

是从一个口袋转移到另一个口袋。……因此马歇尔计划是援助与收益的结合：美国既援助了西欧又从中获得了丰厚的回报。（颜剑英，2004）

也就是说，马歇尔计划是拿美国纳税人的钱向西欧“行善”，结果却肥了本国资本家的钱袋。贺新元（2007a）的研究指出，在西方国家主导的国际秩序中，它们往往借助国际货币基金组织、世界银行等国际组织或本国的对外援助机构向第三世界提供援助资金，结果往往是援助资金进入那些非常富有的西方资本家和当地的官僚资本家的私囊。法新社 1993 年 9 月 19 日的报道披露，美国每提供 1 美元的援助，就可以得到 4 美元以上的出口效益；第三世界国家每年购买 2000 亿美元的美国出口商品，就为美国创造了 400 万个就业机会（贺新元，2007b）。这种对第三世界的侵蚀往往是以附加条件来实现的，正如一家德国报纸所说，“没有无条件的援助”，所有的援助都是有条件的（贺新元，2007a）。

针对世界银行与国际货币基金组织实施的“结构调整计划”，曾任世界银行首席经济学家的约瑟夫·斯蒂格利茨指出，这是一个冰凉的世界，经过四个步骤，国际货币基金组织将带你去地狱。第一步是私有化，更准确地说，就是腐败化。第二步是国际货币基金组织和世界银行的“拯救经济计划”——资本市场自由化。理论上讲，就是对资本市场解除管制，即允许资本自由流进流出。第三步是价格市场化——一个粮食、水、燃气价格飞涨的时期，紧接的就会是骚乱。第四步是“消灭贫困计划”，即自由贸易，但这是在世界贸易组织和世界银行统治下的自由贸易。这种贸易自由化可以看作是以金融和财政手段进行的鸦片战争（张文海，2001）。可见，国际援助背后带有强烈的经济掠夺的性质。

1. 限制性援助

限制性援助（Tied Aid）是指援助国在向发展中国家提供赠款或低息贷款的援助时，设置了特殊的限制性条件，尤其是要求受援国必须采购援助国的产品和服务。对此，受援国只有接受或拒绝的义务，却没有讨价还价的权利。2006 年，全球 58% 的官方援助是限制性的（黎文涛，2009）。下面，以美国的对外粮食援助为例。

> 美国粮食援助占国际粮食援助的 50%，但其 99% 的粮食援助都是限制性援助。……美国政府平均以比市场高 11% 的价格来采购本国公司的农产品，收购玉米的价格更是高出 70%。这些高价的农产品最后又以援助的方式低价卖给受援国。美国还规定，75% 的粮食援助必须由美国船只来运送，价格比国外同行高了 76%。最终，美国 40% 的农业援助预算都花在了运费、存储和行政事务上。美国的农业援助模式被国际社会指责为“变相的农业补贴”。（黎文涛，2009）

这样做的结果是，发展中国家无论是以少量的赠款还是以大量的贷款形式获得的西方发达国家的粮食援助，都必须是西方国家的农民生产的，再加上昂贵的运费，到达受援国后，无论成本高于还是低于当地的粮食市场价格，都会对受援国本土的粮食市场造成冲击，而受影响最大的，就是那些急需帮助的粮食生产者——小农。

这充分暴露了二战后美国等西方国家对外援助的实质，即为了满足它们面临的急迫需要：为它们的产品和服务寻找出路（埃斯科瓦尔，2011：81），因此，以对外援助为手段，来采购它们的产品和服务，并输送给发展中国家。一位负责援助工作的美国官员坦率地说：

> 关于外援计划的唯一最大的误解是说我们把钱送给国外。我们并没有这么做，外援包括美国的设备、原材料、专家服务和食品，所有这些都是提供给那些我们自己考察并赞成的特殊发展项目。……援助资金的 93% 直接用来购买美国的东西。（托达罗，1992：439）

粮食援助之外的其他援助也是如此，其所需要的物质设备、技术服务等，很多都要求必须是援助国的企业或咨询公司生产或提供的。例如，法国投资或援建的项目一般不允许受援国的企业或外国企业进入，医院、学校、农业灌溉设施的建设大都由法国自己的公司来完成（黎文涛，2009）。再如，自20世纪90年代初开始的德国援助造林项目，在中国的林业外援中占了半壁江山，先后在中国近20个省（自治区、直辖市）实施开展，属于财政援助类项目。项目中，约20%的经费是技术咨询费，但项目规定，只有德国的技术咨询公司才有资格竞标并组织提供技术服务。这部分项目资金最终也是从德国资助机构，直接汇入中标的德国咨询公司。

2. 资本与市场扩张

埃斯科瓦尔（2011：81）指出，二战后，美国面临的最急迫需要就是：为美国在战争期间积累的剩余资本寻找投资方向，而国际援助是最好的手段。首先，限制性援助本身就要求只有援助国的公司和资本，才有资格为援助项目的实施提供产品和服务。这为援助国的公司企业和私人资本进入发展中国家的市场创造了强制性的条件。其次，以新自由主义思想为指导、以结构调整为条件的国际援助，本身就要求受援国允许资本自由流动，实行自由贸易，开放商品市场，开放私人投资领域，减少政府干预，对国有企业和社会服务实行私有化，等等。这些为西方发达国家的资本和企业大举进入发展中国家，创造了合法性基础和有利的条件。如美国国际开发署向拉美国家实施援助的前提条件就是：受援国的政府调整其宏观经济政策，减少干预，放松对外贸和外资的管制，消除对外贸易壁垒，以便于美国的商品和资本的自由进入（郭拥军，2002）。最后，由于西方发达国家的市场发育更为成熟，其生产技术条件更为先进，当第三世界的地方市场遭遇西方发达国家主导的世界市场时，二者必然是在不平等的基础上进行交换和博弈，其结果也必然是第三世界的本地产品因为劳动力投入高、现代技术含量少而被现代市场所打压。这样，西方发达国家的资本会取得越来越多的市场份额。就如“一个巨人和一个侏儒在同一条路上行走，每走一步都会增加他们之间的差距”（卢梭，2009：121）。尼日利亚国际事务研究所所长埃泽表示：“开放市场就像是让一个孩子和一个成年人来PK，欧洲人总是在我们一个口袋里放入1美元时，从另一个口袋里掏走10美元。”（黎文涛，2009）

发达国家的资本扩张带来了发展中国家的开放市场，而发展中国家市场的开放反过来进一步促进了发达国家的资本扩张。发展中国家开放的市场将援助资金一部分回流到援助国，另一部分由当地官僚和权势集团所占有。而处于底层、最需要帮助的贫苦人民，并没有从援助资金的来来往往中受益。相反，援助过程通过价格手段和贸易策略从受援国带走更多的资源。可以说，资本与市场扩张本身就是西方国家援助政策和援助计划中刻意设计的、必不可少的重要目标。正如有关资料显示，美国国际开发署明文规定：援助应当附加条件，即必须推行新自由主义政策，必须用来帮助第三世界私人企业的发展以削弱其政府的作用（马也，2003：427）。美国国际开发署的一份文件明确指出这样做的好处：随着拉美国家“发展更加市场导向的、开放的经济，美国私人企业应当从需要投入的新市场获利”（郭拥军，2002）。正如美国学者亚当斯所说：“80年代美国的援助政策也反映了在拉美从事活动的美国公司的私人利益。私人企业倡议为这些公司创造了新的机遇。……贸易和投资壁垒的拆除也为美国公司在这一地区扩大了市场机会。”（Adams，2000：88）

二战后，美国面临的另一种急迫需要是确保其对原材料来源的控制（埃斯科瓦尔，2011：81）。因此，美国等西方国家以援助为名，大力投资于第三世界国家的自然资源开发，目的是为西方国家持续的工业生产源源不断地提供原材料。这也是发达国家进行更大程度的资本与市场扩张的手段和保证。正如贺新元（2007a）指出的，西方国家以援助之名在第三世界国家大量修路、开矿、筑水坝、建核电站，并非完全为了发展当地的经济，更多是为了掠夺那里的资源和剥削那里的人民。

3. 公共事业的私有化

随着结构调整政策和新自由主义思想的进一步推进和渗透，援助国会要求受援国进一步开放更多领域的市场，对更多领域进行私有化改革。其中，包括水、电、气、交通等公共事业领域。这些都是关乎国计民生的敏感领域，是受援国正常运行、人民正常生活的基础。一旦这些领域落入援助国的操纵范围，并实行私有化和市场化，则可能变成国际大资本的囊中之物。这样，受援国在一定程度上就会失去定价或讨价还价的权力，并很可能变成国际资本的新的傀儡，其人民也只能忍受不断涨价带来的生活压力（莫约，2010：14）。例如，国际货币基金组织和世界银行曾施压并以偿还所欠国际债务为要挟，要求印度把国营水利私有化，并把水权出售给指定的水业跨国公司。水资源私有化是全球环境和人类生活质量不可逆转的损失，而且，这种现象不仅发生在印度，也发生在越来越多的其他第三世界国家（贺新元，2007a），包括中国。

三　国际援助的结果

从布雷顿森林体系的建立到21世纪新兴经济体的参与，援助历经半个多世纪。如此漫长且不断更新援助计划、调整援助战略的发展实践，是否让第三世界国家逐渐走上了远离贫困、安定富足的道路？当然不乏学者总结了援助的积极作用，认为外来资金的投入带动了受援国的就业、消费和出口等，提高了人均生产率，使其跳出了贫困陷阱、学习了国外先进技术。在发达国家的帮助下，它们甚至充分发挥了自己的“后发优势”（周宝根，2009）。

但是，大量研究质疑了国际援助的实际效果。首先，援助国在考虑援助对象时，衡量的标准并不是谁最需要援助，而是谁具有经济发展潜质和偿还能力。例如，撒哈拉以南非洲国家中，一些受内战影响和被西方国家认为经济改革不力的国家（如科特迪瓦、几内亚、肯尼亚、尼日尔和多哥等国）的受援额大幅度下降，而另一些被认为改革较有成效的国家（如坦桑尼亚、乌干达、赞比亚）的受援额上升（麦沛然，2002）。或许一些本身具有发展潜质的国家跳出了贫困陷阱，真正在陷阱中挣扎的国家则依旧处于贫困境地。对于它们来说，援助所产生的作用并不是雪中送炭，而是锦上添花。其次，援助对某些国家的帮助，形成了不同等级群体之间的不公平分配。政府部门掌握大部分援助资金，而需要资金的贫苦大众往往排在最后，甚至是被排除在外的“受益者”。有时，援助的功能仅限于为少数精英提供另一条腐败渠道，使富者更富、贫者更贫（贺新元，2007a）。最后，西方国家所强调的“后发优势”，只不过是受援国在援助国资金和技术支持下形成的依赖型发展，是一种新型殖民。其实，受援国的后发优势为援助国提供了一个更广阔的市场和原料基地，很容易在更为强大的发达国家的技术、资金侵蚀下迅速瓦解，产生一种援助的反作用力，带来更深的依赖和剥削（孙同全，2008）。

莫约（2010：20）指出，大量证据表明援助不起作用。若看看现在非洲的经济状况，很难说出哪些增长可以直接归功于援助。实际上，经过50多年的援助，我们看到的恰恰是相反的结果，即缓慢增长、严重贫困以及离开经济正常发展的轨道。伊斯特利（2008：3）指出，在过去的50年里，西方将2.3万亿美元用于国际援助，却无法为孩子买到价值12美分的药品，以减少全球一半的痢疾死亡；无法为贫困家庭提供4美元的蚊帐；无法为每位新生儿母亲提供3美元的补助，来预防500万婴幼儿的死亡；无法使大量学龄儿童上学。很多抓人眼球的“善举”每天都在上演，结果却令全球人民失望而痛心。

非洲在援助历史上长期扮演着受援国的角色。随着欧洲各国逐渐复苏并加入援助国的行列，针对非洲的援助者也随之增加。但是，非洲不但没有在各国“友爱”帮助下走上民族复兴和经济大发展的潮流中，反而处于经济零发展，甚至是更加贫困的状态。例如，伊斯特利对22个非洲国家的考察发现，这些国家在1970～1994年的公共投资花费了3420亿美元，而国际援助提供给这些国家的政府1870亿美元。不幸的是，相应的生产率却没有提高（克里斯托夫，2007）。或许可以说，援助的到来不但没有缓解“旱情”，反而加重了非洲国家的“缺水”状态。

由于很多援助国在提供援助时带有明显的“为了本国经济”的目的，国际援助的结果往往是贫国更穷、富国更富，形成了恶性循环。而且，受援国得到的援助资金越多，失去的资源和市场也就越多；经济发展越缓慢，对外部援助的需求和依赖也就越强烈。援助国通过市场手段和其他附加条件，来控制受援国的商品流通和商品价格体系（严启发、林罡，2006）。这样的援助，不仅促使援助资金回流，还带走受援助地区所存在的微弱购买力，将更多的资金聚集到援助国或受援国的私人集团手中，致使受援国政府无力偿还借款，底层人民所享受的或所拥有的资源极为有限，最终还要为替政府还债而节衣缩食，从而陷入更加贫困的状态（汪淳玉、王伊欢，2010）。

此外，西方国家对第三世界的援助带有很强的实用性。已经实现工业化的西方国家所追求的不仅是高额的利润和低廉的成本，对本国自然资源和生态环境的关注也成为它们斟酌援助的砝码。首先，西方国家通过对第三世界国家的资金和技术援助，开发落后国家的资源。这些资源为西方国家的工业生产提供了充足的原材料，从而保护了西方国家自己的环境状况。其次，西方发达国家将一些不需要的物品，以援助为名“丢弃”给第三世界国家。它们或以援助的形式将生活、生产垃圾输送到第三世界，或将这些废弃品当作援助物资换来当地的市场和原材料。因此，第三世界不但是生产初级产品的场所，也是承接西方国家有毒工业废弃物的摆放地和有害工业的扩散地（贺新元，2007a）。最后，西方发达国家还常常将对本国资源环境产生负面影响的企业迁至受援国。援助国对受援国的资金和技术援助，考虑的往往是本国的经济和政治利益，而不会考虑这种行径会给受援国带来什么样的后果——水土流失、农药污染、土壤沙化等。世界银行首席经济学家拉·萨莫斯在1992年提交的《世界发展报告》备忘录中，曾露骨地认为：

> 世界银行应当鼓动更多的“肮脏产业”转移到欠发达国家，理由是：第一，南方国家人的平均寿命低和收入低，由疾病和过早死亡造成的生产和收入损失较低。第二，那些还没有被污染的国家比北方国家有更多的容纳有毒工业废物的环境容量。北方国家面临的环境压力已经十分沉重，污染的边际附加费也极其昂贵。第三，穷国环境受到破坏时，其费用估价并不很高。（贺新元，2007a）

这表明，西方国家对第三世界的援助计划，以自身的经济价值和社会价值为标准，以低成本和快发展为借口，以发展援助为形式，实现环境污染的地域转移，让这些“后发”国家来承担发达国家发展所造成的环境破坏的后果，而它们继续享受发展的成果。1994 年生效的《联合国气候变化框架公约》中提到：发达国家不承担具体削减义务，但承担为发展中国家进行资金、技术援助的义务。这再次为欧美发达国家肆无忌惮地转移污染源，而第三世界国家承担环境污染后果，提供了冠冕堂皇的借口。

除了上述经济和环境方面的影响外，国际援助还往往对受援国的社会秩序产生影响。援助不仅没有消除贫困，反而带来一系列的社会问题。在一些地区，为了争夺更多的资源、市场，尤其是在欧美国家力量的干扰下，社会矛盾不断加剧，甚至引发了地区冲突。援助物资、技术的引进，并没有在当地形成资源与发展的良性结合，而只是机械地注入、产出，造成受援国对援助物资的高度依赖，而无法形成外来资源与内在自主性的结合。例如，1947 年以来，仅印度的国际援助开发工程就使 2000 万人流离失所。美国《波士顿环球报》1994 年 7 月 14 日发表的《世界银行和国际货币基金组织宣告失败，穷人为之付出代价》指出：50 年来的大量证据表明，这些机构不是在帮助第三世界国家，它们所持的项目和实行的政策，大大加剧了全球贫困和债务的增加，所从事的开发工作是不民主、不公正和危害环境的（贺新元，2007a）。

四　国际援助的过程分析

毋庸置疑，西方国家不乏热心于公益事业的个人或组织。他（它）们独立于政府的意识形态控制和跨国集团的组织利益，为消除世界贫困开展捐助和扶持工作。但也不能否认，在经历半个多世纪的发展援助之后，贫困问题依旧存在。从购买力的角度看，全球有将近30亿人的日消费额不足2美元，8.4亿人没有足够的食物。每年有1000万名儿童死于可轻易预防的疾病，300万人死于日益扩散的艾滋病，10亿人喝不上洁净的饮用水，20亿人用不上基本的卫生设施，10亿成年人是文盲；不发达国家中有四分之一的儿童尚未小学毕业便辍学在家（伊斯特利，2008：6）。援助计划设定的无数美好目标并未能实现，反而在一定程度上加深了第三世界国家的贫困落后状况。这其中除了上面已经分析的政治和经济等方面的原因外，还有诸多涉及援助计划本身的设计、规划、实施和监测过程的原因。

（一）缺乏对援助复杂性的认识

国际援助大多为了帮助贫困国家的人民走出贫困，过上富足的生活。为此，国际援助机构规划了无数个种类繁多的扶贫项目。在规划这些扶贫项目时，信奉技治主义的那些技术官僚一般将贫困看成一种简单的、线性的技术问题。其实不然，扶贫是一个涉及经济、政治、社会、历史、制度和技术等多因素的复杂问题。

贫困问题的存在，其实并不是给予资金帮助便可以解决的。资金可以暂时提供食品、水、药品等基本物品，可以帮助贫困人口满足当下的生活需求，但并不能自发地形成持久的生产力。只有将援助资金内化成受援国的内部增长动力，才能推动受援国的脱贫和经济增长（冈纳·缪尔达尔，1991）。但从目前的经验现实来看，援助资金还不能形成受援国的增长（Doucouliagos and Paldam，2009）。此外，大量外援进入受援国后，对受援国制度的影响之一是致使宏观经济失衡。这种失衡类似于荷兰病，即援助资金在令某一个初级产品部门突然繁荣时，使其他部门竞争力减弱，以及出口、增长和就业机会减少。这一结果受到多种因素的影响。这些因素在援助项目的计划中很难全部被考虑进去（汪淳玉、王伊欢，2010）。

另外，对于援助国所提供的援助资金或物资，很重要的一点是如何分配的问题。但是，在计划的制定过程中，援助国并未充分认识到这一环节的重要性和复杂性。而援助资金或物资的分配，与受援国的“软环境”有密切关系（World Bank，1998）。良好的制度会使援助资金或物资得到有效公平的使用和分配，而不规范的制度会使援助资金或物资向某一群体聚集，并迅速地强化这种制度的不规范性。例如，在2005年的达沃斯经济论坛上，布朗、克林顿等各界名流都看好给穷人送蚊帐的主意，认为经过杀虫剂处理的蚊帐可以有效保护睡眠中的人们不受蚊虫叮咬而感染痢疾。莎朗·斯通则直接为坦桑尼亚捐助了价值100万美元的蚊帐。但不幸的是，这批蚊帐并没有送到需要的人群中，反而流向黑市，成为牟利者手中的渔网或面纱（伊斯特利，2008：11）。因此，对于受援国来说，国家内部的制度体系、权力结构、精英意识对援助资金或物资的分配有重要影响。而在援助计划的制定过程中，援助国很难认识到受援国的复杂国情和相互作用的权力阶层。

从微观层面看，在计划和执行扶贫项目时，人们还会面临目标群体的不确定性、扶贫目标的不连续性、利益相关者的利益竞争与冲突、项目过程的非线性和多元性等（叶敬忠，2008）。以扶贫项目设计中的目标群体瞄准为例，首先，扶贫项目设计过程中涉及许多在知识与信息、利益与价值、权力与资源等方面不一致甚至截然相对的行动者。这些具有各异生活与思想世界的行动者，其实很难达成对扶贫项目目标群体的一致与认同。此外，在目标群体识别过程中，不同的利益行动者也难以在瞄准的标准体系方面达成共识与统一。再者，即使有了一个标准体系，我们也许根本就不可能真正获得每一个指标的数据和信息。除此之外，纵使确定了某些目标群体，但在扶贫项目实践过程中，农村社区的行动者也会利用各自的信息、社会网络和权力与权威等来发挥自己的能动性，从而使目标群体产生偏离（叶敬忠，2008）。

基于这些分析，也就不难看出在缺乏复杂性认识的同时，那些投入巨额资金的国际援助项目为什么多年来以失败而告终了。但是，联合国千年发展目标主管、哥伦比亚大学教授杰弗里·萨克斯（2010：6）在《贫困的终结》中却极度乐观地表示：结束贫困的时候到了，并确定了到2025年为止的时间表。他以医生自比，将世界看成病人。他诊断了这个世界，并将以自己的工作来治疗这个世界。因此，他认为成功走出贫困陷阱，远比看上去要简单得多。

（二）计划者的成功与调查者的失败

在国际援助计划过程中，伊斯特利（2008：2）区分了计划者和调查者两种角色。他认为，在传统的援助路径中，计划者是援助机构派来的高高在上的使者，俯视着下面的贫苦人民，大声呼喊着美好计划，说着高调措辞，告诉俯首的人民他们会怎么做，穷人该怎么做；计划者似乎自己便是上帝的选民，来拯救贫苦的人民，幻想着美好计划带来的结果，也带动受援国的人民幻想他们的美好生活。调查者则是寻求别样解决途径的人，他们是外来的服务者，在受援国寻找需求，解决问题。

> 计划者高呼良好意愿，却没有鼓励人们付诸行动；调查者探究行之有效的办法，并因此获得成功。计划者吊着人们的胃口，却不去满足它；调查者却可以对自己的行为负责。计划者决定供给什么，调查者却在寻找需求。计划者试图与国际接轨，调查者考虑本国国情。高层计划者对基层知之甚少，调查者则去探究基层的现实情况。计划者从不去了解按计划行事是否达到了目的，调查者则去落实顾客们是否满意。（伊斯特利，2008：4）

无奈的是，在援助历史中，计划者的诞生早于调查者，并往往操纵着巨额的援助资金，在援助过程中带有官方色彩。具有民间色彩的调查者，虽然能够提出和制定有效的解决方案，却鲜有在援助实践中发挥优势的机会。此外，计划者强调援助对受援国的影响，但并没有注重或分析援助国是通过何种途径对受援国进行何种程度的影响。调查者是援助现实的见证者，但是他们却鲜有机会向高层、向公众呈现出调查结果。有失公允的官方调查结果使得计划者不能从事实出发，仅仅是根据受援国的表现来做决策。这也就导致了官方调查结果和现实之间的差异。“表现不好”的国家可能正是非常需要外国援助的国家；而那些“表现较好”的国家很有可能无须进一步的援助，便可以实现经济的持续发展。计划者对现实的磨灭、制定标准和项目计划的失误，强化了不同受援国之间、需求与供给之间的差距。

（三）缺乏反馈和问责

消费者通过购买或者留言簿来告诉厂家，某个产品值得购买或者完全没有购买的价值，这样产品才能不断改善，以具有市场价值；选民通过选票或正常的沟通平台来告诉政治家，是否应该赢得这个选票或者在哪些方面应当进行改进。同样，只有通过反馈，才能了解受援国或者援助对象对援助的认可与否。而在援助实践中，很少存在基层人民对于援助的反馈，国际高层无视分散在世界各地的援助代理机构所进行的努力。这样的层层忽视、层层消音，加上援助国对美好计划的高声宣扬，致使反馈的声音和信息完全被吞噬和磨灭了。

可以说，缺乏反馈是国际援助最大的不足之一。尤其是，越是援助应该瞄准的穷人，越不能将自己的需求反馈给援助机构；相反，越是社会既得利益群体的富人，其需求越能得到满足。这是因为，富人可以将自己的需求反馈给调查者，还可以追究调查者的责任；而穷人没有钱也没有政治权利让别人了解他们的需求，也无法让别人为满足他们的需求承担责任（伊斯特利，2008：14）。

援助机构也应为制定的援助计划和提供的援助物品负责。问责的缺乏，使得援助机构完全没有承担责任的意识、受援国没有追问责任的意识。例如，联合国于1990年提出，在2000年前完成对初等教育的普及。早在1977年，联合国还提出在1990年之前，实现全人类使用洁净饮用水及卫生设施的目标。然而，多年过去，从来没有人对这些未能完成的目标负过责任（伊斯特利，2008：8）。

反馈和问责机制的缺失，反而会强化计划者的“成功”和调查者的“失败”。计划者会更加毫无顾忌地宣传自己的美好计划；调查者则缺少了存在的价值，其所反馈的真相不为上层所知，其所揭示的过失主体不会受到惩罚。

（四）援助产业自身的目的

发展援助已经成为一项产业或生意，涉及各种国际多边组织、双边组织、非政府组织、智库、中间商和咨询公司、援助国和受援国的大学和科研机构等。其中的从业人员从事着与国际援助有关的各种管理、调研、实施等工作。据统计，与发展援助相关的行业人员数目庞大，如世界银行约有10000人，国际货币基金组织约有2500人，联合国相关机构约有5000人，各种非政府组织约有25000人，再加上私人慈善基金会和各国援助机构人员，大约有50万人。发展援助俨然已成为他们的“衣食父母”（黎文涛，2009）。

为了维持这些机构的运转和这些人员的高收入，每个机构每年都需要申请大量的经费，而经费大多是作为项目预算中的一部分。因此，没有项目，也就不可能获得经费保障。在此情况下，发展援助产业的许多机构和工作人员往往将第三世界国家贫困人口的需求放在第二位，而把“确保获得项目”以维持机构的运转和人员的工资作为第一位。如此一来，只要能够有项目，那些穷人的切实需求便往往会被忽视。此外，援助产业非常热衷于组织各种会议，援助官员和专家也都热衷于在五星级酒店讨论第三世界偏远落后地区忍饥挨饿的穷人问题。援助产业的这些利己行为，在一定程度上削弱了国际援助的有效性和公信力。

五 让穷人的生活改变一点点

经过半个多世纪的努力，经过世界银行这样的世界级援助机器的运筹帷幄，经过包括超级大国在内的全世界最有权力的政治家的无数次对话和合作，经过世界顶级学者和专家的智力咨询，经过成千上万名一线实践者的勤奋工作，落后国家的贫困状况似乎并无消减的迹象。哲学家卡尔·波普尔认识到社会、政治、经济的复杂性。这种复杂性决定了任何企图终结全球贫困的大计划都无法成功，也没有哪个富国通过大计划来终结贫困的（伊斯特利，2008：13）。在此情况下，我们或许应该放下自己的身段，客观思考我们的能力，暂时搁置那些全球性的宏大梦想，而聆听中国的一句古训："天下难事，必作于易；天下大事，必作于细。"从小事做起，从身边做起，从你我做起，从现在做起；凡事做到实，凡事做到位，凡事做到人，凡事做到好。

面对过往宏大的全球扶贫战略的不成功，我们需要对贫困问题进行再分析和再思考。此时，我们曾经习以为常的立场和学科视角或许需要进行倒置和反转（reversal）（Chambers，1983）。在国际援助扶贫实践中，人人都可以成为调查者，都可以深入受援国的现实世界，进入穷人的生活世界，倾听底层人民的声音和诉求。在我们将要帮助穷人之前，可以像调查者那样提出问题：国际援助到底能为受援国的人民做些什么？

伊斯特利（2008：9－10）指出，我们认识到援助机器无法消除全球贫困，但与它们口口声声宣扬的大计划相比，其实可以做许许多多有益的小事情，去满足穷人的迫切需求，以带给他们新的希望和机会。例如，援助机构可以给埃塞俄比亚的家长提供现金支持，以使他们的孩子不再被迫辍学。这可比什么"发展"埃塞俄比亚的宏图大志要实用得多。这种对贫困家庭直接"发钱"的做法并非没有成功的先例。但是，很多国家的政府，尤其是技术官僚和学者专家都极力反对这一做法。他们常常以颇似高深的理论功底，振振有词道，这是养懒汉的做法，这是输血型的扶贫，而我们需要的是造血式的扶贫。殊不知，若将这些理论家和技术专家置于同样的环境和现实中，谁能说他们会比那些偏远落后地区“没知识、没文化”的穷人生活得更好呢？又有谁会想到他们反对扶贫“发钱”，是因为担心自己失去在扶贫计划中“贡献智识”的工作机会呢？

国际援助需要做的是结束那些乌托邦式的蓝图，从大计划、大推进中抽离出来，清晰地认识到援助过程涉及多元利益主体和复杂的发展需求。对高高在上的援助机器来说，或许大的是美好的；但对那些急需帮助的第三世界人民来说，“小的是美好的”（舒马赫，2007）。因此，援助应该担负起更加切实的责任，尽力去为穷人提供切实的、具体的帮助，如提供粮食，修筑公路，改善卫生设施、饮水和医疗条件等（伊斯特利，2008：19）。对于第三世界的人民来说，与所谓“全球共享的”大气层和生物多样化问题相比，他们更关心与自己的生存利害攸关的土壤沙化、毒性垃圾和农药污染、水土流失等紧迫问题。然而，在世界援助体系内，这些现实问题却少有问津（贺新元，2007a）。

伊斯特利（2008：25）的思考或许更富有深意。他认为，“唯一的大计划就是放弃大计划，唯一的全盘答案就是根本没有这样的全盘答案”。他呼吁道：

> 世界的理想主义者、行动主义者以及发展机构的工作者们，除了乌托邦的镣铐，你们别无所失。让我们给予那些已经在为发展而工作的调查者更多的权力和资金吧。你们无须即刻消除全球贫困、带来世界和平或者解决环境问题，你们只需适度地进行必要的工作，让穷人的生活变得不同。（伊斯特利，2008：24－25）

14

项目的故事：发展干预的权力滴流误区

在国际发展领域中，发展干预被定义为为了某预定发展目标而进行的改变现状的人为的努力，是启动和实现发展的主要手段。发展干预的主要形式包括发展政策与发展项目。其中，项目是最为常见的、最为直接的发展干预形式。一个国家的发展活动，主要是以发展项目的形式来开展的。例如，中国国内统称的“支农项目”就是农村发展干预的形式。

虽然会有“某某项目按既定目标提前、超额完成”之类的报道，但项目实施过程中出现目标、设计的受益人口等发生重大偏离的现象也屡见不鲜。此时，常常有人会发问，“为什么项目以及国家的好政策在实施过程中总会走形？为什么总不能像设计的那样让老百姓受益？”

一 个案：发展项目

（一）畜牧养殖扶贫项目

2007年7月13日，新华社播发消息，《甘肃114万扶贫项目通过

验收 只见三牛棚一头猪》（刘东亮、马国顺，2007）。根据甘肃省天水市麦积区甘泉镇胡沟村53户村民的联名反映，从2006年3月到2007年3月，甘肃省扶贫办和麦积区扶贫办下批扶贫项目款114万元。其中，扶贫办支付了国家专项款50万元，信贷款40万元，自筹24万元。项目当中清晰地说明，给村上买牛220头、种草330亩、新建设牛棚40座，扶贫户150户，培训农民500人（次），人畜饮水工程1处。然而，对于这项已被相关部门认定验收合格的项目，村民连一根牛毛也没见到，培训的事情更没有听说过，见到的只有三座未曾使用的牛棚。此项目涉及以下相关方。

1. 农民

很多农户圈养了牛，但农民都说是自己花钱买的，与政府没有关系。在整个村庄只找到三座牛棚，其中一座堆满了杂物；另一座的顶部已经破烂不堪，里面堆放了一些柴草、一辆架子车，还有一头猪；第三座自从建设好，就一直闲置着。村民称没见过牛棚里有牛。

2. 区扶贫办

麦积区扶贫办介绍，该项目于2006年立项，按照国家要求年底必须完成；项目采取的是先建设后报账的方式；该项目已经通过验收，验收合格后麦积区扶贫办将50万元资金全部划拨到镇政府。值得一提的是，220头牛和牛棚全都是验收合格的。在《天水市麦积区2006年第一批财政扶贫资金项目计划》中，针对该项目的麦扶颁发〔2005〕6号、天麦水发〔2005〕101号文件的记录上明确写着：增收项目29万元，其中养牛22万元（含牛舍4万元）、种草1万元、种养业贷款贴息2万元、科技扶贫项目4万元。

3. 验收部门

项目一般是由省级单位抽查验收，市级和区级单位则必须现场验收所有项目。麦积区扶贫办工作人员称他们采取了张榜公布的方式向村民征集买牛意见。然后，区财政、审计、纪检、扶贫等四部门组成联合验收组，在见到基础建设部分和村民签字的花名册后，将款项全部划拨给镇政府，责成镇政府督察农民买牛。这样就完成了验收。

4. 镇政府与建设商

甘泉镇政府称扶贫项目中的款项已经全部到位，考虑到整村搬迁的情况，先建设了一部分牛棚。至于220头牛的问题，镇政府说，根据村民的意见，等搬迁后每家补助1000元，但由于搬迁意见不统一，估计到下一年才会有结果。镇政府还介绍，在公开、公正的基础上，村上对牛棚建设进行了招商投标，最终以每平方米440元的价格承包给建设商，总投资12.3万元。220头牛的预算资金是22万元，已经用了30多万元。验收合格后，资金被划拨到镇政府的账面上。然而，村民说他们从来没签过字，更没见过补助的1000元。对于项目中提到的220头牛，村民连一头都没见到，对此，他们无法接受。

5. 省扶贫办

省扶贫办称，如果胡沟村的扶贫项目准备通过向每个农户补助1000元扶贫款以代替养牛，则必须向市一级扶贫办申请变更项目，否则程序上可能存在违规；如果该项目通过了验收，项目本身却严重不到位，那么其验收程序、验收质量将受到质疑。

（二）洋芋种植扶贫项目

古学斌等（2004）在《地方国家、经济干预和农村贫困：一个中国西南村落的个案分析》中，介绍了另一个试图通过调整种植结构而实现扶贫和发展的项目案例。在云南省东北部的一个壮族山寨——凹寨村，因为水利资源较好，村民主要种植水稻、玉米、大豆、旱谷，以及经济作物生姜、油菜、热带水果等。2001年，上级政府在全乡推广种植洋芋（即土豆）。每个村必须向上面汇报洋芋种植面积。村干部分别到每家每户，要求群众自己报栽种面积，然后按上指印。由于受到村干部的动员和威逼，农户害怕，不得不报种植面积。结果，乡上按照村委会报上去的种植面积，给凹寨村拉去了13吨洋芋种子，但几乎没有农户去领。上级政府下达的洋芋种植规划面积是全乡2000亩，划分到凹寨村是300多亩，40多吨种子。该项目涉及如下相关方。

1. 农民

首先，村民不愿意种洋芋，主要是因为政府的洋芋种子价格贵，要0.95元/斤，而当时市场价格只有0.4~0.6元/斤。故村民认为这是政府在赚农民的钱。其次，村里已经有两年种洋芋失败的经历。再者，对于政府或外来老板承诺的包销合同，村民不再信任，因为他们有过多次被骗的经历。1997年种甘蔗，当时政府也与老板签了合同，糖厂老板也承诺了收购，鼓励农民种甘蔗，还定了保护价0.25元/斤。但到了收获的时候，由于资金问题，糖厂没有建成，老板跑了。政府的甘蔗收购价只有0.10元/斤，结果只能给农户打白条。1999年开始，政府又鼓励农户种洋芋，定的收购保护价是0.70元/斤，但政府又失信，结果收购时价钱只有0.40元/斤，很多村民因此亏了本。2000年，政府再次推广种洋芋。一开始，农户不肯种。当时的村主任为了完成上级的任务，向村民谎报说洋芋种子是政府的扶贫项目。村民信以为真。结果，0.90元/斤的保护价不能兑现，村民只有忍痛以0.45元/斤的价格卖出，再一次赔了。

2. 农业技术员

村农技员百般无奈，带着怨气到村寨去动员村民领取洋芋种子。农技员对种洋芋意见也很大，并抱怨说："上面每次让我们换种新品种，我们都会欠债，我们会更穷……"他特别提到近几年种洋芋把村民坑苦了，原来小春时村民种两亩多油菜可得300元左右纯利，而现在种土豆，不算肥料、人工费用，两亩多地要倒贴300多元。他觉得自己都不愿意种土豆，还要让别人去种，有点说不过去。

3. 村干部

村支书说，当时他们在动员农民报栽种土豆面积时，采取了诱导加威胁的方法。譬如，他对农户说："你们不报土豆就得不到免费的蚕豆种子，而且即使种了别的，我们也会给你们铲掉。"尽管如此，村干部还是不断向乡干部反映推行栽种洋芋的困难。村支书说前两年他们已经失败了两次，已经不敢再试验了。村组长老董就直接指出，

“不种洋芋不借钱，种了洋芋反而缺钱，陷入贫困。洋芋把凹寨村民害苦了，而且几乎所有人都负债累累。明摆着亏损还要种植，农户怎么敢种”。

4. 乡干部

乡干部对村里的工作很不满意，并指责村干部没有积极做思想工作，没有宣传种植洋芋的好处。乡干部说，政府推广洋芋是为村民好。一位副乡长认为，现在农村已经不存在吃不饱肚子的问题，而是吃不好的问题。农户与工厂的工人一样，也需要围着市场转，市场需要什么，就供应什么。该副乡长解释道，根据本乡的气候、地理优势，可以种洋芋为主，实行产、供、销一条龙。他认为农民担心种出来卖不出去是多余的，因为这次有一个上海老板与县政府签订了协议，保证收购洋芋。该副乡长还生气地批评道，在落后的地方，部分农民想不通；少数农民，只要是政府要办的，就有意见；凹寨是壮族乡，意识落后，贫穷；女孩子失学多，读初中的很少，男孩读初中的多一些；农民知识学得少，科技意识弱，传统耕作的思想严重。

5. 县政府

在县委的牵头下，各级党委、政府决定对全县海拔较低的三个乡实行产业结构调整。其中，一是改种优质稻，二是小春时种植洋芋。

二　全景：发展干预的现状

2004 年 6 月 21 日，审计署公布了对 50 个县财政支农资金的审计调查报告。结果显示，一些地区在财政支农资金投入总额增长的同时，在资金管理和使用上存在诸多问题。其中，财政支农资金“空投”和被挤占挪用现象突出。最让人感到吃惊的是挤占挪用支农资金的分布范围，因为其范围之广已经达到触目惊心的程度（《中国青年报》，2004）。

2004 年，新华社记者的一项调查表明，财政支农两千亿元，农民受益“毛毛雨”。作为政府扶持农业最为重要、直接的手段，每年全国财政支农投资规模为2000多亿元，但支农资金的“支农率”很低。国务院发展研究中心的调查表明，财政支农资金有70%左右未用于农业生产本身，而用于农业行政事业单位事业费。除了“养人”因素外，支农资金还存在使用分散、挤占挪用现象严重的问题，导致支农“效益递减”。挤占挪用财政支农资金的主要办法包括虚拟工程成本、虚列工程项目、虚报工程量、把招待费等费用开支列入工程费等（刘健等，2004）。

有些地方的支农项目在实施过程中，为了骗取财政资金、应付上级检查验收，采取“一女多嫁”“一块地里插几块牌子”的手法，即利用一个项目重复申报资金、应付多家检查验收。如一座农桥，既可以申报水利口子的农村公益设施项目，也可以申报农业综合开发及世界银行口子的项目。更有甚者，当年实施的项目以后年度还进行申报，项目资金被骗取、挤占挪用的情况时有发生（《江苏经济报》，2004）。

国内大型项目中出现的诸如此类问题，已不再是什么新鲜事。假如对国内支农项目的经济、社会、生态等多方面效益进行审计，结果可能会更加令人失望。社会各界普遍认为这些问题暴露了中国财政监管体系存在的漏洞，并有针对性地提出一系列解决方案，但主要集中在加强审核、加强监督方面。其实，对于支农项目不支农的现实，主管部门很清楚。某省财政厅负责人分析说：“在不少农区，县级财政支农资金90%左右用来‘吃饭’，地市级财政支农资金中用来‘做事’的最多不超过20%。”某市财政局负责人估算：全市下属9个县（区、市），县本级安排的财政支农资金最多有三分之一用于农业生产（刘健等，2004）。

纵观各类国内发展项目与发展政策，乃至世界银行等机构制定和实施的国际发展战略与发展项目，其执行和实施的结果远不尽如人意。甚至可以说，很多农村发展干预行动以失败告终。正如前述洋芋种植扶贫项目那样，“各种各样的发展政策不一定能带领当地民众走出贫困，有的政策甚至使得本已经脆弱的农业经济面临破产，民众的生计受到威胁”（古学斌等，2004）。弗格森（Ferguson，1990：254－256）对世界银行在莱索托开展的农村发展项目进行了深入的分析。他指出，若与原本设定的目标相比较，项目无疑是失败了，但项目产生了其他方面的重要结果，包括：国家官僚权力的进一步巩固与扩大，民众权力的削弱，贫困的固化，农村社会关系的重整，西方现代化影响的加深，各种问题的去政治化，等等。斯科特（2004：393）的研究指出，多数农业现代化国家项目的背后，暗含了未公开的逻辑，就是要巩固中央的权力，并削弱农民和他们与国家机关相对的社区自主性。每一种新的物质实践都会改变现存的权力、财富和地位分配（古学斌等，2004）。

三　项目的“争”与“跑”

在中国30余年的快速发展过程中，“招商引资”“跑部钱进”是所有地方政府采取的最为优先的发展策略。有些地方政府要求所有行业部门，甚至学校、医院、公检法部门等均参与招商引资，并给定任务，考核奖惩。我们每每遭遇这样的一些话语：“谁影响投资环境一阵子，我就影响他一辈子”（地方标语）；“一切服务于项目，一切让位于项目”（地方政府工作报告）；“不管啥时候都要顾大局”……可见，项目在地方政府工作中具有至高无上的位置。因此，“争项目”和“跑项目”成为地方政府所有工作的重中之重。2014年8月2日，江苏省昆山市中荣金属制品有限公司发生特别重大爆炸事故，由此引发了人们对地方政府招商引资的深度思考。从昆山的招商引资宣传语，可以看出当地的招商引资工作实在无底线可谈：

> “昆山人民欢迎您来投资、你们来剥削得越多我们就越开心”，“来帮我们投资的是恩人，来投资我们的老板是亲人，能打开招商局面的是能人，影响投资环境的是罪人”。昆山法治环境的目标是：“老板怎么安心怎么办”；服务环境的目标是：“老

板怎么开心怎么办”；人文环境的目标是：“老板怎么舒心怎么办”……（搜狐网，2014）

2008年，国际金融危机席卷全球之后，中国提出两年内投入4万亿元作为应对措施，以拉动内需。此消息一经发布，各地政府伺机而动，围绕这块大蛋糕的分配，不惜代价，使尽招数。可谓尽心尽力，志在必得。

北方某地级市的历届管理者一直梦想拥有一座机场。当国家宣布4万亿投资计划时，该市的管理者们仿佛看到了希望，于是一支名为“大项目办”的队伍在副市长的带领下进驻了北京。副市长说，“提出想建机场的那个市长已经离休快20年了，当听说国家要投入4万个亿时，老市长半夜给我打电话，兴奋得说话都有些颤抖……”2008年11月8日，市委书记在听了简短的汇报后，当即批示：马上组队，准备充分，尽快出发。在接下来不到三天的时间里，国土局完成了机场占地的所有土地审批手续，交通局完成了设计交通流量、建设航站楼等文字材料，而设计勘察院则完全用3D动画模拟了一套机场设计图。三个部门的二十几名工作人员联合办公，用了70多个小时，完成了正常情况下需要百余名工作人员接近一个月才能完成的工作。(《城市快报》，2008)

由于各地均认为这是千载难逢的机会，因此争先恐后赴京跑“部”，使得国家发改委门庭若市，一夜之间“京城纸贵”。附近的一个打印店老板说：“11月13日那天，店里突然来了很多人，大多西装革履，操着各地口音，打印数百张‘政府企划书’之类的文件。小店哪招得住这架势，很快纸张和油墨都用完了。”(《国际先驱导报》，2009)

在各地开展的围绕“4万亿”蛋糕的争夺行动中，项目是唯一的由头与手段。很多项目是如前述案例中的一班人马一样编制出来的。但我们不禁要思考，地方政府的原始动机是资金的获取，还是确实需要的发展项目？也就是说，是为了争取资金而策划项目，还是为了项目而去争取资金？二者有本质区别。现实大多属于前者，即项目为“争钱”服务。因此，要看什么样的项目容易批准，不一定是当地优先需要的，但必须是上级领导或决策部门看得上的。即使如案例中的那样，先有项目再去争取投资，这样的项目的指导思想一般也是当地领导的指示，而领导的指示大多出于经济增长与政绩工程的考虑。当然，这一考虑也必须以项目能够得到批准从而争取到资金为基础。否则，再好的项目若得不到投资，那也是瞎折腾。一言以蔽之，为了争“4 万亿”蛋糕而编制的发展项目，要么符合地方领导的指导思想，要么符合上级领导的指导思想。古学斌等的研究发现：

> 很多贫困县在财政问题的困扰下，在申请扶贫项目时，从增加县财政收入出发，过多地申办工业项目，而不是解决一般农民的温饱问题。扶贫项目遂成为为地方政府解决财政问题的灵丹妙药，与一般贫困农民的生活完全没有关联。有些扶贫项目成为地方政府领导树立政绩的途径。扶贫项目不一定是适合地方自然资源条件的生产项目和普通民众愿意参与生产的项目。地方政府领导只追求短期的政绩；只要扶贫贷款在任内申请成功就行了，调升后扶贫项目的失败与否已与己无关了。投资失败的话，就由下任领导来处理那些棘手的问题，由农民来承担债务了。（古学斌等，2004）

因此，“我们常常看到的是国家的干预不是真正考虑当地民众的需要、帮助当地民众脱离贫困，而是为了达标、为了政绩、为了与商人合作从中赢利，这样使本来已是非常贫困地区的民众更加陷入贫困的状况”（Luk，2001）。

四 发展干预中的社会行动者

发展干预主义者坚信，任何发展干预形式都涉及一系列的“利益相关者”（stakeholders）。所谓的“利益相关者”，是指那些在发展干预中存有兴趣的人、群体或机构（Laws et al.，2003），而且他们都对项目所要解决的问题感兴趣，并都希望项目成功实施。如在一个农村卫生项目中，农民、直接提供服务的医疗机构、卫生主管部门、农村权威人士和宗教领袖等，都对农村卫生问题感兴趣，都是项目的利益相关者。而在前述畜牧养殖扶贫项目中，农民、区扶贫办、验收部门、镇政府、建设商和省扶贫办是该项目的利益相关者；在洋芋种植扶贫项目中，农民、农业技术员、村干部、乡干部、县政府和上海老板是利益相关者。虽然发展干预的利益相关者也许会对项目针对的问题以及实施过程有不同的观点，但他（它）们对问题的关注以及项目成功的预期是毋庸置疑的。因此，发展干预中利益相关者分析（stakeholder analysis）方法的目的，是确定如何才能使各利益相关方在发展干预的设计和实施过程中相互协调。

但研究发现，发展干预中的群体利益相关其实是想象中的利益相关与现实中的利益竞争甚至利益冲突交互并存（叶敬忠，2005）。发展干预中的利益相关者之话语很容易导致利益连续的假象，容易使发展干预实践者在工作中以线形思维幼稚地从事各种各样的工具性工作。其实，发展项目中涉及的个人、团体或机构之间的利益不连续，以及由于利益不连续而导致的利益竞争与利益冲突才是常态。

这种不连续性在农民与农民之外的其他群体之间表现得尤为明显。以农民的农业实践与科学家和政府倡导的现代科学农业之对比为例，斯科特在《国家的视角》中指出了农民与科学家及官僚机构在很多方面的不连续性。

大型官僚机构所必然带来的简单抽象无法充分地表示出自然

> 或社会过程的复杂性。……农业技术推广和农业研究中简单的“生产和利润”模型在很大程度上不能反映真实的农民，以及他们在社区中复杂、灵活和洽谈达成的目标。……农民对来自于任何方面的知识，只要能够服务于他们的目的，都非常关注，而现代农业规划者接受任何其他途径知识的能力却很差。……农民在农业实践上是崇拜多神的，他们能从正式科学的认识论中迅速采用任何看起来有用的内容。但是，农业研究者都是受一神论的训练，因此无法吸收非正式试验的实践结果。……即使在最好的情况下，农业实验室的结果和研究站小块试验田的数据与它们最终要达到的人类和自然环境也是相去甚远。……农业研究站的试验田不可能包括农民大田中的多样性和可变性。研究人员的工作只能建立在关于土壤、农田耕作、杂草生长、降雨、气温等标准和正常范围的假设之上，而实际上每块农田的环境、所采取的措施和结果之间的联系都是特殊的，有些（土壤结构）可以预期，有些（天气）任何人都无法掌握。……农业的实际逻辑是对多变环境的富有创造性的、实践中的反应，科学农业的逻辑则相反，它是改变环境使之尽可能地适应集权和标准化的公式。（斯科特，2004：357，360，396，407，412，416－417）

鉴于此，我建议在发展干预中使用“社会行动者”（social actors）的概念来取代“利益相关者”的概念。提出以行动者为导向之方法（actor-oriented approach）的发展社会家诺曼·龙（Norman Long）对“社会行动者”的概念是这样定义的：

> 社会行动者指所有具备能动性（agency）的社会实体。他（它）们能够产生知识，能够辨识困境并形成“恰当”的回应。虽然人类能动性的精髓似乎体现在个体的人上，但是不仅个体能够完成决策、行动和“监测”结果，公司、官方机构、团体及宗教组织等也都是社会行动者，因为它们也有其决策和行动的方

式。可见，行动者可以以多种形式出现，如个人、非正式群体、人际网络、组织、团体以及“宏观行动者”如政府、国际组织或者是宗教组织。(Long，2001)

不同的社会行动者在其生活世界、社会属性或社会组织程度等方面，存在巨大的不连续性。这种不连续性表现为价值体系、兴趣、知识与权力等方面的异质性。在围绕发展项目的互动过程中，社会行动者的各种不连续性相互遭遇，产生社会行动者之间的对话、谈判、融入、调适，并导致互动各方不断塑形与形塑的结果。这一互动过程不是简单的知识与意义在不同社会行动者之间的线性传递，而是社会行动者之间知识与意义的多元的、动态的转化过程。任何一个社会行动者，都会充分调动其知识、权力、能力和社会资源，使其他社会行动者在更大程度上进入自己的“项目”，即努力使其他社会行动者进入自己的价值与社会规范体系。这种进入需要通过该社会行动者的“过滤”，“过滤”的标准是该社会行动者在社会与文化等方面的认知、规范和价值体系。与该社会行动者不能融合的方面，将通过他（它）们之间的互动过程而被形塑。也就是说，在社会行动者的互动过程中，任何社会行动者都会尽可能使其他社会行动者转化和改造自身的生活世界、社会属性与社会组织程度体系，以实现对其最大程度的形塑，从而努力为自己创造更大空间来实施自己的“项目”(Long，2001)。

五　农民与其他社会行动者的权力关系

在各种组织中，掌握某种资源（财富、机会、强力等）的一方，把意志强加于受其行为约束的一方，这种力量被称为权力。权力的实质是一种价值控制和资源控制，即权力主体控制着价值和资源的支配权，它是实现权力主体意志、目标和利益的工具和手段（公丕祥，2002)。在社会行动者的互动过程中，行动者的“行动”逻辑与权力概念联系在一起。行动本质上包括运用“方法”以获得结果。这种结果是行动者直接介入事件过程所带来的。而在这些事件的过程中，“有意图的行动”是从属于行动者的有所为或有所不为的子范畴。“权力”代表了能动者调动资源建构那些方法的能力。“权力”是互动的一种特性，并且可以被定义为确保获得结果的能力（吉登斯，2003），即权力是社会行动者用以为自己创造出更大的变化空间的能力。

在任何农村发展项目中，我们都可以区分出农民以及农民以外的其他社会行动者，如技术部门、基层机构、精英网络、公司等商业团体［这里将他（它）们统称为“其他社会行动者”］。如在前述畜牧养殖扶贫项目中，其他社会行动者包括区扶贫办、验收部门、镇政府、建设商和省扶贫办；在洋芋种植扶贫项目中，除了农民（含村农业技术员和村干部）以外的其他社会行动者则包括乡干部、县政府和上海老板等。从前面的案例可以清楚地看出，其他社会行动者凭借和利用他（它）们对资源的控制，实现了使农民服从其意志的一种特殊力量或影响力。

在农民与其他社会行动者的互动过程中，虽然从理论上来说，农民与其他社会行动者都会各自为自己创造空间；但现实是，其他社会行动者掌握着各种资源、机会与强力；而且在很多情况下，这些其他社会行动者高度地组织在一起，往往采取集中统一的行动，从而可以形成更强的合力。而相对于强大的其他社会行动者来说，农民对资源、机会与强力的拥有基本上可以忽略不计（数学上可以称为无穷小）。特别需要指出的是，在与强大的其他社会行动者互动时，农民是以一个个弱小的个体形式出现的。也就是说，其他社会行动者与农民的互动是两大权力极不平衡的社会系统之间的互动。其中，其他社会行动者是强势权力集团，而农民是无权集团中的一个个个体。因此，其他社会行动者必然会创造出巨大的空间，来实现他（它）们的几乎全部的“项目”目标，即他（它）们的兴趣、需求与期望将得到充分的满足；而个体农民所能创造出的空间小得几乎使他们无法自由地活动，小得使他们的活动受到束缚，小得使他们难以实施自己的“项目”。故他们的兴趣、需求与期望难以得到满足。在一定程度上，农民的空间主要取决于其他社会行动者在满足自己足够的空间基础上的主动“赐予”。

虽然斯科特（2007：35）对马来西亚一个村庄的研究发现，农民会采用“偷懒、装糊涂、开小差、假装顺从、偷盗、装傻卖呆、诽谤、纵火、暗中破坏”等形式的“弱者的武器”来反抗，但是也正如斯科特教授指出的，如果将“弱者的武器”过度浪漫化会导致很大的失误。它们仅仅能对各种剥削农民的方式产生边缘性的影响。农民的目标通常在于“让制度的不利达到最小”。他们可能非常有限地减轻了剥削，他们可能促成一次关于拨款限制的再谈判，他们或许可以改变后来的发展过程，但他们极少能够带来制度的改变。另外，伦斯基的研究指出，为了减少罢工、怠工和破坏事件，社会精英也许会与弱势群体共享一部分的经济剩余，但不至于多到影响他们的权力与特权（谢弗，2006）。

此外，那些势力庞大的其他社会行动者还能够凭借自己的经济实力和政治特权，影响政府当权者的经济和社会政策，甚至是法律制度，使之产生对他（它）们有利的行为趋向（韩纪江、胡星，2003）。正如詹姆斯·布坎南（James Buchanan）指出的，在公共决策中，并不存在根据公共利益进行选择的过程，而只存在各种特殊利益之间的“缔约”过程。结果是，公共政策作为政府输出的、最重要的公共物品，本该由集体选择，并最大限度地增进全社会的利益，却在这场政治交易中变成了一种无效率的制度安排，偏离了它最初设定的公共性目标（陈国权、付旋，2003）。显而易见，其他社会行动者处于明显的优势，他（它）们的行动对政策的选择产生重大影响，而农民这样的社会行动者可能在政治机器这个庞然大物面前表现出束手无策和无足轻重。这样的权力差序必然会导致不平衡的政策取向，从而使公共政策只能代表那些其他社会行动者等强势集团的利益（李成贵，1999）。在实践中，农民面对一般来自城市的其他社会行动者（包括技术机构人员、官员、研究人员、高收入群体以及相关的组织和部门），只能无奈地接受自己社会空间的日渐缩小；其他社会行动者也不愿意个体的农民组织起来形成可以与之逐渐抗衡的组织。正是由于农民与其他社会行动者之间的这种不平等的权力关系和不均衡的互动结果，任何农村发展项目和政策在执行过程中一定会走样，一定会跑偏。

但在发展干预实践中，我们总会听到由其他社会行动者所主导的话语，即他（它）们会保护农民的空间、权力和利益。这种对其他社会行动者与农民之间的权力关系的思维，恰如经济学中的滴流效应假设。

六　经济学中的滴流效应假设

1958 年，赫希曼（Hirschman）在其代表作《经济发展战略》中指出，在经济增长空间传递过程中，存在着两种效应——“滴流效应”（trickling-down effects）和“极化效应”（polarization effects）。这两种效应分别与 1957 年缪尔达尔（Mydral）提出的“扩散效应”（spread effects）和“倒流效应”（back wash effects）相对应。

“滴流效应”有时还被译作“涓滴效应”或“涓流效应”，指的是随着经济增长，国民收入的新增部分将会逐渐地、自动地向贫困阶层扩散，进而使穷人分享到发展的成果。但是，许多发展经济学家认为，发展中国家战后经济发展的实际情况表明，经济增长所积累的财富非但没有通过“滴流效应”自动地传递到贫困阶层，反而使富者越富、穷者越穷。因此，期望经过一段时间的不平等增长之后，社会就会进入具有较大平等的增长期，其前景十分渺茫（李琮，2000）。这使不少发展经济学家对这一理论提出批评。有的经济学家还认为，现代部门的扩张将会通过“涓流效应”给传统部门带来同等的繁荣。但是，即使是二元经济模型的创立者刘易斯，也曾经提出以下警告：没有理由认为传统部门可以从现代部门的扩张中获益（王绍光，

2002：213－214）。

“滴流效应”假说的实质，是使穷人和落后地区的发展掌握在富人和发达地区的手里。实践证明，穷人和落后地区的发展不能依靠富人和发达地区的“滴流”，否则，富人与发达地区不但无法帮助穷人和落后地区，反而会影响、制约或阻碍后者的发展。因为在多数情况下，穷人和富人、落后地区和发达地区是权力悬殊的不同的利益集团，他（它）们之间的不连续性（利益、兴趣、社会与文化属性等方面）远远超过往往是人为虚构的所谓的“利益共同体”。例如，中国长期以来所谓农业产业化经营的主要组织方式——龙头企业，被冠以“公司＋农户”之简称，还常被美其名曰农村发展与扶贫的制度创新。其实，自其从学者的虚幻世界中诞生那天起，就难以摆脱其以农民利益来缓冲缺乏能力的企业主的经营风险的本质。其结果只能是企业在满足利润最大化的前提下，把额外的微薄利益以水沫星的形式溅给农户，为的是使分散的农户死心塌地地围绕在企业的周围。而在企业经营不善时，损失只能而且必然要“违约地”转嫁给农民。在公司出现违约问题后，面对强大的龙头企业，毫无组织性和经济力量薄弱的农民很难在对簿公堂时获胜（孙新章，2004）。在某些地区的农业产业化过程中，还诞生了更为畸形的“公司＋地方政府＋农户”和“地方政府＋公司＋农户”的模式。其设计可以说是匠心独运。因为在这种模式中，地方政府的作用是担当企业与农户的中间人：当公司违约时，地方政府代表农户与公司谈判；当农户违约时，地方政府又替代公司来强制农民履行合同。在这种设计中，农民不仅受不到保护，有时公司与地方政府还会联合起来损害农民的利益，如公司的强行征地。除此之外，农民还要承担地方政府人员对公司的权力寻租成本。也许，“公司＋农户”的唯一“成功”之处，是企业获得了政府在税收、资金等方面的大量支持。据《北京青年报》报道，2004年河北省石家庄农村出现的“鲜牛奶倒进臭水沟”的所谓“怪事”，正是“公司＋农户”模式中农民必然受损害的结果。

因为乳制品行业供需矛盾加剧，因此企业限量收购，压级压价。正如一家奶站的工作人员说："关键是奶多了！企业用不完，检测标准就严了。企业不收购，只好倒掉。是不是质量不合格，这个不太好说。如果企业需要鲜奶100吨，奶农只能提供80吨，那怎么检验都合格；如果你交来了150吨，那最后总要有几十吨不合格。"一位散养户说：奶源紧张的时候，当地乳品企业不准他们将牛奶卖给别人，可现在奶多了，当地企业用不了，就提高检测标准。他弄不明白："一样的养殖场，一样的牛奶，怎么今天是一级奶，明天就变成了四级？"还有奶农抱怨：同样一桶奶，在不同的收购点检测，结果也不一样。河北省社会科学院农村经济研究所所长彭建强研究员认为，"公司+农户"看起来是一种合作组织，实际上双方只是一种买卖关系，而没形成真正的利益共同体，作为企业，肯定是以利润最大化为目标。他呼吁，分散的奶农要与企业对等合作，必须组织起来。（《北京青年报》，2004）

七　权力滴流效应误区与参与式发展理论

长期以来，发展干预中其他社会行动者与农民之间的空间竞争关系往往被虚幻的权力关系和谐所掩盖，很多官方主流话语想说明其他社会行动者与农民在利益上的一致性。因此，发展干预实践者、研究人员都在烹制诸多现象与理论，来说明农民的权益只有其他社会行动者才能加以保障。这是利用资源和研究的手段强化和控制主导话语的过程。其实，前面的分析已经证明，其他社会行动者和农民是利益不连续的群体。如果指望处于弱势地位的农民群体的权益由与其处于利益与空间竞争关系的其他社会行动者来保障，则必然会陷入权力"滴流效应"的误区。因为这种构想与设计存在天生的逻辑谬误，所以，只要是按此思维范式设计发展项目和发展政策，其结果必然是越陷越深，问题变得越来越多、越来越大、越来越不可收拾，农民也必然会受到损害。这样的例子时时发生、处处可见。

本文前面展示的发展项目案例和发展项目全景现状，正是权力滴流效应误区导致的必然结果。其实，国家的支农项目有明确的改善农民生计与收入的目标，因此规划了各种支持农村基础建设、农产品生产、农村环境与能源建设、农村医疗卫生改善等内容。然而，地方的一些机构和部门打着“支农”的旗号“跑部要项目”，在很大程度上是为了它们的“养人”、“吃饭”、购车、建宿舍等需求。为了实现这些，它们必然会采取各种变通的方法来创造方便的空间，同时还得想尽办法对付上级的检查与审计。结果只能是农民的利益受到损害，“支农项目”必然不支农，反而成了“支官项目”。面对这一问题，有的主管部门费尽心机、想方设法来制止“项目支官”的违规做法，却忘记了支农的本来目的。或许在有关部门和官员的内心深处，支农的意识本就十分薄弱。例如，民政部在《关于规范特大自然灾害救济补助费分配管理的通知》（民发［2002］127 号）中就规定：

> 民政部、财政部将对各地中央救灾资金管理使用情况进行监督检查。不及时下拨和违规使用中央救灾资金的省份，如再发生特大自然灾害要求中央补助时，民政部、财政部将不予补助或减少补助数额，并予以通报批评。（《关于规范特大自然灾害救济补助费分配管理的通知》，2002）

从事农村发展的官员、实践者和学者也逐渐认识到，在目前的社会政治结构与权力关系中农民的弱势地位，特别是当农民在农村发展中的主体地位被极大削弱时，农民产生了越来越强烈的抵触情绪，同时地方机构或部门的形象工程在没有农民陪衬的情况下将失败得更为明显、更为迅速！因此，他们认识到农民在场的重要性，所以，在近年来的农村发展实践中，不断烹制出强化权力滴流的思路与理论，如从以往官员与技术人员完全主导的不考虑农民的需求与兴趣的农村发展，到“目标群体需求为导向”（target group needs based）的发展、参与式发展（participatory development）、“目标群体权利为基础”（target group rights based）的农村发展、赋权（empowerment）理论等。其中，“参与式发展”备受国际发展组织的膜拜，几乎成为国际发展项目和发展工作者的红宝书。

参与式发展的目的是让农村发展的主体——农民，在农村发展的问题分析、目标制定以及项目设计、实施、监测与评估过程中，全面地参与决策与项目过程，从而增加农民对发展的拥有感与责任感，同时获得对资源的可及性与控制，进而分享发展的利益。世界银行在《2000/2001年世界银行发展报告：向贫困开战》中认为，贫困意味着无权、没有发言权、脆弱和恐惧等。其反贫困的建议主要集中在三个方面：机会、赋权和安全。在赋权方面，减贫策略是强化穷人对与他们生活有关的决策的影响能力，消除基于性别、种族、民族和社会地位的歧视。扶贫项目中的参与式发展方式强调的就是赋权，就是要使弱势群体能够参与发展决策。

在经历20世纪90年代参与式发展的风靡之后，西方学者很早就开始了对参与式发展的反思（Cooke and Kothari，2001）。威廉斯（Williams，2004）认为，过于强调和依赖参与式的实践方法能否实现“上”与“下”之间权力关系的实质变化，使处于“下”位的真正草根阶层成为发展的主导者？从很多地方的农村发展实践来看，这种设想至少是有些理想化的。参与式发展过度强调个体的参与和变革对社会变迁的作用，而忽视了社会结构中不同群体间的政治冲突与对抗；强调和塑造了一个“社区”共同体，而模糊或掩盖了地方权力结构中的差异性，虚化了社区环境中动态变化着的分化与分层。

应该说，诸如参与式发展等所谓的现代发展理论的演变，标志着其他社会行动者向农民进行权力滴流的不断升级，但永远摆脱不了滴流效应的本质与框架误区。因为，这些十分耐听的“参与”“赋权”等方面的理论，其实归根到底还要取决于社会强势群体（其他社会行动者及发展研究人员与实践工作者）在多大程度上容许农民的参与；多大程度上愿意赋予农民以权力，即农民的参与和赋权最终取决于其他社会行动者的权力滴流。可以说，这些理论只是学者帮助模糊或掩盖事物本质（滴流效应误区）所缝制的漂亮外衣，目的是寻找一种更有效的话语解释和话语统治，其最终结果根本无法保证农民不再受到损害。

八　后参与式发展——农民组织

在与其他社会行动者的互动过程中，农民在空间竞争中处于不利地位，在政治上处于受支配地位，导致在文化上处于从属地位（认为受到损害是既成事实，就该那样），在经济上处于弱势地位。权力滴流效应的误区使不少人坚信，农民从来都需要别人来替他们说话。这是典型的话语权控制在别人手中的思维。

自2005年底，在轰轰烈烈的新农村建设讨论与行动中，我们听到的几乎都是来自专家学者和政府官员等农村外部群体的主张和建议，而农民作为新农村建设的主体和最终受益者，却在这场关乎自己家乡建设和自身利益的新农村建设中集体失语了（叶敬忠，2006）。在农民“话语权”丧失的情况下，很多地方所进行的新农村建设，不是违背农民意愿的“拆旧房、建新房”，就是把大规模的人力、物力投放到修公园、建广场、美化村落等村容整治的“显绩工程”上。而大多数有幸被选中的试点村，其建设也是“越肥越添膘”，只能成为地方政府应付上级检查的“形象工程”，不具有推广性。尽管农民对中央提出的新农村建设充满了期待，但在这些由政府代办和强制进行的新农村建设中，农民却只能充当旁观者或被动接受者，大量的资金也被浪费在了偏离农民真实需求的达标竞赛等政治游戏中（欧阳静，2006）。虽然农民在理论上被一致认为是新农村建设的主体，但当前的现状是学者和政府成为他们建设家乡的“代言人”（叶敬忠，2006）。

其实，对于任何社会行动者来说，真正能保护其权益的人应该是自己，即只有农民自己才能保障他们的利益。但是，单个的弱小农户没有足够的能力来维护其在社会、政治、经济与文化等方面的权利。因此，只有农民以一定的形式成立自己的组织，才能够逐渐地与其他社会行动者形成较为平等的权力制衡。当代冲突理论学家相信，人类本性倾向于争夺稀有资源，如财富、身份与权力（谢弗，2006）。孟德斯鸠（1961：162）说过："一切有权力的人都容易滥用权力，这是万古不易的一条经验。有权力的人们使用权力一直到遇有界线的地方才休止，要防止滥用权力，就必须以权力制约权力。"

假如农民没有自己的组织，那么在单个农民与强大的其他社会行动者互动的过程中，单个农民的权力制衡基本上可以忽略不计，而其他社会行动者可以对农民为所欲为。大邱庄的禹作敏绝不是一个特例，而是一种现象。他是个人权力在权力制衡真空条件下得以施展后的必然表现。很多农民对有的基层干部不仅是敬，更重要的是畏（孙新章，2004）。再如，向农民提供生产资料和各种金融、销售等所谓"服务"的部门垄断力量太强，垄断转化为各种名目的收费（温铁军，2004），进而损害农民的利益。在常常被曝光的退耕补贴粮款不能真正完全发给农民的情况中，地方部门之所以敢于大肆侵吞退耕补贴粮款，主要原因是农民位微言轻，又没有代言组织。

学术界已充分认识到，目前中国的农民缺乏自己的经济利益的代表者，缺乏与农业政策决策机关直接进行沟通的机制和渠道。此外，农民缺乏有效的组织来与其他产业阶层进行直接的经济交涉、谈判与抗争。因此，农民难以摆脱被人压制和挤压的弱势群体地位（张同林，2004）。作为市场自由竞争中的弱势群体，农民本来最需要的就是团结合作。如果尊重农民的选择，就应该尊重农民团结的意愿、自我教育的意愿（韩德强，2004）。可以说，提出应该成立农民组织的学者已经做了很多深入的论述。长期以来索取式的和先求稳定后求发展的农村政策表明，在让农民组织起来方面的步伐还很缓慢（孙新章，2004）。不过，政府推进的农民专业合作组织的发展，或许是一个很好的开端。

15

我们的故事：遭遇发展与发展研究*

人们在憧憬未来时，常常高唱“主动选择，把握人生”的豪言壮语；在回首往事时，却又每每发出“人在江湖，身不由己”的感慨叹息，因为很多时候个人其实没有多少选择的余地。原本学习自然科学，几经辗转，又入了社会科学之门，但在40余年的人生路途中，我的生活世界似乎一直没有离开“发展”二字。小学时的每篇作文都以“为实现四个现代化而奋斗终生”结尾；在“学好数理化，走遍全天下”的科学至上主义指导下，大学进入自然科学领域学习土壤化学，为的也是以实际行动投入国家的现代化建设；硕士阶段学习的是发展经济学的“孪生兄弟”——发展规划，即如何制定发展政策和实施发展项目，随后便投身于在中国实施的大量国际发展合作援助项目中。有着这样的成长经历的一个人，也许怎么也不会对现代化发展道路产生半点疑虑。即便是在博士期间学习发展社会学，也没有

* 这里的“我们”是指与发展实践、发展研究和发展教育相关的所有实践者、研究者、教师和学生等。本文原是应邀为2011年出版的《遭遇发展：第三世界的形成与瓦解》作的中译者序，这里做了适当修改。该书英文版参见 Escobar, Arturo. 1995. *Encountering Development: The Making and Unmaking of the Third World*. Princeton and Oxford: Princeton University Press.

脱离发展干预这个主题，只是在以往关于发展的线性思维中加入了冲突的视角，认识到不同的社会行动者在发展干预过程中的不连续性。其间，虽然知道著名学者埃斯科瓦尔的《遭遇发展》（*Encountering Development*），但由于语言和理解能力所限，未能给予太多关注。直到2007年与作者相遇，并正式投入该书的中文翻译工作，我才发现所译内容竟是对自己以往所形成的发展思维和发展工作经历的彻底颠覆。震撼之余，我深为作者的思辨深度所折服。作者令我为译著作序，我自知力所不逮：作者深谙人类学、哲学和政治学，即便是受过系统社会科学教育的科班译者，也得费上一番功夫，遑论一个教育经历杂乱无章的人了。然而，既然自称是用心移译，或许可以摘下几滴学习笔记[①]和心得，待与读者求异存同。

另外，就在《遭遇发展》中文版即将付梓之时，国际发展界的一件大事发生，即以GDP总量为标准，中国在2011年2月正式超越日本，成为仅次于美国的世界第二经济大国，实现了百年复兴，大国之梦。在国人欢欣鼓舞、大庆增长盛世之时，推介《遭遇发展》，似乎有点不应时、不应景。但是，也许那时正是出版《遭遇发展》的最佳时刻，因为很多国家的发展历史告诉我们，一般与经济的繁荣相伴相随的是日益扩大的社会矛盾和危机。在中国的辉煌和风光背后，也有不断涌现出来的社会不公平、贫富悬殊、资源耗竭、管理危机、社会风险、贫困固化、生产不安全、群体事件频发等一系列尖锐问题。因此，越是在享受饕餮盛宴之时，越应该保持冷静与清醒的头脑，正所谓“居安思危，思则有备，有备无患”。

一　发展的诞生与普世化

在今天这个世界上，无论哪一个国家的政府，也许都不会不说自

① 本文涉及《遭遇发展》内容和思想的介绍文字很多出自原书，但因摘自书中的不同部分，且做了归纳和综合，因此没有一一标注。

己是在发展的道路上奔跑，虽然有的慢些，有的快些，但对旅途的选择和前进方向均认识一致，也算得上志同道合了。这种发展的特点是：以经济增长为主要目标，以现代化为主要理论基础，以工业化为主要途径，以英美为效仿和赶超的对象。新中国成立以来，我们的选择并无二致。特别是改革开放以来，中国社会的物质生产积累迅猛，经济建设成就斐然，发展速度举世瞩目。虽然人们对国家发展政策和发展计划有各种讨论，但是我们发现，无论是农业支持工业，还是工业反哺农业；无论是城市化道路，还是新农村建设；无论是又快又好，还是又好又快；这些讨论的话语场域均为发展，不同的只是不同的社会行动者会倡导不同的发展罢了（叶敬忠，2010）。人们对现代化发展的选择坚信不移。

然而，埃斯科瓦尔通过对二战后的世界发展战略进行知识考古学分析发现，发展并不是解决全球问题的常识性手段，发展是被发明出来的，是一项历史和文化特异的计划。在二战结束后初期，亚洲、非洲和拉丁美洲大规模的贫困现象才开始被西方“发现”。按照西方的标准，这些地区成为“欠发达”的第三世界。“欠发达”和“第三世界”的概念在1945年之前根本不存在，它们是二战后衍生出来的话语产物。而发明这些概念的西方国家将此视为重新界定自身以及世界其他地区的工作原则，其目的是将穷人和第三世界变成其知识和管理的对象。全球贫困的问题化带来了制定符合西方发达国家理念与标准的新战略的需要。特别是1949年马歇尔计划（Marshall Plan）在欧洲经济重建中取得巨大成功之后，西方国家越来越多的注意力转向如何帮助欠发达地区解决贫困之类的远程问题上。新战略认为消除贫困的方法就是经济增长，因此，发展就成了不言自明的通用真理，现代化是唯一能够摧毁陈旧的价值和制度的力量，工业化和城市化被看作是通往现代化的必经之路。人们对资本和科学技术顶礼膜拜，而欠发达地区的贫困人口被看成是愚昧无知的。北美和欧洲的工业化国家不容置疑地成为亚非拉地区仿效的榜样。此时，发展战略成为将世界标准化的工具。1949年美国总统杜鲁门所提出的美国全球战略的“第四点计划”（Point Four Program），就是这种新战略的具体体现。二战后这种为了西方发达国家特殊利益而产生的特定历史产物，被当成世界人民分享和平和富足的梦想。世界各国也都争相拥抱这一梦想。但其后40多年的发展结果是，发明这些新战略的理论家和政客许诺的富足之国并未出现，相反，发展战略带来的是大规模的欠发达和贫穷，是难以言说的社会不平等，是日益增多的营养不良和暴力事件。这些是霸权式发展战略和现代性思潮失败的标志，第三世界的人民群众对发展战略也越来越抵触（Escobar，1995：3）。

作为发展战略的一部分，西方国家通过发展的专业化过程，在第三世界引入专家知识和西方科学，通过一套技术、策略和学科实践来生产、确认和传播发展知识，包括学科专业、研究和教学方法、专业标准以及多种专业实践。发展的专业化是通过发展科学和分支学科的繁衍扩散而实现的。在发展专业化的影响下，发达国家的大部分知名大学开设了有关发展研究的课程项目，第三世界国家也以此为条件创办或调整了大学结构以适应发展的需要（Escobar，1995：44）。在中国，农村区域发展以专业的形式于1998年被正式引入了高等教育体系中。这是发展的专业化过程在中国的具体体现。

二 发展的“社会转型说”“干预行动说”和“西方话语说”

在那些设有发展专业的大学里，面对如饥似渴的求知者，人们经常需要面对这样一个问题，即回答“什么是发展”。根据安迪·萨姆纳和迈克尔·特赖布（Andy Sumner and Michael Tribe，2008：11－16）的总结，“发展”有三种定义。

定义一，发展是指长期的结构调整和社会转型过程。这可简称为发展的“社会转型说”。这一定义看似价值中立，其实质却离不开冷战期间的一种“元叙事”和社会转型的宏大蓝图，即对现代化的渴望和对“欠发达”地区的解放。对于新独立的国家来说，尤其是指它们选择的通向工业化社会的路径。截至20世纪80年代末90年代初的实践证明，这种元叙事的结果不尽如人意。很多倡导现代化的政治学家、经济学家和政治家使用这一定义。

定义二，发展是指为了实现短期或中期目标的活动。这可简称为发展的“干预行动说”。这一定义显然较窄，带有鲜明的技治主义（technocratic）思维和强烈的工具性。例如，为了实现联合国千年发展目标（Millennium Development Goals，MDGs）的反贫困行动均属于这里所称的发展。这样的发展，其目标往往偏离广大民众的期望，而变成政府官员和技术官僚的需要，真正的目标人口常常不能从发展中受益。尤其是，这种脱离历史背景的技术专家统治的发展，回避了财富积累和分配的社会过程，从而达到了弗格森（Ferguson，1990：254－256）所称的“去政治化”（depoliticization）的效果。国际多边和双边发展组织、非政府组织、发展项目职业工作者（基层实践人员、技术专家等）和为了发展项目的行动研究者多使用这一定义。

定义三，发展是指西方现代性的统治性话语。这可简称为发展的“西方话语说”。这一定义与前两种具有根本性的不同，它是指将西方中心主义的发展观强加给第三世界或欠发达地区，因而导致了第三世界和欠发达地区发展状况的进一步恶化。很多后现代的理论家和反全球化的行动者坚持这一定义，包括埃斯科瓦尔、沃尔夫冈·萨克斯、马吉德·拉纳玛（Majid Rahnema）和范达娜·席瓦等，而埃斯科瓦尔对这一定义做出了最为重要的贡献。《遭遇发展》就是他对这一定义最为全面和最为彻底的诠释。

三 对“西方话语说”的理解[①]

二战后，发展的本质一直是有关亚非拉地区的讨论的主题，寻求一种可以解决这些地区的经济和社会问题的发展是理论家和政客的重

① 本部分内容主要出自《遭遇发展》。

要议程。整个社会对此深信不疑，即使是反对主流的资本主义发展方式的人也承认，需要发展。人们可以批评某个既有的发展模式，对它做出修正或完善，但发展本身以及人们对发展的需要，从未被质疑过。各国政府都在规划和实施雄心勃勃的发展计划，各类机构在世界范围内的城市和农村实施各种发展项目，各类专家都在研究欠发达现象并创造理论。对此，埃斯科瓦尔心存疑惑。

当代法国最光彩夺目的思想家、哲学家和思想系统的历史学家米歇尔·福柯（Michel Foucault）在20世纪60年代后期提出的话语分析方法，使人们可以对这类“现实殖民”（colonization of reality）进行分析。面对人们从未怀疑的、司空见惯的现实，话语分析可以使研究者“后退几步，绕过现实，去分析它置身其中的理论和实践的背景”（福柯，2005：107），从而可以“超以象外，得其环中”。话语分析工具恰好是为了对这样的一个事实给出解释，即某些表征（representation）如何占据了支配地位，如何永无休止地形塑着现实被构想和被作用的方式。对社会现实表征中话语和权力的分析，尤其有助于揭示某些机制。通过这些机制，某种话语秩序能够生成一些被允许的存在与思维方式，同时压制甚至抹杀其他方式。爱德华·W.萨义德（Edward W. Said）、默丁比（V. Y. Mudimbe）和钱德拉·莫汉蒂（Chandra Mohanty）分别将福柯的这些思想与分析方法运用于对东方主义、非洲主义和女权主义的研究，取得了大量著名的学术成果。这些成果表明，我们的社会现实已经被话语所殖民，我们对周围被建构的存在不再怀疑，我们生活在被殖民了的社会现实的桎梏与束缚之中。

埃斯科瓦尔则将福柯的话语分析方法运用到了发展研究领域，对控制和统治社会的发展体制进行了最为彻底的剖析和批判。埃斯科瓦尔指出，应该将发展看作一种话语、一种历史的产物。当西方的专家和政客开始把亚非拉地区的某些情况看作问题，将其中大部分问题视为贫穷和落后，并将亚非拉地区按照西方的概念和标准表征为第三世界和欠发达时，一个新的思维和行动的领域，即发展，就诞生了。因此，应将发展作为一个独特的历史现象和一个被创造出来的思想和行动领域来考察，对发展的分析就是对其表征体制（regimes of representation）的分析。只有通过分析描述发展的知识形式、控制发展实践的制度和权力体系，以及由发展话语所创造出来的主体性形式，才能厘清发展的含义。也就是说，发展首先是作为一种话语开始运行的，它创造了一个空间，在这个空间里，只有特定的事物可以被言说，甚至是被想象。

埃斯科瓦尔对二战后主导了结构调整和社会转型路径的经济学，特别是发展经济学，进行了文化批判和话语分析。他指出，发展经济学的出现不是由于认识、理论、制度或者方法论上的进步，而是由于某一个历史局面改变了经济话语的存在方式，从而为新目标、新概念和新方法论的建立创造了可能性。我们应该清楚地认识到，发展经济学远不是实践者所预想的客观而普世的科学，它就像任何一个全球的或本土的模型一样，只是对世界的一种建构，而并不是关于这个世界的无可争议的客观真理。发展经济学的话语始终处于不断制造现实的动态变化和转型过程中，但万变不离其宗，其本质永远是为了西方发展话语的整体需要，是为了维持西方发展体制的霸权主义支配体系。例如，二战后初期，配合着对“欠发达”的第三世界贫困问题化的需要，“将贫穷国家的人民从水深火热的贫困之中拯救出来”这样的“贫困与经济发展的经济学”“欠发达的经济学”吸引了很多人的关注，成为发展经济学的主题；而到了新自由主义兴起的 20 世纪 80 年代，“亲善市场的发展”（market friendly development）则变成了世界银行在 1991 年的《世界发展报告》中大力拥护的改革战略。而在发展经济学向新自由主义正统回归的过程中，理论家宣扬，不要为人民的生活标准下降到史无前例的最低点而担忧，这只是进行结构调整时暂时需要付出的代价。此时，人民的福利被认为可以暂时放在一边，哪怕成千上万的人可能会因此付出生命的代价。另外，经济学从古典主义向新古典主义转变过程中，抛弃了增长和分配这些概念，摒弃了劳动价值论，剔除了分配问题以及阶级和财产关系的问题，将完全竞争和完全理性视为包治百病的灵丹妙药。再者，在处理市场这只看不见的手和政府这只看得见的手的关系问题上，经济学家根据权力集团的统治需要，翻手为云，覆手为雨，对知识和科学工具的运用挥洒自如，游刃有余，唯有是否心手相应令人生疑。埃斯科瓦尔指出，发展经济学的一切话语和话语形变完全是为霸权阶级的利益服务的，尤其是美国在二战后所面临的种种急务形塑了发展经济学的性质。而第三世界的决策者也急于喝到经济知识的圣水，好一劳永逸地让他们的人民达到文明的程度，从而实现统治的目的。

虽然理论家研究了发展理论形成中的各种因素，如资本、技术、人口、资源、财政、产业、教育、文化、组织等，但发展不单是对这些要素加以简单综合的结果，而是这些要素、机构和实践之间建立了关系后的结果，是将这些关系系统化为一个整体的结果。发展话语能够系统地形成它所讲述的事物，并以某些方式将这些事物分组安排并赋予它们整体性。正是这些要素之间建立起来的关系体系，使对象、概念和战略的系统化建立成为可能，并决定了在发展的范畴内什么是可以思考的，什么是可以言说的。这些关系建立起了一个话语实践，为游戏制定了规则：谁拥有发言权，从哪些角度发言，具有什么样的权威，根据什么专业标准来判断。人们必须遵循这些规则来认识问题、建立理论、对事物命名、进行分析，并最终使之转化为一项政策或计划。因此，人们，特别是各类专家，不断地发现问题，不同类别的需要服务的对象开始出现。发展正是通过话语生产了对象的领域和真理的仪式，发现和制造了“异常”（如“文盲”“欠发达者”“营养不良者”“小农”“贫困妇女”），从而令世人坚信需要对这些“异常”进行处理和改造，也就是使他们变成发展计划和发展项目中“被发展的群体”。然而，其中隐含的正是第一世界凌驾于第三世界之上的一整套话语组织和不平等的权力关系。

埃斯科瓦尔将国际组织和国内机构为了实现短期或中期目标而规划和实施的各种发展计划和项目（亦称发展干预）作为载体，分析了发展话语通过实践得以运用的过程，特别是发展话语通过实践进行的扩散以及发展干预行动所生产的相互关联的知识类型和权力形式。在发展干预过程中，发展机器通过将理性技术、专业知识和制度实践有机地结合起来，实现了各种类型的知识和权力的组织，进而将政府官僚、各类专家和第三世界的“受益人”联系在了一起。通过特定的话语组织、制度实践和文档现实（documentary reality）的创造，发展机构的日常实践大多被认为是合理的而不为人注意。但是，这些日常实践并非是完全理性或中立的。事实上，比发展干预本身更为重要的是，发展机构的日常实践促进了社会关系、劳动分工和文化形式的形成，并有效地制造了不为人觉察的权力关系。通过文档实践与标签化等表面上理性、实质上政治的知识过程，“被发展者”被发展机器和发展专家所建构，并按照发展机器和发展专家眼里的世界再造一个世界。可以说，发展干预就是一种官僚政治，因为它致力于管理并转变人们对生活的认识和组织的方式。所以，那些貌似理性和中立的发展话语体制，其实是现代世界权力实践的一部分。发展机器正是依赖这些实践，实现了对第三世界人民的支配和统治。

在发展干预最为常见的农村发展、妇女与发展和可持续发展领域，发展话语通过全景敞视（panoptic gaze），将农民、妇女和环境置于发展机器的有效凝视之下，从而使农民、妇女和环境成为展览品，成为发展要服务的对象。世界银行、联合国机构等发展组织的话语实践，见证了建构农民、妇女和环境表征体制的基础，展示了表征和权力之间的关系。在这些领域的发展干预中，规划师和专家运用表征，并通过表征，使发展被赋予可见性。在此过程中，发展话语创造的可见性与权力行使紧密地联系在了一起。就像福柯谈到的监狱，它在实现改造犯人这一明确的目标上是失败的，但它却成功地生产出一个规范化的、规训了的社会。发展话语将人们定位在一定的控制坐标上，其目的不仅是驯服一个个个体，而且要将人们的生活环境转变为一个高产的、标准化的社会环境，简言之，即创造出现代性来。在此意义上，发展机器通过技术化凝视（techno-gaze）呈现出显著的生产力：

它不仅进一步稳固了国家的地位，而且将它应当解决的很多问题去政治化了，使之变成了纯粹的技术问题，从而可以托付给发展专家来进行理性决策和管理。

发展话语在二战以后操控了亚洲、非洲和拉丁美洲许多地区的表征政治和身份政治，成为核心的、无处不在的话语。而宣称为真理的各种发展话语与创造并控制社会生活的各种实践和符号相联系，通过知识和权力的结合，创造、控制并统治着“欠发达”地区以及那里的人民。发展构造出一系列具体的因素和力量，新的发展语言从中找到依靠和支撑，这就是发展取得的成果。

埃斯科瓦尔对西方中心主义的发展话语所进行的解构和批判可谓淋漓尽致。他告诫人们不能被西方发展话语搽在表面的盗名欺世的粉脂所诓骗，其实，发展话语一直最排斥的，也是发展应该围绕的中心，是人。它把人和文化看作抽象的概念，看作在“进展”这个图表中可以上下移动的统计数字。发展成了第三世界文化的毁灭者，更为讽刺的是，它竟然打着为了人民的利益的旗号。

在对发展话语进行解构和批判的基础上，埃斯科瓦尔探讨了发展表征体制的转型问题。他指出，改变话语秩序是一个政治问题，需要社会行动者的集体实践和对既有的真理政治的组织进行重构。对于发展来说，这尤其需要从发展科学中抽身出来，以及部分地、策略性地脱离常规性的西方一般认识模式，以便为其他类型的知识与经验腾出空间。例如，在现代性危机下，拉丁美洲等地区出现的“混杂文化”（hybrid cultures）应该成为文化肯定（cultural affirmation）的模式。而对于替代方案，埃斯科瓦尔认为，我们不应该期冀寻求宏大的替代模式和替代战略，而需要考察在具体环境中可能的替代表征和替代实践，尤其是，这些替代表征和替代实践存在于混杂文化、集体行动和政治动员的背景之下。而对替代方案的探索归根结底在于文化差异，文化差异包含了改变表征政治的可能性和改变社会生活本身的可能性。从混杂文化或少数民族文化以及第三世界人民的实践策略和抵制发展干预的多种形式中，可能会涌现出建设经济、解决基本需求问题以及组成社会群体的其他方式。可在此基础上，构想一个具有多元性、差异性和混杂性特征的后发展时代。

四　“社会转型说”“干预行动说”和“西方话语说”之间的联系

以上用了较大篇幅展示埃斯科瓦尔在《遭遇发展》中对“发展”的第三种定义的诠释。现在，我们应该再次回到“发展”的三种定义上。在学习埃斯科瓦尔论述的“西方话语说”之后，我们发现，这三种定义并非相互孤立的，而是彼此之间具有深刻的历史和利益渊源。可以说，“社会转型说”是现代性的特殊变体，是二战后各国对北美和欧洲（西方）工业化发展的价值选择，其中包含了“人性解放”和“生产力解放”的元叙事。而“干预行动说”是“社会转型说”的帮手，就如发展经济学与发展规划一样，从一开始就是孪生兄弟，是将理论家和政治家的社会转型蓝图具体化为社会实践和具体行动的过程。“西方话语说”则是建立在对“社会转型说”和“干预行动说”的研究和分析基础上的。正是对二者的解构和批判，才形成了“西方话语说”。因此，若没有此二者，“西方话语说”也就成了无源之水、无本之木。在这一意义上，可以说，“话语说的发展定义”本身就是一个自相矛盾的用语。从前面对《遭遇发展》内容的介绍可以看出，埃斯科瓦尔对发展的发明和经济学学科变迁的分析，正是对“社会转型说”的有力批判；而对综合农村发展、妇女与发展和可持续发展计划的分析，以及对世界银行、联合国组织等发展机器日常实践的制度民族志（institutional ethnography）分析，正是对“干预行动说”的彻底解构。

在社会学和哲学意义上，我们可以将“社会转型说”和“干预行动说”看成是结构功能性的，是现代性的发展主义（developmentalism），强调的是有计划的社会变迁以及对社会的支配和控制；而“西方话语说”是后结构主义的，是后现代的后发展主义，强调的是去中心的多元混杂模式的共存和各种形式的抗争。这三种定义可以同代并存，但我们不能将它们仅仅看成是一般的学派之争，而应该看到这三种定义背后的知识体制与权力运行，以及分别倡导这三种定义的知识分子的性质与价值差异。按埃斯科瓦尔的分析，“社会转型说”和“干预行动说”正是发展话语的发明和运用的结果，其真正关注的并非“贫困”“欠发达”和那些被置于全景敞视下的“被发展的群体”，其真正的目的是种族中心主义，通过催生技治主义思维而将社会问题去政治化，从而维护并扩张已处于中心的西方进一步的权力霸权。“西方话语说”的权力取向则是对现代性霸权和中心主义的抵抗，以为差异政治和文化肯定争取空间。福柯（2003a）指出，知识分子本身就是权力制度的一部分。就分别倡导这三种定义的知识分子来说，他们除了从事不同的事业领域并参与权力生产之外，其认识论与价值也代表着不同类型的知识分子的性质。倡导“社会转型说”和“干预行动说”的知识分子（若还可以使用知识分子一词的话）一般属于葛兰西所指的有机知识分子、福柯所指的特殊知识分子，或国内习惯所称的体制知识分子；而倡导“西方话语说”的知识分子或许更接近于葛兰西所指的传统知识分子（萨义德，2002：11）、福柯所指的普遍知识分子（福柯，2003a：206，441－442），或国内的非体制知识分子（黄平，2005：9）。若进一步思考，我们也许会发现，倡导前两种定义的学者不一定接触过或了解第三种定义，其主要原因不一定在于受知识面的限制，更多在于他们对于现代性的唯我独尊和不开放态度。除此之外，也许不乏昏睡未醒者。相反，倡导第三种定义的学者一定对前两种定义的内涵已然洞晓，埃斯科瓦尔当然就是一个最好的例子。

学者的思想与其人生经历常常是密不可分的。《遭遇发展》的思想在一定程度上是埃斯科瓦尔对自身经历的不断反思和不断否定的结果。他于 1975 年在哥伦比亚瓦莱大学获得化学工程学士学位，于 1978 年在美国康奈尔大学获得食品科学与营养专业理学硕士学位，于 1987 年在美国加州大学伯克利分校获得发展哲学与政策计划专业博士学位。我虽然不能与埃斯科瓦尔比肩学术成就，但是也许可以“精神胜利一点”的是，我与他的经历原来如此相似。若以我之思想变化来揣度，至大学，埃斯科瓦尔的世界观也是技术与工程至上的技治主义和现代化思维。这与发展的“社会转型说”应该是一致的。他毕业后留校工作了一年，此后获得PAN/DRI（国家粮食与营养计划/综合农村发展项目）奖学金，学习食品科学与营养专业，回国后还为国家粮食与营养计划工作了8个月的时间。这段经历正是当时的国际发展新战略背景下的发展专业化的结果①。可以说，他对发展的“干预行动说”也具有亲身的经验和体会。因此，在博士学习之前，他恰好经历了发展的“社会转型说”和“干预行动说”的思想历程。而这种切身的体悟，是他在思想上和世界观上进行自我反思和自我否定的基础。这与他对发展的发明和发展干预的分析一样，构成了其“西方话语说”的理论基础。

五　后发展主义与混杂模型

在《遭遇发展》中，埃斯科瓦尔将二战后的发展战略、经济学、发展干预行动和发展机器解构得支离破碎，并在最后提出要摧毁发展，构想一个后发展时代。我认为，他所批判和要摧毁的是一整套的发展话语体系，包括发展话语所控制的表征体制、发展话语所生产的真理体制、话语实践所制造的秩序体制、发展话语体制所实现的对发展对象的客体化凝视，以及发展话语所实现的西方对第三世界的软殖民和霸权性统治体系。因此，埃斯科瓦尔指出，摧毁发展意味着与过去40年话语实践的决裂，想象着有那么一天，我们将不再接受，甚

① PAN/DRI奖学金的经费来自联合国和世界银行。而我从中国农业大学本科毕业后留校工作了三年，后获得CIAD（中德综合农业发展项目）奖学金（经费来自德国技术合作公司，简称GTZ），前往德国多特蒙德大学学习区域发展规划与管理研究生课程（简称SPRING）。该课程由德国技术合作公司资助，自1981年开始设立，目的是为第三世界国家培养发展规划的人才，目前仍在继续。埃斯科瓦尔参加的美国康奈尔大学食品科学与营养研究生课程也是在国际发展新战略背景下的发展专业化的组成部分。

或不再言说那些造成40年间极度不负责任的政策和项目的思想。需要说明的是，我们不能把埃斯科瓦尔对发展的批判狭隘地理解为对经济增长和财富积累的排斥，甚至是置第三世界人民的生活福祉于不顾。事实上，他所批判的发展话语体系，以发展之名义，打着为了人民利益的旗号，所导致的结果却是少数特权群体的财富飞速增长和社会不平等的进一步加剧。

在后发展时代，埃斯科瓦尔十分强调多元模型的共存和混杂模型（hybrid model）的出现。与现代性一样，发展主义的典型态度是"霸道"。霸道者之所以霸道，是因为自以为自己是道，也就是真理的唯一拥有者（王治河，2005：19）。而且，"同一性"思维和"齐一化"概念非常猖獗，极力以一元吞并多元（王治河，2005：27）。发展主义试图建立一种普世的发展模型，并忽视或压制本土模型。埃斯科瓦尔指出，不管是本土的还是普世的，任何一个模型都是对世界的一种建构，而并不是关于这个世界的无可争议的客观真理，如发展经济学。因此，我们应该提倡多元模型的并存。只要打破普世模型和宏大战略的乌托邦桎梏，给丰富多彩的本土模型以存在的空间，那么我们也就不需要为替代方案而发愁了。因为一方面，各式各样的本土模型就是要寻找的替代方案；另一方面，在多元并存的后发展时代，替代战略本身就是一个伪命题。

例如，农业生产中的小农模型来自这样一个观念，即地育万物，量力而出。人类必须通过劳动"帮助"土地孕育物产。人类和土地之间存在一种施与受的关系，这种关系被塑造成了互利互惠。农民认为需要"爱抚"土地，要跟土地"说话"，等等。这样的本土模型是构成人们世界的基本部分。我们应该尊重民众自创的这些本土模型。这一认识不单单是一种政治上正确的态度，而且，它构成了一个完美的哲学和政治选择（Gudeman and Rivera，1990）。这就要求后发展主义对他者始终保持一种开放的心态，即要"使差异拥有立足之地"（Cobb，2002：50）。

但是，这些本土模型不是以单纯的状态存在的，而是存在于与

“主流”模型共同构成的混杂体中，有时甚至会赛博化（cybernetization）。这里，需要抛弃要么一概拥抱现代，要么一意固守传统的二元对立思维。例如，有些地区的农民已经形成一种既不受现代农业的逻辑控制，也不受传统实践逻辑支配的混杂模型。再如，在文化方面，今天的拉丁美洲既没有悲戚地根除全部传统，也没有得意地迈向进步和现代，而是处在复杂的文化混杂化过程中，包含着形形色色、各式各样的现代和传统。这一混杂化过程体现在城市和乡村的文化之中。无论是城市文化还是乡村文化，都是一种社会文化的混合，且难以辨清。在这种观点下，传统与现代、农村与城市、阳春白雪与下里巴人之间的差别失去了明显的棱角和必要性（Escobar，1995：218）。

然而，虽然文化政治学需要对处于统治地位的发展话语和第三世界保留下来的多元本土模型一视同仁，但在现实中，我们不能幼稚地忽视这样一种事实，那就是，在世界上很多地方，就在此时此刻，发展仍在埋头苦干、专心破坏。发展话语仍将继续它的元叙事，即发展仍会是一个自上而下的、种族中心主义的、技治主义的方法，仍会被看作一个几乎放之四海而皆准的技术干预制度，以给“目标”人群送去“急需”的产品（Escobar，1995：44）。

在这里，我们可以发现，埃斯科瓦尔对发展主义的批判和对本土模型的倡导，与利奥塔（1997）对现代性知识的批判和对小叙事的支持不谋而合、殊途同归。现代人普遍把科学知识、思辨理性和人性解放当作人类的救星，而利奥塔对现代社会的现代性以“科学知识”“思辨理性”和“人性解放”为标志的“大叙事”或“元叙事”，及其合法性提出了质疑和批判。他指出，西方社会追求普遍性的救世方案，结果不但没有救世，反而成了迫害人性的工具。西方的现代社会尽管自我标榜为自由民主的社会，但仍然存在大叙事压抑小叙事的现象。大叙事把自己视为“正统”，对小叙事加以排斥。其结果是抹杀了差别性和异质性。利奥塔站在许多小叙事一边，对大叙事进行质疑。但是这并不意味着大叙事会就此却步，也不意味着小叙事会代表历史发展的新方向。

为了进一步认识和理解埃斯科瓦尔的后发展主义，我们还可以参考后现代与现代的关系，从而得出这样的判断，即后发展与发展并非是在时间上的前后序列关系。这里，后发展的“后”既不表示后发展与发展是一刀两断的关系，也不意味着发展之后的阶段或崭新的历史时代，而是表示对发展主义的深刻的再反思（张庆熊等，2001；夏光，2003：13）。这样，后发展也许可以看成是发展的一个部分（利奥塔，1997：138；贺旭辉，2006）。

六 中国的发展与发展研究

《遭遇发展》对发展话语体制的霸权统治和发展主义的反思和批判，对分析和思考中国的发展现实具有重要意义，特别是在中国已经成为GDP总量意义上的世界第二经济大国时，如何清醒地面对增长的成就和繁荣背后的危机，对中国读者来说，也许可以拓宽许多思考和分析的视角。若将发展的“话语说”运用到中国的发展研究中，在面对发展所加剧的城乡间的差距、群体间的不平等、地区间的不平衡、经济与社会的断裂以及人与自然的对立等问题时，我们或许可以打破思维的禁锢，在那些习以为常的技术思维之外，将关乎人民大众的发展问题再政治化（re-politicization）[①]。此时，我们也许会豁然开朗，因为将揭开覆盖在权力支配和控制结构上的那层薄薄的发展话语的面具。追求现代性的发展话语在中国制造了同样的知识形式与真理体制。通过一个个国际或国内发展项目的制度化实践，它使民众按照发展话语的指示，重新创造了一个发展话语所描绘的世界。人们信以为真，将其视为代表了真理的真正真实的世界。身处其中，人们也就

① 发展问题和广泛的社会问题原本也是政治问题，而资本主义和自由主义的实践成功地使这些问题去政治化了。因此，我们需要回归到这些问题的本来现实，即重新回到“这些问题仍然是政治问题”的认识上来。这就是这里所说的“再政治化”。“再政治化”中的“再”有“重新”“复”“返”的意思。

自然会接受发展话语所部署的那些新的劳动分工、社会关系和权力配置，虽然有时会心比天高，但同时会叹息命如纸薄。这样，发展话语体制也就维持和强化了权力集团对普通百姓、城市对农村、东部对西部和资本对劳动的支配和控制。

纵观中国30余年的发展路径，可以发现，我们其实并没有脱离西方话语和西方思想的权力支配，因为我们践行的一直是西方支配下的发展主义道路。我们所追寻的仍然是埃斯科瓦尔所批判的现代化的普世模型，而不留给其他选择任何空间。理论家和政治家充分利用了发展问题化和技术化的策略，其制定的任何发展计划与实施的任何发展项目都是建立在对问题的科学论证的基础上的，而且经济学家主导了这一游戏过程。支配这一游戏的是GDP、增长和快速的经济逻辑，以及“数字出政绩，政绩出干部”的政治逻辑。而那些内聚生活方式、制度和文化于整体的地方性模型，被以“发展”之名的挖掘机、钻井、烟囱、现代生产所摧毁。在人们的眼中，自然的价值在于效用而不是存在。人们生活的很多方面变得越来越经济化，包括人类生活、自然世界、人与人之间的关系以及人与自然之间的关系。正如莫言（2011）指出的，“人类正在疯狂地向地球索取。我们把地球钻得千疮百孔，我们污染了河流、海洋和空气，我们拥挤在一起，用钢筋和水泥筑起稀奇古怪的建筑，将这样的场所美其名曰城市，我们在这样的城市里放纵着自己的欲望，制造着永难消解的垃圾”。

生产、市场和消费的话语完全渗透到人们每日生活的语言中。创造和积累财富的主要手段已不再是劳动，而是资本，且更为有效；劳动则变成了维持生计的手段。人们对增长、财富和资本顶礼膜拜、唯命是从，结果是人被异化了。人自以为是物质的主人，却遭到异己的物质力量的奴役。而那些处于权力结构中的有机知识分子也推波助澜，利用他们的“知识”来制造一种真理——“为了国家的发展，有些人是需要付出代价的，甚至是一代或几代人的代价！”——来掩盖发展中普遍出现的“利益私有化和代价社会化”的真相，或更具体地说，利益由权力和资本分肥，代价则由“弱权群体”来承担

(陈斌，2010)。在崇尚知识的中国社会，人们接受了这些知识分子创造的真理。因此，即使“强拆”是当下人们最痛恨的字眼，现代人仍处于对资本横行的社会结构之无意识状态。对于发展中出现的各种问题，虽然学界和政界多有讨论，但是就如面对发展中的生态危机时提出的可持续发展战略一样，其目标只不过是从“增长的极限”转换成“极限的增长”，是发展话语为了统治目的的一种话语转型，对以经济增长为中心的发展主义元叙事仍然奉若宝典。

时至今日，“发展”已经成为时代的主旋律，并毫无争议地成为政府的目标、国人的信仰和社会的共识。“发展”被我们以一种坚信不疑的态度奉上神坛，并成为社会行动和制度系统的唯一目标，且所有人都为之敬仰、为之狂热、为之献身。此时，我们的文化意识已经越过“要不要发展”的疑惑阶段，而直接进入了对“如何发展”的终极思考。发展的任何代价也被看作是发展中的问题，并只有通过发展才能解决（叶敬忠、孙睿昕，2012）。

在普世化、主流化和中心化的一元模型越来越强烈地统治人们的发展意识时，我们应该再次思考如何给埃斯科瓦尔建议的本土模型和混杂模型以生存的空间。这就需要我们打破发展主义的思维定式，以更开放的态度对待他者，对待历史和人类社会几千年的生活与知识积累。塞林斯（2001：57）的研究指出，物质财富的积累观只是现代资本主义社会的产物，并不是原初社会的价值。原初社会的狩猎者和采集者虽然没有什么固定的物质资产，但他们并不贫穷，他们生活在物质的丰裕之中。摩尔根（2007：400－401）在《古代社会》中指出：“自从进入文明社会以来，财富的增长是如此巨大，这种财富对人民说来变成了一种无法控制的力量。人类的智慧在自己的创造物面前感到迷惘而不知所措了……社会的瓦解，即将成为以财富为唯一的最终目的的那个历程的终结……政治上的民主，社会中的博爱，权利的平等和普及的教育，将揭开社会的下一个更高的阶段。”波兰尼（2007：37）在《大转型》中指出，19世纪出现的图利动机，在人类社会历史上几乎未被认为是有效的动机，这种动机也从未被提升到促成人类日常行为和行动的高度。阿马蒂亚·森（Amartya Sen，1999）对现代社会的研究也阐明，我们的生活质量并不取决于我们的财富，而是取决于我们的自由。而且，即使有GDP的迅速攀升，那也只是经济学的统计游戏罢了，并非民众的实际感受。人们经常看到的却是另一番景象，即基层人民备尝日益增加的挫折感、疏离感和不安全感（舒马赫，2007：6）。莫言则告诫我们：

> 在人类发明空调之前，热死的人并不比现在多；在人类发明电灯前，近视眼远比现在少；在有电视前，人们的业余时间照样很丰富；有了网络后，人们的头脑里并没有比从前储存更多的有用信息；有网络前，傻瓜似乎比现在少。……交通的便捷使人们失去了旅游的快乐，通信的快捷使人们失去了通信的幸福，食物的过剩使人们失去了吃的滋味，性的易得使人们失去了恋爱的能力。……没有必要用那么快的速度发展，没有必要让动物和植物长得那么快，因为动物和植物长得快了就不好吃，就没有营养，就含有激素和其他毒药。……在资本、贪欲、权势刺激下的科学的病态发展，已经使人类生活丧失了许多情趣且充满了危机。（莫言，2011）

需要说明的是，对地方性模型生存空间的强调并不是要否定经济的增长和人们对财富的期望，特别是在西方支配的世界体系内，我们必须获得自主性（汪晖，2008）。但我们这里所讨论的是在民族自主性之外的社会观和生活观，其中包括两种相对的价值取向，即“我为物转”和“物为我转”。对于前者，纵有万贯家财，身居豪宅，衣食无忧，但还会继续索取，不论有道还是无道，人变成了物质或者现代的奴隶，结果是骑驴找驴，这山望着那山高，永远没个结果。而对于后者，“一箪食，一瓢饮，在陋巷，人不堪其忧，也不改其乐”。正如梁启超所言，其实“苦乐全在主观的心，不在客观的事”。

怀疑和批判是科学进步的结果。这种进步也是以怀疑和批判为前提的。在《遭遇发展》中，埃斯科瓦尔超越现实的表象来剖析遭遇发展的本质，正是在践行社会科学应该具有的批判性精神。他试图摧毁一元的、普世的宏大战略，目的就是给五彩缤纷的本土模型争取空间。这本身就是一种建设。我们不能期望在解构一种普世战略的同时，再建构另外一种替代的宏大战略取代过去，并再次主流化、一元化和普世化，否则，我们就再次掉入了同样要被批判的现代化陷阱。今天，我们必须认识到社会批判对社会建设的重要意义，特别是在共谋和结盟盛行，极力以一元吞并多元，某一种存在模式往往极力贬低、抹杀甚至吞并其他模式的现代社会里，社会批判可以使一元主导的社会保持某种张力，使社会向更加健康和更加和谐的方向发展。正如在中国现代思想文化里，幸亏有了鲁迅，才形成了某种张力，才留下了未被规范、未被收编的另一种发展可能性（钱理群，2008：195）。鉴于一些人对“解构”的误解，法国著名哲学家德里达的一连串反问也许可以给我们些许启示。他说：

> 在我看来，解构就是履行责任，为什么人们一味地把解构看作是虚无主义和怀疑主义的呢？为什么如果有人就理性——它的形式、它的历史、它的兴衰——提出问题，就会被说成是非理性主义的呢？为什么如果有人就人的本质以及“人”的概念之建构提出问题，就会被说成是反人道主义的呢？（Derrida，1989：224）

而关于责任和人的本质，也正是埃斯科瓦尔所思考的。正如他在《遭遇发展》结尾处所提出的，“等待第一世界和第三世界的，或许是在后人文主义景象中学会如何做‘人’”。

参考文献

〔美〕C. 赖特·米尔斯，2001，《社会学的想像力》，三联书店。

〔英〕E. F. 舒马赫，2007，《小的是美好的》，李华夏译，译林出版社。

〔法〕H. 孟德拉斯，2005，《农民的终结》，李培林译，中国社会科学出版社。

〔美〕J. 福斯特，2009，《全球变暖：资本主义的应对之策等于向自然宣战?》，《国外社会科学》第3期。

〔英〕J. D. 贝尔纳，2003，《科学的社会功能》，陈体芳、张今译校，广西师范大学出版社。

〔德〕M. 霍克海默，1989，《批判理论》，李小兵译，重庆出版社。转引自张意忠（2005）。

〔古罗马〕M. T. 瓦罗，1981，《论农业》，王家绶译，商务印书馆。

〔美〕N. D. 克里斯托夫，2007，《援助：是否有效》，护帆译，《国外社会科学》第2期。

〔美〕R. 麦克法夸尔、费正清，2007，《剑桥中华人民共和国史（上卷）：革命的中国的兴起（1949~1965年）》，中国社会科学出版社。

〔法〕R. A. B. 皮埃尔、法兰克·苏瑞特，2005，《美丽的新种子：转基因作物对农民的威胁》，许云锴译，商务出版社。

〔美〕阿图罗·埃斯科巴，2001，《权力与能见性：发展与第三世界的发明和管理》，载许宝强、汪晖选编《发展的幻象》，中央编译出版社。

〔美〕阿图罗·埃斯科瓦尔，2011，《遭遇发展：第三世界的形成与瓦解》，汪淳玉、吴惠芳、潘璐译，叶敬忠译校，社会科学文献出版社。

〔印〕阿马蒂亚·森，2001，《贫困与饥荒》，王宇、王文玉译，商务印书馆。

〔印〕阿帕杜雷，2001，《印度西部农村技术与价值的再生产》，叶沛瑜、萧润仪译，载许宝强、汪晖选编《发展的幻象》，中央编译出版社。

〔英〕埃比尼泽·霍华德，2000，《明日的田园城市》，金经元译，商务印书馆。

〔美〕艾志端，2011，《铁泪图：19世纪中国对于饥馑的文化反应》，曹曦译，江苏人民出版社。

〔美〕爱德华·W. 萨义德，2002，《知识分子论》，单德兴译，陆建德校，三联书店。

〔乌拉圭〕爱德华多·加莱亚诺，2001，《拉丁美洲被切开的血管》，王玫等译，人民文学出版社。

〔美〕安东尼·奥立佛-史密斯，2011，《灾难的理论研究：自然、权力和文化》，纳日碧力戈译，彭文斌校注，《西南民族大学学报》（人文社会科学版）第11期。

〔意〕安东尼奥·葛兰西，2000，《狱中札记》，曹雷雨、姜丽、张跃译，中国社会科学出版社。

〔英〕安东尼·吉登斯，2003，《社会学方法的新规则》，社会科学文献出版社。

〔英〕安东尼·吉登斯，2011，《现代性的后果》，田禾译，译林出版社。

〔巴基斯坦〕班努里，2001，《发展与知识的政治：现代化理论在第三世界发展中的社会角色的批判诠释》，陈耀波、刘传伟译，载许宝强、汪晖选编《发展的幻象》，中央编译出版社。

〔加拿大〕宝森，2005，《中国妇女与农村发展：云南禄村六十年的变迁》，胡玉坤译，江苏人民出版社。

〔美〕保罗·罗伯茨，2008，《食品恐慌》，胡晓姣、崔希芸、刘翔译，中信出版社。

〔法〕布鲁诺·拉图尔、〔英〕史蒂夫·伍尔加，2001，《实验室生活：科学事实的建构过程》，张柏霖、刁小英译，东方出版社。

〔日〕池田大作、〔英〕阿·汤因比，1985，《展望二十一世纪》，荀春生、朱继征、陈国梁译，国际文化出版公司。

〔日〕村上春树，2009，《永远站在鸡蛋的那方：村上春树在耶路撒冷的演讲》，《北京文学·中篇小说月报》第7期。

〔日〕大江健三郎，2004，《在自己的树下》，秦岚、刘晓峰译，南海出版社。

〔英〕大卫·哈维，2010，《新自由主义简史》，王钦译，上海译文出版社。

〔美〕丹尼斯·S. 米勒蒂，2008，《人为的灾害》，谭徐明等译，湖北人民出版社。

〔赞比亚〕丹比萨·莫约，2010，《援助的死亡》，王涛、杨惠等译，刘鸿武审校，世界知识出版社。

〔德〕恩格斯，1999，《家庭、私有制和国家的起源》，人民出版社。

〔德〕恩格斯，2009a，《法德农民问题》，载《马克思恩格斯文集》第四卷，人民出版社。

〔德〕恩格斯，2009b，《路德维希·费尔巴哈和德国古典哲学的终结》，载《马克思恩格斯文集》第四卷，人民出版社。

〔印〕范达娜·席瓦，2006，《失窃的收成：跨国公司的全球农业掠夺》，唐均译，上海人民出版社。

〔美〕菲迪南得·伦德伯格，1977，《富豪和超级富豪：现代金钱权势研究》，商务印书馆。转引自赵华文、李雨（2012：71）。

〔美〕菲利普·麦克迈克尔（Philip McMichael），2010，《世界粮食危机的历史审视》，陈祥英、陈玉华编译，《国外理论动态》第3期。

〔美〕弗雷德·马格多夫，2008，《世界粮食危机的成因和应对策略》（下），安立仁、白少君编译，《国外理论动态》第9期。

〔美〕弗里曼、毕克伟、塞尔登，2002，《中国乡村，社会主义国家》，陶鹤山译，社会科学文献出版社。

〔墨西哥〕傅杰利亚·加西亚-奥克萨塔（Virginia Garcia-Acosta），2011，《灾难的历史研究》，郭少妮、张琪译，《民族学刊》第6期。

〔德〕冈特·绍伊博尔德，1993，《海德格尔分析新时代的技术》，宋祖良译，中国社会科学出版社。

〔瑞典〕冈纳·缪尔达尔，1991，《世界贫困的挑战：世界反贫困大纲》，北京经济学院出版社。

〔美〕韩丁，1980，《翻身：中国一个村庄的革命纪实》，北京出版社。

〔美〕赫伯特·马尔库塞，2008，《单向度的人：发达工业社会意识形态研究》，刘继译，上海译文出版社。

〔美〕亨利·奥古斯特·罗兰，2005，《为纯科学呼吁》，《科技导报》第9期。译自：Rowland, Henry Augustus. 1883. A Plea for Pure Science. *Science*, 24 August。

〔美〕亨利·戴维·梭罗，2011，《瓦尔登湖》，徐迟译，上海译文出版社。

〔英〕亨利·伯恩斯坦，2011，《农政变迁的阶级动力》，汪淳玉译，叶敬忠译校，社会科学文献出版社。

〔荷〕吉多·雷文卡普（Guido Ruivenkamp），2011，《生物技术的重塑内源发展》，中国农业大学人文与发展学院"农政与发展"系列讲座第6讲，中国农业大学人文与发展学院网站，http://cohd.cau.edu.cn/main/html/xueshuhuodong/2011/1220/4043.html，12月20日。

〔美〕加尔布雷斯，1965，《丰裕社会》，徐世平译，上海人民出版社。

〔美〕杰弗里·萨克斯，2010，《贫困的终结：我们时代的经济可能》，上海人民出版社。

〔美〕杰里米·里夫金，2000，《生物技术世纪：用基因重塑世界》，付立杰、陈克勤、昌增益译，上海科技教育出版社。

〔英〕卡尔·波兰尼，2007，《大转型：我们时代的政治与经济起源》，冯钢、刘阳译，浙江人民出版社。

〔美〕克莱夫·詹姆斯（Clive James），2013，《2012年全球生物技术/转基因作物商业化发展态势》,《中国生物工程杂志》第2期。
〔英〕拉吉·帕特尔,2008,《粮食战争》,郭国玺、程剑峰译,东方出版社。
〔美〕莱斯特·M. 萨拉蒙,2007,《全球公民社会:非营利部门视界》,社会科学文献出版社。
〔美〕莱斯特·R. 布朗(Lester R. Brown),2011,《新粮食地缘政治》,刘俊译,《国外社会科学文摘》第8期。
〔美〕劳伦斯·纽曼,2007,《社会研究方法:定性与定量的取向》(第五版),郝大海译,中国人民大学出版社。
〔美〕蕾切尔·卡森,2011,《寂静的春天》,吕瑞兰、李长生译,上海译文出版社。
〔美〕理查德·谢弗,2006,《社会学与生活》,刘鹤群等译,世界图书出版公司。
〔法〕利奥塔,1997,《后现代性与公正游戏:利奥塔访谈、书信录》,谈瀛洲译,上海人民出版社。转引自杨艳萍(2001)。
〔美〕刘易斯·科塞,2001,《理念人:一项社会学的考察》,郭方等译,郑也夫、冯克利校,中央编译出版社。
〔法〕卢梭,1978,《爱弥儿》,李平沤译,商务印书馆。
〔法〕卢梭,2011,《论科学与艺术的复兴是否有助于使风俗日趋纯朴》,李平沤译,商务印书馆。
〔匈〕卢卡奇,1999,《历史与阶级意识》,杜章智、任立、燕宏远译,商务印书馆。
〔美〕路易斯·亨利·摩尔根,2007,《古代社会》,杨东莼、马雍、马巨译,中央编译出版社。
〔美〕罗迦·费·因格,2000,《事物的正确答案不止一个》,载中外母语教材比较研究课题组编《中外母语教材选粹》,郭常义、胡晓丁译,江苏教育出版社。
〔英〕罗素,2011,《西方哲学史》(下),何兆武、李约瑟译,商务印书馆。
〔德〕马丁·海德格尔,2008,《林中路》,孙周兴译,上海译文出版社。
〔德〕马克思,1974,《面包的制作》,载《马克思恩格斯全集》第十五卷,人民出版社。
〔德〕马克思,2004a,《资本论》第三卷,人民出版社。
〔德〕马克思,2004b,《资本论》第一卷,人民出版社。
〔德〕马克思,2009,《路易·波拿巴的雾月十八日》,载《马克思恩格斯文集》第二卷,人民出版社。
〔德〕马克思、恩格斯,1961,《马克思恩格斯全集》第九卷,人民出版社。

〔德〕马克思、恩格斯，1971，《马克思恩格斯全集》第二十三卷，人民出版社。

〔德〕马克思、恩格斯，1972，《马克思恩格斯全集》第十二卷，人民出版社。

〔德〕马克思、恩格斯，1995，《马克思恩格斯选集》第四卷，人民出版社。转引自王铭霞（2011）。

〔德〕马克斯·霍克海默、西奥多·阿多诺，2006，《启蒙辩证法》，渠敬东、曹卫东译，上海人民出版社。

〔德〕马克斯·韦伯，2004，《韦伯作品集Ⅲ·支配社会学》，康乐、简惠美译，广西师范大学出版社。

〔美〕马格林，2001，《农民、种籽商和科学家：农业体系与知识体系》，卜永坚译，载许宝强、汪晖选编《发展的幻象》，中央编译出版社。

〔美〕迈克·戴维斯，2009，《布满贫民窟的星球》，潘纯琳译，新星出版社。

〔美〕迈克尔·P. 托达罗，1992，《经济发展与第三世界》，印金强、赵荣美译，中国经济出版社。转引自郭拥军（2002）。

〔美〕迈克尔·桑德尔，2012，《公正：该如何做是好?》，朱慧玲译，中信出版社。

〔法〕孟德斯鸠，1961，《论法的精神》上册，张雁深译，商务印书馆。

〔法〕米歇尔·福柯，2001，《临床医学的诞生》，刘北成译，译林出版社。

〔法〕米歇尔·福柯，2003a，《福柯集》，杜小真编选，上海远东出版社。

〔法〕米歇尔·福柯，2003b，《不正常的人》，钱翰译，上海人民出版社。

〔法〕米歇尔·福柯，2005，《性经验史》，佘碧平译，上海人民出版社。

〔法〕米歇尔·福柯，2009，《规训与惩罚》，刘北成、杨远婴译，三联书店。

〔加拿大〕娜奥米·克莱恩，2010，《休克主义：灾难资本主义的兴起》，吴国卿、王柏鸿译，广西师范大学出版社。

〔美〕欧博文、米尔蒂（O'Brien, P. W., Mileti, D. S.），2004，《防震减灾、应急准备和反应及恢复重建的社会学问题》，任秀珍译，《世界地震译丛》第2期。

〔英〕齐格蒙特·鲍曼，2001，《全球化：人类的后果》，郭国良、徐建华译，商务印书馆。

〔英〕齐格蒙特·鲍曼，2006a，《废弃的生命》，谷蕾、胡欣译，江苏人民出版社。

〔英〕齐格蒙特·鲍曼，2006b，《被围困的社会》，郇建立译，江苏人民出版社。

〔英〕齐格蒙特·鲍曼，2012，《流动的时代：生活于不确定性的年代》，江苏人民出版社。

〔美〕乔纳森·H. 特纳，2006，《社会学理论的结构》，邱泽奇、张茂元译，华夏出版社。

〔意〕乔凡尼·阿尔利吉，2000，《历史视野中的劳动力供给：罗得西亚非洲农民无产阶级化研究》，张群群译，载许宝强、渠敬东选编《反市场的资本主义》，中央编译出版社。

〔法〕让-弗朗索瓦·利奥塔尔，1997，《后现代状态：关于知识的报告》，车槿山译，三联书店。

〔法〕让-雅克·卢梭，2009，《论人类不平等的起源和基础》，高煜译，高毅校，广西师范大学出版社。

〔美〕塞林斯，2001，《原初丰裕社会》，丘延亮译，载许宝强、汪晖选编《发展的幻象》，中央编译出版社。

〔法〕尚·布希亚，2001，《物体系》，林志明译，人民出版社。

〔德〕施莱尔马赫，1808，《关于德国观念的大学的思考》，转引自〔法〕让-弗朗索瓦·利奥塔尔（1997：70）。

〔美〕施坚雅，1998，《中国农村的市场和社会结构》，史建云、徐秀丽译，中国社会科学出版社。

〔奥地利〕斯蒂芬·茨威格，2013，《三作家》，王雪飞译，安徽文艺出版社。

〔美〕斯图尔特·布兰德，2012，《地球的法则：21 世纪宣言》，叶富华、耿新莉译，中信出版社。

〔美〕苏珊娜·M. 霍夫曼，2011，《由卡特琳娜和丽塔飓风引发的灾难人类学思考》，黄春译，《民族学刊》第 6 期。

〔日〕速水佑次郎、神门善久，2009，《发展经济学：从贫困到富裕》，李周译，社会科学文献出版社。

〔美〕唐纳德·沃斯特，2003，《尘暴：1930 年代美国南部大平原》，侯文蕙译，三联书店。

〔美〕特纳等，1990，《灾害来临之前——加利福尼亚的地震监视》，邹其嘉等译，学术书刊出版社。

〔菲律宾〕瓦尔登·贝罗、马拉·巴非尔拉，2010，《世界粮食战争》，李淑妍编译，《国外理论动态》第 3 期。

〔美〕瓦尔登·贝罗等，1994，《黑暗的胜利：美国、结构调整与全球贫困》，墨石译，普鲁多出版社、“粮食与发展研究所（粮食第一）”。

〔美〕威廉·恩道尔，2008，《粮食危机》，赵刚等译，知识产权出版社。

〔美〕威廉·伊斯特利，2008，《白人的负担：为什么西方的援助收效甚微》，崔新钰译，中信出版社。

〔加拿大〕维克托·李（Victor Li），2012，《知识的旅程：从文学研究到后殖民和全球化研究》，中国农业大学人文与发展学院“学术漫谈”第16期，6月6日。

〔苏〕维果茨基，1994，《维果茨基教育论著选》，余震球译，人民教育出版社。转引自冯建军（2004）。

〔德〕乌尔里希·贝克，2004，《风险社会》，何博闻译，译林出版社。

〔印〕乌特萨·帕特内，2010，《印度和发展中国家粮食危机的根源》，王丽娜编译，《国外理论动态》第3期。

〔法〕西尔维·布吕内尔，2010，《饥荒与政治》，王吉会译，社会科学文献出版社。

〔荷〕扬·杜威·范德普勒格，2013，《新小农阶级：帝国和全球化时代为了自主和可持续性的斗争》，潘璐、叶敬忠译，叶敬忠译校，社会科学文献出版社。

〔美〕伊丽莎白·亨德森、罗宾·范·恩，2012，《分享收获：社区支持农业指导手册》（修订版），石嫣、程存旺译，中国人民大学出版社。

〔加拿大〕约翰·奥尼尔，2010，《身体五态：重塑关系形貌》，李康译，北京大学出版社。

〔美〕约翰·杜威，1990，《民主主义与教育》，王承绪译，人民教育出版社。

〔美〕约翰·马德莱，2005，《贸易与粮食安全》，熊瑜好译，商务印书馆。

〔美〕詹姆斯·C. 斯科特，2001，《农民的道义经济学：东南亚的反叛与生存》，程立显、刘建等译，译林出版社。

〔美〕詹姆斯·C. 斯科特，2004，《国家的视角：那些试图改善人类状况的项目是如何失败的》，王晓毅译，胡搏校，社会科学文献出版社。

〔美〕詹姆斯·C. 斯科特，2007，《弱者的武器》，郑广怀、张敏、何江穗译，译林出版社。

〔美〕詹妮弗·佛朗哥（Jennifer Franco），2011，《资本的谎言：考问全球土地攫取的宏大叙事》，中国农业大学人文与发展学院“农政与发展”系列讲座第3讲，中国农业大学人文与发展学院网站，http://cohd.cau.edu.cn/art/2013/4/26/art_8968_62.html，11月10日。

〔英〕珍·古道尔、〔美〕加里·麦克艾弗伊、〔美〕盖尔·哈德逊，2009，《希望的收获》，范效成、范义涵译，陕西人民出版社。

《北京青年报》，2004，《鲜牛奶为何倒进臭水沟?》，6月29日。

《城市快报》，2008，《副市长跑“部”无果不敢回家》，12月1日。

《重庆日报》，2014，《全国夏粮丰收已成定局 小麦产量实现“十一连增”》，6月18日。

《大学中庸》，2006，中华书局。

《读者》，2011，第9期。

《国际先驱导报》，2009，《中国严防贪官染指4万亿 跑部律师要求信息公开》，2月3日。

《江苏经济报》，2004，《盐城用GPS查“一女多嫁”》，3月23日。

《老子》，2006，中华书局。

《礼记孝经》，2007，中华书局。

《论语》，2006，中华书局。

《孟子》，2006，中华书局。

《齐鲁周刊》，2012，《“生化时代”的食品政治》，第51期。

《人民法院报》，2012，《非法添加“瘦肉精”饲喂肉牛 两农民生产有毒食品获刑》，3月27日。

《生活日报》，2011，《用瘦肉精喂牛 安徽一农民被判刑》，10月27日，第A23版。

《新华日报》，1941，《青年思想训练问题》，6月2日。

《中国发展简报》，2007，《中国NGO面临的挑战与能力建设的思考》，2月。

《中国青年报》，2004，《审计发现50县支农资金成空投 近五亿元被挤挪》，7月5日。

安娜，2009，《简议生态女性主义》，《湖北第二师范学院学报》第4期。

鲍东升，2010，《山西众多农村学校成养猪场 城镇学校爆满》，《人民日报》11月2日。

北京市林业碳汇工作办公室，2010，《过于“温暖”的地球给我们带来了什么》，《绿化与生活》第3期。

财政部亚太财经与发展中心，2011，《简析“马歇尔计划”对欧洲战后的重建作用》，财政部亚太财经与发展中心网站，http://afdc.mof.gov.cn/pdlb/yjcg/201111/t20111114_607326.html，11月14日。

蔡恩泽，2010，《外资在我国粮油市场跑马圈地 粮食安全敲响警钟》，新华报业网(观察与思考)，http://news.xhby.net/system/2010/11/02/010848223.shtml，11月2日。

曹顺仙，2006，《“环境资本论”的悖论》，《中国林业经济》第6期。

陈阿江，1997，《农村劳动力外出就业与形成中的农村劳动力市场》，《社会学研究》第1期。

陈斌，2010，《中国必须超越发展主义模式》，《南方周末》9月30日，第E25版。

陈丹青，2007，《退步集续编》，广西师范大学出版社。
陈国权、付旋，2003，《公共政策的非公共化：寻租的影响》，《CPA 中国行政管理》第 1 期。
陈健鹏，2010，《转基因作物商业化的现状、对粮食安全的影响及启示》，《农业经济问题》第 2 期。
陈平，2008，《新自由主义的兴起与衰落：拉丁美洲经济结构改革（1973~2003）》，世界知识出版社。
陈蓉霞，2010，《转基因大跃进令人胆战心惊》，《东方早报》2 月 10 日。
陈绍鹏，2013，《追溯系统已成为农业和食品安全基石》，《IT 经理世界》第 14 期。
陈世栋、王为径、叶敬忠，2013，《灾害应对机制中的发展主义“框构”：以汶川地震灾害应对与甬温线高铁事故处理为例》，《西南民族大学学报》（人文社会科学版）第 5 期。
陈苏华，2013，《饮食文化导论》，复旦大学出版社。
陈天林，2010，《气候危机中的世界低碳利益格局》，《特区实践与理论》第 2 期。
陈文升，2011，《环境政策与可持续经济发展初探》，《商场现代化》第 13 期。
陈锡文，2010，《农村改革三大问题》，《中国改革》第 10 期。
陈秀峰、李莉，2008，《企业社会责任的兴起与中国公益基金会事业发展》，《经济社会体制比较》第 3 期。
陈序经，2010，《中国文化的出路》，岳麓书社。
陈占彪，2006，《论当代知识分子的批评者角色》，《学术研究》第 10 期。
陈振明，1997，《走向一种科学技术政治学理论：评“西方马克思主义”关于科学技术政治效应的观点》，《自然辩证法通讯》第 2 期。
大众网，2009，《山东大力整顿食品安全 严查小作坊黑窝点》，http：//www. dzwww. com/2009/ztqy/news/200905/t20090507 _ 4603488. htm，5 月 7 日。
戴宗贡、解力平、王炜，1991，《农村工业化、商品化、城镇化综合研究》，《浙江学刊》第 5 期。
邓正来，2012，《关注中国农村：中国都市化法律的反思》，中国农业大学人文与发展学院“农政与发展”系列讲座第 16 讲，中国农业大学人文与发展学院网站，http：//cohd. cau. edu. cn/art/2013/4/26/art_ 8968_ 75. html，9 月 20 日。
邓中华，2011，《中国管理：迷失与反思有用否?》，《管理学家》第 11 期。
丁杰、吴霓，2004，《农村留守儿童问题调研报告》，《教育研究》第 10 期。

东方海，2000，《生存的极限：关于环境生态的呼喊》，《税收与社会》第7期。

东方网，2014，《记者卧底调查上海福喜工厂黑幕 麦当劳等洋品牌全沦陷》，http：//news. eastday. com/eastday/13news/auto/news/china/u7ai2058174_K4. html，7月21日。

东梅、常芳、白媛媛，2008，《农村小学布局调整对学生成绩影响的实证分析：以陕西为例》，《南方经济》第9期。

杜鹏，2004，《聚焦"386199"现象 关注农村留守家庭》，《人口研究》第4期。

杜鹏、丁志宏，2004，《农村子女外出务工对留守老人的影响》，《人口研究》第6期。

杜鹰等，1997，《农村劳动力外出就业决策的多因素分析模型》，《社会学研究》第1期。

段成荣、周福林，2005，《我国留守儿童状况研究》，《人口研究》第1期。

范可，2011，《灾难的仪式意义与历史记忆》，《中国农业大学学报》（社会科学版）第1期。

范铭、郝文武，2011，《对农村学校布局调整三个目的的反思：以陕西为例》，《北京大学教育评论》第2期。

范先佐，2006，《农村中小学布局调整的原因、动力及方式选择》，《教育与经济》第1期。

费孝通，1998，《乡土中国 生育制度》，北京大学出版社。

费孝通，2006，《中国绅士》，惠海鸣译，中国社会科学出版社。

风笑天，2001，《社会学研究方法》，中国人民大学出版社。

冯建军，2004，《教育即生命》，《教育研究与实验》第1期。

冯磊，2010，《公共利益的异化及其防范：以土地征收和强制拆迁为例》，《甘肃理论学刊》第5期。

冯武勇，2007，《全球变暖何以提上国际政治议程》，《半月谈》第10期。

冯禹丁、陈新焱，2011，《慈善背后的商业世界》，《南方周末》7月11日。

冯禹丁、陈新焱、祝杨、房姗姗，2011，《"中国特色"的红十字会》，《南方周末》7月7日，第A01版。

福喜集团，2014，《声明》，福喜官网，http：//a303900281. oinsite. yh. mynet. cn/_d276762926. htm，7月21日。

高丙中，2002，《社会团体的合法性问题》，《中国社会科学》第2期。

高亮华，1998，《人文主义视野中的技术》，中国社会科学出版社。

高瑞霞，2009，《社区支持农业：合作新思维推动有机生活》，《中国合作经济》第12期。

葛立群、吕杰，2008，《我国转基因食品的发展现状及安全管理》，《农业经济》第2期。

公丕祥，2002，《法理学》，复旦大学出版社。

古学斌、陆德泉，2002，《口述历史与发展行动的反省：以中国贫困地区教育扶贫项目为例》，《香港社会学学报》第3期。

古学斌、张和清、杨锡聪，2004，《地方国家、经济干预和农村贫困：一个中国西南村落的个案分析》，《社会学研究》第2期。

顾和军、曹杰，2010，《人类活动影响二氧化碳排放研究进展》，《闽江学刊》第1期。

光明网，2013，《40多年前的袋装鸡爪》，http：//news.gmw.cn/newspaper/2013-07/08/content_1736858.htm，7月8日。

广州市食品药品监督管理局，2013，《2013年第一季度广州市餐饮环节监督抽检情况通报》，广州市食品药品监督管理局网站，http：//www.gzfda.gov.cn/business/htmlfiles/gzfda/jdxw/201305/90190.html，5月16日。

郭建如，2005，《国家—社会视角下的农村基础教育发展：教育政治学分析》，《北京大学教育评论》第3期。

郭亮，2011，《资本下乡与山林流转》，《社会》第3期。

郭清扬，2008，《我国农村中小学布局调整问题、原因及对策》，《华中师范大学学报》（人文社会科学版）第1期。

郭清扬、王远伟，2008，《我国农村中小学布局调整的总体评价》，《河北师范大学学报》（教育科学版）第3期。

郭涛、王海娟，2002，《论生态环境对综合国力的影响》，《思想战线》第2期。

郭拥军，2002，《试论冷战时期美国对拉美的经济援助》，《拉丁美洲研究》第3期。

郭于华，2004，《透视转基因：一项社会人类学视角的探索》，《中国社会科学》第5期。

郭元祥、胡修银，2000，《论教育的生活意义和生活的教育意义》，《西北师大学报》（社会科学版）第6期。

国家统计局，1996，《中国统计年鉴1996》（18~2各级各类学校数），中国统计出版社。

国家统计局，2010，《第一次全国污染源普查公报》，国家统计局网站，http：//www.stats.gov.cn/tjsj/tjgb/qttjgb/qgqttjgb/201002/t20100211_30641.html，2月11日。

国家统计局，2011，《中国统计年鉴2011》（20~1各级各类学校、教职工和专任教师情况)，中国统计出版社。

国家统计局，2014，《2013年国民经济和社会发展统计公报》，国家统计局网站，http://www.stats.gov.cn/tjsj/zxfb/201402/t20140224_514970.html，2月24日。

国土资源部，2008，《城乡建设用地增减挂钩试点管理办法》，国土资发〔2008〕138号文件。

国务院，2004，《国务院关于深化改革 严格土地管理的决定》，国发〔2004〕28号。

国务院新闻办公室，2009，《国新办介绍"保经济增长，保耕地红线"行动进展情况》，新华网，http://www.xinhuanet.com/zhibo/20090623/zhibo.htm，6月23日。

韩德强，2004，《评"三农问题"的若干主张》，《三农中国》第1期。

韩纪江、胡星，2003，《发展经济学》，中国农业大学出版社。

韩毓海、刘毅然、张文钟、毛建福，2005，《星火》，河北人民出版社。

何卓，2008，《对我国农村中小学布局调整的思考》，《教育发展研究》第1期。

荷兰乐施会，2006，《NGO、企业与扶贫——一份讨论报告》，NCDO企业发展项目荷兰乐施会文件（02)。

贺聪志、叶敬忠，2010，《农村劳动力外出务工对留守老人生活照料的影响研究》，《农业经济问题》第3期。

贺新元，2007a，《西方援助第三世界的性质评述》，《学习论坛》第5期。

贺新元，2007b，《可怕的西方援助：对第三世界的侵蚀》，非洲之窗网，http://www.africawindows.com/html/feizhouzixun/feizhouxinwen/20070704/3075.shtml，7月4日。

贺旭辉，2006，《利奥塔"后现代"思想阐释》，《中国矿业大学学报》（社会科学版）第3期。

胡敏，2004，《境外公益性组织在华发展状况调研报告》，清华大学硕士学位论文。

胡晓兵，2004，《哲学视野下的转基因农业技术》，《理论观察》第6期。

胡晓兵，2007，《现代农业技术异化的表现及其根源探析》，《学术交流》第6期。

胡晓兵、陈凡，2008，《农业技术哲学概论》，东北大学出版社。

胡学文，2009，《谁吃了我的麦子》，《小说月报》第10期。

胡英，1997，《中国城镇、农村人口发展趋势预测》，《中国人口科学》第6期。

郇庆治、李云爱，1998，《可持续发展：生态主义向度》，《文史哲》第3期。转引自彭新武（2001)。

黄爱民、张二勋，2006，《环境资本运营：环境保护的新举措》，《聊城大学学报》（自然科学版）第2期。

黄大昉，2009，《转基因解决粮食问题》，《北京科技报》8月3日。转引自一民（2010）。

黄旦、郭丽华，2008，《媒体先锋：风险社会视野中的中国食品安全报道——以2006年“多宝鱼”事件为例》，《新闻大学》第4期。

黄平，2000，《关于“发展主义”的笔记》，《天涯》第1期。

黄平，2003，《发展主义在中国》，《科学中国人》第9期。

黄平，2005，《知识分子：在漂泊中寻求归宿》，载许纪霖编《20世纪中国知识分子史论》，新星出版社。

黄平、李陀，2000，《南山纪要：我们为什么要谈环境—生态?》，《天涯》第1期。

黄卫平、王洪斌，2010，《转基因食品的不确定思考》，《经济界》第1期。

黄伟夫，2011，《揭穿二氧化碳导致全球变暖的谎言》，《教师博览》第5期。

黄余，2011，《两处“自然资本”错误使用的研究》，《现代商业》第9期。

贾勇宏，2008，《农村中小学布局调整的障碍与方式选择：基于中西部6省（区）的调查》，《华中师范大学学报》（人文社会科学版）第2期。

贾勇宏、周芬芬，2008，《农村中小学布局调整模式的分析和探讨》，《河北师范大学学报》（教育科学版）第1期。

江立华，2011，《留守儿童问题的建构与研究反思》，《人文杂志》第3期。

姜国祥，1997，《农业市场化：问题与对策》，《华东师范大学学报》（哲学社会科学版）第6期。

姜雯，2011，《以发展之名：对A省吴李村“土地增减挂钩试点项目”的过程研究》，中国农业大学学士学位论文。

蒋高明，2010，《转基因不是杂交，两者不能混淆》，http：//blog. sciencenet. cn/home. php? mod=space&uid=475&do=blog&id=296060，2月19日。

蒋高明，2012，《试论转基因作物的生态风险与生态农业对策》，光明网，http：//health. gmw. cn/2012-10/30/content_ 5528435. htm，10月30日。

教育部，2008，《国家是否提出过农村地区“乡不办中学，村不办小学”的规定?》，教育部网，http：//www. moe. edu. cn/publicfiles/business/htmlfiles/moe/moe_ 1352/200806/35827. html，6月13日。

金微，2010，《转基因大米》，新华网转自《国际先驱导报》，http：//news. xinhuanet. com/herald/2010-02/02/content_ 12917242. htm，2月2日。

鞠海鹰，2009，《CSA模式中消费者参与意愿的影响因素研究：基于成都郫县安德镇安龙村的个案分析》，四川农业大学硕士学位论文。

康晓光、冯利，2011，《中国第三部门观察报告（2011）》，社会科学文献出版社。转引自《中国第三部门：在行政吸纳中走向依附?》，《中国发展简报》，2011 春季刊。

蓝燕，2004，《周济：政府从未提出教育要产业化》，中国教育网，http://www.edu.cn/20040107/3096932.shtml，1 月 7 日。

蓝志勇、宋学增、吴蒙，2013，《我国食品安全问题的市场根源探析：基于转型期社会生产活动性质转变的视角》，《行政论坛》第 1 期。

郎海如，2010，《农民集中居住过程中的农民福利缺失及对策》，《安徽农学通报》第 13 期。

老愚，2011，《面试研究生》，《杂文选刊》第 9 期（下旬版）。

雷龙乾，2007，《西方发展主义哲学的缘起和发展》，载中国科学院中国现代化研究中心《第五期中国现代化研究论坛论文集》。

黎尔平，2006，《多维视角下的国际非政府组织》，《公共管理学报》第 3 期。

黎文涛，2009，《发展援助背后的玄机》，《世界知识》第 18 期。

李长健、陈占江，2005，《我国食品安全问题及其原因探析》，《中国科技信息》第 16 期。

李超、秦斌，2010，《村庄封闭管理 三百学生“爬山”上学》，《新京报》9 月 7 日，第 A13 版。

李成贵，1999，《中国农业政策：理论框架与应用分析》，社会科学文献出版社。

李琮，2000，《世界经济学大词典》，经济科学出版社。

李干军、孙述俊，2012，《关于农村学生家庭上学成本情况调查》，中国农业大学“中国农村留守人口干预项目：农村教育研讨会”，会议交流论文，7 月 25~26 日。

李海涛，2011，《留守人群孤独守望》，《农民日报》2 月 23 日，第 3 版。

李建会，2005，《哈拉维及其“赛博格”神话》，载〔英〕乔治·迈尔逊《哈拉维与基因改良食品》，李建会、苏湛译，北京大学出版社。

李景山、张海伦，2012，《经济利益角逐下的社会失范现象：从社会学视角透视食品安全问题》，《科学经济社会》第 2 期。

李连江、欧博文，1997，《当代中国农民的依法抗争》，载吴国光主编《九七效应》，太平洋世纪研究所。

李培超，2001，《自然的伦理尊严》，江西人民出版社。转引自毛新志（2005）。

李佩红，2011，《变迁》，《人民日报》3 月 19 日，第 8 版。

李萍、张雁，2001，《论西部开发中的环境资本》，《社会科学研究》第 3

期。
李强，2010，《中国村落学校的离土境遇与新路向》，《中国教育学刊》第4期。
李胜，2008，《浅析二战后发展主义话语的后现代解构：评新发展主义代表人物埃斯科巴的发展观》，《理论界》第1期。
李书磊，2009，《村落中的“国家”：文化变迁中的乡村学校》，浙江人民出版社。
李西杰，2011，《农民“被上楼”现象的伦理反思》，《道德与文明》第3期。
李霞，2011，《反思环境资本化：以XS土家族苗族自治县的矿业发展为例》，《云南民族大学学报》（哲学社会科学版）第6期。
李小云、饶小龙、董强，2007，《外国对华官方发展援助的演变及趋势》，《国际经济合作》第11期。
李小云、唐丽霞、武晋，2009，《国际发展援助概论》，社会科学文献出版社。
李晓明、韩文辉、曹利军，2002，《转基因农业与可持续发展》，《中国人口·资源与环境》第3期。
李新玲，2012，《农村学校撤并何去何从》，《中国青年报》11月23日，第2版。
李醒民，2011，《批判是学术的生命》，《中国社会科学报》6月28日。
李友梅，2008，《从财富分配到风险分配：中国社会结构重组的一种新路径》，《社会》第6期。
联合国粮农组织，2009，《食物权：理论与实践》，联合国粮农组织。
联合国粮农组织，2012a，《联合国粮农组织谷物供求情况简介》，联合国粮农组织网站，http://www.fao.org/worldfoodsituation/wfs-home/csdb/zh/，查阅时间：2012年3月8日。
联合国粮农组织，2012b，《联合国粮农组织食品价格指数》，http://www.fao.org/worldfoodsituation/wfs-home/csdb/zh/，查阅时间：2012年3月8日。
梁海、罗江海，2010，《气候变暖是一个伪命题吗?》，《河北企业》第5期。
林崇德，2002，《教育与发展：创新人才的心理学整合研究》，北京师范大学出版社。
林晓光，2002，《国际政治经济关系：以国际援助为视点》，《世界经济研究》第5期。
林娅、孙文营，2008，《深化自然资本理念与发展循环经济》，《中国人民大学学报》第5期。

刘彬，2009，《中小学生陪读现象的分析与思考》，《教学与管理》第 8 期。

刘东亮、马国顺，2007，《甘肃 114 万扶贫项目通过验收 只见三牛棚一头猪》，新华网转引自《西部商报》，http://news.xinhuanet.com/local/2007-07/13/content_6368608.htm，7 月 13 日。

刘建涛、贾凤姿，2012，《环境问题根源研究综述》，《前沿》第 1 期。

刘剑虹，2005，《进一步调整中小学布局 2010 年普及小学至高中 12 年教育》，《呼和浩特日报》10 月 10 日。

刘健、牛纪伟、段羡菊，2004，《财政支农两千亿，农民受益“毛毛雨”》，《半月谈》第 10 期。

刘娟、刘晓林、林杜娟，2012，《发展主义逻辑下的农村教育：述评与反思》，《中国农业大学学报》（社会科学版）第 4 期。

刘馗，2002，《民族解放运动和殖民地半殖民地国家现代化进程》，《社科与经济信息》第 12 期。

刘奇，2011，《“灭村运动”是精英层的一厢情愿》，《中国发展观察》第 1 期。

刘书越，2009，《全球气候变暖及相关命题真伪考》，《江西师范大学学报》（哲学社会科学版）第 3 期。

刘小燕、王洁，2009，《政府对外传播中的“NGO”力量及其利用——基于西方国家借 NGO 对发展中国家渗透的考察》，《新闻大学》第 1 期。

刘欣，2006，《农村中小学布局调整与寄宿制学校建设》，《教育与经济》第 1 期。

刘洋，2010，《袁隆平说对转基因食品不能一概而论》，人民政协网，http://epaper.rmzxb.com.cn/2010/20100305/t20100305_306799.htm，3 月 5 日。

刘玉峰、李维才，2009，《中国古代粮食政策及其现代启示》，百度网，http://wenku.baidu.com/link?url=VEu1CIasouOyTe46Kha_hbMggmvlVXntWufOSsA1uWmiENAb40V_0kywA5h3RDZl28H4D5Dw8yk48m1Dd8egRmW2ShTjigOqwK9lHF-NDky，查阅时间：2014 年 8 月 13 日。

刘元琪，2004，《新自由主义与发展中国家的农业危机》，《国外理论动态》第 9 期。

柳海民、娜仁高娃、王澍，2008，《布局调整：全面提高农村基础教育质量的有效路径》，《东北师范大学学报》（哲学社会科学版）第 1 期。

柳下再会，2010，《以碳之名：低碳骗局幕后的全球博弈》，中国发展出版社。

鲁迅，2005a，《〈中国新文学大系〉小说二集序》，载《鲁迅全集》第六卷，人民文学出版社。

鲁迅，2005b，《关于知识阶级》，载《鲁迅全集》第八卷，人民文学出版社。
鲁迅，2005c，《呐喊·自序》，载《鲁迅全集》第一卷，人民文学出版社。
鲁迅，2005d，《南腔北调集·漫与》，载《鲁迅全集》第四卷，人民文学出版社。
陆五一、李祎雯、倪佳伟，2011，《关于可持续生计研究的文献综述》，《中国集体经济》第3期。
陆裕良、董峻，2008，《农业部：我国已批准四种转基因作物进行商业化生产》，新华网，http://news.xinhuanet.com/newscenter/2008-01/25/content_7496747.htm，1月25日。
吕博雄、刘承，2012，《村小遭撤并村民缴费保留存 引撤点并校教改深思》，《中国青年报》5月17日。
吕绍清，2006，《中国农村留守儿童问题研究》，《中国妇运》第6期。
罗必良，2010，《分税制、财政压力与政府"土地财政"偏好》，《学术研究》第10期。
罗浩波，2002，《可持续发展的多维意蕴及其取向》，《宝鸡文理学院学报》（社会科学版）第3期。
罗云波，2000，《关于转基因食品安全性》，《食品工业科技》第5期。
马国川，2010，《对话宋晓梧：如果改革的热情耗尽了，很危险》，《时代周报》8月5日。
马也，2003，《历史是谁的朋友》，中央民族大学出版社。转引自贺新元（2007a）。
麦沛然，2002，《仍在低谷中徘徊：国际发展援助态势分析》，《国际经济合作》第2期。
毛丹，2004，《阿德勒对问题儿童及其教育的研究述评》，《韶关学院学报》（社会科学版）第11期。
毛新志，2004，《"实质等同性"原则与"转基因食品"的安全性》，《科学学研究》第6期。
毛新志，2005，《转基因食品生态安全的伦理探析》，《华中科技大学学报》（社会科学版）第1期。
毛新志，2011，《转基因作物产业化的伦理学研究》，《武汉理工大学学报》（社会科学版）第4期。
毛新志、殷正坤，2004，《转基因食品的标签与知情选择的伦理分析》，《科学学研究》第1期。
梅军，2011，《濒危的家园》，中央民族大学博士学位论文。
梅雪芹，2002，《20世纪80年代以来世界环境问题与环境保护浪潮分析》，

《世界历史》第 1 期。

孟祥丹，2009，《当村庄没有了学校》，《中国农业大学学报》（社会科学版）第 2 期。

明亮，2010，《发展主义视角下的违规用地行为探析》，《经济论坛》第 12 期。

莫言，2011，《悠着点、慢着点——“贫富与贪欲”漫谈》，《江南》第 3 期。

穆光宗，2004，《老龄人口的精神赡养问题》，《中国人民大学学报》第 4 期。

穆治锟，2004，《增进生态资本：可持续发展的基本要求》，《科技导报》第 1 期。

穆紫，2008，《西方势力借 NGO 向中国渗透》，凤凰资讯网，http://news.ifeng.com/world/2/200806/0605_2591_582091.shtml，6 月 5 日。转自香港中文月刊《紫荆》。

牛涵，2010，《发展观察系列 1：钢笔都去了哪里?》，《中国农业大学学报》（社会科学版）第 3 期。

牛涵，2012，《发展观察系列 7：叫停之后怎么办?》，《中国农业大学学报》（社会科学版）第 1 期。

牛泉，2009，《我国农村寄宿制学校现状分析与对策思考》，《教育理论与实践》第 5 期。

牛新国、杨贵生、刘志健、高扬，2003，《生态资本化与资本生态化》，《经济论坛》第 3 期。

欧阳静，2006，《谨防新农村建设过程中的几个误区》，《调研世界》第 6 期。

欧阳艳琴、陈晓雪，2011，《河北香河土地增减挂钩乱象调查》，《中国经济时报》5 月 9 日，第 4 版。

潘光旦，1998，《派与汇（代序）》（1947），载费孝通《乡土中国　生育制度》，北京大学出版社。

潘璐，2012，《“小农”思潮回顾及其当代论辩》，《中国农业大学学报》（社会科学版）第 2 期。

潘璐、叶敬忠，2009，《农村留守儿童研究综述》，《中国农业大学学报》（社会科学版）第 2 期。

潘知常，2006，《新意识形态与中国传媒：新世纪新闻传播研究的一个前沿课题》，《江苏行政学院学报》第 4 期。

庞丽娟、韩小雨，2005，《农村中小学布局调整的问题、原因及对策》，《教育学报》第 4 期。

彭新武，2001，《可持续发展观的深层反思》，《理论与现代化》第4期。
彭云，2008，《战后国际援助潮流评析：发展轨迹及其特点》，《湖南师范大学学报》（社会科学版）第5期。
齐宏伟，2009，《学统与道统》，《南风窗》第7期。
齐民友，2008，《数学与文化》，大连理工大学出版社。
钱理群，2008，《致青年朋友》，中国长安出版社。
钱理群，2011a，《谈谈“民国那些人”》，载徐百柯《民国风度》，九州出版社。
钱理群，2011b，《我的精神自传》，漓江出版社。
钱理群，2012，《北大等在培养利己者》，搜狐网，http://news.sohu.com/20120503/n342213439.shtml，5月3日。
秦启文、吴爽，2008，《城市化进程中失地农民的社会排斥研究》，《安徽农业科学》第24期。
秦玉友，2010，《农村学校布局调整的认识、底线与思路》，《东北师大学报》（哲学社会科学版）第5期。
全国妇联课题组，2013，《我国农村留守儿童、城乡流动儿童状况研究报告》，人民网，http://acwf.people.com.cn/n/2013/0510/c99013-21437965.html，5月10日。
人民网，2000，《陈章良为转基因植物的安全性释疑》，http://www.people.com.cn/GB/channel7/498/20000705/131168.html，7月5日。
人民网，2011，《发改委：四川地震灾区重建9月完工》，http://politics.people.com.cn/GB/1027/14602499.html，5月11日。
任守云，2012，《市场嵌入与自我剥削：李村商品化过程研究》，中国农业大学博士学位论文。
任运昌，2006a，《西部农村寄宿制学校给农民家长带来了什么：一项质的研究及其现实主义表达》，《当代教育科学》第18期。
任运昌，2006b，《寄宿制学校建设给家长带来了什么?》，《中小学管理》第11期。
容中逵，2009，《当前我国乡村学校布局调整问题研究》，《中国教育学刊》第8期。
上官子木，1994，《“留守儿童”问题应引起重视》，《神州学人》第6期。
邵燕楠，2010，《关于农村中小学校布局调整的思考》，《教育探索》第9期。
社会科学报网，2012，《21世纪教育研究院发布〈农村教育布局调整十年评价报告〉》，http://www.shekebao.com.cn/shekebao/2012skb/sz/userobject1ai5012.html，12月11日。

沈彬，2010，《不能把农民“逼上楼”“打上楼”》，《新京报》11月2日。

沈原，2006，《“强干预”与“弱干预”：社会学干预方法的两条途径》，《社会学研究》第5期。

师英、刘静，2006，《北京社区医院调查》，《大地》第8期。

石如东，1995，《粮食：美国对外政策中的战略武器》，《当代思潮》第2期。

石嫣，2010，《我在国外当农民》，北京网络广播电视台，http://space.btv.com.cn/video/VIDE1288578018976628，11月1日。

世界环境与发展委员会，2004，《我们共同的未来》，吉林人民出版社。

世界银行，2001，《2000/2001年世界银行发展报告：向贫困开战》，世界银行。

宋宗合、周继坚，2009，《草根NGO路在何方?》，《联合日报》6月25日，第004版。

搜狐网，2014，《昆山招商引资无底线：企业剥削越多我们越开心》，http://business.sohu.com/20140805/n403147761.shtml，8月5日。

苏岭、温海玲，2009，《“瘦肉精”背后的科研江湖》，《南方周末》4月9日。

孙岿、张春梅，2010，《市场化背景下的朝鲜族聚居区城乡结构变化》，《大连大学学报》第3期。

孙同全，2008，《国际发展援助中“援助依赖”的成因》，《国际经济合作》第6期。

孙文，2014，《食品安全问题的历史分析及现实意义》，《世界农业》第1期。

孙新章，2004，《基于农户分析的农业产业化与“三农”关系研究》，中国科学院博士学位论文。

孙艳霞，2004，《农村中小学校布局调整的得失》，《人民教育》第22期。

孙耀武，2009，《中国食品安全问题的原因及对策研究》，《市场论坛》第2期。

谭伟恩、蔡育岱，2009，《食品政治：谁左右了国际食品安全的标准?》，《政治科学论丛》第42期。

汤建龙，2003，《可持续发展反思》，《宁夏党校学报》第4期。

唐风，2008，《新粮食战争》，中国商业出版社。

唐叶萍，2007，《论人类中心主义与非人类中心主义的价值整合：人与自然关系的哲学反思》，《湖北行政学院学报》第3期。

陶鹏、童星，2012，《灾害概念的再认识：兼论灾害社会科学研究流派及整合趋势》，《浙江大学学报》（人文社会科学版）第2期。

陶行知，1944，《青年教育与思想问题》，《新华日报》6月25日。

陶行知，1949，《陶行知教育论文选辑》，生活·读书·新知联合发行所。转引自郭元祥、胡修银（2000）。
陶行知，1981，《陶行知文集》，江苏人民出版社。
涂重航，2010，《多省撤村圈地意在财政 失去宅基地农民被上楼》，《新京报》11 月 2 日。
屠豫钦，2003，《关于农药与环境问题的反思》，《垦殖与稻作》第 1 期。
万明钢，2010，《“文字上移”：渐行渐远的乡村教育》，《教育科学研究》第 7 期。
万明钢、白亮，2009，《教育公平、教育资源整合的路径反思：对农村地区寄宿制学校的重新解读》，《教育理论与实践》第 9 期。
汪淳玉、王伊欢，2010，《国际发展援助效果研究综述》，《中国农业大学学报》（社会科学版）第 9 期。
汪汉忠，2005，《灾害、社会与现代化：以苏北民国时期为中心的考察》，社会科学文献出版社。
汪华亮、胡启南，2011，《论“被上楼”农民的权利保护》，《求实》第 11 期。
汪晖，2007，《去政治化的政治、霸权的多重构成与六十年代的消逝》，《开放时代》第 2 期。
汪晖，2008，《环保是未来的“大政治”：打破发展主义共识 寻找新出路》，《绿叶》第 2 期。
王丹，2008，《我国食品安全问题的产业根源》，《社会观察》第 10 期。
王丰，2003，《世界上下五千年》，青海人民出版社。
王国维，2009，《人间词话》，徐调孚校注，中华书局。
王国印，2008，《环境问题探源研究》，《中国人口·资源与环境》第 1 期。
王海英，2010，《农村学校布局调整的方向选择：兼谈农村学校“撤存”之争》，《东北师大学报》（哲学社会科学版）第 5 期。
王宏旺，2009，《农村中小学撤点并校 8 年之痛：辍学潮暗流涌动》，《南方农村报》4 月 2 日。
王洪伟，2010，《当代中国底层社会“以身抗争”的效度和限度分析：一个“艾滋村民”抗争维权的启示》，《社会》第 2 期。
王辉云，2010，《爱尔兰的土豆、大饥荒和移民潮》，《读书》第 8 期。
王佳，2010，《我国成为首个批准主粮转基因种植国家》，新浪财经转自《中国经营报》，http://finance.sina.com.cn/roll/20100116/10597256310.shtml，1 月 16 日。
王君琦，2010，《知识分子的社会责任和历史定位》，《北京日报》11 月 15 日，第 19 版。

王卡拉，2011，《“封村”一年居民收获安全感》，《新京报》4月23日，第A14版。

王礼刚，2005，《可持续发展理论的现状分析及路径反思》，《兰州商学院学报》第3期。

王名，2002，《非营利组织管理概论》，中国人民大学出版社。

王名，2007，《中国NGO的发展现状及其政策分析》，《公共管理评论》第1期。

王铭霞，2001，《人与自然关系的哲学反思》，《理论学刊》第2期。

王牧华、勒玉乐，2000，《生态主义课程思潮引论》，《辽宁师范大学学报》（社会科学版）第4期。

王秋香，2007，《农村“留守儿童”同辈群体类型及特点分析》，《湖南社会科学》第1期。

王绍光，2002，《开放性、分配性冲突和社会保障——中国加入WTO的社会和政治意义》，载王绍光《美国进步时代的启示》，中国财政经济出版社。

王思斌，2003，《社会学教程》（第二版），北京大学出版社。

王伟，2011，《寄宿制学校有关亲情缺失的研究》，《科教导刊》第2期。

王晓慧，2011，《农村中小学陪读现象的类型、成因及解决对策》，《教育理论与实践》第3期。

王晓慧、林晓，2011，《转基因：犹豫商业化》，《华夏时报》12月12日，第A04版。

王远伟，2007，《农村寄宿制中小学的问题与思考：以内蒙古三个旗为例》，《教育管理》第3期。

王兆林，2006，《反思与前瞻：城市化进程中的农村教育》，《教育探索》第5期。

王振耀，2012，《推荐序·慈善：无缘无故的爱》，载赵华文、李雨《慈善的真相》，安徽人民出版社。

王治河，2005，《后现代交锋丛书·汉译前言》，载〔英〕乔治·迈尔逊《哈拉维与基因改良食品》，李建会、苏湛译，北京大学出版社。

魏翠妮，2006，《农村留守妇女问题研究》，南京师范大学硕士学位论文。

温铁军，2004，《21世纪的中国仍然是小农经济》，《三农中国》第1期。

温铁军，2011，《发展绿色经济倡导绿色消费建设绿色北京：北京市海淀区政府—中国人民大学产学研基地第二期项目报告》，载《第三届全国社区支持农业（CSA）经验交流会资料汇编》。

文静，2012，《转基因大豆油占9成市场》，网易财经转自《京华时报》，http://money.163.com/13/0615/02/91CJ027F00253B0H.html，6月15日。

吴德新，2003，《农村教育城镇化：农村改革与发展的必然要求——津市市农村教育城镇化的调查与思考》，《湖南教育》第15期。
吴惠芳、饶静，2009，《农业女性化对农业发展的影响》，《农业技术经济》第2期。
吴惠芳、叶敬忠，2010，《丈夫外出务工对农村留守妇女的心理影响分析》，《浙江大学学报》（社会科学版）第3期。
吴先伍，2006，《从“自然”到环境：人与自然关系的反思》，《自然辩证法研究》第9期。
吴垠，2009，《嵌入性的符号消费：为消费文化的神话去魅》，《理论观察》第1期。
吴玉韶，2013，《中国老龄事业发展报告（2013）》，社会科学文献出版社。
习近平，2014，《做党和人民满意的好老师——同北京师范大学师生代表座谈时的讲话》，9月9日。
夏光，2003，《后结构主义思潮与后现代社会理论》，社会科学文献出版社。
肖正德，2002，《中小学校网调整若干问题探讨》，《现代中小学教育》第3期。
谢高地，2009，《发展与环境的复杂关系》，《科学对社会的影响》第3期。
谢敏、于永达，2002，《对中国食品安全问题的分析》，《上海经济研究》第1期。
谢湘、堵力，2012，《北大清华再争状元就没有希望》，《中国青年报》5月3日，第3版。
谢秀英，2011，《农村中小学布局调整中的集体非理性分析》，《中国教育学刊》第4期。
辛允星，2011，《貌合神离：汶川地震灾后羌村重建的“发展”映像》，中国农业大学博士学位论文。
新华网，2004，《周济：我们政府从来没把教育产业化作为我们的政策》，http://news.xinhuanet.com/video/2004-01/06/content_1262498.htm，1月6日。
新华网，2006，《浙江食品安全工作严查城乡接合部“小作坊”》，http://news.xinhuanet.com/fortune/2006-08/15/content_4960107.htm，8月15日。
新华网，2009a，《我国人口分布将形成“三分天下”格局》，http://news.xinhuanet.com/newscenter/2009-04/14/content_11184857.htm，4月14日。
新华网，2009b，《四川灾后恢复重建城镇规划已全部完成》，http://news.xinhuanet.com/newscenter/2009-05/18/content_11396225.htm，5月

18 日。
新华网，2013a，《人世间美好梦想只有通过诚实劳动才能实现》，http://news.xinhuanet.com/mrdx/2013-04/29/c_132348592.htm，4 月 29 日。
新华网，2013b，《习近平：饭碗主要要装自己生产的粮食》，http://news.xinhuanet.com/2013-07/21/c_116625841.htm，7 月 21 日。
新华网，2013c，《习近平：手中有粮 心中不慌》，http://news.xinhuanet.com/politics/2013-11/28/c_118339303.htm，11 月 28 日。
新华网，2014，《习近平谈“三农”：端牢“饭碗”推进农业强农村美农民富》，http://news.xinhuanet.com/politics/2014-08/13/c_1112057362.htm，8 月 13 日。
新浪网，2011，《我国官方慈善公信力下降 红会危机影响扩散》，http://news.sina.com.cn/c/2011-08-12/055722977982.shtml，8 月 12 日。
新浪网，2012，《农业部专家：转基因食品可以放心食用》，http://sh.sina.com.cn/citylink/jk/t_sj/2012-04-25/094166135_2.html，4 月 25 日。
行动援助中国办公室，2003，《农业转基因技术与“与知识产权有关的贸易条约”对农民的影响》，《中国改革》第 9 期。
熊春文，2009，《“文字上移”：20 世纪 90 年代末以来中国乡村教育的新趋向》，《社会学研究》第 5 期。
熊万胜、石梅静，2011，《企业“带动”农户的可能与限度》，《开放时代》第 4 期。
熊愈辉，2003，《对绿色革命与新绿色革命的若干思考》，《石河子大学学报》（自然科学版）第 3 期。
徐百柯，2011，《民国风度》，九州出版社。
徐春堂，2002，《新世纪气候变化与环境破坏》，《枣庄师范专科学校学报》第 5 期。
徐蓝，2002，《试论冷战的爆发与两极格局的形成》，《首都师范大学学报》（社会科学版）第 2 期。
徐立成、周立、潘素梅，2013，《“一家两制”：食品安全威胁下的社会自我保护》，《中国农村经济》第 5 期。
徐晓村，2014，《人生的歧路》，中国农业大学人文与发展学院“学术与人生”报告会，2 月 28 日。
徐兴海，2008，《食品文化概论》，东南大学出版社。
徐永光，2012，《走过多事之秋 未来喜忧参半》，新浪网，http://gongyi.sina.com.cn/gyzx/2012-01-09/104631650.html，1 月 9 日。
徐勇，2007，《如何认识当今的农民、农民合作与农民组织》，《华中师范大学学报》(人文社会科学版) 第1期。
许宝强，1999，《发展主义的迷思》，《读书》第7期。
许宝强，2001，《发展的幻象·前言：发展、知识、权力》，载许宝强、汪晖选编《发展的幻象》，中央编译出版社。
许宝强、汪晖，2001，《发展的幻象》，中央编译出版社。
许纪霖，2008，《中国知识分子十论》，复旦大学出版社。
薛利山，2005，《反思现代性》，《社会科学论坛》第5期。
鄢莹，2009，《家园何谓？——以四川省阿坝州茂县牛尾巴寨为例》，中央民族大学硕士学位论文。
严海蓉，2005，《虚空的农村和空虚的主体》，《读书》第7期。
严海蓉，2010，《小农挑战全球资本主义：评"粮食主权人民论坛"》，《中国非营利评论》第1期。
严立冬、孟慧君、刘加林、邓远建，2009，《绿色农业生态资本化运营探讨》，《农业经济问题》第8期。
严启发、林罡，2006，《世界官方发展援助（ODA）比较研究》，《世界经济研究》第5期。
颜剑英，2004，《诺姆·乔姆斯基评析美帝国主义》，《国外理论动态》第10期。
杨宝熙，2014，《杨宝熙工作坊：从生活运动看社会改变》，"北京有机农夫市集""社区支持农业的落地生根"系列讲座，4月29日。
杨斌、张咏梅、王佳音，2010，《我国城市化进程中失地农民问题研究述评》，《西部论坛》第6期。
杨昌举，2000，《标明特殊身份：转基因食品安全隐患与标签论争》，《国际贸易》第7期。
杨春平，2010，《中国农民的兼业成因及其影响》，《东岳论丛》第9期。
杨东平，2012，《"撤点并校"带来的后遗症》，《中国新闻周刊》3月28日，http://viewpoint.inewsweek.cn/columns/columns-1491-p-1.html。
杨槐，2010，《21世纪备忘录："全球气候变暖"的科学真相与人文反思》，海天出版社。
杨继斌、夏倩，2011，《红粉"手雷"郭美美》，《南方周末》7月7日，第A03版。
杨寄荣，2010，《"发展主义"及其反思》，《思想理论研究》第5期。
杨力行，2003，《我国农村中小学教师工资执行中存在的问题及其对策研究》，《经济问题》第11期。
杨润勇，2009，《关于中部地区农村中小学寄宿制学校的调查与思考》，《教育理论与实践》第8期。

杨通进，2006，《转基因技术的伦理争论：困境与出路》，《中国人民大学学报》第5期。

杨小柳，2009，《地方性知识与扶贫策略：以四川凉山美姑县为例》，《中南民族大学学报》（人文社会科学版）第3期。

杨新兴，2010，《“气候变暖论”的误区》，《前沿科学》第4期。

杨新兴、苏福庆、任阵海、冯丽华、尉鹏，2011，《“低碳经济”的理论依据不足》，《前沿科学》第3期。

杨艳萍，2001，《论利奥塔的“科学游戏”与“合法化”》，《哲学研究》第3期。

仰海峰，2003，《商品社会、景观社会、符号社会：西方社会批判理论的一种变迁》，《哲学研究》第10期。

姚国宏，2003，《检视发展主义话语下的“三农”问题研究》，《学海》第4期。

姚琼，2008，《转基因食品标识制度研究》，《生态经济》第1期。

叶常林、许克祥、虞维华，2009，《非政府组织前沿问题研究》，中国科学技术大学出版社。

叶敬忠，2005，《参与式林业规划过程中的利益相关群体分析》，《林业经济》第12期。

叶敬忠，2006，《农民视角的新农村建设》，社会科学文献出版社。

叶敬忠，2008，《走出发展干预的认识误区》，《中国农业大学学报》（社会科学版）第1期。

叶敬忠，2010，《发展、另一种发展与发展之外》，《中国农业大学学报》（社会科学版）第1期。

叶敬忠，2011a，《发展的西方话语说：兼序〈遭遇发展〉中译本》，《中国农业大学学报》（社会科学版）第2期。

叶敬忠，2011b，《农政变迁的阶级动力·中译者序》，载〔英〕亨利·伯恩斯坦《农政变迁的阶级动力》，汪淳玉译，叶敬忠译校，社会科学文献出版社。

叶敬忠，2011c，《留守人口与发展遭遇》，《中国农业大学学报》（社会科学版）第1期。

叶敬忠，2012a，《一分耕耘未必有一分收获：当农民双脚站在市场经济之中》，《中国农业大学学报》（社会科学版）第1期。

叶敬忠，2012b，《农村中小学布局调整的社会宏观背景分析》，《中国农业大学学报》（社会科学版）第4期。

叶敬忠、丁宝寅、王雯，2012，《独辟蹊径：自发型巢状市场与农村发展》，《中国农村经济》第10期。

叶敬忠、贺聪志，2008，《静寞夕阳：中国农村留守老人》，社会科学文献出版社。

叶敬忠、贺聪志，2009，《农村劳动力外出务工对留守老人经济供养的影响研究》，《人口研究》第 4 期。

叶敬忠、林志斌、王伊欢、卢敏，2000，《农民、农村与科学技术：认识与现实的冲突》，《科技导报》第 10 期。

叶敬忠、孟祥丹，2010，《对农村教育的反思：基于农村中小学布局调整影响的分析》，《农村经济》第 10 期。

叶敬忠、潘璐，2007，《农村寄宿制小学生的情感世界研究》，《教育科学研究》第 9 期。

叶敬忠、潘璐，2008a，《别样童年：中国农村留守儿童》，社会科学文献出版社。

叶敬忠、潘璐，2008b，《农村小学寄宿制问题及有关政策分析》，《中国教育学刊》第 2 期。

叶敬忠、孙睿昕，2012，《发展主义研究评述》，《中国农业大学学报》（社会科学版）第 2 期。

叶敬忠、王为径，2013，《规训农业：反思现代农业技术》，《中国农村观察》第 2 期。

叶敬忠、王伊欢，2001，《对农村发展的几点思考》，《农业经济问题》第 10 期。

叶敬忠、王伊欢、张克云、陆继霞，2006，《父母外出务工对留守儿童生活的影响》，《中国农村经济》第 1 期。

叶敬忠、吴惠芳，2008，《阡陌独舞：中国农村留守妇女》，社会科学文献出版社。

叶敬忠、吴惠芳，2009，《丈夫外出务工对留守妇女婚姻关系的影响》，《中州学刊》第 3 期。

叶铁桥、陈一村，2011，《并校十年难言成败》，《中国青年报》12 月 24 日，第 3 版。

一民，2010，《转基因食品：天使还是魔鬼》，中国人民大学出版社。

一张，1994，《“留守儿童”》，《瞭望新闻周刊》第 45 期。

于建嵘，2004，《当代农民维权抗争活动的一个解释框架》，《社会学研究》第 2 期。

于文静，2011，《中国已为 7 种转基因作物发放安全证书》，新华网，http://news.xinhuanet.com/2011-06/28/c_121596935.htm，6 月 28 日。

余跃，2006，《国际非政府组织有关问题的思考》，《当代法学论坛》第 2 期。

俞可平，2008，《对中国公民社会若干问题的管见》，载高丙中、袁瑞军主编《中国公民社会发展蓝皮书》，北京大学出版社。

俞雷，2005，《苏丹红背后的食品政治》，《医药世界》第5期。

喻泽斌、王敦，2001，《对当代环境问题的哲学思考》，《重庆建筑大学学报》（社会科学版）第4期。

袁桂林、洪俊、李伯玲、秦玉友，2004，《农村初中辍学现状调查及控制辍学对策思考》，《中国教育学刊》第2期。

袁汝婷、李江涛、刘宏宇，2014，《北大4000期培训官商混招并非个案》，《北京青年报》7月19日。

曾少聪，2010，《生态人类学视野中的西南干旱：以云南旱灾为例》，《贵州社会科学》第11期。

张鸿雁，2010，《中国城市化理论的反思与重构》，《城市问题》第12期。

张华，2000，《美国的世界之路》，中国言实出版社。

张俊才、张倩，2006，《5000万留守村妇非正常生存调查》，《中国经济周刊》第10期。

张铃、傅畅梅，2005，《从技术的本质到技术的价值》，《辽宁大学学报》（哲学社会科学版）第2期。

张眉、翟晋玉，2009，《农村寄宿制学校问题大家谈》，《中小学管理》第6期。

张柠，2005，《土地的黄昏：中国乡村经验的微观权力分析》，东方出版社。

张启发，2003，《转基因作物的研发产业化及安全性与管理（二）》，《华夏星火》第11期。

张启发，2010，《大力发展转基因作物》，《华中农业大学学报》（社会科学版）第1期。

张巧玲、许智宏，2010，《用通俗的语言向公众解释转基因》，人民网转自《科学时报》，http：//scitech. people. com. cn/GB/12293851. html，7月30日。

张庆熊、孔雪梅、黄伟，2001，《合法性的危机和对“大叙事”的质疑：评利奥塔的后现代主义》，《浙江社会科学》第3期。

张锐，2007，《全球变暖：扑向人类的最大杀手》，《经济导刊》第7期。

张爽，2013，《现代化背景下的中国知识分子研究》，黑龙江大学出版社。

张同林，2004，《粮价上涨是一种理性的价值回归》，《三农中国》第1期。

张卫斌、顾振宇，2007，《基于食品供应链管理的食品安全问题发生机理分析》，《食品工业科技》第1期。

张文海，2001，《斯蒂格利茨批评新自由主义的结构调整》，《国外理论动态》第12期。

张一兵，2007，《景观社会·代译序：德波和他的〈景观社会〉》，载〔法〕居伊·德波《景观社会》，王昭凤译，南京大学出版社。
张意忠，2005，《社会批判：大学教授的使命》，《现代大学教育》第3期。
张永建、刘宁、杨建华，2005，《建立和完善我国食品安全保障体系研究》，《中国工业经济》第2期。
张雨、黄桂英、刘自杰，2004，《我国食品安全现状与对策》，《山西食品工业》第4期。
张云中，2013，《2012年中国转基因作物总面积居世界第六位》，中国经济网转自《国际商报》，http://www.ce.cn/macro/more/201303/05/t20130305_24168372.shtml，3月5日。
张志健，2009，《食品安全导论》，化学工业出版社。
张忠福，2004，《稳步实施农村中小学布局调整的思考》，《教学与管理》第1期。
赵丹、范先佐，2011，《偏远农村学生上学难问题及对策思考：以学校布局调整为背景》，《河北师范大学学报》（教育科学版）第12期。
赵复三，2007，《中译者前言》，载〔奥地利〕弗里德里希·希尔《欧洲思想史》，赵复三译，广西师范大学出版社。
赵华文、李雨，2012，《慈善的真相》，安徽人民出版社。
赵黎青，2006，《如何看待在中国的外国非政府组织》，《学习月刊》第18期。
赵旭东，2008，《乡村成为问题与成为问题的中国乡村研究：围绕“晏阳初模式”的知识社会学反思》，《中国社会科学》第3期。
浙江省民族宗教事务委员会，2011，《风俗习惯与节日》，浙江省民族宗教事务委员会官网，http://www.zjsmzw.gov.cn/Public/NewsInfo.aspx?type=4&id=bd38a641-5a38-4191-945d-23323b60a290&cid=51b5fc4b-a972-4153-8571-0e422ad20ddc，4月19日。
郑风田、付晋华，2007，《农民集中居住：现状、问题与对策》，《农业经济问题》第9期。
郑功成，2010，《抗灾救灾：新中国60年的经验与教训》，《华中师范大学学报》（人文社会科学版）第4期。
郑美雁、秦启文，2008，《城乡统筹背景下失地农民社会保障的路径分析与选择》，《西南大学学报》（社会科学版）第4期。
郑远长，2010，《中国慈善捐助报告（2010）》，中国社会出版社。
中国经济网，2011，《感叹：教育贫富分化 寒门难出贵子》，http://baby.ce.cn/qt/201108/08/t20110808_22594775.shtml，8月8日。
中国农资传媒网，2011，《种田还得靠科技》，http://www.sino-nz.com/

html/2011/04/19/15438. html，4 月 19 日。

中国生物安全网，2009，《2009 年第二批农业转基因生物安全证书批准清单》，http：//www. stee. agri. gov. cn/biosafety/spxx/t20091022_ 819217. htm，10 月 22 日。

中国新闻网，2012，《农民用“瘦肉精”喂羊被判 3 年》，http：//www. chinanews. com/fz/2012/04-11/3812079. shtml，4 月 11 日。

中国新闻网，2013，《世界谷物产量今年将创新高 将增至近 25 亿吨》，http：//finance. chinanews. com/cj/2013/12-09/5595287. shtml，12 月 9 日。

中国政府网，2011a，《中央农村工作会议在北京举行 温家宝出席并讲话》，http：//www. gov. cn/ldhd/2011-12/27/content_ 2031044. htm，12 月 27 日。

中国政府网，2011b，《四川灾后重建完成投资 7965 亿 需重建学校完工 96. 9%》，http：//www. gov. cn/wszb/zhibo450/content_ 1860923. htm，5 月 10 日。

中西部地区农村中小学合理布局结构研究课题组，2008，《我国农村中小学布局调整的背景、目的和成效：基于中西部地区 6 省区 38 个县市 177 个乡镇的调查与分析》，《华中师范大学学报》（人文社会科学版）第 4 期。

中央电视台，2013，《（新闻调查）黄浦江死猪事件调查》，央视网，http：//news. cntv. cn/2013/03/24/VIDE1364114639847669. shtml，3 月 24 日。

中央电视台纪录频道，2014，《舌尖上的中国》，中国广播电视出版社。

中央电视台焦点访谈，2010，《指令没谱，农民受苦》，央视网，http：//news. cntv. cn/program/jiaodianfangtan/20100401/102702. shtml，4 月 1 日。

中央电视台焦点访谈，2011，《当麦子遇到苹果》，央视网，http：//news. cntv. cn/program/jiaodianfangtan/20111127/105485. shtml，11 月 27 日。

周宝根，2009，《援助促进受援国发展吗？——国外发展援助有效性的学理纷争》，《国际经济合作》第 5 期。

周春红，2007，《我国农村中小学布局调整政策的规模经济分析》，《辽宁教育研究》第 11 期。

周非，2011，《中国知识分子沦亡史：在功名和自由之间的挣扎与抗争》，上海三联书店。

周芬芬，2008，《农村中小学布局调整对教育公平的损伤及补偿策略》，《教育理论与实践》第 7 期。

周福林，2006，《我国留守老人状况研究》，《西北人口》第 1 期。

周福林、段成荣，2006，《留守儿童研究综述》，《人口学刊》第 3 期。

周弘，2010，《对外援助与当代国际关系》，《中国社会科学院院报》10 月 31 日。

周立，2008a，《粮食主权、粮食政治与人类可持续发展》，《世界环境》第4期。

周立，2008b，《美国的粮食政治与粮食武器》，未出版研究报告，豆丁网，http：//www. docin. com/p-8711041. html，查阅时间：2014年8月10日。

周立，2010，《极化的发展》，海南出版社。

周全德、齐建英，2006，《对农村“留守儿童”问题的理性思考》，《中州学刊》第1期。

周穗明，2002，《西方发展观的反思与新发展主义的兴起》，《岭南学刊》第6期。

朱俊林，2008，《转基因技术的伦理辩护及其限度》，《湖南师范大学社会科学学报》第4期。

朱启臻、杨汇泉，2011，《谁在种地：对农业劳动力的调查与思考》，《中国农业大学学报》（社会科学版）第1期。

朱晓阳，2011，《小村故事：地志与家园（2003~2009）》，北京大学出版社。

朱晓阳、谭颖，2010，《对中国“发展”和“发展干预”研究的反思》，《社会学研究》第4期。

庄孔韶、张庆宁，2009，《人类学灾难研究的面向与本土实践思考》，《西南民族大学学报》（人文社科版）第5期。

AbouAssi, Khaldoun. 2014. Get Money Get Involved? NGO's Reactions to Donor Funding and Their Potential Involvement in the Public Policy Processes. *Voluntas: International Journal of Voluntary and Nonprofit Organizations*, 25 (4): 968-990.

Adams, Francis. 2000. *Dollar Diplomacy: United States Economic Assistance to Latin America.* Aldershot. 转引自郭拥军(2002)。

Ahmad, Mokhbul Morshed. 2001. *Understanding the South: How Northern Donor Agencies and NGOs Understand the Needs and Problems of Southern NGO Clients.* Bangladesh: Dhaka.

Alexander, David. 1997. The Study of Natural Disasters, 1977-1997: Some Reflections on a Changing Field of Knowledge. *Disasters*, 21 (4): 284-304.

Altieri, Miguel A. 2009. Agroecology, Small Farms, and Food Sovereignty. *Monthly Review*, No. 7.

Anderson, M. B. and P. J. Woodrow. 1989. *Rising from the Ashes: Development Strategies in Times of Disaster.* Westview Press.

Araghi, F. A. 1995. Global Depeasantization: 1945-1990. *The Sociological Quarterly*,36(2): 337-368. 转引自潘璐(2012)。

Asgary, A. et al. 2006. *Lost and Used Post-disaster Development Opportunities in Bam Earthquake and the Role of Stakeholders.* Toronto: York University.

Bankoff, Greg. 2003. *Cultures of Disaster: Society and Natural Hazard in the Philippines.* London and New York: Routledge Curzon.

Bankoff, Greg. 2004. Time is of the Essence: Disasters, Vulnerability and Histo-

ry. International Journal of Mass Emergencies and Disasters, 22 (3): 23-42.

Berger, Julia. 2003. Religious Nongovernmental Organizations: An Exploratory Analysis. *Voluntas: International Journal of Voluntary and Nonprofit Organizations*, 14 (1): 15-39.

Bernstein, H. 2004. Considering Africa's Agrarian Questions. *Historical Materialism*, 12 (4).

Bernstein, H. 2006. Once Were/Still Are Peasants? Farming in a Globalising 'South'. *New Political Economy*, 11 (3).

Bharadwaj, Krishna. 1985. A View on Commercialization in Indian Agriculture and the Development of Capitalism. *The Journal of Peasant Studies*, 12(4): 7-25.

Blaikie, P., T. D. Cannon, I. I. Davis and B. Wisner. 1994. *At Risk: Natural Hazards, People's Vulnerability and Disasters.* London and New York: Routledge.

Bolin, R. C. and L. Stanford. 1998. *The Northridge Earthquake: Vulnerability and Disaster.* London: Routledge.

Bourdieu, P. et al. 1999. *The Weight of the World.* London: Polity Press. 转引自沈原(2006)。

Bratton, M. 1989. The Politics of Government-NGO Relations in Africa. *World Development*, 17 (4): 569-587.

Breslau, Joshua. 2000. Globalizing Disaster Trauma: Psychiatry, Science, and Culture after Kobe Earthquake. *Ethos*, 28 (21): 174-197.

Brown, L. David and Archana Kalegaonkar. 2002. Support Organizations and the Evolution of the NGO Sector. *Nonprofit and Voluntary Sector Quarterly*, 31 (2): 231-258.

Bryceson, D. 1996. Deagrarianization and Rural Employment in Sub-Saharan Africa: A Sectoral Perspective. *World Development*, 24 (1).

Bryceson, D. 1999. African Rural Labour, Income Diversification and Livelihood Approaches: A Long-term Development Perspective. *Review of African Political Economy*, 26(80).

Buckle, Philip. 2004. Guest Editor's Introduction. *International Journal of Mass Emergencies and Disasters*, 24 (3): 5-8.

Burchell, Jon and Joanne Cook. 2013. Sleeping with the Enemy? Strategic Transformations in Business-NGO Relationships through Stakeholder Dialogue. *Journal of Business Ethics*, 113 (3): 505-518.

Chambers, Robert. 1983. *Rural Development: Putting the Last First.* London: Longman.

Chambers, Robert. 1994. Participatory Rural Appraisal (PRA): Challenges, Potentials and Paradigm. *World Development*, 22 (10): 1437-1454. In Jakimow (2012).

Chambers, Robert. 2006. Vulnerability, Coping and Policy (Editorial Introduction). *IDS Bulletin*, 37 (4): 33-40.

Cobb, John B. Jr. 2002. *Postmodernism and Public Policy.* Albany: State University of New York Press. 转引自王治河(2005:22)。

Cooke, Bill and Uma Kothari. 2001. *Participation: The New Tyranny?* London and New York: Zed Books.

Corbridge, S. 1993. Marxisms, Modernities, and Moralities: Development Praxis and the Claims of Distant Strangers. *Environment and Planning D: Society and Space*, 11 (4): 449-472.

Cordell, D. , Joel W. Gregory and Victor Piché. 1996. *Hoe and Wage: A Social History of a Circular Migrating System in West Africa*. Boulder: Westview Press.

Cutter, Susan L. 1996. Vulnerability to Environmental Hazards. *Progress in Human Geography*, 20 (4): 529-539.

Daly, H. E. 1996. *Beyond Growth the Economics of Sustainable Development*. Boston: Beacon Press. 转引自黄余(2011)。

Das, P. K. 1996. Manifesto of Housing Activist. In Thorner, Alice and Sujata Patel (eds). *Bombay*. Oxford University Press. 转引自〔美〕迈克·戴维斯(2009:92)。

Derrida, J. 1989. *Mémoires: for Paul de Man* (*Memoires: for Paul de Man*). trans. Cecile Linsay, Jonathan Culler, Eduardo Cadava and Peggy Kamuf. New York: Columbia University Press. 转引自夏光(2003:348)。

Desai, Vandana. 1999. Anatomy of the Bombay NGO Sector. *Environment and Urbanization*, 11 (1): 247-266.

Doucouliagos, D. and M. Paldam. 2009. The Aid Effectiveness Literature: The Sad Results of 40 Years of Research. *Journal of Economic Surveys*, (3): 433-461.

Drabek, A. G. 1987. Development Alternatives: The Challenge for NGOs-An Overview of the Issues. *World Development*, 15 (Supplement): ix-xv.

Drury, Cooper A. , Richard Stuart Olson, A. Douglas Van Belle. 2005. The Politics of Humanitarian Aid: U. S. Foreign Disaster Assistance, 1964 - 1995. *The Journal of Politics*, 67 (2): 454-473.

Drèze, J. , A. Sen. 1989. *Hunger and Public Action*. Oxford: Clarendon Press.

Dynes, Russell R. and Thomas E. Drabek. 1994. The Structure of Disaster Research: Its Policy and Disciplinary Implications. *Preliminary Paper* 265. Newark: University of Delaware Disaster Research Center.

Dynes, R. R. 2000. The Dialogue between Voltaire and Rousseau on the Lisbon Earthquake: The Emergence of a Social Science View. *International Journal of Mass Emergencies and Disasters*, (18): 97-115.

Dynes, R. R. 2002. Disaster and Development, again. *Preliminary Paper* 321. Newark: University of Delaware Disaster Research Center.

Ebrahim, Alnoor. 2001. NGO Behavior and Development Discourse: Cases from Western India. *Voluntas: International Journal of Voluntary and Nonprofit Organizations*, 12 (2): 79-101.

Ehrenberg, John. 1999. *Civil Society: The Critical History of an Idea*. New York: New York University Press.

Eradicate Hunger and Malnutrition. 2009. Policies and Actions to Eradicate Hunger and Malnutrition. *Working Document*, No. 9. 转引自严海蓉(2010)。

Escobar, Arturo. 1995. *Encountering Development: The Making and Unmaking of the Third World*. Princeton and Oxford: Princeton University Press.

Escobar, Arturo. 1999. After Nature: Steps to an Anti-essentialist Political Ecology. *Current Anthropology*, 40 (1): 1-16.

ETC Group. 2009. Who will Feed Us. http://www1etcgroup1org/en/node/4921. Issue 102. 转引自严海蓉(2010)。

Ferguson, James. 1990. *The Anti-politics Machine*: "*Development*", *Depoliticization*, *and Bureaucratic Power in Lesotho*. Cambridge: Cambridge University Press.

Fischer, H. W. 1998. *Response to Disaster*: *Fact versus Fiction and Its Perpetuation-The Sociology of Disaster*. Lanham: University Press of America.

Fisher, J. 1998. *Nongovernments*: *NGOs and the Political Development of the Third-World*. Hartford: Kumarian Press.

Fisher, W. F. 1997. Doing Good? The Politics and Antipolitics of NGO Practices. *Annual Review of Anthropology*, 26: 439-464.

Fordham, M. 2007. Disaster and Development Research and Practice: A Necessary Eclecticism? In Rodríguez, Havidán, Enrico L. Quarantelli and Russell R. Dynes (eds). *Handbook of Disaster Research*. New York: Springer.

Fowler, Alan. 2002. *The Virtuous Spiral*, *A Guide to Sustainability for NGOs in International Development*. London: Earthscan.

Fritz, Charles E. 1961. Disaster. In Merton, Robert K. and Robert A. Nisbet (eds), *Contemporary Social Problems*: *An Introduction to the Sociology of Deviant Behavior and Social Disorganization*. New York: Harcourt, Brace, and World.

Gazzoli, Rubén. 1996. The Political and Institutional Context of Popular Organizations in Urban Argentina. *Environment and Urbanization*, 8(1): 159-166. 转引自〔美〕迈克·戴维斯(2009:91)。

Geertz, C. 1963. *Agricultural Involution*: *The Processes of Ecological Change in Indonesia*. Berkeley: University of California Press.

George, Susan. 1986. More Food, More Hunger: Development. *Seeds of Change* (1/2): 53-63. 转引自〔美〕阿图罗·埃斯科瓦尔(2011)。

Glüsing, Jens and Nils Klawitter. 2012. WWF Helps Industry More than Environment. *Spiegel ONLINE International*, http://www.spiegel.de/international/world/wwf-helps-industry-more-than-environment-a-835712.html, 5月29日。

Greenpeace. 2009. Agriculture at Crossroads: Food for Survival. 转引自严海蓉(2010)。

Gudeman, Stephen and Alberto Rivera. 1990. *Conversations in Colombia*: *The Domestic Economy in Life and Text*. Cambridge: Cambridge University Press. 转引自〔美〕阿图罗·埃斯科瓦尔(2011:111)。

Haraway, Donna. 1989. *Primate Visions*. New York: Routledge. Haraway, Donna. 1991. *Simians*, *Cyborgs*, *and Women*: *The Reinvention of Nature*. New York: Routledge. 转引自〔美〕阿图罗·埃斯科瓦尔(2011:19)。

Heap, Smion. 2000. *A World of Difference and a Difference to the World*. Oxford: INTRAC.

Heintz, Stephen. 2006. *The Role of NGOs in Modern Societies and an Increasingly Interdependent World*. Annual Conference of the Institute for Civil Society, Sun Yat-sen University, Guangzhou, China. January 14.

Hendry, J. 2003. Environmental NGOs and Business. *Business & Society*, 42(2): 267-276. In Laasonen et al. (2012).

Heurlin, Christopher. 2010. Governing Civil Society: The Political Logic of NGO-State Relations under Dictatorship. *International Society for Third-Sector Research*, 21(2): 220-239.

Hewitt, K. (ed). 1983. *Interpretations of Calamity*: *From the Viewpoint of Human Ecolo-*

gy. New York: Allen & Unwin.
Hewitt, K. 1997. *Regions of Risk: A Geographical Introduction to Disaster*. London: Longman.
Hewitt, K. 2013. Disasters in "Development" Contexts: Contradictions and Options for a Preventive Approach. *Jàmbá: Journal of Disaster Risk Studies*, 5(2).
Hilhorst, D. 2003. Responding to Disasters: Diversity of Bureaucrats, Technocrats and Local People. *International Journal of Mass Emergencies and Disasters*, 21(1): 37-55.
Holmén, Hans. 2010. *Snakes in Paradise: NGOs and the Aid Industry in Africa*. Sterling: Kumarian Press.
Holt-Gimenez, Eric. 2009. From Food Crisis to Food Sovereignty: The Challenge of Social Movements. *Monthly Review*, No. 7.
Jakimow, Tanya. 2012. Peddlers of Information: Unintended Consequences of Information-centred Development for North Indian Non-Government Organizations. *Voluntas: International Society for Third-Sector Research*, 23 (4): 1014-1035.
Jalali, Rita. 2008. International Funding of NGOs in India: Bringing the State Back In. *International Society for Third-Sector Research*, 19 (2): 161-188.
Janssen, Brandi. 2010. Local Food, Local Engagement: Community-Supported Agriculture in Eastern Iowa. *Culture & Agriculture*, 32 (1): 4-16.
Jellinek, Lea. 2003. Collapsing under the Weight of Success: An NGO in Jakarta. *Environment and Urbanization*, 15(1): 171-180. 转引自〔美〕迈克·戴维斯(2009:91)。
Kaldor, Mary. 2004. *Global Civil Society: An Answer to War*. Cambridge: Polity.
Keese, James R. 1998. International NGOs and Land Use Change in a Southern Highland Region of Ecuador. *Human Ecology*, 26 (3): 451-468.
Kerkvliet, B. 2009. Everyday Politics in Peasant Societies (and Ours). *Journal of Peasant Studies*, 36 (1): 227-243.
Kothari, Rajni. 1986. NGOs, the State and World Capitalism. *Economic and Political Weekly*, 21:2177-2182. In Sen, Siddhartha(1999).
Kothari, Rajni. 1993. The Yawning Vacuum: A World without Alternatives. *Alternatives*, 18: 119-139. In Sen, Siddhartha(1999).
Kothari, Rajni. 1997. Globalization: A World Adrift. *Alternatives*, 22: 227-267. In Sen, Siddhartha(1999).
Laan, Monique van der. 2006. The Beauty of Being Engaged in Farming. *Agrarisch Dagblad*, October 4. In Ploeg(2008).
Laasonen, Salla, Martin Fouge're and Arno Kourula. 2012. Dominant Articulations in Academic Business and Society Discourse on NGO-Business Relations: A Critical Assessment. *Journal of Business Ethics*, 109 (4): 521-545.
Lang, K. Brandon. 2010. The Changing Face of Community-Supported Agriculture. *Culture & Agriculture*, 32 (1): 17-26.
Laws, S., C. Harper and R. Marcus. 2003. *Research for Development, A Practical Guide*, London: SAGE Publications.
Lewis, D. 1998. Development Policy and Development NGOs: The Changing Relationship. Paper presented at the CVO 20th Anniversary Conference, Sept. 17-

18, London School of Economics. In Ebrahim (2001).

Lindell, M. K. 2011. Disaster Studies. *Sociopedia. isa.*

Little, Peter and C. Dolan. 2000. What It Means to Be Restructured: Nontraditional Commodities and Structural Adjustment in Sub-Saharan Africa. In Haugerud, Angelique, M. Priscilla Stone, and Peter D. Little (eds). *Commodities and Globalization: Anthropological Perspectives.* Lanham: Rowman & Littlefield Publishers.

Long, N. 2001. *Development Sociology, Actor Perspectives.* London: Routledge.

Loots, E. 2006. Aid and Development in Africa: The Debate, the Challenges and the Way Forward. *South African Journal of Economics*, (3): 363-381.

Luk, Tak-chuen. 2001. The Politics of Poverty Eradication in Rural China. *China Review.* Hong Kong: The Chinese University of Hong Kong Press. 转引自古学斌等(2004)。

Magdoff, Fred. 2008. The World Food Crises: Sources and Solutions. *Monthly Review*, No. 5.

Martens, Kerstin. 2002. Mission Impossible? Defining Nongovernmental Organizations. *Voluntas: International Journal of Voluntary and Nonprofit Organizations*, 13 (3): 271-285.

McCarthy, K. D., V. Hodgkinson and R. Sumariwalla. 1992. *The Nonprofit Sector in the Global Community: Voices from Many Nations.* San Francisco: Jossey-Bass.

McMichael, Philip. 1998. Global Food Politics. *Monthly Review*, No. 7.

Mileti, D. S., J. D. Darlington, E. Passerini, B. C. Forrest and M. F. Myers. 1995. Towards an Integration of Natural Hazards and Sustainability. *Environmental Professional*, 17 (2): 117-126.

Mitchell, K. 1990. Human Dimensions of Environmental Hazards: Complexity, Disparity, and the Search for Guidance. In A. Kirby (ed). *Nothing to Fear: Risks and Hazards in American Society.* Tucson: University of Arizona Press.

Mitlin, D., S. Hickey and A. Bebbington. 2007. Reclaiming Development? NGOs and the Challenge of Alternatives. *World Development*, 35 (10): 1699-1720.

Nieuwenhuys, O. 1996. The Paradox of Child Labour and Anthropology. *Annual Review of Anthropology*, (25): 237-51.

Oliver-Smith, Anthony and Susanna M. Hoffman. 2002. Why Anthropologists Should Study Disasters. In Susanna M. Hoffman et al. (eds). *Catastrophe and Culture: The Anthropology of Disaster.* Santa Fe: SAR Press.

Oliver-Smith, A. 1996. Anthropological Research on Hazards and Disasters. *Annual Review of Anthropology*, (25): 303-328.

Oliver-Smith, A. 2001. Anthropology in Disaster Research and Management. *National Association for the Practice of Anthropology Bulletin*, 20 (1): 111-112.

O'Keefe, P., K. Westgate and B. Wisner. 1976. Taking the Naturalness out of Natural Disasters. *Nature*, 260: 566-567.

Paxton, P. 2002. Social Capital and Democracy: An Interdependent Relationship. *American Sociological Review*, 67 (2): 254-277.

Pfaff, William. 2008. Speculators and Soaring Food Prices. *International Herald Tribune*, 17 April. 转引自严海蓉(2010)。

Picou, J. S., B. K. Marshall and D. A. Gill. 2004. Disaster, Litigation, and the Corrosive Community. *Social Forces*, 82 (4): 1493-1522.

Ploeg, Jan Douwe van der. 2008. *The New Peasantries: Struggles for Autonomy and Sustainability in an Era of Empire and Globalization.* London: Earthscan.

Ploeg, Jan Douwe van der. 2010. The Food Crisis, Industrialized Farming and the Imperial Regime. *Journal of Agrarian Change*, No. 1.

Porfiriev, B. N. 1995. Disaster and Disaster Areas: Methodological Issues of Definition and Delineation. *International Journal of Mass Emergencies and Disasters*, 13 (3): 285-304.

Porter, M. E. and M. R. Kramer. 2011. The Big Idea: Creating Shared Value. *Harvard Business Review*, 89 (1/2): 63-77.

Pretty, Jules. 2009. Can Ecological Agriculture Feed Nine Billion People? *Monthly Review*, No. 11.

Quarantelli, E. L. 1987. Disaster Studies: An Analysis of the Social Historical Factors Affecting the Development of Research in the Area. *International Journal of Mass Emergencies and Disaster*, 5 (3): 285-310.

Quarantelli, E. L. 1995. What Is A Disaster? (Editor's Introduction). *International Journal of Mass Emergencies and Disasters*, 13 (3).

Quarantelli, E. L. (ed). 1998. *What Is A Disaster: Perspectives on the Question.* London and New York: Routledge.

Rocha, Glauber. 1982. An Aesthetic of Hunger. In Johnson, Randal and Robert Stare (eds). *Brazilian Cinema.* Rutherford: Fairleigh Dickinson University Press.

Ruivenkamp, G. 2008. *Biotechnology in Development: Experiences from the South*, Wageningen: Wageningen Academic Publishers.

Sachs, W. 1999. *Planet Dialectics: Explorations in Environment and Development.* London: Zed Books.

Sahlins, M. 1972. *Stone Age Economics.* Chicago: Aldine.

Scott, C. James. 2009. *The Art of Not Being Governed: An Anarchist History of Upland Southeast Asia.* New Haven & London: Yale University Press.

Sen, Amartya. 1999. *Development as Freedom.* Oxford: Oxford University Press.

Sen, Siddhartha. 1999. Globalization and the Status of Current Research on the Indian Nonprofit Sector. *Voluntas: International Journal of Voluntary and Nonprofit Organizations*, 10 (2): 113-130.

Shalmali, Guttal. 2011. Whose Lands? Whose Resources? *Development*, 54 (1): 91-97.

Smith, J. 1997. Characteristics of the Modern Transnational Social Movement Sector. In Smith, J. C., Chatfield and R. Pagnucco (eds). *Transnational Social Movements and Global Politics: Solidarity beyond the State.* New York: Syracuse University Press.

Spretnak, Charlene. 1991. *State of Grace: The Recovery of Meaning in the Postmodern Age*, Harper Sanfranciso: A Division of Harper Collins Publishers. 转引自王治河,1997,《斯普瑞特奈克和她的生态后现代主义》,《国外社会科学》第6期。

Stallings, Robert. A. 1995. *Promoting Risk: Constructing the Earthquake Threat.* New York: Aldine de Gruyter.

Stallings, Robert A. 2002. Weberian Political Sociology and Sociological Disaster Studies. *Sociological Forum*, 17 (2): 281-305.

Strömberg, David. 2007. Natural Disasters, Economic Development, and Humanitarian Aid. *Journal of Economic Perspectives*, 21 (3): 199–222.

Sumner, Andy and Michael Tribe. 2008. *International Development Studies: Theories and Methods in Research and Practice.* London: SAGE.

Taylor, Marcus. 2011. Freedom from Poverty Is Not for Free: Rural Development and the Microfinance Crisis in Andhra Praddsh, India. *Journal of Agrarian Change*, No. 4.

Tierney, K. J. 1993. Socio-Economic Aspects of Hazard Mitigation. *Preliminary Paper* 190. Newark: University of Delaware Disaster Research Center.

Torry, William I. 1979. Anthropological Studies in Hazardous Environments: Past Trends and New Horizons. *Current Anthropology*, 20 (3): 517–540.

Truman, Harry. 1964. Public Papers of the Presidents of the United States: Harry S. Truman. Washington, D. C.: U. S. Government Printing Office. 转引自〔美〕阿图罗·埃斯科瓦尔(2011)。

Tudge, C. 2004. *So Shall We Reap: What's Gone Wrong with the World's Food-and How to Fix It.* New York, NY: Penguin Books, In Ploeg(2008).

Tvedt, Terje. 1998. *Angels of Mercy or Development Diplomats? NGOs and Foreign Aid.* Trenton: Africa World Press.

Tvedt, Terje. 2002. Development NGOs: Actors in a Global Civil Society or in a New International Social System? *Voluntas: International Journal of Voluntary and Nonprofit Organizations*, 13(4): 363–375.

USAID. 2014. *Bring Hope to the Hungry*, http://pdf. usaid. gov/pdf _ docs/PDABZ818. pdf.

Vanhaute, Eric. 2011. From Famine to Food Crisis: What History can Teach Us about Local and Global Subsistence Crises? *The Journal of Peasant Studies*, No. 1.

Veltmeyer, Henry. 2008. Civil Society and Development. In Haslam, Paul, Pierre Beaudet and Jessica Schafer (eds). *Introduction to International Development Studies: Approaches, Actors and Issues.* OUP Canada.

Verma, Gita. 2002. *Slumming India: A Chronicle of Slums and Their Saviours.* New Delhi: Architexturez Imprints. 转引自〔美〕迈克·戴维斯(2009:93)。

Westgate, K. N. and P. O'Keefe. 1976. Some Definitions of Disaster. *Occasional Paper* 4. Bradford: Disaster Research Unit of University of Bradford.

White, Ben. 2012. Changing Childhoods: Javanese Village Children in Three Generations. *Journal of Agrarian Change*, (1):81–97.

Wijkman, A. and L. Timberlake. 1984. *Natural Disasters: Acts of God or Acts of Man?* London: Earthscan.

Williams, Glyn. 2004. Evaluating Participatory Development: Tyranny, Power and (re)Politicization. *Third World Quarterly*, 25 (3): 565.

World Bank. 1996. *The World Bank Participation Sourcebook.* Washington: World Bank. In Jakimow (2012).

World Bank. 1998. *Assessing Aid, What Works, What Doesn't and Why.* Oxford: Oxford University Press.

World Bank. 2002. *World Development Report 2002: Building Institutions for Markets.* Oxford University Press.

Yoon, Byeong-Seon. 2006. Who is Threatening Our Dinner Table? *Monthly Re-*

view, No. 6.

Zhang, Forrest and John Donaldson. 2010. From Peasants to Farmers: Peasant Differentiation, Labor Regimes, and Land-rights Institutions in China's Agrarian Transition. *Policy & Society*, 38(4): 458–489.

后 记

本书是我和我团队里的同事及学生长期学术积累的结果。大部分内容（留守、土地、农业、科学、技术、项目、发展研究）是在我的已有研究成果上的再积累、再思考和再完善。原有成果的工作还有孟英华、王为径、李华的贡献。另有一部分（商品、学校、粮食、自然、援助）是以我的写作提纲为基础，由学生完成初稿，再由我修改完成。初稿完成人分别是任守云、丁宝寅、宁夏、林杜娟、陈晶环。在初稿撰写过程中，王为径、陈世栋进行了协调。还有一部分（食品、灾害、慈善）是在我的统一协调与讨论基础上，分别由付会洋、陈世栋、贺聪志完成，我进行了最后修改。此外，刘娟、潘璐对本书也有贡献。我对以上人员表示感谢！

我和我团队的学术思想受益于很多学术前辈或同行朋友，尤其是阿图罗·埃斯科瓦尔、詹姆斯·C. 斯科特、诺曼·龙、亨利·伯恩斯坦、扬·杜威·范德普勒格、萨图尼诺·M. 博拉斯（Saturnino M. Borras）。我与很多同事和学生的日常交流十分有利于学术顿悟的产出，与他们的讨论时常碰撞出许多思想的火花。还有很多人，无法一一列尽，我对他们致以拜谢！

感谢中国农业大学校级教改专项（2014）对本书出版给予的支持！

叶敬忠

2015 年 2 月于北京

图书在版编目（CIP）数据

发展的故事：幻象的形成与破灭/叶敬忠著. —北京：社会科学文献出版社，2015.8

ISBN 978-7-5097-7020-7

Ⅰ.①发… Ⅱ.①叶… Ⅲ.①社会发展-研究-中国 Ⅳ.①D668

中国版本图书馆 CIP 数据核字（2015）第 003601 号

发展的故事：幻象的形成与破灭

著　　者 / 叶敬忠

出 版 人 / 谢寿光
项目统筹 / 宋月华　韩莹莹
责任编辑 / 韩莹莹

出　　版 / 社会科学文献出版社 · 人文分社（010）59367215
地址：北京市北三环中路甲 29 号院华龙大厦　邮编：100029
网址：www.ssap.com.cn
发　　行 / 市场营销中心（010）59367081　59367090
读者服务中心（010）59367028
印　　装 / 北京季蜂印刷有限公司

规　　格 / 开 本：787mm × 1092mm　1/16
印 张：26.5　字 数：377 千字
版　　次 / 2015 年 8 月第 1 版　2017 年 2 月第 2 次印刷
书　　号 / ISBN 978-7-5097-7020-7
定　　价 / 78.00 元